To my mother − *Your optimism, enthusiasm,*

and strength of character have always

been an inspiration.

美 国 经 典 案 例 选 读

美国侵权法原理及案例研究

Torts: Fundamentals, Cases and Materials

李 响 编著

中国政法大学出版社

PREFACE TO TORTS

Barry C. Feld

Centennial Professor of Law

University of Minnesota Law School

Every society must develop rules to prevent one person from injuring another and to provide redress for the harms caused. Whenever a person is injured, the law of torts asks the question whether the costs of damages should remain with the injured party (plaintiff) or whether those costs should be shifted to the person who caused them (defendant). The initial inclination is to allow the loss to lie where it falls, unless some positive reason exists to shift it to another. This reflects a reluctance to invoke coercive governmental power unless legal intervention will advance the public good by ordering one party to pay money to another.

Torts constitute those civil wrongs which the legal system recognizes as the basis for a lawsuit for damages and which allow the victim to recover money – judgments from a wrongdoer. Deciding the content of those rules raises difficult questions about individual choice, personal fault, compensation, and social control. The evolution of liability reflects historical changes, specific tort doctrines, and social policies. The law of torts deals with the ways in which American society allocates economic loss caused by intentional misconduct, or negligence behavior, or sometimes even when the defendant has not been at fault, but society, through the legal process, imposes liability on the defendant anyway.

A tort is a civil wrong or a private wrong. Torts derive from the Latin word torquere —to twist, to bend, or to turn — but has the general meaning of a civil wrong. At the most elementary level, torts simply are those wrongs recognized by law as grounds for a civil lawsuit. There is no law of tort, but rather there is a law of torts — largely discrete torts that have grown up independently. There is no general legislative codification of tort law comparable to that of the criminal law. There are many types of torts — automobile accidents, falls, fist – fights, bursting pipes, medical malpractice, serving tainted food, commercially making or distributing a harmful or defective product, swindles and frauds, slanders, etc., etc. — which cause injuries and for which the injured party seeks redress. The list of tortious wrongs is as long and variable as improper human behavior. If the law characterizes a particular harm as a legal injury, then the plaintiff has a "cause of action" which allows her to file a claim against the person who caused the injury. The three major areas of tort law are: intentional torts, negligent torts, and strict liability torts.

Some tortious conduct also may be criminal. For example, the state may criminally prosecute a defendant who punched a person in the nose and the defendant also may be liable to the plaintiff for the injuries caused by the blow. While the law of crimes and torts sometimes may overlap, they are by no means identical. The state prosecutes and enforces the criminal law to vindicate public interests, while private parties use tort law to protect individual interests and to redress private harms. Criminal law refers to public wrongs, torts refer to civil, or private wrongs, although the same conduct may be both criminal and civilly wrong, and the legal principles developed in one area may be carried over into the other.

Some torts also may bear a relationship to contract law. When a party breaches a contract, it involves a private wrong, but arises in a consensual context. In contrast, torts refers to private wrongs that arise out of behavior that is not contractual or consensually based. Because torts are not based on mutual consent, it represents a decision by the legal process to require someone to pay money to someone else with whom the first person had no voluntary relationship. Unlike contracts where the duty is mutually agreed upon, the law of torts imposes the duty whether or not the defendant agreed to undertake them. Usually, a person does not agree to be punched in the nose or run over by a drunken driver. But as with the criminal law, there may be some overlap between torts and contracts. For example, if a party enters into a contract, never intending to perform it and then refuses, that is breach of contract, and also may be the tort of fraud because the defendant intentionally misled the plaintiff into acting to her detriment. The law of torts also imposes legal standards on many consensual relationships. For example, a person may voluntarily agree to medical treatment, but the law defines the minimum standards of professional conduct, the deviation from which may be medical malpractice. It is important to understand whether to characterize conduct as a crime, a breach of contract, or a tort because the statute of limitations for bringing an action may differ and the measures of damages may differ.

Tort law tends to focus upon compensation to individuals for physical and property damages and personal injuries rather than indirect economic losses, although the measure of damage for physical injury is likely to be the amount of economic loss resulting from the injury. Tort damages are designed to "make the person whole" — to restore them to where they would have been in the absence of the misconduct — at least in so far as monetary compensation can repair the harm done. Most torts claims involve physical injury to a person or property, but recovery also may be allowed for intangible injuries such as emotional harm or dignitary torts such as damage to reputation. Injured parties may recover for: physical injury and disability; past and future medical expenses and rehabilitation; loss of wages and reduced future earning capacity; pain and suffering, including mental distress; and some other forms economic losses, such as the diminished market value of the property. Because the law generally allows only one legal action for an injury, plaintiffs must prove not only the damages already incurred, but also the expected future damages as well. Awarding money damages to the plaintiff from the defendant achieves corrective justice by restoring the parties to the position that existed prior to the tortious injury. And, of course, tort rules also serve instrumental goals by creating incentives for people to act more carefully in the future.

Because torts involves the involuntary allocation of risks and losses among parties, a number of social policies and purposes underlie this allocation. A formal legal mechanism to redress grievances prevents self-help by injured persons. It also provides a method to punish wrongdoers, for example, the award of punitive damages for intentional torts such as assault or battery. The prospect of liability also will discourage socially undesirable behavior and deter wrongdoing. More broadly, tort liability may help to shape and regulate future behavior. Torts provide a mechanism to regulate risks in the private sector where the burden of preventing an injury is less than the likelihood of harm and the gravity or severity of the harm if it occurs. If the costs of avoiding accidents or expenditures for safety are less than the damages for which a defendant could be found responsible if that conduct causes an injury, an economically rational defendant will alter her behavior to avoid those risks. Finally, liability for torts provides compensation for victims of wrongdoing.

The tort system emphasizes individual accountability and personal responsibility. A defendant who has done something wrong is held accountable to the person he injures. Similarly, a plaintiff is also responsible to exercise reasonable care on her own behalf, and if her actions contribute to her own injury, the amount she may recover from the defendant may be reduced accordingly. The law of torts also promotes individual freedom by allowing people to act freely as long as their conduct is not characterized as legal wrongdoing. One who is not at fault will not be held liable, even if her conduct does cause an injury to another person.

While the various policy reasons for tort law generally overlap, they may be inconsistent to some extent and tort law does not serve every goal completely. For example, as a system of compensation for injured parties, requiring plaintiffs to sue defendants is an inefficient way to compensate injured persons and imposes high costs of litigation and delay. Moreover, tort law only provides compensation to those injured by another' s socially undesirable behavior or fault, for example, intentional misconduct or negligence, whereas a full compensation scheme would pay all persons injured by another' s conduct or require everyone to insure themselves against injuries. While a system of compulsory self − insurance would better serve the compensation goal, it might undermine the goal of deterring undesirable behavior and might produce more injuries as a result. Because of the inefficiencies of the tort − litigation system, many other legal alternatives co − exist to deal with physical injuries in certain contexts. For example, workers compensation statutes require employers to carry insurance to compensate workers injured on − the − job for their medical expenses and lost wages. "No fault" legislation requires owners of automobiles to obtain insurance to protect themselves and their passengers against the costs of certain types of injuries.

Social security and governmental benefits provide some payments for individuals who suffer permanent and completely disabling injuries.

Several factors affect courts' decisions to impose tort liability. First, of course, is whether the defendant's conduct was socially undesirable or created an unreasonable risk of harm to others. But not every moral outrage that causes harm gives rise to tort liability. For example, no legal liability arises from passing a starving beggar on the street and refusing to give him money or food or from passively watching a child with whom you have no relationship drown in three feet of water even if you could have rescued him. Secondly, current tort law is the product of historical developments and reflects that checkered history. Because of historical accretions, courts have recognized a large number of discrete torts that have emerged at various times. Because no central principles or exclusive policy goals govern tort law, new torts emerge through a process of analogy. When a person has been wronged by a defendant, but the act does not constitute an established tort, creative attorneys attempt to show that these facts have a close analogical relationship to existing torts. Thus, new forms of torts or legal causes of action emerge as outgrowths or extensions of existing torts.

As a result of social changes, when something happens that can not fit neatly into some other legal category, it may become a tort. In responding to these new situations, courts look for, but cannot find, some underlying principle of tort law by which to measure whether they ought to recognize the new situation as a tort. In deciding whether or not to recognize harmful conduct as tortious, courts consider a number of factors. One factor is the ease of administering a new legal rule. Courts cannot solve all social problems and they generally address those that they can handle most easily in the limited amount of time and with the limited expertise they possess. Courts attempt to strike a balance between focusing on the fault of the defendant and compensating victims and may impose liability based on the ability of the parties to bear the loss or to prevent or avoid the risks. Often defendants will be in a better position to spread the risks of loss throughout society by charging more for items or by purchasing insurance, which is the classic risk – spreader. Courts also attempt to balance personal and social responsibility with institutional responsibility. While the law reflects a strong belief in individual responsibility, the evolution of torts reflects the growing recognition of the institutional responsibility of large, artificial entities, such as corporations and governments. In a crowded world of complex mechanisms, innocent people constantly are exposed to risk and injuries from institutional and mechanical malfunctions. Human and institutional errors harm innocent people almost at random and the law of torts recognizes the unfairness of imposing those costs on the individual.

The two earliest common law forms of action involving actions in trespass and trespass on the case emerged in the English common law in the 1300 and 1400s. An action for trespass would lie for all direct injuries, whereas an action on the case would lie for consequential or indirect injuries. In the early common law, the distinction between the two types of actions was based on the causal sequence of the injury, not on whether the injury was intentional or not. For example, the two forms of action would distinguish between a falling beam that hit the plaintiff (trespass), and a fallen beam lying in the road over which the plaintiff later stumbled and sustained injuries (case). Actions in trespass started as an adjunct to the criminal law; and because of this early association, the plaintiff did not need to prove damages as a part of the cause of action because the breach of peace itself was sufficient "harm" to justify court action. In contrast, because the cause of action for trespass on the case reflected an indirect injury, the common law required the plaintiff to prove the actual damages incurred. The early common law of torts imposed strict liability upon the person who caused harm to another even if the person acted without fault. This strict liability was designed to maximize compensation for the injured person and to simplify proof, although most injuries in fact occurred as a result of defendants' intentional or negligent acts. The requirement that the plaintiff plead and prove the "fault" of the defendant, that is, that the defendant's conduct departed from the standard of care of a reasonable, prudent person under the circumstances, emerged in the common law tort system during the 19th Century.

In England initially and in the American states today, judges rather than legislatures created and modify the common law of torts. Although legislation may change or even reverse judicial decisions, the law of torts is quintessentially a judge – made body of law. Judicial opinions or cases are the explanations that judges given for the legal decisions they make based on the facts presented. Their reasoning attempts to justify the decision in the larger body of cases dealing with similar subjects. As a result, law students and lawyers learn to read cases to extract the governing rule, to understand the underlying legal reasoning, and to learn to use the interplay of facts and the law to extend rules to new fact patterns. Because the law of torts is comprised largely of judicial decisions, lawyers must learn how to analyze these primary sources. Judges make the common law of torts in little bits as cases come before them – bricks building a body of law. While the legal rules governing simple, recurring fact – patterns of tort law are well – settled, many real legal issue continue to arise as life and circumstances generate new fact – patterns that courts have not previously encountered. Uhe rules derived from earlier cases may not satisfactorily resolve today's disputes. When lawyers reason by analogy from prior cases, often there are no clear answers, but only good arguments based on facts, law, and public policy.

/目录/

TABLE OF CONTENTS

第一章 引 言

Torts，或者说 tort law，对于久沐大陆法传统熏陶的中国法学院学生而言可能不是一个耳熟能详的概念，实际上即便在美国，如果一个平时不太跟法律打交道的人偶然在报纸上读到了这个单词，恐怕也未必能说出个所以然。的确，torts 这个词，中文可以翻译为"侵权法"或是更学究一点翻译的为"民事损害赔偿法"，其既非英语在日常生活中的口头用语，也不是个土生土长的英语词汇，而是来源于拉丁语中的"tortus"一词，大致是"扭曲"的意思，与其意思相近的还有法语中的"tort"一词，意思为"伤害"或是"错误"。

侵权法虽然是英美法系中历史为最悠久的概念之一，但其真正作为一个具有完整理论体系的独立法律部门在美国的司法实践中得到体现和高度重视却只是最近 100 年，尤其是近 50 年来的事。同美国很多其他的法律部门一样，美国侵权法无论在理论还是审判方式上都脱胎于古老的英国判例法，因此研究美国侵权法必须要在英国法中找寻源头。一般认为，尽管学者们都把 1066 年诺曼征服作为讲述侵权法历史的起点，但现代侵权法的影子最早来自于英国中世纪一种名为"appeal of felony"的诉讼，意为如果被告被认为有罪将会受到没收财产的惩罚。侵权作为一项独立的诉由存在则起源于 13 世纪的令状（writ）制度，当时任何人希望因为遭受侵权而获得司法救济必须首先取得英国国王发出的令状，其通常被分为直接侵权诉讼（the action of trespass）和间接侵权诉讼（the action on the case）两种。在随后的几百年里，英国的法院通过在审判中不断的积累，逐渐发展细分出了一系列单独的侵权行为，不仅使在理论上勾勒出侵权行为的一般要件成为可能，而且客观上促使僵硬死板的令状制度通过诉讼程序的改进得以废除，为侵权法的进一步改革极大的拓展了空间。至于过失成为侵权行为的一种，更是19世纪后半期伴随着工业革命的机械化大生产，为平息当时由于机器落后而频繁造成人身伤害而引发的诉讼发展起来的。

美国的侵权法虽然起源于英国，但是这并不意味着其只是英国侵权法的翻版，实际上美国不仅自独立以后已经发展出了自己的一套丰富的判例法体系，而且在侵权法的理论上也多有创新，甚至可以毫不客气地说，无论就研究水平还是审判实践而言，美国是当今世界上侵权法体系最为成熟和先进的国家。特别是在被认为是美国侵权法发展黄金时期的1945－1980年间，美国在产品责任、严格责任、比较过失、惩罚性赔偿、隐私权保护、反种族、性别歧视等方面对侵权法进行了较大的调整，一方面极大地提高了对公民的保护水平，另一方面有意识的通过法律引导带动整个社会完成转型。这一系列调整的结果在今天看来应该说是非常成功的且具有前瞻性的，不仅对世界各国侵权法的完善起到了垂范作用，而且在所谓的新经济浪潮的洗礼中硬经受住了考验，这一点在东芝笔记本电脑事件里中、美两国用户所受到的截然不同的待遇上就体现的非常明显。

侵权法在美国的地位从过去的鲜为人知、视同鸡肋，到如今的妇孺皆知，从一个侧面十分生动地反映出了美国侵权法的长足发展，这既有赖于最近50多年来法律界在这一领域内的锐意改革和显著效果，也同时要归功于新闻媒体不失时机地对其中一些所谓大案、要案的全方位报道，客观上吸引了全社会对于侵权法的关注，比如说女星 Julia Roberts 就曾在电影 Erin Brockovich 中把一个年轻妇女几乎单枪匹马告倒违法排放化学品的公司，最后导致3亿美金赔偿的真实案例搬上银幕。当然法学界和新闻媒体对于这些案件的着眼点是不一样的，新闻媒体对这些案件的报道分析从专业的眼光看也多有偏颇，但这并不妨碍普通市民通过大众传媒接触到这些或是有身分显赫的当事人、或是存在天文数字的赔偿金额的案件时所本能地产生出难以抑制的好奇心，一时间造成了洛阳纸贵、万人空巷的效果，在这里可以兹举两例。

Liebeck v. McDonald's Restaurant, Inc.[1]

在美国新墨西哥州的一家麦当劳餐厅里，一个 79 岁的老太太 Stella Liebeck 买了一杯热咖啡，当其试图打开杯盖饮用时，不慎将一些咖啡泼在了腿上，立即就感到一阵灼痛，后来被确诊为三度烫伤。据调查，当时麦当劳卖给老太太的咖啡的温度大概在华氏 180 到 190 度之间，一般咖啡的饮用温度在 140 度左右，而液体的温度降至 155 度时就没有危险了，老太太据此以产品责任为由对麦当劳提起侵权之诉。案件的发展让全美国的民众目瞪口呆，法院既没有追究老太太自己不小心，也没有让麦当劳赔点医药费了事，而是判决了麦当劳承担 270 万美元的惩罚性赔偿，理由是必须警告像麦当劳这样的大公司应该善待每一位顾客。事后不仅普通市民被这个天文数字弄得飘飘然起来，仿佛产生了一种堂吉柯德搬的幻觉，媒体们也从这个判决中受到了莫名的鼓舞，高呼民权时代的来临。当然这个判断大体上是不错的，日后烟草公司的厄运也证明了这一点，但从法学研究的角度上看，这样的报道还是带有瑕疵的，实际上媒体都忽略了 270 万美金还不到麦当劳连锁店一天的总收入。

Jones v. Clinton[2]

如果说麦当劳的案子还只是让美国人听了一个有点传奇色彩的

---

[1] Liebeck v. McDonald's Restaurant, Inc., No. CV-93-02419(Banally County Court, New Mexico, November 1994).

[2] Jones v. Clinton, 990 F. Supp. 657(E.D. Ark. 1998).

故事，那么这个案子包含了性、权力、丑闻、政治斗争和谎言等所有一个成功剧本能够想像得到的元素，可以算是一部好莱坞大片了，但惟一不同的是它是真实的，男主角就是合众国的前任总统。1994年5月6日，一个名叫 Paula Corbin Jones 的女士，向联邦法院起诉总统 Clinton，宣称曾在1991年5月8日受到当时任阿肯色州州长的 Clinton 非礼，并据此提出了包括名誉权侵害和精神遭受痛苦在内的四项诉讼请求（控告其性骚扰的时效已过）。在调解失败和总统豁免权被法院否决后，Clinton 不得不在极其尴尬的舆论氛围中应诉。于是双方律师展开了一场美国历史上极为经典的教科书般的民事诉讼程序攻防大战，白宫一方小心翼翼地回避实体问题，在技术性的程序问题上不断向原告发难，Jones 一方的律师毫不示弱，也引经据典的适时反驳，双方你来我往、针锋相对，光是解决诉讼程序问题就打了4年之久。在1998年法院接受了被告方提出的动议，驳回原告的起诉，但 Jones 立即上诉，又使美国总统寝食难安，最终双方在1998年11月13日以85万美元的代价达成调解协议，给这个案子划上了句号。岂料事后看来这也只能算个顿号罢了，Lewinsky 的出现更是起到了火上加油的效果，此乃后话与本文无关，故暂且不提，但号称除了上帝以外这个世界上权力最大的美国总统，在法院的传唤下有苦难言地陷入到这么一场难堪的官司之中，让全世界的观众在咋舌之余，也无论如何都见识了一下美国侵权法的威力。

上述两个都是美国侵权法诉讼中极为典型的案例，也分别反映出了美国侵权法的一些特点，但如果说可以就此管窥美国侵权法的全貌，却也是非常不切实际的，因为其所涵盖的领域实在是包罗万象、无所不至。那么究竟什么是侵权行为，或者说侵权法的范畴是什么呢，这是研究一个部门法所通常首先应该明确的问题。但是让人十分失望，却又非常恰如其分的是，美国侵权法至今还没有而且以后也未必会有一个得到法学界广泛认可的标准的定义，这是由于侵权法所涉及的领域太过于纷繁复杂、灵活多变，试图用一句话或是一小段话来概括所有这些局部实在是有挂一漏万之嫌。但如果我们不在乎高度凝练的语言会牺牲掉侵权法所特有的鲜活的个性的话，我们可以参考美国侵权法权威、《侵权法重述（第二版）》的主编、美国法律学会会长 William L. Prosser 的定义："侵权法是一种对由于一个人因违反法律规定的责任而对他人的人身或财产权益造成的损害提供救济的法律机制，其实质是针对民事过错行为的补偿。"这样微言大义式的阐述对于我们了解美国侵权法的具体构成未必有很明显的帮助，但并不妨碍我们通过对美国侵权法特征的描述来稍稍弥补定义过于抽象的不足。

首先，侵权法是最与人们生活息息相关的法律部门。只要是人们在社会生活中因为他人违反法律规定的行为而使得利益遭受损害，就属于侵权法管辖的内容，这样一来日常生活的所有领域几乎都包括在侵权法的范畴以内。就简单地拿一个人的衣食住行来说吧，如果鞋子没穿几天就破了可以起诉产品责任；如果认为什么药吃下去产生了副作用可以起诉严格责任；如果呆在家里觉得邻居太吵可以起诉滋扰；如果出门遇到车祸更是可以起诉故意伤害再加精神痛苦。当然这还只是侵权法所涵盖的很小一部分，或者说是很基本的一块领域，实际上侵权法的边界一直都在不断地扩张和变化之中，人们社会生活的形态有多么丰富，侵权法就有多么丰富。总而言之，只要你感到自己的权益受到了损害，即使不确定究竟属于哪一个法律保护的哪一种权益，侵权之诉也几乎总能提供给你合适的诉由。

其次，侵权法是最能体现出学科交叉性的法律部门。侵权法在历史上很长一段时间内都是依附在其他部门法的基础上发展起来的，比如刑法、合同法等等，即使现在作为独立的法律部门出现，也处处体现出与这些部门法在理论上的紧密联系。可以说侵权法是由刑法、合同法、财产法等部门法各自让度一部分领域而形成的，也可以说侵权法是管统统其他所有法律不管部分的部门法。但是从性质上讲，侵权法和这些部门法又有着截然不同的侧重点。和刑法相比，侵权法强调的是对于损害结果的补偿，而刑法强调对于犯罪行为的制止和惩罚。和财产法相比，侵权法虽然也涉及到对于动产与不动产的保护，但侧重的是对于损害的救济，而财产法强调的是所有权的归属和产权的界定。和合同法相比，虽然两者都是以责任为基础，但合同法注重合同双方的约定，而侵权法则以法院觉得适当为限。和行政法相比，行政法关注的是自上而下的管理职能和自下而上的制约机制，而侵权法在提供救济时并不特别强调诉讼主体的地位如何。和知识产权法相比，知识产权法重视的是建立一种保护智力成果的体系，而侵权法偏重于侵权行为发生后的补救。

再次，侵权法是所有诉讼类别中应用最广的法律部门之一。美国是一个好诉的国家，我们又正处在一个美国历史上诉讼活跃的时代，据美国司法部 1993 年对美全国最大的 75 个郡（county）的地方法院的调查结果显示，仅从 1992 年 7 月到 1993 年 6 月的一年间，这些法院总共受理了数目惊人的大约 378 000 件侵权诉讼，其中涉及到 140 万名当事人，平均每件案子耗时一年半，案子中的绝大多数属于交通事故，而牵涉到产品责任、医疗事故、食品卫生等的复杂案件约占 10%，有 75% 的案子通过调解解决。这些数据还仅仅代表了美国侵权法诉讼在十几年以前的水平，近年来随着集团诉讼的兴起，侵权法诉讼当事人、涉及金额和审理用时的数目只会有增无减。

另外，侵权法是最富有生命力的法律部门。由于其具有包罗万象的特点，侵权法把触角伸展到了社会生活的每一个角落，因此能够对社会中的每一种变化迅速地作出反应，再通过一定数量的积累而吸收到自身的理论体系中。这种自我更新、自我循环、自我反哺的功能使得美国侵权法可以不断地从社会实践中汲取养料，从而保持旺盛的生命力，始终立足于社会变革的最前沿。历史也证明了这一点，无论是在过去反对种族歧视，还是现在的妇女和少数族裔的权利保护方面，侵权法都发挥了正面的作用。

最后，侵权法是调解社会各阶层间利益分配最有效的法律部门。虽然侵权法案件大多数都只是邻里之间鸡毛蒜皮的小事，但由于英美法系法官造法的特点，实际上一些看似不起眼的细小纠纷经法官判决以后往往成为了改变社会潮流和价值取向的原动力。设想有哪一部法律能让麦当劳如此自觉地把所有热饮的温度都降至155度以下，既不会有也不可能有，但新墨西哥州法院的一个侵权法判例就可以，因为如若不然其他法院都来个照此办理，饶是麦当劳财大气粗也赔不起。再比如以前医生因为担心一些病人心理承受能力而故意隐瞒病情，随着肯定病人知情权的一系列侵权法案例出现，医生如果再这样做将承担很大的风险因而越来越倾向于把病情和治疗方案对病人尽量告知，在无形之中改变了医疗界的一种风气。正是由于美国侵权法在帮助弱势群体对抗强大的公司、企业和根深蒂固的习惯势力上的突出作用，其被一些人由衷地称为"私人的总检察长"。

侵权法一直以来被认为是两大法系之一的普通法的脊髓所在，研究美国法律发达史的权威 William Nelson 曾经断言："从来没有其他任何法律能像侵权法这样一直以来吸引着如此多的法学家关注。"的确，作为普通法最古老的组成部分，侵权法几百年来绵延不绝的判例就像一块块活化石，详细地记录了英美法系在商事习惯、司法程序、法律思想、社会风俗上的演变，为我们研究普通法的渊源和精神提供了生动的画卷。而与此同时，侵权法又像是一面忠实的镜子，事无巨细地反映着当代社会生活的方方面面，因此研究侵权法案例是了解美国社会最直接、深入、便捷的途径。

在美国，侵权法的法律渊源主要来自于判例，现在依然保持了这一传统，因为侵权法诉讼多数都是在州法院系统进行的，所以美国侵权法的主体是各个州自己的案例系统。美国又是一个采取双轨制法律体系的国家，除了一个自上而下的联邦法院系统，每一个州都是一个独立的法域并拥有自己完整的一套法院系统，因此不同州的侵权法之间可能存在着一些差异，这是我们在阅读案例时应该特别注意的。当然，除了这些不同性格的法官在不同时代撰写的法律意见和对这些判决的进一步解释如《侵权法重述（第二版）》以外，大多数州和联邦都有一些为解决特别侵权问题而专门制订的成文法，如1946年的《联邦侵权索赔法》等等。美国侵权法从形式上看散乱无章，从内容上看纷繁复杂，在研究时就需要按照一定的标准加以分类。一般的分类方法有两种，一是以责任基础划分，可分为故意侵权、过失侵权和严格责任三种；另一种方法是以侵权对象划分，可分为人身侵权和财产侵权两种。虽然侵权法的定义众说纷纭，但对于侵权法的功能和作用，美国法学界的认识却是比较统一的，大致可以归纳为：（1）提供一种和平的机制去调整人与人之间的权利义务；（2）对一些违反法律、侵犯他人利益的行为产生威慑；（3）鼓励大家对自己的行为负责；（4）尽可能地使受害人的权益回复到受侵害以前的状态，并对其提供补偿。

在美国所有的法学院，侵权法总是被列为一年级新生的必修课，这不仅是因为侵权法作为最重要的法律部门之一必须被掌握，还在于侵权法所独有的与人类生活方方面面都有紧密联系的特点非常有助于这些刚刚步入法学殿堂的年轻人建立起用一种不同于以往的视角看待这个社会；懂得人的简单行为可能在法律关系上所引起的复杂意义；更加深刻地理解人与人之间所产生的种种争议背后的根源；知道如何调和不同阶层、群体间广泛存在的利益冲突；尊重多元化的价值取向以及准确定位法律、道德和世俗习惯间的差异与合作。这些并不是单纯地对法律知识本身的学习，但是法学院却必须让这些以后有志于成为我们这个社会正义与价值观的守护者的年轻人尽早领悟到法律在刚性的威慑、惩罚与禁止的另一面也具有着妥协、回避与隐忍的柔性，这正是美国法学院教育学生的宗旨所在

——think as a lawyer。

大陆法系中同样也有侵权行为的概念，但是在理解和应用上却与英美法系有着不同的认识，这主要是由于两大法系在理论体系上的不同架构所决定的。由于英美法系从根本上缺乏概括意义的民法体系的概念，其侵权法、合同法、财产法、婚姻家庭法、知识产权法等都是分别作为一个个具体意义上的法律部门独立发展起来的，各自有完整的案例法支持，而这些部门法之间却很少有共同的哲学理论相互沟通与联系。好在美国人从来不甚重视单纯的理论与概念，只强调在实践能中解决具体问题，因此虽然几百年来美国人甚至连侵权法的定义都还没总结出来，但这并不妨碍美国侵权法在创新和发展上多有建树。而在大陆法系，侵权法被认为是民法体系之下的一个组成部分，而侵权行为是作为债的发生依据，这种认识可以追溯到罗马法中的私犯概念，查士丁尼《法学总论》第四卷第一篇即有关于"侵权行为所发生的债务"的规定。现在大陆法系对于侵权法的认识和概念可散见于各国的民法典中，如《法国民法典》的第 1382 条和 1383 条和《德国民法典》的第 823 条等，其中又以《日本民法》第 709 条的规定最为准确："因故意或过失侵害他人权利者，负因此而产生损害的赔偿责任。"中国因为还没有一部完整的民法典，故也没有独立的侵权行为法篇，其关于侵权行为的一般规定可参见《中华人民共和国民法通则》的第 106 条的第二款、第三款，关于侵权行为的具体类别可见于第 117 条到 120 条，大致包括财产权、知识产权、人身安宁权和人格权 4 种。总的来说，目前中国通过立法和执法反映出来的对侵权法的理解能力还不足以和世界先进水平相提并论，这是由于受传统的息诉法律文化的影响和文革时法律虚无主义的破坏，中国的现代法学研究还刚刚起步，其理论成果体现到具体的司法实践再进而转化为全民的法制意识也仍有一定的时间差，与美国这样已经积累了数百年审判经验的老牌英美法国家相比有所疏漏在所难免。但是认识到了差距并不可怕，世界上已经有了在侵权法实践上非常成功的国家作为榜样，以拿来主义的态度博采众长虚心学习，用他人之长补自己之短，想要在一段不长的时间内弥补上这样的差距并不困难。

记得柳青曾经说过这样一句话："人生的道路是漫长的，但紧要的就那么几步。"的确，人生总是会遇到几个可以改变命运的十字路口，只不过有些人抓住了，而有些人甚至没有意识到机遇的存在，对个人是这样，对国家而言也同样如此。一个国家的发展固然需要自身的振奋和积累，可国际经济环境和政治氛围以及其他一些说不清道不明的外部因素的支持也必不可少，也许这就是古人所说的国运。现在的中国正处在这样一个非常关键的历史转折点上，国际上和平发展成为主题，国内经济腾飞、民心可用，如何把这种势头保持下去是中国能否在这个世纪重现汉唐荣光的希望所在。虽然通过经济体制和政治体制改革确保市场经济建立的重要意义已经成为了全社会的一种共识，但继续深化改革的阻力也越来越大，用朱镕基总理的话来说就是面临着"地雷阵"和"万丈深渊"。只要是改革就必然会调整全社会现有的财富分配方式，触动一些既得利益集团的势力范围，改变人与人之间的社会关系，从而带动整个社会阶层在地位和收入上的重新洗牌。可以说中国正期待着这样一个凤凰涅槃式的新生，但在改革的重压之下，一旦涉及到具体的人的具体利益时，矛盾就会尖锐起来，要想顺利地实现改革的软着陆，尽量减少这种淬火般痛苦，就必须先从制度建设着手，努力为改革建立一个公正、公平、公开的外部环境，这就需要我们认真学习和掌握先进国家的法制体系和法律文化。美国著名法学家 Lawrence M.Friedman 曾在他的大作《美国法制史》中谈到："到其他国家的法律渊源中去学习，是改进本国法律最便捷的途径。"相比较其他国家而言，美国侵权法确实有更多的地方值得中国去学习，这不仅是因为美国拥有最先进的侵权法理论；最完善的司法实践；最丰富的研究资料；最杰出的法官群体；最开放的学术交流态度，还主要因为美国自身是一个非常年轻的国家，也经历过一个完整地把分散、割据的地方经济形态整合为市场经济体制的过程，中国在今天所遇到的很多问题，美国在历史上也都出现并解决过，所以研究美国侵权法对中国来说非常有可比性。的确，中、美两国在文化传统、法律思想、习惯风俗、经济结构上都有明显的不同，但这种制度和观念上的差别并不妨碍中国对美国侵权法有所借鉴，一方面世界上本来就没有两片相同的树叶，另一方面从实践上看，美国侵权法在五六十年代所关注的公民基本权利问题，中国正面临着，美国侵权法现在所关注的无因侵权、消费者保护，中国即将遇到，总结美国的经验教训至少可以帮助中国少走许多弯路。所谓的中国国情，是我们在采用拿来主义时需要考虑的一个纯粹技术性的问题，不可能也不应该成为中国拒绝海纳百川的借口。

如上文所述，美国侵权法主要是由判例法组成，因而本书在编写过程中也十分注重保留这一特色，突出以美国历史上不同时期、不同背景、不同层面的一批经典案例为主体，一方面尽可能地把思考的空间留给读者，一方面强调美国法学院原汁原味的教学模式，力图使读者能够对美国侵权法有一个清晰且全面的认识。读者们在阅读案例时，应该注意几个问题：

首先，应当学会正确地解读案例的索引标识，从中可以获得很多关于这个案例在程序上的信息。这里可以举一个简单的例子，比如 United States v.MacDonald, 531 F.2d 196, (4th Cir.1976)，其中 United States v.MacDonald 是本案的双方当事人名称，531 是在美国案例汇编中本案的卷标号，F.2d 是表示这个案子是出自联邦案例汇编系列二的缩写，196 是本案在这本案例汇编中从哪一页开始，4th Cir. 代表本案是由美国联邦第 4 巡回法院作出判决的，1976 表示的是作出判决的日期。当然这还只是比较简单的一种形式，美国法学院的学生要用一年的时间学习法律和案例检索。

其次，本书在编译案例时，并没有一些舍弃附在案例正文后的少数法官意见，读者在阅读时也不应该认为其只是少数看法就置之不理，因为美国法院在审理案件时一般采取少数服从多数的原则，因此往往多数意见和少数意见存在着一种相互转化的关系，很可能因为某个法官观念的动摇或是人员的变动，过去的少数意见会成为一个时期内的主导思想，这样的例子在美国的历史上屡见不鲜。而且，通过比较性的阅读多数意见和少数意见，很可能感到因为不同思想间的相互碰撞而产生的智慧的火花，撰写少数意见的法官同样鼎鼎大名、学识渊博，其意见中也充满创见，可能只是因为理解问题的角度不同或是太有前瞻性而曲高和寡。如果忽视了这些精彩的论述，无疑是极大的损失。

再次，读者在阅读案例时，应当充分考虑到案例作出判决的年代、法院以及当时的一些时代背景，因为任何法官在对案件进行审理时都不可能超越自己所处时代的局限性，而且某些案例的判决也存在着对于公众接受能力的考虑，或是对某种社会思潮的呼应，读者们需要警惕上一级法院或是后来的法院对这些判决整体或局部的修正。

最后，我还想谈一谈我个人对于阅读这些案例的体会，也就是我们应该以什么样的态度、或是说什么样的代入感来理解这些案例。我认为，法律、或者确切说美国法、或者更加谨慎的说是美国侵权法主要是一种讲求实际的法律，是强调应用的法律，是一种为了解决问题的法律，而不是什么区分善恶、判断是非、辨别对错的法律。如果这么区别两种看待法律的态度不够清楚的话，我非常愿意讲述一下自己的例子。记得我踏进复旦大学法学院的第一节法理学课，就被告知乌尔比安的名言"法是人与神之间事物的概念，正义与非正义之学"，这对于刚刚进入法学院的年轻人来说当然是一个足以使他热血沸腾的开端，是啊，维护正义的崇高事业、凌驾于普通人之上的智慧以及超然的社会地位，有什么能比这些更加让人激动的呢，至少我本人对于我这从事法律行业的第一课至今记忆犹新。但在以后的学术生涯中，特别是来美国研究法律以后，我愈发觉得如果总是抱着这么一种区分善恶的眼光看待法律问题，你就会感到有越来越多案例的结果你无法理解，甚至让人感到十分痛苦地去接受，这是一种理想破灭般的在内心深处带有无法逃避的背叛感的折磨。然而我想说的是，这样的感觉是完全可以避免的，如果我们能始终抱以实用主义的态度来看待案例中发生的一切，来理解法律来源于社会却又不一定能超越社会的局限，来体会法律在面对错综复杂的人际关系和势力强大的利益集团时的尴尬，那么这本书将会容易读下去很多。这些话可能是多余的，其实如果这本书能对读者们了解美国侵权法的历史、发展与现状有些许教益，那么作者的劳动也就算有所收获了。

第二章 故意侵权

一、概 论

　　故意侵权是英美法国家侵权法体系中最古老也最稳定的组成部分，在 William Blackstone 爵士编纂其举世闻名的鸿篇巨著《英国法评论》的时代（1765－1768），故意侵权即如同侵权法的代名词一般，伴随着工业革命席卷整个英伦三岛的浪潮而作为一种抵御工业化转型对于社会安宁侵扰的机制迅速发展起来的。在 19 世纪的中期，故意侵权就已经具有了非常成熟的理论形态，一方面其中关于各种单独的故意侵权行为的分类和定义与今天相比基本上没有什么太大的变动，另一方面诸如不证自明之诉（res ipsa loquitur）和惩戒性赔偿（exemplary damages）等现代侵权法制度在那时也开始被法院尝试着运用于审判实践中了，当然近 100 多年来故意侵权在理论上也不断地涌现出一些新的设计，比如纯粹的精神伤害、错误出生以及错误死亡等等，但从趋势上来看故意侵权目前已经进入了一个逐渐趋向于因循守旧的平稳发展时期。造成这种状况的原因除了是由于现代侵权法在技术上的分类越来越细，原来故意侵权中的一些内容有了独立的法律法规，还主要是因为在实际的诉讼过程中，故意侵权的很多诉由保险公司拒绝受保，故而即使原告能赢得官司能从被告处得到的赔偿也是非常少的，所以美国的律师和法院多不热衷于故意侵权诉讼。

故意侵权是一类具体的侵权行为的总称，按照《侵权法重述（第二版）》第870节的定义，可大致概括为："如果一个人故意地对他人进行伤害而又没有法律上可以辩解的理由，那么他就必须对由其造成的实际损害承担相应的法律责任。即使该行为不属于传统侵权责任范畴中的任何一种，其法律责任也是不能豁免的。"虽然这样的精炼显得有点过于大而化之了，但从这样一个定义出发以及通过同过失侵权的比较，我们仍可以了解故意侵权的一些法律特征：

首先，侵权行为人在行为（不作为）时的精神状态是确定故意侵权的关键，也是区分故意侵权和过失侵权的主要因素，前者是侵权行为人有意识地通过自己的行为（不作为）有目的并且有一定把握地造成某种结果；而后者完全是出现侵权行为人无意识的行为（不作为）而给受害人带来了权益上的损害，实际上造成的是一种不确定的可能性。

其次，在故意侵权中侵权行为人所造成的实际损害是衡量法律责任的标准，而不是建立法律责任的因素，换句话大陆法系的行话说也就是，损害结果不是故意侵权成立的构成要件。这一点也与过失侵权不同，只有一个人的过失行为给他人造成了实际上的利益上的侵害时，我们才追究该行为人的侵权责任。在美国的司法审判实践中，法院并不会因为诉讼双方争议的标的数额很小而拒绝受理，因为在这类诉讼中原告一方所实际期望的并不是对方的赔偿，其目的往往在于对自己的权益起到确认之诉的效果，比如对于一块所有权有争议的土地，如果法院认为被告进入该土地为侵权，则无异于宣布原告拥有土地的所有权。但是侵权行为人给受害人造成的实际损失实在很小，或是用金钱来衡量不太恰当的话，法院一般会给予原告方名义上的赔偿（nominal damages）。

最后，故意侵权实际上是一个广义的、开放式的法律概念，其所定义的只是一类社会行为所具有的共同特征，只要符合定义中的行为模式就可以被认定为故意侵权。所谓的分类只是出于研究或者论述的方便，但并不意味着故意侵权只有以下的几种，读者们在判断某种行为是否属于故意侵权时，也不应仅仅局限于把现实生活中的行为和任何教科书上故意侵权所通常列举的有限几种诉由相比较，而应该把握住故意、行为和因果关系三个方面来加以区分。《侵权法重述（第二版）》中故意侵权定义的第二句话实际上留有着极大的余地，这不仅是编纂者意识到概括其定义的高度困难，而且也是刻意给立法者在日后拓展故意侵权的外延制造方便，美国目前正酝酿着制订一项关于禁止滋扰性的电话直销的法案正体现了当初制度设计者的良苦用心。

出于共同的法源，故意侵权和刑法在很多方面既有联系，又有区别，但总的来说，两者之间的差异还是比较容易辨别的。从历史发展进程来看，侵权法、特别是故意侵权，在普通法的早期是与刑法混为一谈的，法院在审判实践中并不刻意区分这两种不同的救济方式。这种状况在现代的英美法体系中还能依稀有所体现，许多侵权法的诉由和刑法的罪名是相互重叠的，原告可以根据希望得到的救济而选择进行民事诉讼、刑事诉讼或两者同时提起。通常来说，在一项诉讼中败诉并不当然影响另一场诉讼，比如在轰动一时的辛普森案中，被告辛普森在刑事审判中侥幸过关，避免了牢狱之灾，却在接下来的民事诉讼中被认定有罪，输了个倾家荡产。两者之间的区别在上文已经提到过，最为根本的区别还在于民事和刑事责任的不同，比如说故意侵权的构成要件比较宽松，而刑法的主要原则是法无明文规定不为罪，再有就是在审理过程中刑法有较强的程序性和更高的证据法上的要求。

美国侵权法中的故意侵权学者们一般分为两大类共7项，其中关于侵犯人身权的共有殴打、威吓、非法监禁和精神伤害；关于侵犯财产权的有侵犯土地、侵犯动产和侵占动产。每一项都是一种单独的故意侵权行为，有自己独立的构成要件，但这种理论上的区分在实践中往往没有那么明显，本章即通过案例逐一为大家介绍这些故意侵权行为。

二、故意的概念 (1)

归根结底，法律是一种研究人的社会科学，而人的行为是受本身思维控制的结果，虽然我们平时也在生活用诸如"无意识"、"下意识"等词语来描述一些行为与思想背离的状况，但这些都不是专业的法律词汇。法律认为在一个人行为（不作为）的背后总是存在着行为人一定的心理状态，虽然法律并不直接处罚抽象的思想而是着眼于人的具体行为，但这种心理状态却是区分行为性质、判断罪与非罪、衡量惩戒力度的重要因素。在故意侵权中也同样如此，行为人在为一定行为时是否具有伤害他人的故意，是决定该行为属于故意侵权范畴与否的关键，因此研究行为人当时的心理状态往往是每个律师、法官在接触一个新案件时所考虑的首要问题。

从学理上看，对于故意的重视是侵权法发展历史上的一个非常重要的分水岭，也是现代侵权法理论区别于古典侵权法的显著特点。如前文对侵权法的沿革所述，侵权法最早主要是作为一种赔偿机制发展起来的，因此古典侵权法的理论以"赔偿"为基础，强调对受害人利益损失的弥补。而现代侵权法在发展过程种越来越觉得，作为人类社会发展的一种自然规律，并不是一个人所有的损失都可以由别人来承担，生活中存在一些天灾人祸是难以避免的，只有那些由于他人的过错或是不够谨慎标准的行为所造成的损失才是可诉的。所以现代侵权法的理论是以"过错"为基础的，在故意侵权中只有行为人在行为时带有一定程度的故意才被认为是侵权行为，如果仅仅是因为行为人错误的行为造成了受害人的损失是不需要负故意侵权责任的。

在美国侵权法的故意侵权中，所谓故意是指行为人不仅希望而且确信自己的行为会造成某种后果的心理状态。美国《侵权法重述(第二版)》§8A 中有关于"故意"概念的完整定义："本书所称的'故意'是表示行为人希望通过自己的行为造成一定后果，并且十分确信自己的行为会造成该种后果。"该节的注释 b 部分进一步解释："由行为人故意行为造成的所有后果都被认为是该行为人故意的结果，即使其在行为前实际上并未希望造成这种后果。如果行为人在希望前十分确信地知道自己的行为可能的后果，但仍率意为之，则应当认为该后果是行为人所希望造成的。但如果行为人在事前对自己行为的后果并不十分确信，则其行为只能被认为是莽撞(reckless) 或过失（negligence）。"

法律意义上的故意和动机是两个相似但不同的概念，两者都是一个人在完成一定行为所具有的心理状态，但两者在法律上被运用于不同的场合，动机主要是刑法上的概念，指行为人为一定行为的目的，比如复仇、泄愤、见义勇为等等；而故意是侵权法上的概念，指行为人对造成某种后果的愿望，比如走到马路对面、把电脑打开等等，感觉上动机往往指一个人深层次的心理上的想法，而故意则是引发行为的直接因素。可以再打一个更简单的比方，一个人饿了就要吃饭，那么填饱肚子是一种动机，而端起碗吃饭则是一种故意的行为。

当事人是否具有侵权法的故意，从根本上讲只存在于他的脑袋中，外人无法确切得知，但法律发展出了一套完整的证据规则来考察行为人的故意。如果该行为人主动透露其行为时的真实想法当然是最有力的直接证据，但在现实审判中多不可得或无法确信，这时就需要通过一系列的外部证据把他的言行放在当时的环境中，来推测其行为背后的心理状态。

下面的这个案例讲述的是我们在日常生活中经常会听说的事

故，一个 5 岁的孩子趁别人不注意，顽皮地从背后把她的椅子抽走，让这个人坐下来时摔了一大跤。如果在中国很可能顶多训斥几句就算了，可这个美国人较了真，把小孩子告上了法院。那么法院会认为这么小的孩子具有伤人的故意吗？孩子和大人的故意标准有什么不同吗？法院会采信这个小孩子对事实的描述作为判断有否故意的证据吗？请看法官对该案的判决。

Garratt v. Dailey

Supreme Court of Washington, 1955.

46 Wash. 2d 197, 279 P. 2d 1091.

HILL, Justice. 本法院还是第一次审理指控一个小孩子故意侵权的诉讼。1951 年 7 月 1 日，Brain Dailey（5 周岁零 9 个月）跟随原告的妹妹 Naomi Garratt 到原告 Ruth Garratt（成年人）家里去玩，大伙坐在后院闲谈。根据 Naomi 提供的事情发生的经过，原告本来是坐在院子里的一张木椅上，当中出去了一下，再回到院子里的时候没有发觉 Brain 突然故意把她的椅子向旁边一抽就想当然地坐下，结果坐了一个空，重重地摔在了地上（原告未提供自己是如何摔倒的证词）。然而初审法院并未接受这一说法，而是采信了 Brain Dailey 版本的故事，对那天在原告家后院所发生的事实作出了如下认定：

Naomi Garratt 和 Brain Dailey 到原告 Ruth Garratt 家去作客，原告在自己家的后院招待客人们。大家围坐在一起闲谈了一会儿后，原告回到房间里去了一下又随即返回院子。就在原告离开的那一会儿功夫，被告 Brain Dailey 对原告刚才坐过的那张轻便的木头椅子产生了兴趣，并把它搬到院子的另一边，自己坐了上去。但是当被告发现原告 Ruth Garratt 从房间里回来后，看都没看就往木头椅子原来的位置坐下去时，他急忙站了起来把椅子向原告的方向推去，希望避免她坐在地上。由于被告还是一个孩子，缺乏足够的力气，他未能成功地帮助原告坐回到椅子上。结果原告重重地摔倒在地上，当场造成臀部骨折并在以后的日子里遭受了随之而来的一些其他的伤害和损失。

本案的证据表明，当时被告 Brain Dailey 并非基于任何处心积虑的策划或是非法的目的而移动原告坐过的那把椅子；他也缺乏任何伤害原告的愿望以及对以任何形式的接触去冒犯原告人身安全的打算。而且被告试图救助原告的举动也证实了这不是被告有计划地和原告开的一个带有故意侵权性质的玩笑。

然而，初审法院充分同情原告在这场不幸的事故中所身受的臀部骨折等严重的身体伤害，并考虑到避免重开审判可能带来的时间上的拖延和程序上的烦琐，因此曾建议通过协商的方式由被告 Brain Dailey 赔付给原告 11 000 美元作为补偿。但原告拒绝了这一提议，坚持要求法院作出一个正式的判决或是重新审理此案，在要求没有得到满足后，向本法院提出了上诉。

在处理未成年人侵权的问题上，本法域的一般原则是当一个未成年人触犯了侵权法时，他应该和成年人一样承担法律所要求的侵权责任。本法域的侵权法对未成年人故意侵权构成要件的规定和成年人也是相同的，本案的被告 Brian 无论是 5 岁还是 55 岁，都必须首先被认定作出了某种带有错误性质的行为才会被要求对上诉人所受到的伤害负责。

上诉人称 Brian 搬动椅子的行为构成了侵权法中的"殴打"。在本州的侵权法中，所谓"殴打"指的是故意对他人的身体进行伤害性接触的行为。因为在本案中被告没有提出任何可以被给予豁免的理由，本法院所需要考虑的首要法律问题是本案中是否存在殴打的故意，和这种故意在构成一个殴打性质的故意侵权行为中究竟处于何种地位。

《侵权法重述》§13 的注释 b 是这样判断行为人具有故意的特征的："只有当一个行为是为了造成行为人所希望达到的后果而作

出的，并且该行为人十分确信其行为会造成这样的后果，这个行为才被认为是该行为人故意作出的。"

我们可以肯定，Brian 搬动椅子的行为是在其自身意识的驱动下作出的，因此假设原告能够向初审法院证明 Brian 是在她向椅子坐下去的一瞬间从其身后把椅子抽走，那么 Brian 的举动可以很明显地被认为是带有伤害的故意而使得原告摔倒在地上，故而初审法院也完全应当据此给予原告所希望的救济。

但是原告方对事件经过的描述没有得到初审法院的认可，初审法院反而接受了被告 Brian 一方的证词，即在原告坐下去以前，Brian 就已经把椅子拖到一边自己坐了，因此初审法院判决原告对于被告犯有殴打的指控不能成立。本法院现在面临的任务是在初审法院所认定的事实的基础上判断 Brian 这样的行为是否符合殴打所需要的构成要件。

我们再次参考《侵权法重述》§13 关于行为人故意的规定，其注释 a 部分称："如果行为人仅能认识到或应当能认识到其行为会给他人造成一种产生伤害性接触的可能性，即使行为本身是行为人有意识作出的，那么也不能说行为人具有故意侵权的故意。这种对于行为后果可能性的认识只能证明行为人的行为是一种过失或是莽撞，只有当行为人对其行为后果的认识超越了可能性而达到了十分确信的程度，才能说行为人具有故意侵权的故意。"

根据上述的理论，在本案中仅有原告实际摔倒在地上的事实是不够的，要想说明殴打的存在，还必须证实 Brian 在移动椅子时十分确定地相信原告在回到院子里后会坐回椅子原来所在的位置。虽然初审法院没有发现 Brian 伤害原告是存心的，但如果事实证明 Brian 明知并且十分确信自己搬动椅子会对原告造成伤害却仍然这样做了，那么这种无心之失也足以构成侵权法上的故意。

反之则亦然，如果 Brian 根本没有认识到其行为对原告可能造成的后果，那么 Brian 搬动椅子的行为就不能称之为是一种过错，而无过错，无责任。

虽然本法院从初审法院认定的事实中似乎可以推断出 Brian 是不具备这样一种对于后果的认识的，但如果就据此简单地判决原告败诉不免显得有点草率了，因为在对于本案如此重要的一个事实问题上，初审法院并没有给出非常明确的答案，而是错误地把它忽略了，所以本法院决定把本案发回重审。只有初审法院在 Brian 对于其行为后果的了解程度这个事实上作出了准确的认定，Brian 是否具有侵权的故意这一问题才能水落石出。

总而言之，如果初审法院在重审中发现 Brian 是十分确信地认识到自己的行为会伤害原告的话，那么即使 Brian 不是有意让原告受伤或陷入尴尬的，他也要负故意侵权的法律责任。如果 Brian 在事件发生前缺乏这样的认识，他就应该是无辜的，殴打的指控不能够成立。

还有一点是值得注意的，我们在本案中所讨论的关于殴打的故意侵权一直以来都是适用于成年人的法律，但当本案的原告针对一个不满 6 岁的儿童提出了殴打的指控时，法律并没有因为这一因素而在适用上有所变化。只有在考虑到 Brian 是否能充分认为到其行为的后果这一具体事实问题时，其年龄所带来的智力上的、经历上的以及对事物认知上的劣势才会为法官所重视。

至此，我们不认为原告提出了令人信服的法律意见来说服我们给予其 11 000 美元的赔偿作为救济，也不认为在初审过程中存在着原告所抗议的法官在适用法律上对于原告的偏见。

本次上诉所产生的法庭费用（costs）负担问题将留待到高级法院给出他们的最终意见是再行分配。如果高级法院的判决是支持原告，也就是本案中的上诉人 Ruth Garratt 的，那么她就有权要求对方补偿她此次上诉的法庭费用。但如果高级法院仍然维持了驳回起诉的判决，那么被上诉人就相应地可以让上诉人在法庭费用上对他作出补偿。

本案发回重审，并责成原审法院对本意见所提出的问题在审判中予以澄清。

补充知识：

在本案的判决意见中，读者会发现法官多次引用了《侵权法重述》中的有关条文，并直接作为判案的依据，实际上《侵权法重述》本身并不是法律，也没有任何的法律效力，却因为其在理论上的高度权威性而被美国司法界所认可。《侵权法重述》由成立于1923 年的一个民间机构——美国法律学院（ALI）编纂而成，其目的在于整合不同法院之间相互冲突的判例以及判例法与制定法的矛盾，由专家学者予以审核编定、删选协调，以期形成统一有序的美国法体系，适应普通法日益成文化的要求，目前已历经两版。

通过阅读本案的判决，我们可以发现虽然该法官批评了初审法院在事实认定上的疏漏，却没有轻易否定其中的任何一点，其理论分析完全是建立在初审法院所认定的事实之上，这种上级法院高度尊重下级法院事实认定的做法是美国司法实践的一个传统。形成这个传统主要是基于两方面的原因，首先，下级法院对于案件事实的认定处于一个比上级法院更加有利的位置，接触案子往往在其发生后不久；其次，是出于司法审判的效率，两级法院之间形成分工，上级法院对下级法院已经认定的部分如无疑问就不再重复劳动，只是通过书面审检查其在法律适用方面的错误。在以后的案例中，我们可以多次重温这一传统。

三、故意的概念（2）

在上一节里，我们侧重于理论层面对故意侵权中故意的概念进行了深入的探讨，考察了故意的一般定义、法院解析行为人是否具有故意的方法以及未成年人在侵权法中的责任范围。但是我们应当注意，在美国侵权法这个操作性很强的领域内，所谓理论往往是学者对于法官长期积累的司法实践经验在学术上的升华，而任何抽象的总结概括必然是以牺牲多样性为代价所取得的理论构建的统一。从学理的角度来学习故意的一般理论形态只是掌握这个概念的一个方面，现实中的当事人从来就不会按照学者所勾勒的理想模式来行为，因此我们有必要从某种程度上脱离书本去研究一些其定义未能包含的特殊原则，本节中所谈到的这些法院处理实际问题的做法也可被称为故意理论的适用。

这些原则之所以被称为特殊，主要是因其多偏重于司法实践层面，缺乏阐示发微的余地，故而研究侵权法的学者在著述时往往一笔带过语焉不详，绝不是指其在故意侵权理论体系中的地位生冷偏僻，相反法官在审判活动中遇到的很多难题都要依赖于这些具体的原则来指导。这些原则的内容和形式是多种多样的，有的已经复杂到需要专著来说明，而有的只是一种习惯性的做法，要想一一论述，在篇幅上是不可能的，本节只是摘取其中几个作者认为必须知道的要点，蜻蜓点水般地给读者一点提示，其他的还需要自己通过阅读大量的案例来掌握归纳。

首先，故意侵权中的故意指的是行为的故意而非伤害的故意（intent to act, not intent to cause harm），也就是说只要被告是有意识地主动接触到原告，即使他只是想和原告打个招呼或开个玩笑而误伤了原告，被告也被认为具有了侵权法上所要求的故意。举个例子来说，美国发生过这样一个案子，原、被告是一个单位的同事，一天工作之余，被告看见原告坐在前面，就突然想和他开个玩笑，于是趁其不备从后面猛扑上去，结果原告在猝不及防下摔倒在地，身体受到了伤害。[1]法院判决被告应该负故意侵权责任，虽然他本

---

[1] Spivey v. Battaglia, 258 So.2d 815 (Fla.Sup.Ct.1972).

意不是想伤害原告，但他的把原告推倒在地的行为是故意的。这样一个原则虽然谈不上有什么理论依据，但确实是法院处理侵权案件时的一贯做法，法官们并不经常关心被告为什么要这样做或者说被告做出这样的举动是出于怎样的意图，而是主要着眼于行为本身的性质及其所引发的后果。

其次，错误不能作为一种借口来否认具有故意（mistake does not negate intent）。我们不能把对于自己行为性质、目的、对象认知上的错误作为借口以逃避承担伤害到了他人的责任，如果法律纵容这种不负责任的行为，那么人们就会对自己的行为放松管束，这个社会也会变成象霍布斯所说的狼与狼一样人人自危的社会。美国有个1889年的案例是这样的：一些人出去打猎，被告把原告的狗错认为是只狐狸而把它开枪射杀。法院认为被告理所当然应当负责，并赔偿原告的损失。[1]故意侵权在这个方面有像严格责任的处理方式，行为人有义务对自己行为的后果负责，即使其这样做完全是出于善意的想法。

最后，故意是可以转移的（transferred intent），这里包含了两层意思，一是故意可以在不同的人之间转移，由一个人身上转移到另外一个人那里，还有一层意思是指故意可以在几种侵权行为模式之间转移，比如由殴打的故意转移为恐吓的故意。故意的转移原本是一个刑法上的概念，后来被借用到侵权法的理论当中，用来应对生活中种种意想不到的伤害，比如被告原来想打 A，却机缘巧合地最终打到了 B 等等。美国侵权法发展过程中，确定了故意可以转移这个概念的是1894年的一个案子，一群小孩在被告的房顶上玩惹恼了被告，被告顺手拿起一根木棍想砸其中一个带头的，结果因为这些小孩四散逃去而失手砸到了原告身上，法官认为被告不因没有伤害原告的故意而可以免受惩罚，其试图伤害小孩的故意已经转移

---

〔1〕 Ranson v. Kitner, 31 Ill. App. 241（1889）.

到了原告身上，也就等同于被告一开始就打算伤害原告。[1]这个原则的理论依据在于既然行为人已经具有故意侵犯他人权利的恶意，那么他就必须对这种恶意阴影下的行为所造成的所有可预计或不可预计的后果承担责任。

接下来的这个案例所谈到的又是另一种特殊情况，那就是精神病人所应当承担的侵权责任，本案的原告是一个医护人员，在看护精神病人的过程中被其打伤，原告于是向法院起诉，要求被告赔偿损失。我们都已经知道了，在故意侵权责任的成立要件中，故意指的是侵权行为人不仅希望而且确信某种后果出现的心理状态，那么对于一个精神病人来说，其是否具备故意侵权的行为能力，这是一个医学问题还是一个法律问题，当法律规定与社会道德观念相互冲突时又该怎样取舍呢？请看本案的主笔法官是如何细说其中原委的。

McGuire v. Almy
Supreme Judicial Court of Massachusetts, 1937.
297 Mass. 323, 8 N. E. 2d 760.

QUA, Justice. 这是一个指控被告犯有殴打和恐吓的侵权之诉，本案中法官所要裁定的法律问题可以集中为一点，即是否应当作出对被告有利的判决。

原告方提供的证据为我们展示了本案发生的大致事实经过：原告是一名注册护士，毕业于一所专业的护理学校，而被告是一名精神病人。在1930年8月，原告受雇于被告，承担起照顾其生活起居的责任。在原告接受这项工作以前，已经了解到被告当时的精神状态，并且曾经有过两名护士对她进行过看护。原告的职责要求其24小时照顾被告，因此原告就住在被告隔壁的房间，除了有原告

---

[1] Talmage v. Smith, 101 Mich. 370, 59 N. W. 656 (1894).

陪伴的时间外，原告一般是把被告锁在她自己房间里的。

在 1932 年 4 月 19 日，当被关在自己房间里时，被告突然病症发作，疯狂地攻击房间里的每一样东西。此时正在隔壁房间的原告听到了一阵家具破裂的声音，立即意识到被告处在一种非常暴躁和危险的精神状态中。被告对急忙赶来的原告和女佣 Maroney 小姐（当时也在现场）叫喊，如果她们敢踏进房间半步，就会把她们杀死。原告和 Maroney 小姐看了看房间里的情形，发现里面一片狼藉，认为最好能把里面破碎的东西拿出来以防被告用这些尖利的物品自残，于是她们叫来了被告的内兄 Emerton 先生。当 Emerton 先生赶到的时候，被告站在房间的正中，大概离门有 10 英尺远的地方，手上还拿着一张破碎桌子的腿，像是要打什么人的样子。原告悄悄步入了房间，而 Maroney 小姐和 Emerton 先生站在门口观望。可是就在原告逼近被告并准备夺下其手中的东西时，被被告挥舞着的凶器击中了头部，造成了严重的伤害。

究竟在多大的程度上一个精神病人应当为自己的侵权行为负责，一直是我们现有的判例法体系所没有很明确规定的问题。

参考其他州的法律渊源，我们发现美国的法院一致认为从广义上来说，精神病人应当承担由自身行为引起的侵权责任。作为一项基本的原则，法院在处理精神病人侵权的案件时，既不刻意区分故意侵权责任和过失侵权责任，也不深究不同的精神病种类以及不同类型的病人对其行为后果认为所可能存在的差异，当然对于某些明确需要行为人具有恶意的诉由，比如说诽谤等，精神病人因为明显的缺乏行为能力而不需要负责。我们相信这样的原则更多地是从公共政策和公平正义的角度考虑而制定的，而不是故意针对精神病人这样一个社会群体而把民事责任强行加诸于他们身上。我们的同行在制定这样的原则时，充分考虑到了那些精神病人的看护者所拥有的基本权益以及他们希望人身财产安全同样得到法律保护的愿望，并且认为正如精神病人要对看护者的劳动提供报酬一样，如果该病人在经济上有足够的能力弥补过错，那么他就应该对由自己行为造成的损失进行金钱上的补偿，让别人来无辜地承担一切的后果是有悖于我们这个社会的善良风俗的。法院极端反感需要辨别当事人精神状态和思维水平的工作，但这在刑事案件中是不可避免的，因此，我们极力避免把确定精神病人的认知能力作为一项要件引入到民事审判当中来。

然而，这样的一个原则已经受到了众多来自英、美两国著名学者的尖锐批评，指出这其实是刻板的中世纪风格的侵权法在复活，其本质上是与以过错为基础的现代侵权法格格不入的。虽然存在着种种的批评，我们仍旧认为从司法实践的角度看，这样的原则应当得到继续坚持。

首先，从横向比较来看，精神病人的侵权责任与未成年人的侵权责任是一致的，在一些未成年人侵权的案件中，作为被告的儿童即使年纪小到无法充分了解过错的含义也同样被要求承担侵权责任，他们的精神状态与精神病人有高度的可比性。

其次，从侵权法纵向的发展过程来看，过错的存在还不完全是所有侵权责任成立所必须的先决条件。在目前的条件下，判断侵权行为的立与否在某些时候应当屈从于社会正义的最高要求。

最后，考虑到普通法服从先例的传统，在有如此众多的案例支持这一原则的情况下，本法院将充分尊重这些法律渊源。

但是本案的案情并不牵涉到如此复杂的法学理论上的争执，要求我们对这项原则的取舍作出明确的表态。就本案而言，我们认为理所当然的是，当一个精神病人通过自己的行为故意伤害他人身体或毁坏财物时，他应当如同正常人一样对其行为的后果负全部责任。进一步就目前的侵权法理论而言，如果我们要判决一个正常人负有侵权责任，就必须首先认定其具有侵权法上的故意，因此当我们在处理精神病人侵权时，同样需要从该病人身上找出这么一个故意，并且证明他实际上不仅具有产生故意的能力，而且在为侵权行为时确实存在着法律规定的故意。但这仅是一个笼统的理论，在处理具体的个案时，法律不要求深入地探索某个被告独特的心理状态和内心的真实想法，也不关心究竟是头脑中怎样的有异于常人的幻象驱使被告作出了侵权的举动。

现在回到本案简单的事实当中来，我们认为参考《侵权法重述》§13、§14，陪审团可以很明显地认定被告在当时不仅能够而且确实具有击打和伤害原告的故意，她正是在这样一种故意作用下对原告实施了侵权行为。

然而，被告称她不应该承担法律责任，因为原告作为她的护士在明知她精神状况和自己所面临着巨大危险的情况下仍主动地走进了房间，这一举动表明了她实际上已经意识到并同意（consent）接受受伤这一后果。虽然我们没有详细探究同意究竟能在多大程度上作为殴打或威吓的抗辩理由，但很明显的是被告不可以凭借这一理由来获得胜诉。尽管原告作为被告的护士知道被告是个精神病患者以及被告当时发病后的行为带有暴力性，但被告此前从未有过攻击别人或给别人的人身安全带来重大威胁的记录，特别是在原告一直照顾被告的14个月里。故此我们认为对于当时进入了房间的原告来说，会受到被告伤害的危险并不是那么显而易见的。可是当被告开始破坏家具后，我们可以从证据中发现原告合理地产生了一些恐惧情绪，但由于作为护士有看护病人的职责所在，原告不得不硬着头皮试图上前制服被告。我们觉得像这种原告在由被告所创造的特殊危险环境中仍努力尽忠职守的做法不应该被看作是主动同意去接受可能的伤害结果。

本法院决定支持原告。

补充知识：

在本案的判决意见中，对精神病人是否应该和正常人一样承担侵权责任的问题，我们可以找到两种截然对立的态度：一种是以法院为主体的实践派，主张对此不加以特别区分；另一种是以专家学者为代表的学理派，认为应当坚持以过错为基础的认定方法。但是在本案的审理过程中，主审法官实际上回避了在这两种意见中旗帜鲜明地支持一方的做法，而是更多地考虑到了公共政策的影响，采取了一种折中的现实主义态度，规定如果被告有充分的经济能力补偿原告，那么被告就应当承担责任，这种立场在法律上一般被称为深口袋原则（deep pockets），从解决问题的效果上来看也不失为有效。

虽然本案的法官回避了一个法理上的难题，但关于精神病人的侵权责任一直是不同法学流派之间争论不休的问题，法院的这种略显武断的做法也确实引来了不少批评。于是近年来一些法院对其立场做了小小的修正，规定在正规精神病院接受治疗的精神病人在主观上无法控制或辨认自身行为时，不需要对由其行为所造成的医护人员的伤害负责。

四、殴 打

Battery，是美国故意侵权诉讼中最为常见的一种侵权行为，中文一般约定俗成的译为"殴打"，然而我始终认为这是一个颇有失准确的译法，至少是很容易引起误解的，因为两者在各自的语汇中所具有的内涵并不一致，英文单词"battery"的含义远比中文词语"殴打"要来的大。殴打在中文语境中一直以来给人的印象是指人与人之间带有强烈侵略性、暴力性和指向性的身体伤害行为，而battery作为美国故意侵权诉由的一种，这样的身体伤害只是其所包含行为模式中最为简单的一项，实际上任何对他人人身进行伤害性（harmful）和冒犯性（offensive）接触的行为，比如说人与人在上下楼梯时的相互碰撞、向他人身上泼水或者在别人不注意时轻轻抚摸他人身体，都可能构成法律意义上的 battery，甚至被告根本没有接触到他人身体，而只是粗暴地对待了与他人身体相联系的物品，比如强行夺过别人正戴着的帽子，也归于 battery 的范围。由此可见，用中文"殴打"来原意替换英文的"battery"是不全面的，但在本书所有章节中，为了行文叙述上的方便和学术规范上的统一，都将用殴打来指代 battery 并且拥有 battery 在美国侵权法中的一切含义。

殴打在美国侵权法中的定义可以参见《侵权法重述（第二版）》§13（伤害性接触）和§18（冒犯性接触）中的有关规定，把它们加以概括应该表述为："故意且未经允许地对他人人身采取伤害性或冒犯性接触的行为，或者确信自己的行为会对他人人身造成伤害性或冒犯性的接触仍故意为之。"根据这一定义，我们可以从 3 个方面着重认识殴打的特征：

首先，定义中所称的故意并非指的是伤害他人身体的故意，而仅仅是作出伤害性或冒犯性接触行为的故意，关于这两者之间的差别在前面的章节已经有过表述，但应当进一步认识到的是法律要刻意对这两种故意进行区分，绝非是出于学术研究上的钻牛角尖，而是在一些案件中，这种在理论上看似微小的区别往往会构成罪与非罪的界限。美国有个 1891 年的案例可以很生动地说明这一问题，法官在判决中认为由于本案是发生教室的过道里，一个男孩子踢了另一个男孩子一脚的行为可以构成侵权法意义上殴打，但如果这样的行为是发生在学校的操场上，男孩子之间平常的追逐打闹一般不会被认为具有伤害性或者冒犯性，而被认为是男人在成长过程中的一种不可抑制的天性，那么除非有实际的事故发生，自然不会造成任何法律上的后果。[1]

其次，定义中人身的概念不仅局限于人的身体，而是笼统地指每一个人都作为一个独立的社会实体而于法律上所拥有的在保证身

---

[1] Vosburg v. Putney, 80 Wis. 523, 50 N.W. 403 (1891).

体安全、精神独立、行动自由以及维护人格尊严等方面各种广泛而抽象的权利。事实上像这样庄严宏大的叙事方式已经不是这个世纪的法律所擅长的了，但这种宣言式的权利表述作为一种掺杂了些许宗教意味的社会契约形式，从根本上体现的是西方社会自文艺复兴以降根深蒂固的人文主义诉求，殴打作为美国侵权法体系中故意侵权项下的一种侵权行为只是在不经意间从很小的一个侧面反映出了西方法律文化的这一特点。但是从殴打这种大而全的概念就可以看出，对个人权利极端的保护实际上是一把双刃剑，法律至上主义的潜移默化使得大多数美国人性情温和且善良的同时，也在无形中塑造了一个不乏礼貌却实则冷漠的美国社会，因为如果大家都较真的话，在日常生活中有太多的场合会造成触发殴打的条件，比如在上一节谈到的一个案例就告诉我们，同事之间打招呼时点头致意是比较稳妥的方式，开个玩笑去勾肩搭背实在是很危险的事。

最后，所谓的伤害性或冒犯性指的不是当事人一方主观的心理状态，而是通过被告的行为对其所表现出的意图进行客观的认定。一般来说，判断一个行为是否具有伤害性或冒犯性是一个事实问题，应当交由陪审团作出认定，不过法官有时在审理中也会越俎代庖，因为法官有权决定在具体的案件中什么是事实问题，什么是法律问题，但这常常会在法官当中引发不同意见。关于陪审团和法官之间的分工与各自权限在美国司法的实际操作中一直是个充满争议的领域，其中既有对某个具体问题的性质判断上的不一致，也有非常复杂的法哲学层次上的原因，不过这不是本节的主要话题，我们在以后的章节里还有几乎多次详细谈及。

殴打所包含的行为类型非常广泛，但也并不是人与人之间的任何碰撞都属于殴打，那么究竟什么样的行为会构成殴打，或者说殴打行为的构成要件都有哪些呢？回答这个问题既简单又复杂，说简单是因为众多构成殴打的行为中确实有一些规律可循；说复杂是因为这种把丰富多变的人类行为生搬硬套成几条抽象的公式似乎并不是学习美国法律最有效的方法，至少在美国法学院的课堂上你永远不会见到这样的板书，美国法特别讲究运用之妙存乎一心，只要你头脑里有了殴打是一种伤害性或冒犯性接触的概念，那么就没有什么可以束缚你总能从客户提供的事实中找到对方的行为可以构成殴打的理由。事实是在法律这门学科中从来没有固定的对错可言，从某种意义上讲我们学习的只是预测法官思想的方法，只要法官接受了你的观点，那么你的看法就是对的，但法官的判决也常常被上级或后来的法官推翻，所以很多法律问题永远都徘徊在对与错之间。因此很难说即使掌握了殴打的构成要件又会对解决实际问题有多少帮助，但考虑到大陆法系学生的学习习惯和骤然间脱离了要件分析所产生的茫然无措，我也十分乐意提供给需要者几个殴打行为的构成要件。

第一，被告必须具有为殴打行为之故意。这句话主要有两层意思：其一是指殴打应当是被告人主动实施的行为，而非身不由己作出的，比如说如果 B 被 A 推倒撞在 C 身上，那么不能说 B 具有殴打 C 的故意，因为这是身体受别人控制下的被动行为；其二是指法院不需要考察被告行为的动机，被告碰触原告的行为是出于气愤也好，戏耍也罢，都不影响殴打这一侵权行为的构成。

第二，被告的行为必须具有伤害性或者冒犯性，这一点已经在上文中解释过了，还需要补充的一点是法院在判断某个行为是否具有伤害性或冒犯性时采用的是客观性标准，也就是说以一个我们社会中拥有正常智力水平、道德情操、思辨能力和生活经验的人在同等条件下的认识为依据，当然这样的一个人完全是法律虚拟出来的，在侵权法中一般称之为"理性人"（reasonable person）。因此判断一个行为是否具有伤害性或冒犯性，如果发生在不同的场合可能会导致不同的结果，比如说上文举的那个例子，在教室里踢人的行为是法律所不能容忍的，但在操场上合理的相互碰撞则被认为应当允许。

第三，被告行为的后果不是殴打的构成要件之一，也就是说被告的行为是否给原告造成了实际的伤害在决定殴打成立与否时无关紧要，其只是量刑的因素而已。因此即使被告的行为所能造成的后果非常轻微，甚至受害人在当时根本没有察觉，比如被告强吻原告或偷偷抚摸原告身体，也完全可以构成殴打。如果原告确实没有遭受身体上的伤害，其可以要求名义赔偿以及可能的精神伤害赔偿。

下面我们要看到的是美国历史上非常著名的一个案例，可以说几乎每一本美国侵权法的教科书在讨论殴打这一故意侵权行为时都会谈及这个案子，并把它当作一大类殴打行为的样本加以研究。然而此案例又并非典型意义上的人与人之间因为发生了碰撞所产生的殴打行为，其涉及的主要是侵犯人格尊严方面的殴打行为，本案中，原告和被告之间自始至终没有发生过身体接触，也没有显著的迹象表明原告受到了任何伤害，但审理案件的法院却言之凿凿地判决被告的行为属于殴打，并且此结果几十年来被以后的众多专家学者当作极富意味的法学现象加以引申。那么殴打行为真的能凭空就完成吗，原告如何能证明自己所受到的损失，法院会考量案件的社会效应吗？请听本案的主笔法官自己娓娓道来。

Fisher v. Carrousel Motor Hotel, Inc.
Supreme Court of Texas, 1967.
424 S.W.2d 627.

GREENHILL, Justice. 本次诉讼是由一起殴打行为引发的，原告在本案中要求获得实际赔偿和惩罚性赔偿。原告 Fisher 是一个受雇于 NASA（美国国家航空及太空总署）的数学家，而他起诉的被告共有 Carrousel 汽车旅馆、在旅馆中开设的 Brass Ring 俱乐部以及该旅馆的员工和该俱乐部的经理 Flynn。因为被告之一的 Flynn 在庭审之前去世了，所以本案的被告实际就剩下了 Carrousel 旅馆和 Brass Ring 俱乐部。

本案的原告在事发的当天接受了 Ampex Corporation and Defense Electronics 的邀请，去被告的酒店参加一项关于遥感勘测技术设备的专业会议，在会议的间隙安排有自助的午餐。正当原告同其他人站一起等候就餐时，被告的一个雇员径直走上前来，从原告手中夺去盘子并向他嚷到："这个餐厅不接待黑鬼。"此时原告并没有被被告所接触到，也没有觉得身体有所损伤，但是在众多同事面前受辱使他强烈地感到尴尬和人格尊严受到了伤害。

在初审中，陪审团发现判决给原告 400 美元的实际损失以补偿他所遭受的屈辱，此外还有 500 美元的惩罚性赔偿。但法院不支持陪审团的决定，改判被告胜诉，并且此判决得到了本州民事上诉法院（Court of Civil Appeals）的支持。于是原告向州最高法院提起了上诉。

根据本案的事实经过，我们认为显而易见的是被告故意夺去原告手中盘子的行为已经构成了殴打。故意从他人手中强行夺取物品这一行为就是针对他人人身的一种带有强烈冒犯性的侵扰活动，从本质上讲其与真正接触到了他人身体的效果无异。"构成殴打和威吓不需要存在被告实际上接触到了原告的身体或者是衣服；只要存在被告敲打或抢夺原告手中及与原告身体正相连的一切物品，且这样的行为带有冒犯性，即足以构成殴打和威吓。"Morgan v. Loyacomo, 190 Miss. 656, 1 So. 2d 510 (1941).

上述案件中所阐示的殴打行为构成的理论在本法域中也有先例可循。在 S. H. Kress & Co. v. Brashier, 50 S. W. 2d 922 (Tex. Civ. App. 1932, no writ) 一案中，被告即因为从原告手中夺去一本书而被判决犯有"威吓及侵犯他人身体"。在该案中，陪审团认为被告的行为强占了原告所持有的书并使其遭受了羞辱和耻笑。

坚持"冒犯性的接触原告持有的物品即构成殴打"这一观点的理论依据可参见《侵权法重述（第二版）》§18 的注释部分："原告并不需要证明自己的身体受到了侵扰，因为此时原告所遭受损害的权益实际上是被告在故意且未经允许情况下侵犯原告人身安全的行为对原告人格尊严所构成的冒犯，而不是指其行为在原告的肉体上造成任何创伤。只要是故意且未经允许地接触到与原告身体相连的任何物品，该物品在法律上都将视为原告身体的一部分，故此这种接触因为侵犯了原告受法律所保护的人身安全而可以如同身体遭受了冒犯性接触一样作为起诉的依据。事实上，在生活中有很多与肌肤直接接触且又带有私密性的物品，比如衣服、手杖等等，理应被一视同仁地看作身体的自然延伸。"

因此我们认为用冒犯性的暴力手段夺去原告 Fisher 先生手中盘子的行为足以构成殴打，初审法院以没有实际损失为由否决陪审团裁定的判决是错误的。

在殴打这类故意侵权案件中，精神损失本身就是可以获得赔偿的，原告并不需要证明自己的身体受到了伤害，因此这类案件的判决依据是被告故意且未经允许的行为侵害了原告的人格尊严而非对原告的身体造成了实际的伤害，该理由可具体参见《侵权法重述(第二版)》§18。人格尊严权是殴打诉讼的核心所在，因此被告不仅要对原告的身体伤害负责，而且还要对自己冒犯性和侮辱性的举动对原告可能遭受的精神伤害负责。因此我们认为原告即使无法证明自己在身体上受到了伤害，也有权因被告殴打行为所遭受的一切其他损失获得补偿。

本法院决定推翻前审法院所作出的判决，并责令被告赔偿原告900 美元的损失，该金额自初审判决作成之日起至今的利息，以及所有的诉讼费。

补充知识：

与恪守大陆法系传统的国内法院相比较，英美法系的法官在司法活动中要享有更多的自由和权限，这不仅体现于美国法院的法官对于具体的案件在审判程序上有较强的控制力，还充分表现在案件的审理结果上，美国法院可以对案件作出形式多样的判决。比如本案中我们看到的，初审法院的法官不理会陪审团的意见而自行宣判被告胜诉，这种情况在美国法中有一个专门的术语叫做"judgment notwithstanding the verdict"或者可以简称为"JNOV."，大致的中文意思是指在应由陪审团作出裁决的案件中，当法官认为陪审团的决定缺乏充分的证据支持或其对法律的理解有误时，有权否定陪审团的意见而自行作出与之相反的判决。当然法官对陪审团意见的否定必须建立在非常审慎的基础之上，如果太多频繁的话，会使陪审团制度名存实亡，而且在实践中法官的决定也未必就是正确的，至于这种 JNOV. 在具体审理过程中是如何操作的以及法官会否采取较柔和的方式来解决与陪审团之间的分歧等等的问题太过于细节，有兴趣的读者可以查阅 Black's Law Dictionary 的相关条目，那里会有更为详尽的解释。

在本案的判决意见中，主笔法官多次直接使用了本州及外州的一些案例作为审理的依据，这在判例法国家是法官引证法律渊源的主要方式，但这些来自于不同级别法院的案例却有着截然不同的效力，特别是在司法体系双轨制的美国，对不同层次法院的法官而言，有些案例的意见必须遵从，而另一些则仅仅具有参考价值，找到并区分这些案例的不同效力从某种意义上来说是法官在审理案件时的主要工作。举个最简单的例子，如果仅就某个州法的争议而言，该州最高法院关于这个问题的意见对该州内的所有下级法院来说是必须遵从的，而且包括所有级别的在审理中适用该州法律的联邦法院。如果州最高法院在这个问题上没有发表过意见，那么本州中级（上诉）法院的意见对其地域管辖内的所有低级法院来说是必须遵从的，并且即使其他州的法院或者联邦法院（包括最高法院）对这个问题有过直接相关的判决，也都只有说服性的效力而非强制性的。

五、威　吓

Assault 这个词在日常英语里可以用作一切人身侵害行为的总称，泛指殴打、强暴、袭击等多种侵扰受害人人身安宁的行为，但是在美国故意侵权法的概念中 assault 只具有一种含义，那就是《侵权法重述（第二版）》§21 中所概括的："故意引发他人因合理的警觉到即将发生的殴打行为而产生的恐惧"，所以相应的这个词在中文的教科书里往往被译为"威吓"。顾名思义，威吓这个词的意思指的不是对他人肉体造成直接伤害的行为，而是通过一定的行为对他人进行恫吓，从而引起其对于即将来到的殴打行为本能的产生精神上的恐惧，故此威吓这个概念的重心应该在于"警觉"一词，这是基于受害人自身的意识和经验对尚未发生的事情所进行的一种判断，当然这种判断并不完全是当事人主观的，而应该取决于我们这个社会普遍形成的行为准则。威吓与殴打一样，是美国侵权法的司法实践中另一种最为常见的故意侵权行为，其与殴打无论是在理论形态还是在构成要件上都有许多共同之处，人们也不刻意的加以区分，反而经常联系在一起使用，久而久之，battery and assault 也竟成了法律概念中的一个专门的术语——人身侵害罪，因此我们可以通过两者的比较来详细了解威吓的构成与特点。

我们先谈谈殴打与威吓的相似之处，虽然在理论体系中这是两个独立的故意侵权诉由，但实际上两者之间的共同点显然要多于不同点，或者更加确切地说，法学家们设计出这两种制度的目的就是为了让它们在实践中能形成法网疏而不漏的效果。从历史渊源来看，威吓的出现最初是为了对殴打的概念略做补充，主要是指意图进行但尚未实施的殴打行为，比如在他人面前挑衅的挥动拳头或把对方压迫到墙角等等，但这与我们今天所使用的威吓的定义是有微小区别的。举个简单的例子，如果被告用一把未上膛的手枪瞄准原告，但原告并不知道枪未上膛，其自然对这种危险的举动会产生合理的警觉以及随之而来的恐惧，用我们今天的标准来看，被告的行为可以构成对原告的威吓。但是如果我们用意图但未实施这个定义来判断就很难认为这属于威吓了，因为未上膛的枪不能证明被告具有殴打原告的意图，被告可以很容易地为自己开脱。[1] 当然，应该说明的是，这个例子所称的也算是一种极其特殊的情况了，在具体实践中威吓与殴打的联系极其紧密，威吓往往是殴打的前征，而殴打又是威吓的后果，两者可以同时发生，也经常会相互转换，比如被告在原告面前手舞足蹈地咆哮，这是威吓；但假如被告一不小心用手指戳到了原告的身体，或者被告干脆按捺不住揪住了原告的衣领，那被告的行为就已经属于殴打了。

殴打和威吓除了拥有共同的起源，两者在构成要件上也亦有颇多相似的地方，比如都要求被告的行为能够体现出伤害性或冒犯性的故意；都不强调被告的行为要给原告造成具体的伤害结果；都注重原告认识的主观性与被告行为的客观性相结合；以及都允许精神损害赔偿和惩罚性赔偿的救济方式等等。的确，在很多时候殴打和威吓这两种行为是比较容易混淆起来的，但除了在学术研究时应当务求做到概念明晰外，实践中这种混淆在大多数情况下对法院而言都是可以接受的，这也许又是具有美国特色的实用主义法学的一个体现。

殴打与威吓之间的区别也是显而易见的，最主要的莫过于殴打必定产生于人和人的身体接触之中，而在威吓中则没有这样的接触，其主旨在于原告对于恐惧的警觉，而这种警觉是由被告的行为在客观上所引发的，由此可见，威吓这一侵权行为的核心在于对

---

〔1〕 Lowry v. Standard Oil Co., 63 Cal. App. 2d 1, 146 P. 2d 57（1944）.
　　Beach v. Hancock, 27 N. H. 223（1853）.

"警觉"（apprehension）概念的正确理解，下面我们来详细分析之。

首先，原告的警觉必须是基于对被告行为合理的判断，而非出自自身的臆想或者是对某种行为的过分敏感，法院在这里会遵循一种我们在前文所提到的"理性人"的客观标准。也许有些人对这种在故意侵权案件中经常会提到的客观标准还有不太准确的认识，以为就是以社会上大多数人在同等的条件下的反应为依据，就这个问题，我们也正好可以对此作一番澄清。举个例子来说，医院里的某个病人突然发现一直护理自己的护士是个爱滋病病毒携带者，便以威吓和殴打为诉由向法院起诉。那么该病人对于未发生的恐惧的警觉是否合理呢，如果按大多数人在同等条件下的反应作为客观标准，那么很可能的结果是缺乏医学方面知识的普通老百姓无不在此等情况下惊恐万状，但很显然究其根本这只能被称为大多数人的主观，而非我们所说的客观，两者在逻辑上不存在转化关系。在本案中的客观标准应该是原告以专家证词的方式从科学的角度证明这种因护理关系而产生的原、被告之间的交往，如近距离交谈、量体温等等，会成为爱滋病病毒的传播媒介，被告的警觉和恐惧才是合理的。

其次，原告的警觉必须具有法律上要求的特定性，这里主要包含两层意思：一是原告所警觉的对象应当是被告针对其本人的行为，而不是被告对任何其他人包括原告亲属所实施的行为；另一层则是原告所警觉的必须是即将发生的危险，而不是将来可能的侵害。第一层意思是非常好理解的，我们的法律目前显然尚未进化到仁慈地对人们社会生活中所有的风吹草动都予以救济的境界，而且侵权法对此种情况也已经提供了其他的诉由，这在以后的章节里会详细地加以讨论。而这第二层意思进一步要求不仅被告对原告发出的威胁是即时的，而且实现威胁的能力也必须是即时的，这样的规定就把威吓这一故意侵权行为的特征细化得十分清楚明白，诸如"走着瞧"之类的话以及一切不是面对面的恐吓都无法构成威吓，因为这样的威胁对原告精神上造成的恐惧十分有限，从理论上讲原告有时间、也有余地选择适合的方式避免殴打的发生，同样即使退一步说，原告也可以通过其他的诉由获得相应的救济。需要补充的一点是，英文原版的定义中"即时的"用的是 imminent 一词，注释部分对该词的解释称其不是指立刻、马上的意思，而是威吓与可能的殴打在转化时没有显著地迟延，也就是原告合理地相信殴打会很自然的接踵而来。

再次，被告意图对原告进行殴打的威胁应该是通过一定的动作表达出来的，而非仅仅是口头上的恫吓。很难想像单纯语言上的威胁能够达到法律所要求的足以引发原告恐惧的强度，毕竟隔着电话发出威胁与面对面的剑拔弩张是完全不同性质的两种法律行为，后者可以形成威吓的效果，而前者充其量只能是故意造成精神伤害。当然这一点也不绝对，就个别人的具体情况而言，如果原告能够提供充分的证据证实因为原、被告之间存在某种特殊关系，所以被告发出的口头威胁很可能即时地转化为殴打，仅仅言词也会构成威吓，法律承认有时在特定的环境里恶毒的语言所能给他人造成的心理压力并不亚于拳头。

最后，原告的警觉必须是建立在自身意识的基础之上，也就是说原告应当是主动的感受到了被告即将对其进行殴打的危险。补充这一点从逻辑的角度上讲似乎有画蛇添足之嫌，一个人的警觉当然产生于自身对于环境的认识，但《侵权法重述（第二版）》§22 专辟一条说明此事想必也自有它的道理，因为这实际上针对的是现实生活中经常发生的一类情况。请试回忆我们在上一节谈到的殴打这一侵权行为的特点，其中很重要的一条即是殴打行为发生时原告不需要感觉到殴打行为的存在，但威吓则不然，原告本人必须意识到威吓行为正在发生，而不能依靠事后的回忆或别人的提醒存在。比如被告趁原告没有知觉时（昏迷或熟睡）碰触原告，这种行为可能构成殴打，但是否存在威吓的情节呢？答案是否定的，因为原告当时根本没有意识到被告将要作出的行为，自然更不可能产生警觉乃至恐惧了。再比如被告站在原告背后张牙舞爪，而原告当时疏于察觉，事后才听别人说起，那么原告是否能起诉被告威吓呢，很明显出于同样的道理也不能，事情发生时原告既然都不知道被告做了些什么，合理的警觉也就无从谈起了。

现实生活中可能导致最终构成威吓的行为多种多样，暴力的手段、调笑的举止、甚至激烈的言谈都是潜藏着的威吓的根源，那么在美国法官们是如何从这些行为当中区分生活中的小小游戏和侵权法中的威吓呢？请看下面这个案例。

Western Union Telegraph Co.v.Hill

Court of Appeals of Alabama, 1933.

25 Ala.App.540, 150 So.709.

SAMFORD, Justice. 本案的原告 J.B.Hill 以威吓为由起诉被告 Western Union Telegraph。根据初审法院作出的一项支持原告方的判决，被告向本法院提起上诉。

本案的原告指控被告在阿拉巴马州罕茨维尔市办公室的主管 Sapp 对其妻子犯有威吓。原告所称的威吓行为包括 Sapp 试图把手放到原告妻子的身上；引诱原告的妻子去柜台后面的办公室内；以及调戏原告的妻子称"如果允许自己爱抚她的身体，就帮她修钟"。

本法院首先要解决的问题是，像上述这样一个威吓之诉能否构成获得损害赔偿的适当理由？

Blackstone 给威吓行为下的定义是："一个试图（attempt）或威胁（offer）去击打别人的行为，但还没有碰触到别人的身体，就比如一个人以威胁性的姿态举起手杖或抬起拳头，或者已经挥拳向别人打去但没有击中。"Gaynor 法官在 Prince v.Ridge, 32 Misc.666, 66 N.Y.S.454 一案中表示 Blackstone 的定义尽管不完整但足以揭示出威吓行为的本质了。

一般来说，每一个殴打行为都包含了威吓在内，但反过来一个有效的威吓并不需要借助殴打来成立。所谓的威吓即是指一个非法的去实施殴打的意图，但出于某种原因最终未能实现。或者换句话说，要构成在法律上可诉的威吓必须存在有一种故意、非法的意愿去以粗鲁或愤怒的方式碰触他人身体，并且在当时的环境中给原告在心理上造成了对于即将到来的殴打的恐惧，使其合理地认为如果不加以阻止，被告完全有能力对其实施这一殴打的企图。

本案的具体事实情况如下：Sapp 是被告的雇员，并担任其在罕茨维尔市办公室的经理一职。此时被告与原告订有合同，负有修理和日常维护原告办公地点的一台电动机械钟的责任。通常如果这台钟需要修理，问题首先会被报告给 Sapp 知晓，再由他派出专门的修理人员去上门服务。但是这次情况有所变化，原告的妻子在晚上 8 点 13 分打电话给 Sapp，抱怨钟坏了一天都没见到修理工的影子，于是她只好亲自把钟送到被告的办公室来修。

大约在晚上 8 点 30 分左右，原告的妻子到达被告的办公室，发现 Sapp 正站在一个桌子或是柜台的后面，这一般是电话接线员工作的地方，柜台把整个办公室的空间隔成了接待场所和工作人员办公场所两个部分。这个柜台有 4 英尺 2 英寸高，宽度也差不多是这样，如果 Sapp 站着斜靠在柜台上尽力把手向前伸展，其手指勉强能够到柜台的外沿。并且有作为证据的照片显示柜台的这样一个高度大致与 Sapp 的腋下平齐。

当原告的妻子看见 Sapp 时，Sapp 已经喝了两到三杯威士忌，并且有了几分醉意。Sapp 看到原告的妻子进来，就走到柜台跟前问能为她做点什么。原告的妻子描述当时的情况称："我问他是否明白了我刚才在电话里和他所说的话，他到底打算什么时候修这个钟。他站在那儿看了我几分钟，说道：'如果你到后面来，让我抚摸你一下，我就替你修钟。'他又将这句话重复了好几遍，并伸出手来抓我。我立即跳开，使他没能碰到我。但如果我仍旧站在原地的话，他肯定会摸到我的左肩和手”。

前述的是有原告方提供的证实威吓存在的证据。反之，被告方除了积极地否认 Sapp 曾试图与 Hill 太太发生肢体接触外，又提供了一些事发地点详细情况的照片用以说明从两人所处的位置看，Sapp 不可能隔着这么大的柜台用手碰触到 Hill 太太的身体，除非 Hill 太太当时也把身体靠在了柜台上，或是 Sapp 在脚下垫了其他东西使自己能够爬上柜台。然而原告方有证据对此提出反驳，称即使柜台的宽度和 Sapp 的身高都如被告所说，在客观条件下如果 Sapp 把胳臂努力向 Hill 太太方向展开，也应该能超出柜台的外沿6到8英寸远。关于所有这些证据的可信与否都应该交由陪审团去判断，初审法院在这一问题上的决定没有错误。

本院决定推翻初审法院的判决并将此案发回重审，而且 Sapp 在为上述行为时并不是在被告雇用其的工作范围以内。

补充知识：

读者可能会对本案的判决结果感到奇怪，该上诉法院不是已经认为初审法院在威吓这个争议上的决定没有错误，为什么最终又判决被告胜诉了呢？这是由于控、辩双方在一场诉讼中不同的地位所决定的，在侵权之诉这类民事争议中，美国法院一般采取的是不告不理居中裁决的立场，完全被动地接受双方当事人对整个案件的推动。原告既然向法院声称自己的某项权益受到了某种侵害，就承担有选择合适的被告；应用恰当的诉由；提供充分的证据；要求可能的救济等等的义务，如果其中有一项法院认为有误就可能导致整个案件的败诉，而被告也只需要在为己方的辩护过程中攻其任何一点即可消灭于弥耳。就拿本案来说，虽然原告方能提供证据证明威吓的存在，但不幸的是选错了被告，没有直接起诉 Sapp，而是起诉了他的雇主。很明显，原告这样做的目的是为了寻找一个“深口袋”，让公司而非个人承担连带的法律责任，以便获得更多的经济上的补偿，但法院却不认可在本案中的雇主责任，最终导致败诉。至于为什么本案中的被告不需要对自己的雇员在办公场所的荒唐行为负责，是美国侵权法的另一大类问题，一般被统称为 vicarious liability，在本书的后面会专设章节详述。

在学习美国侵权法故意侵权行为中的威吓这一问题时，有一个发生于 1348 年的英国案例不能不提，因为这是英美法中威吓理论的起源，这就是 I de S et ux. v. W de S, At the Assizes, 1348. Y. B. Lib. Ass. folio 99, placitum 60.，这个案子大致讲的是被告深更半夜到原告的酒馆要酒喝，但是酒馆早已关门了，于是被告就用斧子砸门。酒馆老板的妻子伸头出去阻止，被告顺势把手里的斧子向她挥去，所幸没有伤人。但法院认为尽管最终没有伤害发生，但是被告的行为已经构成了威吓。

六、非法监禁

在本节中，我们所要了解的故意侵权行为是 false imprisonment，中文可以称作非法监禁。相比较在前两节中所介绍的殴打和威吓而言，非法监禁似乎一看上去就是个显得"名至实归"的法律概念，不太需要怎么引经据典的来帮助理解种种似是而非的定义。的确，美国故意侵权法中非法监禁的含义，与我们从日常生活中获得的对这个单词的普遍印象无异，甚至在描述时还要更简单一些，就是指在"没有合法理由的情况下，违背其意志地将他人的行动限制在一块特定的区域里"。然而作为法学理论上的一个一般的规律，越是言简意赅的定义所实际囊括的范围也就越广，非法监禁作为故意侵权行为中的一种，其包含的内容虽未必比殴打或威吓来得更多，但可以肯定的是非法监禁能被称得上侵权法中最为有趣的概念之一，同时也是最有研究余地的一个领域。之所以这样讲，主要原因的有

3个。

首先，非法监禁是一个吸引了很多社会热点问题的领域，从前几年轰动沪上一时的屈臣氏案到现在全国各地各种大大小小不断发生的超市搜身事件，这是中国的百货零售业在发展过程中到目前为止所未能完全解决且颇受到广大群众关注的一个极富争议性的话题，一直以来在中国的司法框架下这个问题总是被理解为名誉权或人格权纠纷，但实质上如果用非法监禁的思路来处理未尝不是一个更加简单明了的办法。关于这一点本节接下来还会专门用一个发生在美国蒙大拿州的案例详加说明。

其次，因为非法监禁的定义非常简单，即便对于律师来说也没有什么可以过多吹毛求疵的地方，所以律师在处理这类案件的时候都会深抠一些事实上的细节问题，作为向对方发难的依据，久而久之就形成了不少在这一领域内琐碎但又很有意思的小技巧。说到这里，我想起了平时人们常挂在嘴边上的一句话是"事实胜于雄辩"，可对于法律专业的人士来说这句话的意思既对也错，当然在铁证如山面前再能言善辩的律师也要俯首称臣，但归根结底所谓事实也还是人们主观上对事物的一种认识，律师们所做的往往并非否认事物的客观存在，而是善于潜移默化地引导大家从对己方有利的角度来重新认识事物，这时候什么是事实什么是雄辩都很难区分了。

最后，中美两国虽然政治制度不同，社会性质也很不一样，但人类社会的经济发展历程却不会因此而改变，总是以生产力的进步为依托从而遵循着一定的客观规律，因此，如果检视历史，中美两国在发展经济过程中遇到的很多社会问题都是相似的，非法监禁这个话题就是个很好的例子。有心的读者可以随便找几本原版美国侵权法的案例集，简单地浏览一下非法监禁部分的案例汇编，就可以发现其中大多数都是发生在上个世纪的中期。很明显这不是一种巧合，而是说明了在那个时期或是稍微更早一点的时候（因为法律有滞后性），非法监禁这个问题在美国突然变成了一个很突出的社会热点，就如同现在的中国一样，美国的司法体系不得不拿出相当多的精力来解决这一问题以树立规范，故而给我们留下了丰富的案例研究资源。而且不同于殴打、威吓之类案例的是，非法监禁的案例一般都比较偏重于事实层面的阐发，因此读起来就像一个个小故事，显得趣味性更多一些。

非法监禁与其他所有故意侵权行为的一个很重要区别之处在于它所仰赖的法理基础不在于其侵犯了原告的某种实质性的权利，比如说人身安全、人格名誉权或是精神安宁权等等，而是一种非常抽象笼统的"自主权"（autonomy），也就是说法律承认每个人都是自己的主人，有权在合法的范围内决定自己的行为，包括行动的时间、方式和地点，侵犯此种权利即构成侵权。正是基于这样一个宽泛的法理基础，美国侵权法中的非法监禁在实际应用时表现了远远超出其他国家相同侵权行为理论在实践中的广度和深度。

美国侵权法体系中的非法监禁，其主要意思虽然与我们平素在口头上所讲的并无二致，但在应用上却比我们理解的要复杂广泛的多，早已超越了最初级的强行扣押人质的阶段，而是通过理论研讨与司法实践相结合的方式总结出了一套非常完整的应用模式，其中每个细节都堪称千锤百炼，下面我们就紧扣定义详细分析之。

要构成非法监禁首先必须有侵权的故意，也就是说非法监禁他人的行为应当是被告在明知且确信的状态下作出的，而不是一种无心之失。比如说如果是图书馆的管理员在不知道还有个读者留在阅览室里没出来的情况下把门锁上了，客观上构成了对该读者的监禁，但这不是我们在本节里所称的非法监禁，最多只会是一种过失行为。而且这种过失侵权与非法监禁的完全不同之处还在于要证明过失的存在，必须伴随有实际的损害发生，故意侵权中的非法监禁则不然，即使没有实际损害发生，原告也可获得名义赔偿或是惩罚性赔偿。

构成非法监禁的方式是多种多样的，既可以通过一定的行为举止，比如把原告强行推入房间里或装出要实施殴打的样子挟持原告进入房间，也可以凭借某种针对原告本人或其亲属的威胁性的言语逼迫原告不得离开指定的区域，还可以用扣押原告财物的方式使得原告无法自由的行动，比如原告到商店里买东西，付款时售货员忘了把磁条取下来，结果原告在出门过检查口时触发了警铃，一旁的保安把原告的手提包一把夺过，要拿到柜台上去检查。虽然保安并没有扣押原告的意思和表示，但原告觉得自己的手提包在别人手里所以必须跟着去取回，就只得和保安一起返回商店里，审理此案的法官认为这已经构成了非法监禁。[1]

　　构成非法监禁的行为不一定要是主动的，有时不作为也可以造成非法监禁的后果。其中一种情况是该放人却不放，比如原告到体育场里去看棒球赛，想出去的时候却发现体育场为了防止人群拥挤引发事故把正门给关了，虽然给想出去的人留了一个边门却没能有效地告知观众，结果导致原告在场内滞留了一个多小时，法院认为体育场的做法虽是出于积极之目的却多有不当之处，依然构成了非法监禁。[2]另一种情况就是表面上放了人，却在暗地里造成原告无法离开的结果，比如原、被告本同属一个宗教团体的成员，被告把原告诱骗到自己的游艇上，后原告希望脱离这个团体要求被告放其下船，被告虽然允许原告离开却拒绝提供靠岸的小船，使得原告被困在游艇上长达一个多月之久。法官认为被告的举动无异于掌握开锁的钥匙又不给原告，其行为构成了非法监禁。[3]

　　通常如果被告不是使用那些暴力诱骗的非法手段，而是采用说服教育的方法使原告自愿地留在或前往某个地方，则不会被认为是非法监禁。比如说有的时候，顾客因名誉清白愿意留在商店里洗脱

---

〔1〕　Fischer v. Famous - Barr Co., 646 S.W. 2d 819 (Mo. App. 1982).

〔2〕　Talcott v. National Exhib. Co., 144 App. Div. 337, 128 N.Y.S. 1059 (1991).

〔3〕　Whittaker v. Sandford, 110 Me. 77, 85 A. 339 (1912).

罪名、职员害怕被解雇而自愿地接受调查以澄清怀疑等等，也许人们作出这样的决定可能是出于比较复杂的心理，但这种情况在法律上一般不被看作是一种威胁。那么如果被告警告原告不要离开，否则就叫警察来呢？这也不是一种会导致非法监禁的威胁，因为警察是国家公权力的代表，叫警察来辨明是非曲直未必会对原告不利。然而这并不是说警察的行为不会构成非法监禁，事实上，这是美国非法监禁理论中很重要的一个组成部分，每年都会有大量的案子涉及此类问题，如果警察在缺乏合理授权的情况下拘捕他人，同样会面临非法监禁以及其他刑事诉讼上的指控。

从时间上来看，构成非法监禁的时间可长可短，关个人十年八年是非法监禁，把人扣住一天两天也是如此，甚至只要原告能提供充分的证据证明被告对其的短暂拘禁（以小时或分钟计）使其耽误了航班以致错过了重要的会议，也可以说服法官相信非法监禁的存在，只是程度上不同而已。从空间上来看，构成非法监禁的地域可大可小，说到小可以仅存立锥之地，说到大能够大到让人难以置信。美国有一个案例说的是，有一个法学院的学生因为在假期被卷入到一场莫须有的民事诉讼中而不得不滞留在纽约，法官判决他完全可以以非法监禁为诉由要求对方赔偿损失。[1]这样说来整个偌大的纽约市都是他的监禁之地。

然而要构成有效的非法监禁，至少在形式上要能体现的出一个完整的监禁行为，也就是说要在主观上隔绝或者隐瞒原告所有可能逃脱的合理途径，或是通过种种手段断绝原告逃脱的想法，锁了前门却大开着窗当然不是监禁行为。那么什么样的途径才是合理的呢？首先，如果有边门旁门却不明显，原告又无从知晓的话，这样的途径当然不算合理。其次，如果原告知道有途径逃脱，但使用此途径包含着极大的风险或者行动的不便，如从三楼的窗户跳下来以

---

〔1〕 Allen v. Pramme, 141 App. Div. 362, 126 N.Y.S. 520 (1910).

及需要一丝不挂地走到街上等等，也不能被认为是合理的途径，因为原告没有义务强冒风险。但如果原告老老实实地待在被监禁的地方很安全，他却硬要自行逃脱，结果受到了身体伤害，这时他反倒无法要求被告赔偿因逃脱行动而遭受的额外损失，纽约有一个案子就是原告强行从行驶中的汽车中跳下，法院却不支持他的起诉。[1]当然假如有不那么危险的逃脱途径而原告胆小，或是原告明知有合理的途径却不走，都无法构成非法监禁。

至于原告意识到自己正在被监禁是否是构成非法监禁的必要要件之一，是美国侵权法中一个有争议的问题。从判例法来看，因为非法监禁涉及的不是身体伤害，所以受害人自己的意识如何往往是判断其抽象权利遭到侵犯与否的关键。有这样一个案子，一个学校的校长因为未交学杂费的缘故阻止某位家长把自己的孩子从学校接回家，家长后来告到法院说校长非法监禁孩子，但法院否定了这种说法，理由是孩子本身并没有意识到曾被监禁过。[2]但是《侵权法重述（第二版）》却扩展了这一限制，认为原告意识到自己正在被监禁或是原告因被监禁而受到伤害两种情况居一即可获得赔偿，还举了一个生下来只有 6 天的孩子被关数日忍饥挨饿的例子加以说明。

Hardy v. LaBelle's Distributing Co.

Supreme Court of Montana, 1983.

203 Mont. 263, 661 P.2d 35.

GULBRANDSON, Justice. 原告 Bebra Jo Hardy 以非法监禁为由对被告提起了此次诉讼，在 Yellowstone 郡第 13 司法区的地区法院所

---

[1] Sindle v. New York City Transit Authority, 33 N.Y.2d 293, 307 N.E.2d 245, 352 N.Y.S.2d 183 (1973).

[2] Herring v. Boyle, 1 Cr.M.& R., 141 Eng.Rep.1126 (Exch.1834).

进行的初审中，法官根据陪审团支持被告的认定而判决了原告败诉，于是原告向本院提出上诉。

被告 LaBelle's Distributing Company（简称 Labelle's）在 1978 年 12 月 1 日雇用原告 Hardy 作为一名临时雇员，并分派她到珠宝首饰部门担任售货员。

1978 年 12 月 9 日，该公司的另一名雇员 Jackie Renner 声称她看见 Hardy 偷窃了公司库存里的一块手表，并立即把她的这个发现告诉了当晚的值班经理。

1978 年 12 月 10 日一早，Hardy 刚刚上班就被珠宝首饰部门的经理助理迎面拦住，其声称所有的新雇员都会被要求跟着他到商店各处逛逛。然而该经理助理把原告带进了值班经理的办公室后就转身离开了，并随即关紧了门。

原、被告就当时都有些什么人在值班经理的办公室里这个问题提供了相互矛盾的证词。Hardy 作证称当时房间里有值班经理 David Kotke，安全部门经理 Steve Newsom 和另一个穿警察制服的人在场。而 Newsom 和那个原告指认的警察作证称当时 Kotke 并不在场，而且房间里还有另外一个警察。

进入办公室后，Hardy 被告知她被指控偷窃了一块手表。Hardy 当即否认了这一指控，并同意配合做一次测谎试验。从双方分别提供的不太一致的证词中我们大概可以得知，这次盘问大约进行了 20 分钟到 45 分钟之久。

紧接着，Hardy 就进行了一次测谎试验，结果测谎仪证实了她没有偷手表。第二天早晨，值班经理向 Hardy 表达了歉意，同时欢迎她继续留在 Labelle's 公司工作。那个声称看见 Hardy 偷表的雇员也向 Hardy 道了歉，然而 Hardy 简短地和她争吵了几句后便离开了商店。

后来 Hardy 以此向法院起诉，诉称她在接受盘问期间，被告违背她的意志强行将她非法扣押。然而初审法院判决 Hardy 败诉。

在上诉中 Hardy 提出了两个基本的争议：（1）本案的证据是否足以支持初审法院作出对她不利的判决；（2）初审法院对陪审团的指示是否有误。

构成非法拘禁的两个关键要件在于在违背当事人自身意志的条件下限制其行动自由和这种限制是非法的。被告既可以通过一定的行为，也可以借助某些使受害人感到害怕的言语来完成对他人行动自由的限制。

在本案中有充足的证据能够让陪审团得出结论，Hardy 并没有遭受违背自身意志的非法拘禁。在提供证词时，是 Hardy 一方面声称自己是被迫留在值班经理的办公室内接受盘问的，另一方面却承认自己当时主观上也希望留在那里把事情的真相弄清楚。没有证据显示 Hardy 主动要求离开过，而且她也没有被告知不许离开。本案中的被告没有使用任何威胁、暴力或是其他任何的强迫手段迫使原告留下来接受调查。虽然在开始的时候，经理助理是以带她参观商店为借口把她骗到值班经理的办公室中，但原告自己也坦陈即使当时她知道是去接受调查并且有两个警察在场，她也会自愿跟随经理助理去办公室的。综合以上情况，陪审团可以很容易的得出结论，Hardy 被留在经理办公室里并没有违背她自身的意志。

本法院认为在本案当作有足够的证据来支持初审法院所作出的判决，而且我们并不认为初审法院给陪审团的指示有误，因此我决定维持了初审法院支持被告的立场。

Enright v. Groves
Colorado Court of Appeals, 1977.
39 Colo. App. 39, 560 P. 2d 851.

SMITH, Judge. 被告 Groves 和 Ft. Collins 市政府根据初审法院作出的一项要求他们因非法监禁而赔付给原告 500 美元实际损失和 1000 美元惩罚性赔偿的判决向本法院提起上诉。

被告在上诉中声称：（1）他们在当时对原告所采取的拘捕行动是完全合法的；（2）被告 Groves 的行为不足以构成异常粗暴的侵权行为；（3）初审法院判决的损害赔偿过重了（excessive）。本法院不认为以上任何一个观点是成立的，因此我们决定支持初审法院的判决。

本案的相关证据显示，在 1974 年 8 月 25 日 Ft.Collins 市政府辖下的警官 Groves 在身着警服执行日常巡逻任务时，发现了一只没有戴项圈的狗跑在街上，此举违反了该市的一项规定"家犬出门必须由主人持皮带束缚之"的法规（dog leash ordinance）。他一直跟着这只狗，最终确定其跑进了 Enright 太太（也就是本案的原告）的住宅。Groves 警官于是向这栋房之走去，迎面遇上了 Enright 太太 11 岁的儿子，就问他那狗是否是他家的。小男孩回答说狗是自己家里养的，并告诉警官他的妈妈正坐在停靠在路口的那辆车里。Groves 警官吩咐小男孩把狗牵到院子里拴好，便调头走向 Enright 太太坐着的那辆车。

Groves 警官作证称自己在此前从未和 Enright 太太碰过面，也根本不认识她。当 Groves 警官走近了，Enright 太太有点惊愕地问他有何贵干。Groves 警官称想看看她的驾驶执照，然而 Enright 太太只通报了自己的姓名和住址。Groves 警官坚持要看到驾照，Enright 太太却拒绝出示。在僵持中，Groves 警官给了 Enright 太太一个建议，要么立即出示驾照，要么就请她到警察局里走一趟。Enright 太太当场提出质疑："你不觉得这样做很荒唐吗？" Groves 警官见此也不再多加理睬，便径直扭起 Enright 太太的一只手臂，简单地说了句："我们走。"

有一位目睹了事件全过程的目击证人作证称，Enright 太太顿时抽泣起来并哭诉 Groves 伤害到了她。此外当时就站在他妈妈旁边几英尺远的 Enright 太太的儿子补充说，他妈妈还当场大喊大叫地试图为自己辩白，向警察解释称自己的胳臂很容易脱臼。然而 Groves

警官拒绝放开 Enright 太太的手臂，于是情急之下 Enright 太太就开始用另外一只尚能自由活动的手击打 Groves 警官的腹部。对此举动，Groves 明显表现得恼怒异常，他把 Enright 太太的两只手反剪到身后并用力把她压倒在了地上，打算把 Enright 太太用手铐铐起来。在此过程中，Enright 太太一直在大声地痛苦地喊叫及恳求 Groves 警官不要再弄疼她。Groves 警官对 Enright 太太的求饶毫不理会，他利索地将后者从地上拉起来再塞进他的巡逻车里去，此时他第一次正式地告知 Enright 太太："你被拘捕了。"

就这样，Enright 太太被带到了附近的警察局里，以违反本市养狗条例，纵容家犬在公共场所脱离项圈束缚为由遭到正式拘捕，并且设定了保释金额。后来在一位朋友的帮助之下，Enright 太太被保释出警察局，但随后她即以遭拘捕的理由被定罪。

本案的上诉方称，Groves 警官拘捕 Enright 太太的行为完全是合法的，因为在事实上 Enright 太太确实违反了城市的养狗条例，并且也正是为此而被捕的。根据这一解释，上诉方进一步论证道原告提出的非法监禁和非法拘捕的诉由是没有法律依据的，在拘捕过程中，Groves 警官所使用的有限的强制措施也是法律所允许的。然而本法院不同意这个说法。

W. Prosser 教授在其《侵权法》一书中曾指出，非法监禁指的是在没有合法理由的情况下限制他人行动自由的行为。因此就本案的情况来看，如果警方在拘捕疑犯时持有逮捕令状或是具有合适的理由相信疑犯确实犯有违法之行为，则这种拘捕称不上是非法监禁。而且在随后的审理中证实疑犯的确犯有遭拘捕之罪名是回击疑犯可能对警方提出非法监禁之诉的最好反驳。

但是在本案中，双方提供的证据都很清楚的表明，Groves 警官拘捕 Enright 太太的真实原因并非在于 Enright 太太违反了所谓的养狗条例，而是 Enright 太太拒绝向其出示驾驶执照。关于这一点可以从被告自己的证词里得到反证，Groves 警官曾对 Enright 太太称要么立即出示驾照，要么就请她到警察局里走一趟。然而本法院不认为所在的法域内有任何成文法或判例法要求市民随时应警察的要求出示驾照，除非当时该公民正在驾驶机动车辆，并且警察的要求与驾驶行为有足够的联系。

被告曾依据 Stone v.People, 174 Colo.504, 485 P.2d 495 一案证明自己要求 Enright 太太出示驾照的要求是合法正当的，但是我们从这个案例中怎么也解读不出来被告所提出的这个观点，这个案例从头至尾没有说过一个没有在开车的人有义务随身携带一份驾照供警察要求时出示。实际上，Stone 一案真正的争议在于，一个缉毒警官在发现被告驾车形迹可疑时要求他靠边停车并出示驾照的行为是否违反了被告的宪法第4修正案权利（Fourth Amendment Rights）。而警察是否可以随时主动让任何人出示驾照的争议在该案中并没有被实际反映出来，因为当该案中的缉毒警官要求被告出示驾照后并在被告对此有所回应之前，警官就发现了被告的手臂上有刚扎的针眼的痕迹，紧接着被告就被拘捕了。此外，审理 Stone 一案的法院在判决意见中特意提到此判决"并不是为了给予执法机关随时随地拦住市民并盘问他家庭住址或要求查验身份证件的权力。"

本案中的 Groves 警官在事发现场自始至终没有向 Enright 太太解释为何当时他坚持要求 Enright 太太出示驾照，而且是在 Enright 太太已经自愿地告诉他姓名和住址的情况下。Groves 警官自己也承认他其实只是想通过驾照来确定一下 Enright 太太的身份，却没有询问过 Enright 太太当时除了驾照外还有什么身份证明文件，而只是简单地要求她把驾照拿出来。

本法院认为，Groves 警官让 Enright 太太出示驾照的要求不是一个合法的指令，所以 Enright 太太拒绝服从的行为并不构成违法，故此 Groves 警官缺乏合法的理由以暴力的手段来拘捕 Enright 太太。上诉方以 Enright 太太确实违反了养狗条例来作为抗辩的理由从法律问题的角度看是一种借口，本法院不予采纳。

本法院决定支持初审法院所作出的判决。

补充知识:

商店店主如何对付被怀疑盗窃的顾客,不仅在中国是个令人头痛的问题,就是在美国也是件让人左右为难的事情,置之不理却心有不甘,把顾客留下检查又怕触犯法律。但好在美国向来是一个讲究实用主义的国家,既然在现实生活中遇到了难题,就只好把抽象的法律概念放到一边。法官们发现自己每年要处理很多涉及到这类商店盗窃的案件,如果都判为非法监禁的话,不仅对商店店主有不公平之嫌,因为其确实因此蒙受了巨大的经济损失,而且这样逐案审理的方式,把本来案情很简单的小额诉讼人为地复杂化了,给法院系统增加了很大的工作量。故此越来越多的法院倾向于从现实的角度出发,应当在合理怀疑的基础上给予店主们自行处理这类私人争议的权力,允许他们在一定的条件下把受怀疑的客人留下来盘问,这种情况不属于非法监禁。美国曾经发生过这样的案例,一个70岁的老头被好几个人看见偷商店里的东西而被店主留下盘问,老头后来向法院起诉非法监禁,但法院认为店主的行为在当时的情况下是非常合理的举动,因而不应该承担法律责任。[1]到目前为止,已经有很多州通过立法的形式确定了这一原则,比较有代表性的有明尼苏达州的 Minn. Stat. Ann. (Supp. 1996) §629.366 Theft in business establishment; detaining suspects 中的 Subdivision 1 Circumstances justifying detention.

---

[1] Collyer v. Kress Co., 5 Cal. 2d 175, 54 P. 2d 20 (1936).

七、精神伤害

无论是与在前面章节已经讨论过的那些侵犯人身权的侵权行为（殴打、威吓、非法监禁），还是与在随后的章节即将要讨论的 3 种侵犯财产权的侵权行为相比，本节中我们要了解的精神伤害都显得实在过于年轻。说其年轻，指的并不是它的概念新颖，因为很早以来精神伤害就被广泛地附带于各种人身伤害责任中而得到法律的确认了，只不过精神伤害作为一种独立有效且可诉的侵权责任出现还是最近三四十年的事情。

尽管精神伤害成为一种独当一面的故意侵权行为在时间还比较短，但因为其在适用上的广泛性而发展的相当迅速，越来越多的美国法院已经正式通过判例在自己法域内确立了单独精神伤害的可诉性。根据对这些判例的研究可以发现，在接受这一新的侵权诉由方面，美国的法院大致分为了两种态度：一种是以德克萨斯州为代表的少数派，其立场更贴近于传统学说，认为精神伤害的可救济性必须以身体上的不良表现为基础，也就是说要想获得精神伤害赔偿，原告必须证明自己的身体因为精神伤害而连带地受到了明显的摧残，比如出现了神经衰弱等等的疾病；而另一种则是以加州为代表的多数派，在这个问题上要走得更远一些，从根本上否认了在精神伤害诉讼中身体连带受损的必要性，主张只要能证明被告的行为与原告的精神伤害在程度和性质上都达到了一定的标准，单纯的精神伤害也同样可以获得救济。从现在精神伤害诉讼的具体实践情况来看，后一种意见在美国的司法审判中日益占据了主导地位，被许多学者认为代表着侵权法新世纪里的一个发展趋势。

精神伤害长期以来都是以必须附着于其他侵权诉由而存在的形式出现的，这并非是人们以前未能认识到保护精神权利的重要意义，而是把精神伤害当作一项独立侵权责任在处理具体案件时确有许多不便之处，比如这是一种无形伤害，举证十分困难等等，这些问题即使到今天未见得解决的很好，但美国法院以就事论事的务实态度却也着实在实践中发展出了很多有用原则构筑起了一套比较完善的精神损害赔偿理论。

精神伤害对故意的要求比较宽泛，除了我们在前面一直提到的明知且确信的概念以外，有时被告人轻率、放任的行为也会构成精神伤害的故意，这就引申出了在精神伤害诉讼中经常会产生的一大类争议，即什么样资格的原告可以获得救济，不同州的法院在这一点上是有分歧的。加州的法院认为被告人的行为不仅要符合故意侵权对于故意的一般要求，而且必须是被告有意识的直接针对原告，或者是于原告在场的情况下作出的。这就排除了在精神伤害诉讼中占很大比例的因为亲人受伤害而引发的官司，比如子女因为父母遭别人殴打而向被告提起侵权之诉。在加州，如果子女们无法证明自己当时就在现场且为被告所知，或者被告殴打其父母的直接目的在于使自己精神痛苦的话，很可能会因为原告资格问题而败诉。从理论上讲这样规定的目的在于避免出现滥诉的情况，但是有些州的法院却是从另一个角度解决这样的问题，最常用的方法就是根据不同类型的案件设置不同的证据要求，在上面所举的这个例子中，原告虽不用担心资格却面临着比较苛刻的举证责任。

自古以来人们就结成社会群居生活，因此每个人在每时每刻都可能因为周边客观环境的变化而使得自身的情绪有所起伏，有时这种波动是可以通过心理暗示来自我调节的，有时却会转换为强大的精神压力，那么法律除了设立精神伤害这一侵权责任来制约非法侵害他人精神健康的行为之外，又是怎样区分罪与非罪界限的呢？其标准简单说来就是被告的行为和对原告的伤害都必须达到一种极端的程度，这个标准是不能够进行量化的，而且会随着具体案情的变化而变化。

先拿被告的行为标准来说吧，精神伤害虽不强调被告行为的形式，但要求其行为应该在性质已经恶劣到文明社会所无法容忍的，并且在程度上达到了极端、骇人的地步，但对于不同的人法律所用的衡量尺度也是有区别的。这样的人情世故我想大家都是可以意会的，比方说一些话女士主动对男士说也许只是失态而已，但如果是男士首先对女士提出就可能被认为非常的无礼了。同样行为在不同场合的标准也不一样，很明显，在喧闹的酒吧里人们行为的尺度就要比在严肃的办公场所要放的开一些。被告的身份以及社会地位是法院决定在具体案件中对其适用哪一种行为标准的重要因素，如果被告的职业是出租车司机、宾馆门僮、餐厅招待等等的公共服务行业人员，其工作的特性就已经决定了礼貌待人是他们最基本的职业道德，因此法院会以较其他行业更高的标准来衡量他们的行为。还有一些时候，如果被告利用自己相对于原告而言的优势地位来欺压原告，比如警察与嫌疑人、老师与学生、债权人与债务人等等的情况，法院对此种仗势欺人也是十分反感的，往往会使用最严格的审查标准。

原告所遭受伤害的程度同样是决定精神伤害的侵权责任存在与否的关键，即使被告的行为已经足够恶劣，如果原告对此安之若素、不屑一顾，那么精神伤害实际上没有发生，也就谈不上什么诉讼了。原告所遭受精神伤害的程度应当由原告方自己举证说明，但是原告本人的所可能具有的特殊的身体状况往往会得到法官的同情。比如说原告患有严重的高血压，不久前差点因此而失明，这个情况为被告所得知后，马上给原告寄去了一大堆帐单，并威胁如不立即偿还就要去法院告他，原告气病交加之下险些一命呜呼。审理此案的法官认为被告在明知原告不能理事的情况下故意刺激原告，行为实属恶劣，所以应当承担一定的法律责任。[1]

---

〔1〕　Clark v. Associated Retail Credit Men, 105 F.2d 62（D.C.Cir.1939）.

精神伤害作为一种独立的故意侵权行为存在是法律进步的一种表现，因为在美国的审判实践中精神伤害诉讼已经成为了司法系统挑战各种性别及种族歧视、保护社会中弱势群体的有利武器。众所周知，虽然美国是一个十分自由开放的社会，但种族歧视问题却是任何人都碰触不得的高压线，涉及此类案件时法院通常会采用最简易之审查标准来证明少数族裔因为歧视而受到的精神伤害，认为如果事实清楚这基本上是不证自明的，很简单的一个例子是黑人之间怎么称呼都不要紧，但假如一个白人称黑人为"niggers"，恐怕这个白人在法庭上是有输无赢的了。尽管有评论家认为这有矫枉过正之嫌，但从总体来看其正面意义还是比较大的。

下面的案例涉及的是一个身体有缺陷的人在遭受别人恶意嘲弄后愤然以法律的手段还击的故事，本案的主笔法官对精神伤害这一侵权责任的分析十分透彻，实在是让人回味无穷，而且请读者们着重体会该法官是怎样进行精神伤害在程度上的把握的。

Harris v. Jones
Court of Appeals of Maryland, 1977.
281 Md. 560, 380 A. 2d 611.

MURPHY, Chief Judge. 原告 William R. Harris, 26 岁，在 General Motors Corporation（简称 GM）工作了 8 年之久后，在巴尔的摩市高等法院起诉 GM 和该公司的一名管理人员，H. Robert Jones。原告的诉状称，Jones 在明知原告患有严重的口吃、且对自身的这一缺陷十分敏感和不安的情况下，仍恶意并带有残忍地以此取笑原告，结果不仅造成原告口吃的症状加剧，而且给原告带来了极其沉重的心理挫折和其他一系列的精神负担。该诉状还称 Jones 的行为是在原告为 GM 工作期间发生的，并且 GM 对 Jones 的行为采取了纵容的态度。

初审时的证据显示 Harris 自幼就患有口吃的毛病，具体症状表现为他在念单音节的单词时问题不是很大，但是如果要朗读稍长一点的单词或是整句的话就相当困难了，这会使得他常常要费力的把头上下摇晃以便自己能顺利的发音。

1975 年的大部分时间里，Harris 受 Jones 领导在 GM 的一个汽车组装工厂里工作。从 1975 年的 3 月到 8 月这超过 5 个月的期间内，Jones 在工作时有 30 余次故意走到 Harris 身边用语言和动作模仿其因为口吃而说话费力的样子。除此之外，每个星期 Jones 还要走到 Harris 身边二三次佯装关心实则羞辱地让 Harris 对口吃的毛病不要太紧张。出于对 Jones 这种恶劣行为的气愤，Harris 的情绪深受刺激，并且时常在心里产生诸如"想找个地洞钻进去"之类的感觉。

在 1975 年 6 月 2 日，Harris 要求 Jones 给他调换一个部门工作，Jones 当即予以回绝，指责其"就爱找麻烦"，并表示如果 Harris 再要是总找公会的代表抱怨现在的处境就要受到惩罚。在说这些话时，Jones 刻意地上下摇头以模仿 Harris 平时说话的样子，并学着 Harris 口吃的腔调把"committeeman"一词断断续续地念为"mmitteeman"。作为此次事件的结果，Harris 又通过单位内部的申诉渠道（employee grievance）要求 GM 有关部门责令 Jones 在今后谨慎自己的言行。我们现在可以从 GM 那里查到这份申诉书，上面标记着已得到圆满解决的字样，也就是说 GM 的有关部门已经找 Jones 谈过话了。然而我们发现矛盾的一点是，Harris 在 5 个月后又递交了一份内容相似的申诉书，这份申诉书上还是标有了已得到圆满解决的记号。

早在受到 Jones 羞辱的 6 年之前，Harris 就已经因为经常感到精神紧张而接受了医生的治疗。Harris 承认生活中有很多事会使他感到压抑不住的紧张，包括工作中遇到的。Harris 在提供证词的时候称 Jones 的所作所为加剧了他的这种紧张情绪并使他口吃的毛病进一步恶化。在 Jones 不断羞辱他的这 5 个多月里，Harris 不得不又因为精神状况而去看医生，医生为他开了一些药。

Harris 坦认别的工人在工作是也会嘲笑或模仿他的口吃。大约有 3000 名工人工作在 Harris 的车间里，用 Harris 的话来说，其中有很多人都不是良善之辈，污言秽语、相互谩骂甚至各种骚乱经常充斥其间。Harris 说在这样的环境中一天工作下来会使他感到比平时加倍的紧张。不过 Harris 也承认自己与 Jones 以外的其他领导也有矛盾，他曾经被停工或调班 10 次到 12 次。因为类似的工作上的纠纷，他还有一次跟踪一位领导直到他家里，为此他还受到了纪律处分。

根据以上的证据，在初审法院法官拒绝了被告所提出的要求法院作出对其有利的直接判决的动议以后，初审的陪审团判决 Harris 胜诉，并由 Jones 和 GM 共同陪付给其 3500 美元的补偿性赔偿和 15 000 美元的惩罚性赔偿。但此判决随后被特别上诉法院（Court of Special Appeals）所推翻。

特别上诉法院在总结精神伤害何时能作为一项单独的有效诉由时，根据的是《侵权法重述（第二版）》（1965）第 2 章 §46 项下的有关条款，现引述如下：

"§46 由极端行为造成的严重精神痛苦，如行为人故意的或放任的通过极端且骇人的行为致使他人遭受严重的精神痛苦，该行为人应当承担相应的法律责任，如同时造成身体伤害的，也应当承担身体伤害的赔偿责任。"

特别上诉法院还专门引用了 W. Prosser 教授在《侵权法》（1971年第 4 版的 56 页）中对这一问题的论述："基于大量已决的案件，精神伤害的原则可以概括为就是因为我们这个文明社会所实在无法容忍的行为实际造成了他人严重的精神痛苦而产生的法律责任。"

从别的法域在近期所作出的一系列判决来看，把由故意行为而引发的严重精神痛苦确认为一项单独有效的诉由已经是大势所趋。到目前为止，已经有 37 个法域明确宣布了精神伤害是一种独立的故意侵权行为。

在认定精神伤害作为可诉的侵权行为存在时，有四个要件必须满足：（1）该行为必须是故意的或放任的；（2）该行为必须是极端且骇人的（extreme and outrageous）；（3）该不当行为与精神痛苦间必须有适当之因果关系；（4）精神痛苦必须是非常严重的（severe）。

特别上诉法院在审理过程中认定本案的案情可以符合前两项要件，但后两项要件则在本案中没有根据，并依此作出了对被告方有利的判决。

在此类精神伤害案件中，要决定被告的行为是否符合第二项要件所规定的极端且骇人的标准，往往是一个非常麻烦的问题。《侵权法重述（第二版）》§46项下的注释 d 部分称："只有当被告人的行为在特征上达到骇人，在程度上达到极端，超越了任何一种礼貌的范围，而且恶劣到一个文明社会实在无法容忍的地步，才被要求承担精神伤害的法律责任。"该注释部分进一步说明："如果仅仅是冒犯、侮辱、威胁、无礼纠缠、打扰或其他的琐碎小事都不能构成精神伤害的法律责任。我们应该承认目前的社会并非尽善尽美，因此我们必须与生活中的种种不快和平相处，在这样的环境下，原告们被希望也被要求能够承受一定的不太文明的语言和比较欠缺考虑的行为。"

在判断被告的行为是否属于极端且骇人时，一定不能仅仅考虑行为本身的性质，而应该结合事发当时的具体环境。受害人自身可能存在的某些特殊情况也是一个重要的考察因素。

一般来说，被告的行为是否被认为是极端且骇人的应当交由法院来判断。但在一些特殊的案件中，如果案情复杂到大家对这个问题各持己见、争执不下，则应当由陪审团最终作出决定。

当此案的事实很明显地证明 Jones 的举动是出于故意时，本法院无需重复地讨论这样一种行为是否满足极端且骇人的条件以及该行为和 Harris 所宣称受到的精神伤害间有无适当的因果关系。然而，在本案中精神伤害作为一种独立侵权行为得以成立的第4个要件——精神痛苦必须是非常严重的，没有得到足够的证据支持。该要件要求原告用充分的证据说明其因为被告的行为而遭受的精神伤害在程度上是极其严重的。精神伤害在程度上的严重性不仅关系到最终赔偿金额的多少，而且直接影响到原告对被告的指控能否成立。

即使假设 Jones 的行为和 Harris 受到的精神伤害间的因果关系能够被证明，本法院认为 Harris 所遭受的精神伤害的程度与法律要求的"非常严重"还相差很远。原告所提出的证据称，Jones 各种刻意羞辱原告的行为给原告在精神上造成伤害的严重性可以通过原告早先存在的精神紧张状况恶化和口吃加剧反映出来，这样的证明从证据力上来说是非常模糊和薄弱的。也许 Jones 的行为的确在一定程度上使得原告的精神状况恶化，但是原告的家庭问题也是造成这一结果的主要原因，而不能单单归罪于被告。到目前为止，原告的口吃究竟是怎样以及在多大程度上加剧没有得到证据的有力证明。综合考虑到 Jones 施加于 Harris 的行为在本质上非常的粗鲁和无礼，以及 Jones 在工作中相对于 Harris 的优越地位，本法院认为从法律的角度来看此案中所存在的精神伤害在程度上不足以构成单独有效的故意侵权行为。

支持特别上诉法院的判决；本案的诉讼费用由上诉方承担。

补充知识：

读者们可能发现本案在审级上有些奇怪，先是由初审法院作出判决，再由特别上诉法院予以改判，最后双方又把官司打到了另一个上诉法院，而不是我们通常所认为的高级法院。这是因为美国是一个司法双轨制的国家，除了一套我们所熟知的联邦法院系统外，每个州都是一个独立的法域，有自己单独的一套审判体系，不仅法院的设置、审级各不相同，就连法院的名称也遵循各自的传统，彼此之间很不一样。比如拿纽约州来说，如果一个案件的名称上写的是 "N.Y.Sup.Ct."，用平常的读法来看会被认为是该州最高法院的案例，但实际上所谓 Supreme Court 在纽约州的法院系统中属于低级法院，而 Court of Appeals 才是州最高法院的名称。本案的情况也与此类似，在马里兰州的法院序列中，审理本案的 Court of Appeals 是马里兰州的最高法院，而改变了初审法院判决的 Court of Special Appeals（Md.Ct.Spec.App.）则实际上是一个中级的上诉法院。读者在以后阅读案例时，切不可把各州法院系统的代号简单地与联邦法院系统类比，而是应该根据上下文仔细分析，或者查阅相关的资料，否则在这种无一定规律可循的情况下是难免产生误会的。

　　学者们在论述侵权行为时经常把性骚扰归在精神伤害的范畴之内，但从美国司法实践的情况来看，其实并非完全如此。就判例法所反映出的美国法院在这一问题上的总体倾向而言，一个基本的原则是仅仅通过语言劝诱妇女进行性行为不仅不会构成精神伤害，而且也不属于所有其他侵权行为的一种，因为法院相信单纯的询问愿意与否很明显地不可能给他人造成任何损害。法院的这种态度可以很明显地从 Jones v.Clinton 一案的判决中看出来："尽管本法院十分愿意相信原告在起诉书中所描述的被告对原告进行骚扰的行为，但本法院不认为总统的这些行为可以构成侵权，因为在本法院看来这只不过是被告向原告发出的关于性行为的邀请及建议，当然这种邀请实在是令人作呕的。"当然在一些极端情况下，性骚扰也确实会构成侵权，这需要视具体案情而定。比如说有一个案子讲的是被告在长达半年的时间里经常不受欢迎地打电话给原告，有一些甚至是在深夜打到原告家的，原告为此感到十分苦恼。法官认为打电话本来不算侵权，但在本案中被告的行为在程度上过于极端，因此需要承担法律责任。[1]

---

[1]　Samms v.Eccles, 11 Utah 2d 289, 358 P.2d 344（1961）.

八、侵犯土地

从本节起，我们要开始学习美国侵权法中另一大类故意侵权行为——针对财产权的侵犯，这类侵权行为除了接下来要了解的侵犯土地以外，还主要包括侵犯动产和侵占动产两种。它们彼此间的不同之处留待以后几节分别介绍每种行为具体特征时再作分说，但它们的共同点却是显而易见的，就是被告侵权行为的指向都是原告的某种财产权益，而不是为了伤害原告本人，这是其与殴打、威吓等侵犯人身权的行为最主要的区别之处，同时也造成了这两大类故意侵权行为间在研究方法上的细微差异。与学习那些侵犯人身权的侵权行为不同的是，我们在研究侵犯财产权的侵权行为时，一定要特别注意中、美两国因历史经验和经济制度的迥异而导致的两国法律在一些对待私有财产具体措施上的巨大差别，这种注意的必要不仅有助于我们更好地理解美国人对于保护私有财产上寸土必争的态度，而且会时刻提醒我们生搬硬套美国法的不现实性。

侵犯土地指的是对他人土地占有权的一种干扰，这是英美侵权法体系中一个非常古老的概念，究其历史根源，它与普通法国家私有制的传统是紧密相连的。作为一种故意侵权行为，侵犯土地的概念对中国学生来说，既是在理论上非常容易消化的，恐怕同时也是在实践中最难以理解的。说其容易是因为相比较前几节中所讲的殴打、威吓而言，侵犯土地在理论上实在是一个比较疏漏的概念，不仅完全谈不上什么行为要件，而且就连个象样的定义也没有，简直可以做到一言以蔽之。而说其难以理解，主要是因为中国学生的头脑里没有美国人那种与生俱来的私产概念，这是中国地少人多和提倡社会主义公有制的具体国情所决定的，所以中国学生在阅读与本章相关的很多案例时都往往会诧异于美国人在一些很小的问题上竟会如此地斤斤计较。比如两家相邻，门前的草坪挨着草坪且只有一排低矮的栅栏略为分开，某天一阵风把 A 家订的报纸恰好吹落到 B 家的草坪上，A 只要隔着栅栏一伸手就可以把报纸取回，这时以一个具有正常谨慎的美国普通人的做法，即使这两家的关系再好，A 也肯定不会贸然把手伸到 B 家的地界上，而是会先征求 B 的意见允许与否。虽然这个故事本身是作者虚拟的，但现实生活中类似情节的案子确有耳闻，记得多年以前曾经有一个旅美不久的日本学生在美国某地迷了路，就朝附近的一户人家走去，该家的主人从窗口望见他便喝令其站住，但可能是因为语言不通，该日本学生没有停步，结果被主人一枪打死，此事件在当时引起很大的轰动。尽管这个案子表现的是一种很极端也不合法的情况，但其中反映出的美国人对侵犯土地的行为会加以严惩的倾向却是到现在为止一点也没变，久而久之美国社会也就形成了一种决不非请自入习惯。

要构成侵犯土地的侵权行为，被告首先要有一个故意，这里所说的故意并不是指被告存心跑到原告的土地上踩两脚，而只要求被告踏上原告土地的行为是受自身意识支配的，不是被别人强行扔进来的，或是身不由己滑倒在原告家的草地上。只要被告的行为是故意的，其究竟是出于什么样的动机并不影响侵犯土地的成立，也就是说即使被告完全是出于一种善意的举动，比如帮原告把歪倒的小树苗扶直、甚至是去请原告吃饭等等，也不能给自己开脱。在这里，我们要注意区分错误（mistake）与事故（accident）的不同法律后果，根据在故意的概念一节里的总体原则，我们已经知道了错误一般不能作为免责的借口，而纯粹的事故却可以在辩护时助被告一臂之力。联系侵犯土地这一侵权行为的实际情况，如果被告错误地把的他人的土地认为是自家的后院而径直走了上去，尽管其从内心来讲很可能根本没有侵犯他人土地的打算，但从侵权法的角度来说，他仍具有侵犯土地的故意。反之，如果被告仅仅是沿着原告家的花园行走，突然被路上的石头绊了一下便不由自主地摔倒在花园里，除非他的行为给原告在客观上造成了一定数量的经济损失，否则他是不用承担任何法律责任的。当然，如果原告能举证被告当时的行为是非常轻率（reckless）的或者是异常危险的（abnormally dangerous），情况又有可能不一样，这就要视具体案情而定了。

如果仅就法律理论而言，原告所享有权利的土地的范围并不是单单指其门前的一方花园或是屋后的一个院子，而是包括了这些地面各自向上、向下无限延伸的无形空间，这些天空和地下也都属于原告受法律保护的私地。美国曾经有这样一个案子，被告在自己家里发现了一个地洞的入口，就拿它招徕游客参观，可是该地洞弯弯曲曲地一直延伸到了原告家的地下，于是就引起了原告的不满，双方只得对簿公堂。法官判决原告胜诉，因为原告拥有的土地权利包括从地表到地心的全部直线距离。[1]空中的情况也与之类似，如果前面所举的一个例子中，A家的树长的枝繁叶茂把树枝伸展过了两家当中的栅栏，A家也侵犯了B家的土地占有权。当然正如本段一开始所明言的，这只是理论上的阐述，实际的情况是法律往往只保护到原告所能够利用的或者会切实影响原告生活的空间，这个道理很实际也很简单，因为如果原告的权利范围扩及无穷大的天空和地下的话，航空业和地铁业就无法发展了，联邦政府也专门制定了一些诸如 Air Commerce Act of 1926, 44 Stat.568 之类的法规澄清这些问题。

侵犯土地这一侵权责任保护的是土地占有人对土地使用、享有、获益的权利，在很多情况下这些权利的表现形式非常抽象，所以原告并不需要证明任何实际损害的存在来要求被告承担责任。如果被告的行为确实没有造成什么损害，原告也可以获得名义性的赔偿，而且有些时候原告这么做的真实目的在于确定产权归属，这一点我们在前面已经有所提及了。英美法学界对此也有另外一种看

---

〔1〕 Edwards v. Sims, 232 Ky.791, 24 S.W.2d 619（1929）.

法，认为这种诉讼的目的在于保护一种私人财产不可侵犯的社会价值观，这有助于在无形中提升个人对社会的安全感以及威慑类似侵权行为的出现。

可以构成侵犯土地的行为在方式和种类上是多种多样的，有些可以称得上是别具一格。被告本人亲自到原告的花园里踩上两脚当然是最简单鲜明的侵权行为了，但即便被告只是朝花园里吐口水、倒垃圾、扔石头，甚至被告家养的小猫小狗进去逛了逛，被告也要承担侵权责任。其实侵权行为也根本不必是有模有样的，一些肉眼看不见的东西，比如烟尘、微粒、废气等等，从被告处随风飘到了原告的家里，被告也是有责任的。如此说来，如果某人想在自家的院子里来一个露天烧烤也要注意控制火候了，等弄到浓烟滚滚邻居来提意见，似乎就显得迟了一些。不过原告在提出此类诉讼时也面临着更高的举证责任，应当有效地证明这种烟尘妨碍了他对土地的占有。更有甚者，有时受邀请到别人家作客，如果行为超出了受邀请的时间、空间或目的的范围，也会构成侵犯土地。比如美国有一个案子，两个小孩被允许在邻居家的院子里玩，却偷偷钻进了邻居的车库里，结果玩炸了其中的锅炉，引发了一场火灾，这两个小孩后来被认为犯有侵犯土地。[1]

有人说法律是一个国家政治、经济、文化、历史的缩影，如果我们透过侵犯土地这一小小的窗口来观察美国社会，便会发现此言不虚，当年美国人毅然打响独立战争争取摆脱英王统治、翻越阿拉巴契亚山脉勇敢地去开发大西部、南北双方兵戎相见等等的重大历史事件中，最根本的具体到每一个人的催化剂便是取得并保卫自己一份私产的信念，所以，如今的美国法也极其珍视和尊重公民不受打扰地享有并使用土地的宪法权利，这也就是侵犯土地这种侵权责任的意义与目的所在。

---

〔1〕 Brown v. Dellinger, 355 S.W.2d 742（Tex.Civ.App.1962）.

Dougherty v. Stepp

Supreme Court of NorthCarolina, 1835.

18 N.C.371.

本案是在上一次巡回审判时由 Judge Martin 在 Buncombe 这个地方受理的一起侵犯土地案。原告所能提供的惟一证据就是被告曾经进入过原告占有的一片开阔地，并且由跟随被告而来的测绘员丈量了其中的一小块土地，于是被告便宣布这块土地归他所有，但是，被告没有用种树或修剪一些灌木的方式将这块土地加以隔离。Judge Martin 认为从法律上看被告的行为没有构成侵犯土地，根据这样的对法律问题的指示，陪审团作出了对被告有利的判决，原告不服向本法院提起上诉。

RUFFIN, Chief Justice. 本法院认为，在此案中初审法官给予陪审团的对于法律问题的解释有误。原告所蒙受的损伤大小与受到伤害的程度取决于被告在原告土地上所作出的行为。但是作为一项最基本的原则，如果未经许可非法进入他人土地的行为都是一种侵犯。法律可以从所有违背土地实际占有者意志的非法侵犯活动中推断出损失总是或多或少地存在，如果没有其他的话，践踏了原告的花草树木也算是原告遭受的损失。

推翻初审判决，责令重新审理此案。

Bradley v. American Smelting and Refining Co.

Supreme Court of Washington, 1985.

104 Wash.2d 677, 709 P.2d 782.

CALLOW, Justice. 原告方，Vashon Island 上的一些业主以侵犯土地和滋扰为由起诉 American Smelting and Refining Co.（简称 ASAR-CO），指控经常有微观的、通过空气传播的重金属粒子从其下属的铜冶炼厂随风飘浮到他们的土地上。

　　在本案中留待本法院作出回答的争议主要有下列几个：（1）从一个法律问题的角度来看，被告是否具备了实施侵犯土地的侵权行为所需要的故意？（2）被告故意释放那些人体很难察觉的重金属微粒的行为是否构成了对原告财产所有权的侵犯并且能因此而支持一个滋扰（nuisance）的诉由？（3）是否必须有实际损害作为证据才能支持侵犯性进入（trespassory invasion）的诉讼理由？（4）如果华盛顿州确认了故意侵犯土地作为有效诉由的话，那么这一种法律责任的边界究竟在哪里？这一法律责任会对持续侵犯土地的理论（theory of continuing trespass）以及其的取证规则（discovery rule）造成何种的影响？有关时效（prescription）和先占（preemption）的积极抗辩是否已经得到了其他州法的确认？

　　本案的双方主要当事人是：原告 Michael O.Bradley 和 Marie A.Bradley 夫妇，他们是本州 King 郡 Vashon Island 南端一处不动产的业主，他们是于 1978 年买下该块土地的；被告 ASARCO 是一家在本州开展业务的新泽西公司，在本州的 Rushton 市设立了一座以炼铜为主的冶炼厂。在 1983 年 10 月 3 日，原告正式以故意侵犯土地和滋扰两项指控对被告提出起诉。

　　原告的土地位于被告的冶炼厂正北方大约 4 英里处，而被告的铜冶炼厂在 1890 年开始就在现址上建成投产了。作为冶炼工艺的一部分，被告的工厂需要在生产时排放出含硫二氧化物等气体以及主要包括镉和砷在内的多种重金属微粒。这些重金属微粒中不含水分，因此很难被人体的器官所察觉。

　　早先坚持侵犯土地的侵权行为必须依托于某种物体或东西的物理侵入来完成的理论已经被著名的 Martin v.Reynolds Metals Co.，[221 Or.86，342 P.2d 790（1959）]一案所推翻。在该案中，一家炼铝厂因为排放含有氟化物的气体和微粒而被判决侵犯土地的罪名成立，该案的法官写道："侵犯土地的侵权法责任已经被法律确认存在于因为土地的感应或是空气的振荡而引起的损害，尽管从本质上看这只不过是一些分子之间的相互摩擦罢了。"这种确认侵犯土地的行为可以通过肉眼所看不见的方式完成的观点无疑从某种程度上来说是与近几十年来法律所坚持的侵犯土地的定义有相互冲突的地方。不过依本法院看来，这种概念上理解的不一致很可能是由于在早先的时代，受到当时科技水平尚未达到足以认识到原子、分子存在的制约，那时候的法院自然也就不可能发展出肉眼看不见的微粒侵入也可以构成侵权的看法。然而当科技进步到今天的原子时代，即使一个没有受过多少教育的人也完全知道一个小小的原子所具有的巨大能量，以及当这种能量释放出来所能够给他人财产所造成的可怕后果。事实上，爱因斯坦教授著名的能量守恒方程式已经告诉我们质量和能量是在本质上是相同的，所以我们旧有的"东西"的概念也必须随之而改变。如果这种科学上的进步所带来的法律观念的更新从理论层面上看还是一件比较深奥和形而上学的事情的话，那么对于本案中这些正被肉眼看不见的东西侵蚀房子的原告来说，这种更新就具有了非常现实的意义。

在 Martin 一案中，被告公司排放的废气和有害微粒随风飘落到原告的土地上，使土壤具有了毒性以至于不再适合饲养家畜。审理该案的法官认为："侵犯土地（trespass）和滋扰（private nuisance）是侵权法领域里两种不同性质的损害了原告对于土地占有权的责任。它们之间的区别在于各自侵害的利益不同，侵犯土地指的是侵害了原告对土地排他性的占有权利，而滋扰指的是侵害原告对其所占有土地的使用权和收益权。"

本法院认为侵犯土地和滋扰的侵权责任在构成方式上有相互重合的地方，可能共同适用于一种侵权行为，因此，在某些案件中，受害方可以同时根据这两种诉由要求获得赔偿。

在这里，我们还可以借鉴 Borland v. Sanders Lead Co., 369 So.2d 523, 529（Ala.1979）一案的判决："尽管本法院已经认定了故意侵犯土地行为的存在，但再简短的从理论的角度总结一下此案所涉及的关于侵犯土地法律的特点也还是有必要的 。判断一种侵犯财产权的行为究竟是属于侵犯土地还是滋扰，重要的不是看被侵犯的财产权益是有形的还是无形的，而是应当看该财产权益的性质。如果被侵犯的是排他性的占有权，则应当适用侵犯土地方面的法律。但如果侵犯的是使用权和收益权，这时存在的是滋扰的侵权责任。"我们完全接受该案提出的原则和理念。

当通过空气为媒介传播的微粒只是一时的出现或者很快就被驱散了的话，它们并没有侵害土地拥有者对其财产的占有，因此应当被认为是一种滋扰行为。然而，一旦这些微粒长期的聚积在土地上并且不容易被清除的话，这种行为就会转化为侵犯土地。虽然根据普通法的原则，即使没有什么实际损害出现，土地占有者也可以因为侵权行为而获得名义性的赔偿或者是惩罚性的赔偿，但这个原则在本案中无法适用。任何一家工厂在生产时都或多或少会排放出一些不让人感到愉快的东西，但是通过法律的手段强制每一家工厂都要对其周围方圆 100 英里内的所有住户都给予经济补偿不能达到哪怕一点积极的社会目的。我们社会中的生产者将会因为无休止的诉讼而感到备受困扰，同时允许这些诉讼的结果很可能造成生产成本的普遍大幅上升，最终损害的社会中大多数市民的利益。根据我们从 Borland 一案中接受的原则，要在此种情况下构成侵犯土地的责任，原告必须要证明自己遭受了切实的利益损害。因为这是侵犯土地这一侵权行为的必要构成要件，所以任何无法证明自己遭受了切实损害的原告都会在即席判决中败诉。

我们在本案中正式宣布这个要求（切实的利益损害），从今天开始成为本法域内涉及类似侵犯土地诉讼的一项基本原则，以后的所有相关案件都必须遵循这一原则。

如是判决。

补充知识：

在本案的判决意见中，法官不厌其烦地解释分析了侵犯土地与另一种侵权责任"滋扰"之间的区别和联系，因为本书不再设专门的篇章来介绍滋扰的理论和案例，所以就在这里简单说一下它的概念。滋扰，相应的英文单词是 nuisance，有的书上也译为公害，指的是给他人的安宁生活造成扰乱、损害、破坏的行为，最简单的一个例子就是深更半夜的在楼里放声高歌，这种行为使得周围的邻居都无法安然入睡，也就构成了滋扰。从严格意义上来说，滋扰并不是单独的侵权行为，而只是一种责任形式，也可以说是每个人在社会生活中所负有的不过分打扰别人的义务，因此滋扰没有一定的行为模式可言，任何对他人的生活造成不良后果的行为都可能构成滋扰。在学理上，滋扰一般被分为两大类，一类是公共性的滋扰，指的是侵害了广大社会公众权利的行为，比如小造纸厂超标排废、小煤窑污染环境等等；另一类是私人性的滋扰，指的是侵害了某一具体公民个人权利的行为，比如在他人的私地上乱砍滥伐等等。

在众多侵犯土地的案例中，有一类涉及到宪法公民权的案件是最为有趣的。美国是一个十分推崇言论自由的国家，认为这是每个公民天赋的不可剥夺的权利，其宪法的第一修正案就规定的是言论自由（freedom of speech）。然而，如果当有些人想在公共场合同时又是别人的私地上行使自己言论自由的权利时，其与侵犯土地的侵权责任就形成了冲突，美国法的解决办法是尽量尊重公民第一修正案的权利。比如有一个 1979 年发生在加州的案子，一些中学生试图到当地的一家私人商场里散发传单支持犹太复国主义，遭到了商场保安的驱逐，便到法院以第一修正案起诉商场主人，而被告方则以有权在私地禁止政治活动等理由为自己辩护。加州最高法院认为虽然该商场是店主的私人财产，但每天 25 000 人的客流量使得其完全有能力承受几个中学生散发传单的行为，因此店主不得禁止原告在商场内以和平的方式行使言论自由权。[1]

九、侵犯动产

侵犯动产与侵犯土地在美国侵权法中是一对相辅相成的概念，既然财产法把财产权的标的分为了动产与不动产两种，那么侵权法也就把针对这两种不同标的的侵权行为分为两部分进行研究。但这种区分并不完全是建立在理论上需要分类的考虑，因为实际上这两种侵权责任在概念上的相似要远远多于不同，而更多的出于普通法传统的诉讼程序。在古老的英国法中，关于财产权的诉讼被根据标的的性质分为两种：一种是 real action，指的是有关土地权益的纠纷；另一种即是 personal action，涉及的就是关于动产的争议。随着在诉讼程序上的分野，其他的部门法在研究到针对财产权的诉讼时，也逐渐遵循了这种动产与不动产的区分，在侵权法中就体现为两种独立的侵权责任。

侵犯动产与侵犯土地这两种侵权行为之间的区别并不体现在构成要件或是法律责任上，而是在于他们的侵权对象有所不同，这就牵涉到在财产法上动产与不动产的划分标准。虽然这基本上是属于财产法中要详细讨论的内容，但在这里可以简单的提一下。从名称上看，动产与不动产最直观的区别在于可移动性（moveable）上，动产是可以自由移动的物品，而不动产则很难被从原来位置上移动到别处。进一步从定义上看，不动产是指土地以及与土地相关并且密切的附着于土地之上的东西，最典型的就是建筑物；而动产是指房屋、土地以外的其他一切财产。其中动产又可以被分为两大类：一类是有形动产（tangible），包括所有看的见、摸得着的动产，比

---

[1]　Robins v. Pruneyard Shopping Center, 592 P. 2d 341（1979）.

如电视、茶杯、台灯等的东西；另一类则被称为无形动产（intangible），主要包括了各种抽象的财产权益，比如股票、人寿保险以及有价证券等等。当然在一定的条件之下，动产与不动产是可以相互转化的，比如简易房屋通过拆卸变为动产和幼苗长为大树就成了不动产。动产与不动产的区分在财产法里有很大的意义，但在侵权法中却没有很严格的要求，只要在判断某一具体侵权行为时不把侵犯土地与侵犯动产相混淆即可。

动产在英文里主要有两种说法，一是"chattel"，另一种是"personal property"，相比较而言前者更古老也更具有法律上的意义，而后者在现在各种文书中更为常用，但有一些说法已经是约定俗成的短语了，比如说"trespass to chattels"这个概念。

侵犯动产的定义和侵犯土地差不多，指的是对他人占有动产的干扰，主要表现为被告通过某种故意的行为造成原告所占有动产的灭失、毁坏、变形、移动或脱离控制等的情况。侵犯动产不是几乎，而是完全没有什么严格的行为要件，只要被告的行为是故意的且造成了一定的后果，就可以构成侵权责任，至于其对故意的要求，也可以参见上一节侵犯土地中的概括。侵犯动产不需要出于什么样的动机，而只在乎侵权行为是不是由被告自愿作出的，如果答案是肯定的，那么即使被告完全是出于善意的考虑也不能免责，真诚的错误认识同样不是一个很好的抗辩理由，读者可以回忆一下我们在前面章节提到过的打猎却错杀了狗这一案例。[1]

在侵犯动产的理论中，惟一可以被称得上算个问题的就是原告需不需要有实际损害的存在。在传统的英国法中，这个问题的答案是肯定的，侵犯动产作为一种绝对责任，可以和侵犯土地一样在没有实际损害存在的情况下判决名义性赔偿。但是在现代的美国侵权法中，对这个问题的回答就不是那么一定了，在大多数情况的侵犯

---

〔1〕　Ranson v. Kitner, 31 Ill. App. 241（1888）.

动产诉讼中，原告必须证明实际损害的存在，象在平时的生活中被告拿起原告的茶杯把玩了一会或是在原告家用遥控器开关了一下电视，这种极其轻微而且不会给原告的财产造成任何实际损害的行为往往不被法院认为是可诉的。只有当被告失手把原告的茶杯掉在地上摔坏，以及被告的不当操作使得原告家的电视发生了故障时，原告才能通过法院的判决获得相应的赔偿。但是在有一种侵犯动产案件中，没有实际损害也可以进行诉讼，那就是被告擅自占有并使用原告财产的行为，比如某个政府官员错误地对属于原告的货物行使了扣押权，哪怕在极短的时间内这个错误就得以改正，但原告仍可以在没有实际损害的情况下获得名义赔偿。[1]

　　侵犯动产是美国侵权法中一个历史悠久的责任形式，但却不因其古老而让人感到破旧陈腐，相反通过各级法院的法官于常年的审判实践中，根据不同时代所面对的不同问题，在去芜存菁地保留了侵犯动产内涵的同时，又不断地挖掘扩大它的适用范围，使这个年代久远的法律概念至今仍能保持着旺盛的生命力，这也正是美国法的一大魅力所在。

　　下面要介绍的典型案例就属于17世纪的法律原则在信息时代发挥余热的情况，恐怕没有人能想到侵犯动产这个老掉牙的概念可以和垃圾电子邮件这个时髦的词汇发生联系，更不会想到前者竟然会是后者的克星，但该案的主笔法官却言之凿凿地证明了确有其事，还是仔细看他究竟是如何分说的吧。

CompuServe Inc. v. Cyber Promotions, Inc.

United States District Court, Southern District of Ohio, 1997.

962 F. Supp. 1015.

GRAHAM, District Judge. 本案涉及的是有关互联网商用的一些

---

[1] Wintringham v. Lafoy, 7 Cow. 735 (N.Y. 1827).

时新的争议，主要的问题在于：一家提供电脑网络连接的公司是否有权阻止其他商业机构向自己的用户滥发电子邮件广告。

原告 CompuServe incorporated（简称"CompuServe"）是一家主要的全国性的提供互联网接入服务的公司，它主要通过其遍布全国的电脑网络系统使得用户之间的电脑能够相互地沟通与联系。除了允许用户使用那些被储存在自己网络系统内的文件内容外，CompuServe 还向其用户提供了有效的链接方式，使得用户们可以方便地接触到互联网上无穷无尽的信息资源。享受这项服务的用户能够通过互联网收发电子邮件，也就是通常所说的"e-mail"。被告 Cyber Promotions, Inc. 及其总经理 Sanford Wallace 从事的主要业务是代表本公司和公司的客户以电子邮件的方式向成千上万的互联网用户发送未经索取的商业广告，其中很多收信人都是 CompuServe 公司的用户。CompuServe 公司曾经向被告提出过警告，不允许其利用原告公司的电脑设备来处理和储存垃圾邮件，并要求被告立即停止目前的这种做法。然而，被告对此并不加以理会，反倒是增加向原告的用户发送垃圾邮件的数量。CompuServe 公司也曾试图通过技术手段封堵住被告所发出的垃圾邮件向自己电脑设备的传播，但是没有收到效果。

本法院曾经应 CompuServe 公司的要求，于 1996 年 10 月 24 日向被告发出过临时制止令，禁止其继续向原告用户发送垃圾邮件的行为，在本案中，原告要求再以初步禁止令的方式来延长临时制止令的有效期限。

在下面的判决意见中，本法院将主要论证被告以垃圾邮件的形式向属于原告财产的电脑设备中发送海量的电子数据，而且在原告明确表示不希望接受这种信息之后仍未暂停或制止这种行为，甚至在原告被迫采取主动措施保护自己的电脑设备免受这种不当使用时，对其进行了恶意和有计划地破解攻击，对被告的上述行为原告完全有权以侵犯个人财产的罪名对被告提出指控并有权获得禁止令来对自己的财产实施保护。

一般来说，互联网的用户必须付出一定的费用以取得连接到网络的资格。然而一旦可以连接上网，用户就不需要以记件方式为他们所发出的每一封电子邮件付费，并且这些邮件在网络上可以在数分钟之内就到达收件人的地址。因此，基于互联网的这种特性，一个用户能够在费用微乎其微的情况下向大量的收件人迅速地发送邮件。故此我们不用对被告 Cyber Promotions, Inc. 在短时间内就开展了向成千上万互联网用户频繁地发送内容相同的广告信息这一新业务感到奇怪。被告定义这些广告信息为"海量邮件"，而原告则更加直率的称之为"垃圾邮件"。

CompuServe 公司网络服务的用户使用 CompuServe 公司的域名 (domain name) "CompuServe.com" 并再加上一些个性化的数字或字母组成了一个可以和他人区别开的电子信箱地址，于是用户们就可以通过这一地址与互联网上其他数以百万计的同样拥有电子信箱地址的上网者在相互之间任意交流电子邮件。那些从别处发给 CompuServe 公司用户的电子邮件将会通过一系列软件的处理而最终被储存在属于 CompuServe 公司财产的电脑设备上。之后，这些用户就可以通过与 CompuServe 公司的电脑设备相连接而读取并任意处置在其信箱内的电子邮件了。

在过去的几个月里，CompuServe 公司因为垃圾邮件问题不断地收到用户的投诉，还有的用户威胁，如果 CompuServe 公司不能很快阻止这种对方通过公司的电脑设备发送垃圾邮件的活动，就要立即中止合同。同时 CompuServe 公司也声称，由于这些仍在迅速增长的垃圾邮件的数量特别巨大，已经给其处理速度和储存容量都有限的服务器造成了十分沉重的负担。而且 CompuServe 公司无法从这些垃圾邮件的发送者那里收取任何帮助他们做广告的费用。问题的最关键还在于 CompuServe 公司的用户都是以在线时间的长短来付费的，那些因为垃圾邮件所造成的在连接登陆、浏览并删除无用信息上所增加的时间无疑是在浪费用户的金钱，这也正是用户们纷纷抱怨的主要原因之一。原告对被告的这种行径进行过警告，但被告却紧接着发送了更多数量的垃圾邮件。

为了从根本上保护电脑设备免受被告海量邮件的骚扰，CompuServe 公司曾使用了一款软件来屏蔽垃圾邮件并阻止它们被发送到收件人那里。作为回应，被告对自己发信的方式进行了修改，而且还伪装了发信的地址以逃避 CompuServe 公司的反垃圾邮件软件。据称，被告所用的具体方法是通过以伪造的地址来更改电子邮件信头上真正的发信人地址来隐瞒信件究竟是由何方发出的。而且，被告还具有利用服务器来改变电脑的域名以伪装成网络上另一台电脑的能力，从而掩盖原来发送垃圾邮件的电脑的真实身份。于是被告便能一直不理会 CompuServe 公司的抗议和保护措施，不断对该公司的服务器发送大量的垃圾邮件。被告还称即使从法律的角度看，他们也有继续向原告用户发送垃圾邮件的权利。CompuServe 公司则反驳称，发送垃圾邮件的行为是侵犯其动产的。

现在 CompuServe 公司以向本法院提出动议的形式，要求本院立即发出一个初步禁止令以阻止被告 Cyber Promotions, Inc. 及其总经理 Sanford Wallace 向该公司用户滥发电子邮件的举动，本法院就对眼前的这部分争议先行判决。

原告 CompuServe 公司的起诉是以普通法理论中的侵犯动产为依据的，其宣称被告连续不断向公司的电脑设备发送邮件的行为构成了侵犯动产的侵权责任。

侵犯动产是一个经历了长时间进化的古老的普通法概念，在过去它主要是针对诸如未经允许地使用他人动产等的侵犯有形财产的案件。而在今天，侵犯动产的最重要功能是为那些侵犯了他人对动产的占有权却有未严重到侵占的情况提供相应救济，使被告全额补偿由于其干扰而给原告占有的动产所带来的一切损失。用 Proseer 和 Keeton 教授在其《Prosser & Keeton 论侵权法》（1984 年版 85 - 86

页）一书中对此作出的评价来说，就是侵犯动产现在复活了，只不过仅是作为侵占动产的一种补充。

原、被告双方都引用了《侵权法重述（第二版）》来支持己方的立场。在决定一个在本法域内尚没有先例和州法可循的问题时，本法院认为参考法律重述和其他兄弟法域意见的做法是适当的。

《侵权法重述（第二版）》§217（b）称侵犯动产的行为可以通过故意地使用或干扰正在被他人占有的动产来完成。重述§217的注释e部分对何为"干扰"行为进一步解释到："干扰是指对动产进行故意的物理性的接触。"物理性地故意接触被他人所占有的动产可以构成侵犯动产的责任。电脑所产生和发送的电子信号已经被认为足以构成有效地侵犯动产责任所要求的物理意义上的可接触性。在本案中无可争议的是，原告对其公司所有的电脑设备具有占有性的权益，而且被告向原告电脑设备发送电子数据的行为明显是故意的。尽管电子信息可以在互联网上通过各种不同的路径进行传输，但这些信息在发送时都是直接指向它们的最终目的地。

而被告则引用《侵权法重述（第二版）》§221中的有关"剥夺占有权"的规定，称并不是所有干扰他人占有动产的行为都是可诉的，只有那些达到剥夺了原告对动产占有权或者实质性的干扰原告使用动产的行为才会引发侵犯动产的法律责任。被告以此为理由为自己辩护道，在本案中其发送电子邮件的行为既未构成物理性的剥夺原告对电脑设备的占有，也没有实质性地干扰过原告使用那些电脑设备。不过，我们更应该注意《重述》在§218部分列举的构成可诉的侵犯动产责任的几种情形："当且仅当存在下列情形之一时，被告才需因侵犯动产行为而对该动产实际占有人承担赔偿义务：（a）被告剥夺了原告对动产的实际占有；（b）被侵犯的动产在价值、质量及外观等方面有所损坏；（c）原告在相当长的一段时间内无法使用该动产；（d）原告本身遭受了实际伤害，或与原告切身利益有密切联系的人或事物遭受了伤害。"因此，被告提到的"剥夺占有权"只是可能使被告承担侵犯动产责任的多种情形之一。被告又在答辩中称："只有当侵权者在物理意义上把动产实际掌握在自己的控制之下或者将其损坏时，侵犯动产构成要件中的'实质性干扰'这一条件才能被认为得到满足。"为了证实这种说法，被告还特意援引了两个案例。在 Glidden v. Szybiak, 95 N.H. 318, 63 A. 2d 233（1949）一案中，法院认为如果缺乏任何实际损害的话，侵犯动产的诉由是不存在的。假如原告无法证明被告扯其宠物耳朵的行为给这只猫带来了什么伤害，被告将不会被认为是侵犯了原告的动产。但与该案恰恰相反的是，本案中的原告一直在强调自己因被告的侵权行为而遭受了多种实际损害。在被告所举的另一个案例 Koepnick v. Sears Roebuck & Co., 158 Ariz. 322, 762 P. 2d 609（1988）中，法官认为历时仅 2 分钟的搜查卡车行动不构成《重述》§221 所定义的剥夺占有权或者是造成原告长时间的无法使用。《重述》§218 应该非常明显地被解读为，如果被告干扰或打搅的行为在性质上没有达到§221 中所要求的剥夺占有权的程度，那么被告无需承担侵犯动产的法律责任。

在本案中，CompuServe 公司的电脑设备会因为不得不处理被告所发送的垃圾邮件而被占用，这部分系统资源将完全无法服务于其用户。Michael Mangino，CompuServe 公司的一位负责管理邮件系统的软件工程师，在证词中称：处理那些数量无穷无尽的垃圾邮件给公司的电脑设备带来了非常沉重的负担。被告在近期为对付原告的垃圾邮件过滤系统而使用的伪装邮件真实来源的手段又霸占了原告更多的电脑设备，因为根据预先设定好的程序，如果原告的电脑系统发现邮件无法被发送到目的地的话，就会把该邮件退回到其来源地，但实际上这些垃圾邮件上所标示的来源地都是根本不存在的。被告发送垃圾邮件的行为从本质上来讲，既浪费了原告电脑设备大量的存储空间，也消耗了其网络系统处理数据的能力，而这些资源本该是由原告的用户享用的。所以，尽管被告的行为没有给原告的电脑设备造成任何物理性的损坏，但却使得其的价值极为明显地被降低了。

原告称，除了被告的邮件给其电脑设备带来了物理性的冲击，自己还遭受了其他一些损害。《重述》§218 所列举的构成侵犯动产的第 4 种情形是"原告可因为被告的行为伤害到了与其利益密切相关的东西而获得赔偿。"原告称被告所发送的绝大多数电子邮件都是其用户所不需要的，而这些以计时方式付费的用户却因此每天需要花大量的时间来打开、阅读、筛选自己所收到的五花八门的邮件，以免误删了正常的通讯往来。被告造成的这些麻烦极大地降低了原告电子邮件系统的工作效率，使之成为最近用户们提出投诉的主要目标。

有不少用户因为对这些删之不尽的垃圾邮件深恶痛绝而中止了与 CompuServe 公司的网络接入合同。因此被告侵犯原告电脑设备的行为同时也损害了原告在顾客心目中的良好商誉，这完全属于《重述》§218（d）中描述的情形。

给予原告禁止令并不会实质性地损害到被告的利益，因为即使在禁止令之下被告仍有权以其他不构成侵犯原告动产的方式继续开展其广告业务，而且禁止令也不禁止被告向除 CompuServe 公司网络服务用户以外的那些数不胜数的互联网使用者发送电子邮件。最后，被告还以第一修正案权利（First Amendment，主要针对的是言论自由）会因禁止令而受到影响作为抗辩理由，认为此份禁止令的颁发会危及公共利益（public interest）。我们知道海量的垃圾邮件会降低计算机的处理速度和减少存储空间，减缓互联网用户之间通过电子路径进行的数据交换传输，以及使得那些垃圾邮件的接收者不得不花上一些不必要的时间和金钱来甄别、删除无用的信息。被告提出的一修正案为自己辩护真是太具有讽刺意味了，如果被告在这个问题上胜诉的话，那么电子邮件作为人们相互之间传递信息及彼此沟通的媒介工具的有效性反而要受到沉重地打击了。故此，被告提出的这些抗辩的借口都是没有什么实质意义的。

此外,我们还想说那些 CompuServe 公司网络服务用户的利益也不会被这份禁止令所影响。通过这份禁止令,原告已经作出了禁止被告 Cyber Promotions, Inc. 及其总经理 Sanford Wallace 使用原告的电脑设备向原告的用户发送电子邮件的商业决定。如果某些原告的用户不满意这项决定,或是希望继续收到由被告发送的垃圾邮件,他们完全可以中止与原告的服务合同并转而使用其他不禁止垃圾邮件的网络服务商提供的互联网接入服务。原告在作出决定之前就已经充分设想到了这一决定所可能带来的商业风险。

在考虑了上述所有值得考虑的事实因素后,我们认为原告申请获得初步禁止令的要求是完全正当的。

基于以上的分析,本法院支持原告要求获得初步禁止令的动议。因此本法院在 1996 年 10 月 24 日向被告发出的临时制止令的有效期一直延长到本案作出终审判决。本法院在此重申,禁止被告 Cyber Promotions, Inc. 及其总经理 Sanford Wallace 再向由 CompuServe 公司管理维护的电子邮件帐号发送任何形式的广告邮件。

如是判决(It is so ORDERED)。

补充知识:

在本案的判决意见中,我们接触到了两个新的法律名词:临时制止令(temporary restraining order, 常简称 TRO)和 初步禁止令(preliminary injunction),其实这两个都是在以后学习美国民事程序法中经常会碰到的概念,它们之间既有联系也有区别。初步禁止令是美国民事诉讼过程中当事人可以向法院申请的众多禁止令里的一种, 主要目的在于防止对方当事人在法院没有作出最终判决之前会采取某些行动,给其造成无法挽回的损失。而临时制止令指的是法院根据一方当事人的请求, 发出的一项临时性的命令, 制止对方当事人的某种行为, 直到法院最终决定是否再向其发出正式的禁止令为止。这两个概念的区别主要在于，法院可以事先不通知对方当事人的情况下发出临时制止令，而发出初步禁止令则必须在事先告知对方当事人，并给予其充分的机会提出抗辩来反对这个动议。

众所周知，美国是一个爱好豢养宠物的国家，不仅人们习惯于把各种宠物视为家庭的一员，而且这些小猫、小狗们在美国的法律地位也不低，别人轻易碰不得，否则就会构成侵犯了主人的动产。美国新罕布什尔州曾经发生过一个著名的案子，有个4岁的小女孩和朋友的狗玩，骑在了狗的身上并拉狗的耳朵，小狗一怒之下把她摔在地上，还咬伤了她的鼻子。小女孩的家长把狗主人告到法院，要求赔偿医疗费用，但狗的主人却一口咬定小女孩侵犯她的动产在先，按本州法律不应该得到赔偿。州最高法院最终判决这个小女孩的年龄实在太小不足以形成故意，而且没有给狗造成什么伤害，故不构成侵权。[1]

十、侵占动产

侵占动产是我们要学习的最后一种故意侵权行为，同时也是最复杂的一种，这个复杂指的是它与侵权法的关系而言。侵占动产在整个美国侵权法体系中处在一个非常微妙的地位上，有些教科书把它放在故意侵权中的侵犯财产权项下，有些则会专辟一章将它与故意侵权、过失等并列，而还有的则干脆回避这个问题对它只字不提，造成这些现象的原因主要是由于侵占动产的理论实在是过于琐碎和复杂，已经大大超出了一本侵权法教科书所能包含下的，即使把它从侵权法中拿出来另立门户，其内容也足以在法学院内单独开设一门课程了。而且大多数侵占动产的案例都牵涉到了诸如财产

---

[1] Glidden v. Szybiak, 95 N.H. 318, 63 A. 2d 233（1949）.

法、合同法等其他法学部门的适用，纯粹的侵权法争议有时反倒不是问题的焦点了，所以侵占动产是一个交叉性很强的法学概念，我们在学到更复杂一些的课程如美国商法或是国际货物买卖时也会经常的再次重温到这个名词。因此，限于文章的篇幅和效率，我们在本书中所了解的都只是侵占动产在侵权法这一领域内的理论与实践。

虽然侵占动产的理论发展已经远远超出了单纯侵权法的范围，但是把它放在侵权法的架构下进行研究也着实有一定的道理，因为追溯历史根源它的确是发轫于侵权行为的一种。侵占动产的法律概念最早是从一个叫"trover"的侵权责任进化而来的，这个古老的普通法词汇的意思是指追索非法占用，即对非法使用或占有他人动产的行为而提起的损害赔偿之诉，主要用于拾得者对他人遗失财物非法占有的情况。出于这个传统，我们在提到侵占行为时，对象指的总是可以四处移动的动产，因为有动产才可能被遗失和拾得。普通法认为象土地、房屋之类的不动产是根本不可能被遗失的。因此即使一栋房子被他人强行霸占去，这种行为在法律上也不可以被称作侵占，而仍旧属于侵犯的侵权行为。如果再根据这一传统引申，那也不是所有的动产都可以被侵占，象各种银行票据、有价证券等无形动产，其价值并不是那张纸本身而是它所代表的在未来可兑现的财富，因此即使这张纸遗失了也不一定代表财富的丧失，故而在很长一段时间内侵占也不适用于无形动产之上。但是这种习惯在英美法中已经得到了逐渐的改变，随着社会的发展和商业形式的转变，很多案例已经开始把侵占的责任扩展到对无形财产的非法占有上了，比如股东对所持有股票转让的迟延等等。但是这一责任究竟应该扩展到多大，各法院间还没有明确的定论，我们接下来要看到的一个案例正是说明这方面问题的。

侵占动产与上一节我们所讲的侵犯动产都是针对动产的侵权行为，两种侵权行为也非常容易相互转化，但两者之间在理论上的区别却是十分明显的。即使简单的就定义而言，侵犯动产指的是通过未经允许使用或移动动产而干扰他人对动产占有权的行为，而侵占动产则比之又要更加严重一些，行为人不仅是想侵犯他人对动产的占有权，而还想进一步地把该动产占为己有。比如在办公室里随手拿起别人的茶杯喝水再放下，这在行为的性质上是侵犯了他人的动产，但如果把别人的茶杯拿到自己的桌上长期使用，这就变成了侵占。当然侵犯与侵占的区别远不止于此，更重要的在于两者的损害赔偿方式截然不同。当一种针对动产的侵权行为构成了侵犯时，在法学理论上这种行为被认为干扰或打断了原告对动产的占有权益，因此原告必须接受被告对该动产的返还，并可以要求被告赔偿因侵犯行为而使得该动产减少的价值或原告在这段时间内因不能使用该动产而蒙受的损失。而当一种侵权行为构成了侵占时，被告不仅长期将原告的动产完全置于自己控制之下，还希望造成原告永久地失去对该动产占有的后果，因此原告有权不接受被告的返还，而可以要求被告按侵占行为发生后当地市场上该动产的正常价值来予以赔偿，被告对此没有任何选择权，只能接受这种自食其果的下场。这种赔偿方式的依据在于，根据常识对一般人来说，当一样东西无法找寻时就会到市场上以合理的价格购买一个功能相同的替代品。该合理价格常常为自侵占行为发生时与诉讼开始之间该物品在市场上均价的最高值。但如果该动产在市场上的价格不高，却对原告来说有特殊的珍贵意义时，原告可能会因为该物已经被被告毁损而获得额外的补偿，又如被告的举动是出于恶意，法院也往往会判给原告惩罚性赔偿。

　　可以构成侵占动产的行为有很多种，比如通过盗窃手段获得财物而据为己有，长期借用别人的东西而以种种借口拒不归还，将非法所得的东西转卖给他人等等。有时即使获得他人的授权使用被其占有的动产，但使用范围却超过了授权的范围也会构成侵占动产。曾经有一个案例，原告把飞机租给被告迎送旅客，但结果被告却用飞机来运违禁品，法官判决这属于侵占行为。[1]

一般来说，行为人的侵占行为是否出于恶意不会影响侵占动产的构成，这也就是说，被告即使是在没有恶意的情况下出于判断上的错误而导致了侵占行为的客观发生，被告仍然要承担侵权责任，比如承运人根据伪造的提单把本属于原告的货物交给了冒领人。但是有时被法院认为存在善意也的确可以使行为人免责，比如在不知情的条件下接受或承运了盗窃而来的赃物就不用对失主负侵占的责任。

Moore v. The Regents of the University of California

Supreme Court of California, 1990.

51 Cal.3d 120, 793 P.2d 479, 271 Cal.Rptr.146.

PANELLI, Justice. 原告 John Moore 于 1976 年 10 月因被怀疑患有白血病（leukemia）而前往 UCLA Medical Center 接受身体检查，他的主治医生也就是本案中的被告 Golde 医生在仔细地为原告进行诊断后建议原告做一个脾脏切除手术。由于 Golde 医生认为这一手术是延缓病情继续蔓延的惟一有效途径，原告 Moore 同意了医生的此项建议并在随后不久就动了手术。然而，原告在手术后发现，Golde 医生在未经自己允许的情况下擅自使用了被从自己身上切除下来的一部分脾脏进行有关遗传学的科学研究，并从中侦测出了一条极有科学和商业价值的细胞序列（cell line）。Golde 医生及他的另外一些同事还专门为此申请了一项专利，以便在日后对此进行商业化的开发。

原告在获悉上述情况后毅然将一系列被告告上了法院，并对他们提出了总共 13 项指控，主要包括侵占、未履行告知义务、破坏病人对医生的信赖关系等等。初审法院首先认为本案中并不存在侵

---

[1] Swish Mfg.Southeast v.Manhattan fire & marine Ins., 675 F.2d 1218（11th Cir.1982）.

占的行为，其次认为其他的所有指控都只不过是在重复侵占的诉由，因此统统应该被驳回。本州上诉法院推翻了初审法院的判决，认为原告所提出的侵占的诉由是成立的，因此初审法院需要重新依次考虑原告提出的其他指控。接下来此案就被上诉到了本法院这里。

Moore 除了指控被告 Golde 医生没有取得他告知后的同意（informed consent）以外，还认为被告的行为已经构成了侵占的法律责任，即干扰了他对一些属于自己的个人动产的占有权和所有权。Moore 提出侵占诉由的主要道理在于，他对那些已经离开了自己身体的脾脏上的细胞仍拥有所有权，至少是有权支配它们的使用方式。但在本案中，Golde 医生没有得到他的允许就自作主张地将它们用于了科学研究的用途，并准备在将来借此获得经济上的收益，所以，Golde 医生的这种未经授权便将自己的细胞占为己有的做法就是一种侵占行为。Moore 还认为自己应当拥有所有被告根据他的细胞研究出来的成果，特别是那条已获专利权的细胞序列的所有权。

然而，到目前为止还从未有过美国的法院将侵占的法律责任适用于对于人体细胞的医学研究活动上，Moore 在本案中提出了一个新奇的（novel）法律问题。事实上，Moore 希望本法院做的是开创性地将那些借助人体细胞从事遗传学、免疫学及其他一些相关医学研究的科学家们置于侵占责任的达摩克利斯之剑下，可是我们担心一旦做出这样的决定的话，将会不可避免地影响到这些对我们社会有着极其重要意义的医学研究的正常进行，因此在本案中我们面临着两种值得法律保护的利益的冲突。

为了解决以上这个新颖的法律争议，本法院决定先从已存的法律入手，看看在现有的侵权法理论框架下 Moore 提出的侵占指控能否得到充分的支持，如果不能的话，那本法院就将再行探讨是否值得将目前的侵占诉由扩充开去，以利于使 Moore 的合法权益受到法律的保护。

A. Moore's Claim under Existing Law

一般来说，为了建立起一个可获得救济的侵占诉由，原告必须证明侵权行为人实际地干扰了他对属于自己的动产的所有权或占有权。如果原告既不拥有引起争议的动产的所有权，也没有对其实施过有效的占有，那他是没有资格提出侵占的指控的。

在本案中，因为 Moore 明显没有在自己的细胞随着脾脏被切除之后继续占有这些细胞的愿望，所以他就必须证明他自始至终是对这些细胞拥有所有权的，但是基于几个原因，我们怀疑他是否能够证明这一点。首先，至今还从来没有过法院的判决意见支持 Moore 的这种说法，无论是直接的还是可以类推的；其次，加州的成文法明确限制病人对自己已被切除的细胞继续享有权利；最后，被告的所有科研成果包括那条已获专利权的细胞序列从法律上无论如何都不可能变成为 Moore 的财产。

无论是上诉法院的判决意见，还是双方当事人的陈述，抑或是通过本法院自己的法律检索都没能发现在普通法的判例系统中曾经有一个案例支持过人们对已被切除的细胞仍拥有足以提起侵占之诉的权益的观点。我们对此丝毫不感到奇怪，因为法律从来都是将人体组织、可移植的器官、血液、胎儿、腺体以及尸体等人的生物性部分当作是自成一类的特殊对象（objects sui generis），而不适用有关管理动产的一般法律原则。法院往往正是用这些专门的成文法，而非侵占责任的普通法规则，来处理由人的生物性部分所引起的争议的。

Moore 曾声称："既然法律承认每一个人都是自己身体的主人，那法律怎么能不承认每一个人都对自己的遗传信息拥有完全的所有权呢，这可是比名字或面孔更能体现人与人之间的区别啊？"然而，从科学的角度来看事实并不是这样的，被告研究出获得专利的这条细胞序列主要是为了生产 lymphokines 这种对人体的免疫系统来说至关重要的物质，而这种在每个人体内都具备的物质的分子结构在人与人之间是没有任何差别的。况且被告在实验室里人工合成出来的 lymphokines 和人体内自然生成的 lymphokines 在所包含的基因信息方面其实是完全一样的，这也就是说 Moore 本人的椎骨数量和血红素的化学分子式与别人的并无二致。

被告的医学研究研究成果，特别是细胞序列，不可能被判为是 Moore 的财产，因为其无论是在事实属性还是法律属性上都已经明显有别于从 Moore 体内取出的原始细胞了。联邦法律允许对那些通过人类的聪明才智（human ingenuity）创造出来的有机体授予专利权，但那些自然出现的有机体则不在此列。

B. Should Conversion Liability Be Extended?

正如我们在前面已经提到过的，Moore 在本案中提到的是一个非常新颖的法律问题，所以在现有法律理论不能解决的情况下，我们只有考虑是否应当对侵占责任作出相应的扩充，而这将主要取决于政策方面的判断。

出于以下的 3 点原因，我们认为 Moore 要求扩充侵占责任的适用范围是不恰当的：首先，政策方面的因素不支持作出这种扩充；其次，本案中提出的法律问题似以交由立法机关来解决更为妥帖；最后，我们没有必要通过扩充侵占责任来保护病人的权益。据此，本法院认为在医学研究当中使用从病人体内切除下来的细胞并不能构成侵占的法律责任。

在本案相关的政策考量中，我们意识到这里存在着两种相互冲突的重要利益。第一种利益是病人在选择治疗方案上的自主决定权，这一权利根植于长久以来都被视为普通法最重要原则的告知后的同意以及医生对病人所具有的信托义务，主要是为了防止医生因为出于某些未经披露的动机而影响他的专业判断。第二种利益是我们不希望那些正从事着对社会有益的科研活动的无辜的医学研究者们由于侵占诉由的扩充而受到民事责任的威胁，本法院相信他们使用人体细胞样本进行医学研究是不会违背那些细胞提供者的意愿的。

扩充侵占责任的适用范围并不能对保护病人的权益起到直接的帮助作用，因为医生完全可以通过从最宽泛的角度解释自己对这些细胞的利用来事先获取病人的同意，从而达到回避法律责任的目的。况且非常不幸的是，侵占是一种相对来说比较严格的侵权责任，对侵占法律责任的适用将会使得参与到研究活动中的每一个被告都必须承担一定的法律责任，而不管他们是否知道自己所使用的这些细胞的来源是否符合正当的程序。相比侵占原则而言，信托义务和告知后同意的理论反而能够更好地为病人谋取利益，而又无不分青红皂白滥施惩罚和妨碍医学研究进行之虞。

对人体细胞进行研究是医学研究中极其重要的一个组成部分，这是因为随着科学技术的进步，现在的科学家们越来越多的通过基因工程学来分离出那些具有药用价值的自然生成的生物成分并大规模的制造出人工合成的替代物。科学家们理应凭借他们为社会作出的卓越贡献而享受成功的果实，正是有赖于他们的努力，像白血病、癌症、糖尿病、B型肝炎、肾移植排异反应、肺气肿、骨质疏松症、溃疡、不育症、贫血及妇科肿瘤等过去众多不治之症在现在看来都完全是具有治愈希望的。

对侵占责任的适用范围进行扩充不可避免地会妨碍这些科学研究的进行，因为研究者们很可能会因此而无法顺利地获得必需的原始材料。目前在美国已经有数以千计的人类细胞序列存在于由 National Institutes of Health 或 American Cancer Society 这样的机构设立的人体组织库（tissue repositories）中，这些组织库每年需要提供给研究者们数以百万计的细胞样本，而所有出于科学实验目的的细胞交换和发布通常都是免费的。然而，如果因为我们扩充侵占责任而使得每一份细胞样本都面临着诉讼的威胁的话，那么这种免费的及有效率的科学研究成果交流体系很可能就会难以为继了。总之，我们必须在这个问题上保持小心翼翼的谨慎态度，因为我们的决定将对以后该领域内的科学研究模式产生重大的影响。

其实，在以前我们也曾解决过如此棘手的法律争议，比如在 Brown v. Superior Court, 44 Cal. 3d 1049 一案中，我们就曾被要求对药品课以和普通工业产品同样的严格侵权责任，但我们拒绝了这一对制药厂来说可能是异乎寻常严厉的归责标准。我们在该案的判决意见中写到："如果制药厂被要求承担起严格侵权责任，那它就很可能会因为害怕高昂的赔偿金额而减缓甚至停止新药的研究项目及投放市场的时间。"

在本案中，Moore 其实向我们提出了和 Brown 一案同样的问题，即要求我们采取行动消除科学家们进行一些重要的医学研究时的经济刺激（economic incentive）。要是在研究中使用人体细胞是一种侵占行为，那么每一个曾经使用过细胞样本的科学家们都有可能在今后某一天突然被人告上法庭，我们的医学研究工作也会随之而大受影响，因为没有公司会在产品所有权不明的情况下投入大量资金进行研究、制造以及市场推广活动。

我们相信，即使科学研究者可以因未能调查清楚他们所使用的人体细胞的来源是否有瑕疵而获罪，那也应该由立法机关而不是法院来作出这个决定。本案涉及到了如此复杂的政策考虑和重大的社会公众利益，而在面对这样敏感微妙的决策时，只有立法机关才有能力全方位的汇集各种经验教训，咨询专家的建议，为所有的利害关系人举办听证会并广泛地听取各个方面的意见。而且目前我们已有的这许多关于规定人的生物性部分的法律地位的成文法也说明了立法机关完全有能力作出这样的决策。

最后，我们没有感觉到本法院正面临着迫切的压力去创造出新的法律以制裁被告的行为，因为像 Moore 这样的病人的权益完全可以通过加强贯彻现有的医生对病人承担的披露义务来得到有效的保护。如果一个医生向他的病人坦诚披露了那些可能会影响他的职业判断的研究项目及经济利益的存在，那病人可以当然地以自己的利益为出发点来决定同意或拒绝医生的建议。况且正如上文已经讨论过的，用这样一种方法来保护病人的利益既能够取得更为直接的后果，也可以避免让侵权责任波及到无辜的研究者身上。

基于上述的原因，本法院认为原告所提出的更像是一个医生违反了对病人的信托义务或缺乏告知后同意的法律争议，但绝对不是一个侵占的问题。

本法院决定部分支持及部分推翻上诉法院的判决意见，并将此案发还到上诉法院重新审理。

Zaslow v. Kroenert

Supreme Court of California, 1946.

29 Cal. 2d 541, 176 P. 2d 1.

EDMONDS, Justice. 原告 Marcus Zaslow 分别以侵犯土地和侵占动产为由起诉两位被告 Helene Kroenert 和 John Chapman。原告 Zaslow 对法院称，被告通过暴力性的破门而入的方式（forcibly broke into and enter）非法侵入了他拥有产权的一处不动产，以至于他对该处房产的宁静受益权和占有权（quiet enjoyment and possession）受到了严重的侵害。而且在此期间，被告非法占用了原告所拥有的放置在该处房产内的一些私人动产并试图将其据为己有，这一行为已经构成了对原告这些动产的侵占（conversion）。根据以上的这两项指控，原告要求被告支付给他 145 000 美元的实际损害赔偿和 5 000 美元的惩罚性赔偿。在初审中，法院作出了对原告有利的判决。

对于初审法院所认定的事实问题，此次上诉审理中的双方都没有什么太大的异议，故本案的具体情况如下：原告 Zaslow 是争议中的这处不动产的所有权人，他声称自己是在 1935 年以取消抵押赎回权（foreclosure）的方式取得该房产的所有权（title）的，而被告之一的 Kroenert 则对原告的这一说法表示质疑，她认为自己起码应该是该处房产的共同财产占有人（tenancy in common），为此 Kroenert 还曾在 1944 年 1 月 26 日将 Zaslow 告上过法院，以求得通过诉讼来澄清房屋的产权归属。原告 Zaslow 除了自己居住在这处房产之内外，还把房子出租给别人获取租金受益。他在此诉讼开始之前的最后一位房客名叫 Dorothy Dobis，她承租原告的房屋的租期是从 1943 年 10 月 7 日至 1944 年 5 月 15 日，但她把租金一直付到了 1944 年 5 月 21 日。

在 1944 年 5 月初，也就是 Kroenert 与 Zaslow 的房屋产权之诉进行到如火如荼的时候，作为 Kroenert 代理人的 Chapman 通过与当时仍住在房内的 Dobis 协调，在某一天早晨 Zaslow 上班离去后乘机进入了这幢房子。被告 Chapman 作证称他完全是代表 Kroenert 行事的，而且 Dobis 在搬离以前告诉过他房租已经付到了 2 个多星期之后，于是他就放心大胆地乘虚而入了，并且他还在门口张贴了"闲人免入"的告示及更换了门锁。

原告 Zaslow 当天晚上回家以后才发现自己此时已经进不了家门了，他只得悻悻而去。几天以后 Zaslow 又回到原来的住处，这次正好把 Chapman 堵在了门口。在案件的审理过程中，Zaslow 和 Chapman 对他们之间接下来进行的谈话的回忆大相径庭，Zaslow 称 Chapman 手里拿着一把大榔头对他说："要是你敢走近一点的话，你最好当心你的脑袋"，而 Chapman 则坚决否认自己当时威胁过 Zaslow。结果这次 Zaslow 没有讨到什么便宜就走了，不过第二天他请了一位律师陪他一同前去要求进入自己原来的住所，Chapman 依旧态度甚为坚决地拒绝了原告的这一要求。Chapman 后来在法庭上解释自己为什么要换锁时称是为了安全起见，因为这个街区曾经发生过 3 起抢劫案。

随后在 1944 年 5 月 19 日，被告 Kroenert 的律师给原告 Zaslow

发出了一封律师信，上面表示 Zaslow 可以到该律师的办公室要求取回遗留在住所内的私人财产，但如果这些物品在他收到此信函 10 日之内没有得到认领的话，那么 Kroenert 就要将其送到储藏库里保管起来，并且由此而产生的一切费用都将由 Zaslow 自行承担。虽然 Zaslow 拒绝接受这封信函，但他承认 Kroenert 的律师告知了他信上所写的全部内容。Zaslow 没有向这位律师提出取回自己的这些物品的要求，而据 Kroenert 估计这些动产的价值总共在 3 500 美元左右。

根据以上认定的事实，初审法院判决 Kroenert 和 Chapman 两人在缺乏 Zaslow 明示或默示同意的情况下暴力性地闯入并占据后者的住宅，这使得 Zaslow 在一段时间内不得不在住房普遍短缺的时候到处颠沛流离，Zaslow 所遭受的此一项损失为 1 400 美元。法院又认为从两名被告的行为中可以发现他们打算将原告的个人动产占为己有的意图，这种侵占行为给原告造成的经济损失为 1 200 美元。由于初审法院还觉得 Kroenert 和 Chapman 的行为是"冒失、具有恶意的、且轻率的置原告的财产所有权于不顾的"，所以又判决给了原告 300 美元的惩罚性赔偿。两名被告俱对此判决不服，于是便向本法院提起了上诉。

一般说来，侵占指的就是错误对他人的财产物品实施支配占有（dominion）的行为，而这种控制行为是与该动产真实权属不相一致的。一个不动产的占有人对在其不动产之上的动产进行管理的行为是否构成侵占责任，在大多数情况下应该取决于从他的行为中能否发现他有对这些动产进行控制或取得所有权的意图。不过对法院而言非常清楚的一点是，在某些情况下要是一个不动产占有人拒绝动产的所有人将自己的动产从不动产之上移除出去的要求，那么这种拒绝就可以被视为是一种侵占。而且如果一个不动产占有人以明显的蔑视动产所有人所有权的方式将这些动产拨付给自己使用，他也需要对动产所有人承担起侵占的法律责任。

然而，假如被告仅仅是未能及时地把动产送交给原告，那这种轻微的情节是不足以构成对动产所有权人权利的打扰侵犯的，也肯定没有严重到被告必须偿付给原告该动产全部价值（full value）的程度。故此，取得对一幢建筑的实际控制权并将其锁住以至于动产所有权人无法及时转移走自己在其中的动产的行为本身并不就一定是侵占行为。原告要想建立起一个有效的侵占诉由，他就必须证明被告具有取得属于原告的动产所有权的意图和打算，或者坚持阻挠妨碍原告重新取回自己的动产。在 Poor v. Oakman, 104 Mass. 309 一案中，被告合法地控制了一幢建筑并为其更换了一把新锁，而他明知建筑中的一些家具归原告所有但原告只有那把旧锁的钥匙。审理此案的法院认为，如果原告不能证明被告试图将这些家具占为己有，或者千方百计阻止原告将建筑中的家具搬离的话，那么被告就没有理由来承担对家具的侵占责任。本法院还可以发现有其他的很多法院在各自审理有关侵占争议的案件时适用的是同样的法律原则，在这里我们就不再一一列举了。

让我们回到本案的具体案情中来，初审法院只是发现了两位被告 Kroenert 和 Chapman 在未经 Zaslow 明示或默示允许的情况下搬动了 Zaslow 的个人财产，但他们的所作所为仅仅是将房屋内属于 Zaslow 的东西从房间中移到了储藏室里，因此没有证据能够表明 Kroenert 意图否认 Zaslow 对这些动产的所有权并打算将其完全置于自己的控制之下。如果事后 Zaslow 向 Kroenert 提出返回这些动产的请求，而 Kroenert 或者对此置之不理或者百般阻挠的话，那也是可以构成侵占的法律责任的，但是在本案中我们并没有发现类似的情节。Kroenert 只是对 Zaslow 的房产提出了分享产权的要求，对 Zaslow 留在房内的动产则毫无兴趣。况且在我们认为本案中没有充分的证据来证明侵占存在的同时，我们发现另一位被告即 Kroenert 的代理人 Chapman 的行为是非常值得玩味的，他在本案中实际上充当了 Zaslow 的这些动产的保管人（custodian）的角色，从他的行为来看他是一直都积极地承认 Zaslow 拥有对这些动产完全所有权的，更何况被告自始至终都没有使用过这些动产。另外一个我们应当特别注意到的事实是，当 Kroenert 通过 Chapman 占据了 Zaslow 的住所以后不久，她即主动以律师函的方式告知了 Zaslow，他可以到律师处要求取回自己遗留在住所内的这些动产，只是 Zaslow 对此没有作出回应罢了。

尽管在本案中我们不认为被告的行为构成了对原告动产的侵占，但其确实影响到了原告在一段时间内对这些动产的使用及损坏了这些动产的价值，所以原告有权以侵犯动产为由对被告提出指控，并要求被告赔偿给他这些动产实际损失的价值（actual damages），以及他因未能使用这些动产而遭受的财产损失（loss of use）。我们知道属于原告的这些动产的总共价值不过 3 500 美元左右，而这些动产一直以来都只是被安放的储藏室里毫无损伤，所以初审法院要求被告赔付给原告的有关动产损失的金额从证据的角度看是根本就站不住脚的。

基于上述所有原因，本法院决定推翻初审法院的判决，并责令其根据本意见的指示重新核定被告因侵犯动产的行为而应该支付给原告的赔偿金额。

Pearson v. Dodd

United States District Court of Appeals, District of Columbia circuit, 1969.

410 F.2d 701, cert. Denied, 395 U.S. 947, 89 S.Ct. 2021, 23 L.Ed.2d 465 (1969).

J. SKELLY WRIGHT, Circuit Judge. 本案是由于两位专栏作家 Drew Pearson 和 Jack Anderson 在报纸上撰文揭露来自康涅迭格州的参议员 Thomas Dodd 的私隐而引起的。联邦地区法院在初审中作出即席判决，部分支持 Dodd 参议员，也就是本案中的被上诉人，认为被告的行为构成侵占的法律责任。同时地区法院也部分否决了 Dodd 参议员的动议，认为本案中没有侵犯隐私权的地方。初审法院作出的这两项决定现在都被上诉到本法院，我们支持此案中没有侵犯隐私权的判决，但初审法院关于侵占问题的认定是错误的，该部分的即席判决应该被推翻。

已由地区法院认定的有关本案事实情况的说明如下，双方对此是没有争议的：1965 年 6 月和 7 月间，Dodd 参议员办公室的两位前雇员在两位现雇员的帮助之下数次在未得到 Dodd 参议员本人允许和知晓的情况下偷偷进入了他的办公室，拿走了他的很多书面文件，并且制作了一些复印件以替换原件。这两名前雇员还把另一些复印件交给了被告 Anderson，他完全知道这些文件是用什么样的手段取出来的。随后被告 Pearson 和 Anderson 根据这些文件所透露的信息在报纸上发表了一系列对 Dodd 参议员不利的报道。

地区法院认为，上诉人明知这些文件是在未经授权的情况下通过非法手段取得的，却仍然接收并使用了这些文件的复印件，此种行为构成侵占的法律责任。但是本法院根据已知的事实情况认为上诉人的上述行为不符合法律对侵占责任的要求和条件。

Prosser 教授曾把侵占称为"一种已经被遗忘了的侵权行为"。本案所要讨论的正是这种目前看来还没有被完全遗忘的侵权责任。然而长期的发展和变迁极大地丰富了侵占这一概念的内涵，在本案中我们所要涉及的仅仅是其中有关于遗失、丢弃物拾得方面的一些理论。

侵占是一种相对来说比较独立的侵权法概念，主要是在古代普通法的"trove"之诉的基础上发展起来的。在典型的 trove 之诉中，原告作为动产的合法占有者宣称自己遗失了该动产，而被告拾得了该动产后不仅不及时交还给原告，反而试图将其据为己有，原告可因此要求被告承担赔偿责任。随时历史的发展，在侵占的诉讼中遗失和拾得的要件已经非常淡化了，最主要的问题变成了被告是否已经把有争议的动产变为自己占有了。

侵占与其他侵权法理论最大的一个不同之处是其以被侵占财物的全部价值作为衡量被告损害赔偿的尺度。这种做法的依据是被告侵占原告动产的目的在于把该动产占为己有，因此原告有权要求法院判决一个强制性的买卖，使得侵占的结果就像是被告当初从原告那里通过公平议价而购得的一样。

由于这种严厉苛刻的损害赔偿方式，并不是所有非法干扰他人动产占有权的侵权行为都被认为是侵占。如果这种干扰行为尚不足以达到完全或实质性地剥夺了原告对动产的合法占有，这时的侵权行为就不能构成侵占，只是普通的侵犯动产罢了。

《侵权法重述（第二版）》为了强调侵占与侵犯的区别，给侵占行为下的定义是："一个故意实施的旨在对某一动产进行占有或控制的行为，其严重性足以实质性地影响到他人对该动产的合法占有，以至于必须付给合法占有者该动产的全部价值以补偿其的损失。"而其他一些类似的但在情节和程度上都不如此严重的侵权行为则都属于侵犯动产的范围以内。

侵占与侵犯的区别并不是只在纸上说说的。侵犯动产案件的损害赔偿限额就不是该动产的全部价值了，一般仅为该动产因为侵犯行为而实际减少的价值。就本案的情况来说更加值得注意的是，侵占动产的判决可以根据要求被告承担名义性赔偿的责任而作出，但侵犯动产的案子中必须有实际损失出现，原告才可以要求救济。在本案中，初审法院既在即席判决中肯定了被告侵权责任的存在，又随后承认原告最有可能获得的胜诉结果也只不过是名义性的损害赔偿而已，因此按上述法律原则，被告在没有实际损失出现的情况下是不可能犯有侵犯动产的侵权行为的。

然而透过双方公认的事实看，本案中的上诉人也没有对从被上诉人那里获取的文件实施任何侵占行为。这些文件是在深更半夜被从被上诉人的办公室里悄悄取出、复制和随即又在工作人员第二天上午上班前被放回原处的。我们认为这些文件的价值对于被上诉人来说就是在其办公室内作为案牍工作的记录和信息的载体，因此上诉人在被上诉人所没有察觉的情况下翻看复制文件的行为并没有实质性地影响和剥夺被上诉人对这些文件的使用。

本法院当然并不是意味着这件事就可以这么结束了。很早以来，人们就已经认识到了文件的价值通常并不体现在由谁占有这些书面文档本身。有些文件可能包含着各种信息和想法，而它们的经济价值全部或部分地依赖于文件的保密性。所以本案中还有一个关键问题就是上诉人从被上诉人那里复制的文件是否包含这种受到侵占概念所保护的信息。法律在这里的一般原则是侵占并不适用于信息、想法这种无形财产的得失，但是这个原则是有例外的。如果信息是通过一定花费搜集并整理的，而且可以在市场上作为商品出售，法律就会把这些信息视为有形财产一样保护。基于同样的道理，如果想法是通过一定的劳动和创造性的思维产生的，比如文学创作和科学研究等等，那这些想法也会受法律的保护。当这些信息和想法作为某种工具参与公平和有效的市场竞争时，发明创造了信息和想法的人理应在法律的保护下获得经济上的收益。

在本案中，我们应该关注的问题并不是被上诉人是否有权保护文件档案不受他人窃取，而实际上在于被窃取的这些文件中所包含的信息是否被视为在侵占之诉中法律所指向的财产。依本法院的观点来看，这不是可以被侵占的财产。本案中涉及到的文件包括被上诉人与他人的一些通信往来、各种参议员办公室的工作记录等等，这些文件所包含信息的性质从双方提供的证据中还不能得到充分的认定。但是就已知的情况而言，这些信息既不会是属于文学作品，更不会与科学发明有关，甚至也不是被告所精心策划的应当被保密的商业计划。被告也好象根本没有打算过以任何形式在市场上出卖这些信息来赚钱。

被上诉人声称自己的权益因为这些文件中所反映的信息被公诸于众而受到了损害，具体说来也就是：（1）损害了他的名誉；（2）他有权将其中的一些事保留为私人的秘密。但被上诉人应该明白的是这种类型的伤害应该分别由有关诽谤（libel）和侵犯隐私权（invasion of privacy）方面的法律来救济，而不是通过指控被告侵占动产。

因为上诉人没有占有过被上诉人文件的原稿，也因为从这些文件上获得的信息不能构成在侵占之诉中受到保护的财产，联邦地区法院此前作出的被告犯有侵占的判决必须被推翻。

如是判决。

补充知识：

侵占是一个交叉性很强的法律概念，其与产权问题有关部分的法律规定主要可参见于美国《统一商法典》的第二篇（UCC Article 2），而与侵权法有关的部分则见于《侵权法重述（第二版）》的§222，其主要内容如下：§222 A. 侵占的构成。"（1）一个故意实施的旨在对某一动产进行占有或控制的行为，其严重性足以实质性地影响到他人对该动产的合法占有，以至于必须付给合法占有者该动产的全部价值以补偿其损失。（2）在决定干扰他人对动产占有权行为的严重性和要求行为人赔偿该动产全部价值的公平性时，下列因素是应当主要被考虑的：（a）行为人占有或控制动产的程度和期限；（b）行为人是否打算对应为他人合法占有的动产宣布拥有所有权；（c）行为人是否具有善意；（d）行为人影响他人占有动产的程度和期限；（e）行为人对该动产的毁坏程度；（f）行为人的非法行为对他人造成的不便和经济负担。"

《侵权法重述（第二版）》的§223及另外的一些条款则详细地规定了侵占行为的方式和种类。行为人侵占动产的方式可以包括以下几种：（1）取得对动产的实际占有；（2）毁坏或改变动产；（3）不当的使用动产；（4）通过非法的渠道获得动产；（5）不当的处置动产；（6）不当的移动动产；（7）拒绝归还动产。

本案是一个在联邦法院审理的案件，我们可以借此机会简单了解一下美国联邦法院的布局和体系。美国联邦法院系统是根据美国宪法第三章的授权，作为和代表立法权的国会、代表行政权的联邦政府相互制衡的三权分立中的独立一权建立起来的。关于联邦法院的受案范围及其与各州法院之间的关系，将是我们学习美国宪法和民事诉讼法中的主要内容，在这里我们只是蜻蜓点水地谈一谈它的概况。美国联邦法院系统主要由三级组成，分别是初审法院（即地区法院 Trial Courts）、上诉法院（即巡回法院 Appellate Courts）和最高法院（Supreme Court），另外还有一些单独的破产法院（U.S.Bankruptcy Court）、国际贸易法院（Court of International Trade）和联邦索赔法院（U.S.Court of Federal Claims）专门负责审理某几种类型案件。美国的各州包括哥伦比亚特区、波多黎各和海外领土被不按行政疆域地划分为 94 个联邦司法区域作为初审一级法院的法域，每个州内可能有一个或多个这样的区域，而在这 94 个司法区域之上的则是 13 个上诉一级的法院，包括以 1 到 11 数字命名的巡回法院（Federal Circuits）、一个哥伦比亚特区巡回法院（D.C.Circuit）和一个联邦巡回上诉法院（Court of Appeals for the Federal Circuit），再往上就是在华盛顿的美国联邦最高法院了。除了这一套自上而下的序列之外，还有一些属于联邦的司法机构，比如军事法院（Military Courts）、税务法院（U.S.Tax Court）和治安法院（Administrative agency offices and boards）等等。如果读者们还有兴趣了解更多关于美国联邦法院系统的情况，可以去浏览 www.uscourts.gov 的网站，里面有这方面最权威的信息。

第三章　免责特权

一、概　论

在上一章里，我们着重学习了美国侵权法体系中 7 种主要的故意侵权行为，通过了解这些侵权行为的理论渊源、行为特征、构成条件、归责范围以及适用限制等要素，知道了原告究竟有何种权利受到侵权法的保护、被告什么样的行为可以构成故意侵权、被告侵犯原告权利的行为中又有哪些具有可诉性，从而使得我们能够在浩繁的法律条文中找到合适的诉由来帮助原告获得司法救济。但是如果我们居高临下地从一个更广阔的视野来看待一个故意侵权案件所通常要经过的法律流程，或者是换成一个执业律师的思维方式来观察一个正待处理的故意侵权案子，我们就会豁然开朗地发现，对那些经验丰富的法律工作者来说，判断被告的行为是否构成可诉的故意侵权责任往往并非是最初应该考虑的问题，在案件的开始阶段更加值得注意的是被告有否某种法定的免责特权。

这样一种在长期的司法实践中通过经验积累而形成的相对固定的思维模式即使从理性的角度看也自有一番道理，我们现在不妨回忆一下在第 2 章概论部分曾经讲过的故意侵权的定义，"如果一个人故意地对他人进行伤害而又没有法律上可以辩解的理由 ……"，从中我们会发现一个不应该被遗忘的限定语"法律上可以辩解的理由"。一个简单的法律定义可以有多种不同的读法，而认识角度的差异又会给定义增添别样的理解。在上一章学习故意侵权行为构成的过程中，我们主要是从故意侵权定义的前半句"故意地对他人进行伤害"的角度来进行阐述的。在这一章里，我们有必要通过理解这个定义的后半句"辩解理由"来重新认识故意侵权的内涵，而只有把这两个部分有机地结合起来才能构成一个完整的故意侵权的概念。因此，被告的举动能否构成故意侵权行为只是确定侵权责任的一个方面，另一个方面则要看被告在行为时是否具有法律承认的免责特权，如果后一个条件成立的话，即使被告确实故意侵犯了原告的权利，也用不着承担原本相应的法律责任。所以原告律师在判断一个案子有否胜诉的把握时，必须首先设身处地的从被告的立场出发来设想其可能提出的免责理由，原告所遭受的侵害到底属于故意侵权中的哪一种类型则是其次考虑的问题了。

对双方当事人及他们的律师来说，故意侵权诉讼既是一个争论哪些法律原则应当以怎样的方式适用于本案的具体案情的过程，同时也是相互对抗斗智角力的场合，原告将步步为营向法院证明对方罪无可赦，而被告则会想方设法的寻找借口为自己开脱。因为在民事诉讼中，原告方需要承担绝大多数的举证责任，被告所能够为自己辩护的理由是多种多样的，既可以攻击原告的证据不足，如"你不能证明我做过这件事"，也可以提出原告所依据的案例不适用，如"该案子的事实经过与本案根本没有可比性"，或者可以指出原告在法律程序上所犯的错误，如"本案应该在州法院而非联邦法院审理"，甚至还可以直接质疑法律是否要求其承担责任，如"我承认你所说的一切，但我想我不用负责"。在本章里，我们即将要学习的辩解理由正是属于这最后一种的范围，美国侵权法中规定了9种法定的针对故意侵权行为的免责特权，如果被告能够让法官相信自己的情况符合这9种特权的任何之一，就完全可以大大方方地承认侵权的事实而不用承担相应的法律责任，接下来的几节里我们就要逐一地揭开这些免责特权的神秘面纱。如果说在上一章里我们了解的是如何在法庭上向对手进攻的矛，那么在本章中我们要掌握的则是保护自己的盾，毕竟在生活中没有人能保证自己永远是处在进攻位置上的原告。

这9种针对故意侵权行为的免责事由之所以被称为特权，是指在被告的行为已经完全构成了无可争辩的侵权责任时，法官通过比较认为该侵权行为给原告造成的损失要小于社会因此而获得的利益，而特别允许法律对被告的侵权行为不予追究，故而被告不用承担一般情况下的侵权责任。这个特权绝对不是指在相同条件下只有某些人能享受到这些特别的免责权利，而其他人不可以，这里的特权针对的是事，而不是人。有一些教科书把这些免责特权（privileges）称为抗辩事由（defenses），说的其实都是一样的内容，只是彼此的叫法不同而已，但我认为如果在学术上仔细揣摩的话，两者之间还是有些细微的区别之处。

这两种称呼不一样的地方主要可以从两个方面体现出来：一个是它们在法律上所具有的不同性质，特权是法律预先规定好的在某些情况下某些人可以使用的特殊权利，因此不管本人意识到与否，当客观条件满足时，行为人表面上是在为一定的侵权行为而实际上是在行使法律赋予他的权利，比如军官在士兵违反纪律的情况下把他关禁闭就不能算非法监禁，因为这种行为已经被法律认为是正当的，所以不具有违法性；而抗辩事由是指行为人在完成了一定违法行为后可以援引某些法律条文为自己辩护，因而行为人确实已经侵权在先，只是被动地在事后寻找可以开脱的理由。从理论上讲，抗辩事由应该是一个比特权要广泛的多的概念，抗辩成立的效果既可能是被告免受处罚，也可能仅使其承担的法律责任有所降低。此外，两者的区别之处还体现在它们使被告免责的方式在本质上是不一样的，特权是将被告的行为在法律意义上正当化（justify）来化解责任，而抗辩则是通过请求法律的原谅（excuse）来避免祸端。

我们可以举一个简单的例子来说明，比如当自己受到别人攻击时正当防卫是一种特权，法律允许为了自我保护而适当的回击，这种行为是正当的。而如果是自己以为正在受到生命威胁而去主动地攻击他人，但后来的事实证明这只是一种主观臆断时，虽然正当防卫的情形已不存在，但只要能证明当时的感觉是出于合情合理的（reasonable）判断，法律仍然会原谅这种冒失的行为。免责特权和抗辩事由的区别在大多数情况下只体现在理论层面上，在实务领域和大多数论著中两者之间的混同借用不仅是允许的，而且也是经常的，一般不会造成太大的问题。

美国侵权法中有9种最常见的针对故意侵权行为的免责特权，它们分别是同意、正当防卫、保护他人、保护财产、夺回财产、紧急避险、法律授权、管教和正当理由，被告只要证明其中的任何一种情形成立就可以免责，本章接下来即通过丰富多彩的案例向大家逐一介绍这些特权。

二、同 意

相信差不多每一个生活在中华文化圈的人都听说过《三国演义》里"周瑜打黄盖"的故事，黄盖为了骗取曹操的信任而和周瑜合演了一场苦肉计，身上结结实实的挨了一顿军棍。如果我们借用后现代主义的手法把历史荒诞一把，假设黄盖在事后草草浏览了本书的第二章，恍然大悟地发现周瑜的行为和故意侵权中殴打的构成要件竟然严丝合缝，于是就向法院起诉周瑜应当对他承担殴打的法律责任。可惜黄盖只知其一不知其二，这场诉讼的结果想来是任何一个没有专门法律知识的人都可以预见的，你黄盖当初是说好自愿被打的，怎么能说话不算事后又找周瑜索赔呢？法院也通常不会去干预私人之间的合法约定。

同意在美国民事诉讼中恐怕是最简单明了也最经常出现的免责特权，上面这个故事所描述的情形体现的正是同意原则在故意侵权争议中的适用，既然周瑜在实施故意侵权行为之前已经获得了黄盖的首肯，这种你情我愿从根本上使周瑜的行为得到了正当化，因此侵权责任也自然就无从谈起了。由此可见同意的概念既不高深也不复杂，我们尽可以从最生活化的角度来理解这个浅显易懂的法学理论，把同意设想为对他人行为的某种认可、允许、接受、肯定或是容忍。总而言之，只要原告对被告的行为流露出了不反对的意思表示，哪怕是再勉强不过的同意也会使得被告原本侵权的行为正当化、合法化。但我们应该注意到的是，同意实际上是个用途非常广泛的抗辩事由，其可适用的场合决不仅仅局限于故意侵权一个领域，而可以被以多种形式应用于其他各种侵权诉讼当中，比如对过失侵权行为进行抗辩的自冒风险（assumption of risk）从本质上看也还是同意的一种。

同意的表达方式是不拘一格的，首先可以用明示的方式让他人知晓。最明显的就是原告通过适当的语言或行动直截了当地告诉被告可以做什么。这时一旦原告作出了这样明示的意思表示，被告就立即获得了一种在不超越原告许可范围内任意行为的特权，即使原告事后声称并能证明自己心里所披露的想法恰恰相反，也不能追究被告的法律责任。如果原告的意思表示不是那么清楚，让被告产生了一定的误解，那么究竟是应该以原告的说法还是被告的认识为准呢？美国法院认为这两种标准对对方来说都是不公平的，而应该采用客观的理性人标准（reasonable prudent person，简称 RPP），即一个具有普通理性的人在当时的情况下会怎么理解原告的意思表示，这种标准我们在前面的很多章节里都提及过，以后在讲到过失侵权时还会进一步分析它的构成。

其次，原告的同意也可以通过默示的方式来表达，这一点我们可以从两方面来理解。一种情况是原告对被告的行为抱之以任其自然、不动声色的态度，如果此时一般人认为，如果原告希望被告立即停止行为就应该会发出警示的话，那么原告的这种绥靖政策其实就是我们通常所说的默许了。在日常生活中不乏这样的例子，比如同学之间互相借用一下橡皮什么的小东西，在整个过程中两个人都不用说话，只要把橡皮在物主面前晃一晃，如果此时物主的表情是不置可否，橡皮多半是可以用了。另一种情况也与之类似，原告在承受被告的行为时安之若素，事后才表示其实际上不同意被告的做法，这时法院会根据当时的环境而不是原告的说法来推测到底有无同意的特权存在。我曾经读到过一个在这方面很著名的案例，讲的是一个希望移民的妇女在排队接受身体检查时被医生注射了防天花的疫苗，当时她没有作同意与否的任何意思表示，但事后却声称自己是被迫的。法院认为她的英语水平足以了解当时要发生的事，她也有足够的时间和宽松的氛围表示她的异议，而她没有选择这样做，这足以表明接受注射没有违背她的意志，因此她提出的诉由不能成立。[1]实际上，这后一种情况已经脱离了我们通常所认为的原告主观上的同意，而说的是法律虚拟出来的同意了。作为一种免责特权的同意，更看重的是对原告在当时情况下表现出的态度的理性归纳，而其实并不太在乎原告内心的真实想法。

再次，原告的同意可以通过人们在一定社会条件中所长期以来形成的共识反映出来，这些共同的文化背景一般体现在生活习性、风俗惯例、交往礼节等多个方面。比如美国人在性格上普遍开朗外向，老朋友见了面互相之间重重的来一个熊抱是再自然不过的事情，并不需要双方先作出某种同意接受拥抱的意思表示，法律存在的目的不是给人们的生活制造麻烦。再比如很多体育运动项目中人与人之间的冲撞是难以避免的，甚至正是比赛的一个部分，我们的文化认可这种竞技的方式，而且运动员上场参赛本身就是同意接受

---

〔1〕 O'Brien v. Cunard S.S.Co., 154 Mass.272, 28 N.E.266（1891）.

冲撞的意思表示，所以法律并不把规则以内的冲撞看作是侵权行为。但是一旦这种冲撞超出了比赛规则所允许的范围，也就是说超出了对手同意的范围，就会转变为侵权行为。比如有一个经常会被引用的案例说的是在一场美式足球比赛中，落后一方的一个进攻球员在多次遭到对手成功阻截后气急败坏地用前臂猛烈的击打对方球员的头部。初审法院的法官认为，体育比赛中球员一时控制不住情绪是常有的事，法律不应该过多地介入到这些职业运动项目中，原告在完全能认识到类似风险的情况下参加比赛就意味着他已经同意了这种可能性的发生。而二审法院的法官则持相反的看法，认为被告的恶劣举动已经远远超过了通过美式足球比赛规则所可以预见的程度，法律不能容忍被告把这种违反体育道德的故意侵权行为带到赛场之上而又奈何他不得，因此被告应当承担侵权责任。[1]

最后，当一些紧急情况出现，原告当时无法及时表示出同意与否，法律会推定其同意。比如在一起交通事故中，受害人昏迷不醒，生命垂危，医生当然不可能等其苏醒过来并询问是否同意手术后再实施抢救，法律在此种情况下就断然推定同意的存在，医生可以采用一切必要且合理的手段来挽救病人的生命，包括给病人截肢。

当然有规则就必然也会有限制，一个有效的同意也受到了能力、范围等条件的约束。同意应当是由有同意能力的人作出的，小孩子、精神病人、醉酒者等的弱势群体明显缺乏判断事情后果所需要的智力水平和思维程度，因此他们所表示出的同意在很多情况下都是无效的。有效的同意只存在于原告所限定的范围以内，一旦被告的行为超出了这个范围，或者被告没有按原告所同意的方式行为，被告就不再享有这一免责特权了，比如原告只同意被告借用他

---

[1] Hackbart v. Cincinnati Bengals, Inc., 601 F.2d 516 (10th Cir. 1979), *cert. Denied*, 444 U.S. 931, 100 S. Ct. 275, 62 L. Ed. 2d 188 (1979).

的橡皮，而被告却拿走了原告的尺子，这时被告从行为性质上来说是侵犯了原告的动产。另外，同意也不能来自于被告的欺骗、强迫、引诱或者是向原告隐瞒了重要的事实，原告在这些情况下作出的同意也是无效的。

同意无效的另一大类情形是同意犯罪，即指原、被告双方是在相互同意的情况下参与到某些受到法律禁止的活动中，一旦有一方在受到了伤害后向对方提出索赔，另一方是否可以依据同意的免责特权不承担法律责任。关于这个问题有一点是可以肯定的，那就是双方当事人的同意并不能使犯罪行为本身合法化，比如在明知的情况下与未成年人发生性行为等。但是美国法院在处理受害人索赔问题上的意见却不统一，一些法院所持的多数意见认为这个同意是根本无效的，这些案件中的侵权之诉仍然存在；而另一些法院还有《重述》却赞同少数意见，认为同意是有效的，因此受害人不得向对方求偿，理由是任何人都不应该从错误行为中获益。这种法院之间意见不统一的情况在美国是司空见惯的，同一个案件在不同州的法院审理完全有可能产生不同的判决结果，因此在民事诉讼中，律师为当事人选择适当的法院成了早期工作中最重要的部分，久而久之，美国也因此造就了一个异常发达的民事诉讼法体系。只不过这一现象究竟是好是坏就仁者见仁、智者见智了，有人说这是把大量的金钱浪费在虚无的程序问题上，也有人认为这体现了程序正义与实质正义的并重。不管怎样，有关法院管辖权的规定应该被认为是美国法中最精华的部分之一。

说到同意，不能不提一提"告知后的同意"（informed consent）这一美国法中的旁门左道。这个概念大概的意思是说医生在向病人介绍治疗方案时必须充分完全地向其介绍可能的副作用和存在的风险，如果医生未能做到这一点，就有可能承担殴打或过失的责任。因为告知后的同意无论是在理论深度、还是在社会影响上都已经达到了一个可以专门研究的程度，所以在下一节里我们会专门谈一谈这个很有意思的话题。

Hellriegel v. Tholl

Supreme Court of Washington, 1966.

69 Wn.2d 97, 417 P.2d 362.

DONWORTH, Judge. 原告向本法院提起上诉，而此案在初审法院曾因证据不足而被驳回。数年前的一个下午，原告 Wofl‑Jurgen Hellriegel 十多岁的儿子在和他的 3 个朋友嬉笑打闹的过程中因为险些被同伴们扔进华盛顿湖而受到了严重的伤害。因此，本案的被告即是那 3 个和原告的儿子年纪差不多的年轻人。原告以自己的名义起诉，要求被告赔偿其治疗儿子伤病的医疗费用，并且还以他儿子的名义起诉，要求被告赔偿其儿子在治疗期间损失的应得收入、短期全身瘫痪和长期部分器官功能丧失带来的痛苦、以及由于被告的轻率和过失而导致其儿子所遭受的其他一切伤害。在案件正式开始审理之前，原告对起诉状进行了修改，把有关轻率和过失部分的责任改为了殴打的诉由。

本法院认为此案的惟一争议即在于，初审法院所作出的驳回原告起诉的判决是否正确，也即是判断原告是否有充足的证据使得本法院相信 3 个被告的法律责任应当交由陪审团决定。

本案发生的事实经过如下：在 1963 年 7 月 26 日下午，上诉人 Wofl‑Jurgen Hellriegel 的儿子（被朋友称为 Dicka），一个十五六岁的中学生，和一些朋友到华盛顿湖边去玩滑水（waterskiing）游戏。尽管当中不断有其他的青年人加入和离开，但这群人主要由 6 个学生组成，他们作为证人向初审法院提供了证词。虽然这 6 位证人所回忆的整个事件的发生经过在细节上有一些出入并且给我们描述的场景还有不少模糊的地方，但是通过相互印证已经足以使我们相信，受害人小 Hellriegel 所说的亲身经历是可靠的。

小 Hellriegel 是这样说的："那天下午我们真是玩的太疯了，拼命地朝湖里扔一切可以扔的东西，先是把某个人的枕头扔进了湖里，不过那个枕头很快就漂远看不见了。于是我们又开始把身边的草抓起来向湖里扔，直到大家都觉得厌倦了为止。这时我们开始设想为什么不把人扔进湖里，不知道是谁提议的：'干吗不把 Dicka 扔进去?'当时我就吓坏了，嚷道：'你们不能扔我（You couldn't throw me in even if you tried.）.'然而其他 3 个人，Mike、Greg 和 John 已经跳起来了，有的抱头有的抬脚，想把我朝湖里扔。我则在拼命地挣扎，最后我被强行弄成了一个在湖边坐着的姿势，此时 Mike 在我的身后，而 Greg 和 John 还要把我的脚向上扳。我努力地扭动想摆脱开他们，还把手向脚的方向伸去，但是身后的 Mike 却试图把我的手抓牢，不让我动弹半分。突然间，Mike 好象失去了身体平衡，整个身子从后方压到我的背上，迫使我的头猛地向前倾。那时我只觉得听见了两声类似于打响指的声音，然后就失去知觉了。我压根不能移动我的双腿，它们似乎已经完全麻木了。我意识到了什么，大声叫起来：'天啊，我瘫痪了。'Mike、Greg 和 John 连忙把我放开，让我平躺在地上。后来是我的哥哥把我接走了。"

上诉人认为初审法院以证据不足为理由把他的起诉驳回是犯了一个巨大的错误。庭审记录显示初审法院判决被上诉人不用承担法律责任是基于两个因素：

（1）被上诉人试图把上诉人儿子扔进湖里的行为不能构成对其身体的冒犯性接触；（2）上诉人儿子一直在参与打闹的事实表示他是同意被上诉人后来对他作出的行为的，而且实际上他的 3 个朋友根本没有能力把他扔进湖里。

本法院认为应该先讨论此案是否存在同意的争议，然后再决定被上诉人的行为是不是冒犯性的身体接触。

此案的双方当事人都承认同意是对殴打指控的有效辩护，而且本案中并不存在无法适用故意原则的情形。双方对这个问题的争议主要是 Dicka 的言行是否可以构成同意参与打闹的效果，以及这个同意是否可以涵盖后来那些导致其受伤的行为。

首先，在 Dicka 的言行是否可以构成同意这一问题上，本法院赞同初审法院的看法，认为他在事发前的言行足以让同伴们产生他愿意玩这个游戏的感觉。他的朋友们在当时的环境下会合理地相信他同意和他们进行一番有趣的挣扎（请注意不是同意被扔进湖里），因此本法院有理由推定他已经预见到了在打闹过程可能会被引发的身体伤害。即使当同伴们达成一致打算把他扔进湖里时，他作出的反应也不是严词拒绝，而更像是一种欲拒还迎的邀请。我们可以把试想着把这些语言和动作带入到事发当天的氛围当中。那些男孩子已经居然把一个枕头像球一样扔到湖里，并且任它漂的很远。后来他们又开始扔草。很明显他们是好朋友，没有人因为这些荒唐的举止而生气，也没有人试图从这场胡闹中退缩，这就是男孩子们好玩的天性。

如果我们能从证据中找到一点点暗示来证明 Dicka 其实根本不想参与这场最终造成了悲剧的打闹，而只是为了保护自己才卷入到和其他 3 人的纠缠之中的，上诉人所提出的诉由也就有了法律上的依据。但是，从 Dicka 自己提供的证词当中，我们可以明显地看出他是兴致勃勃地参加了扔枕头和草的胡闹。而且 Dicka 也提到了，他和那个从后面压上来的男孩，Mike Dorris，在这件事发生前经常在一起玩摔跤的游戏。Dicka 一直是个身强力壮的小伙子，这些肢体接触的打闹对他这样的年轻人来说只不过是一些好玩的把戏。综合以上所有的考虑，本法院在情理上很难把 Dicka 当时的言行解释成他真的不愿意和同伴们玩试着把他扔进湖里的游戏，他会因为害怕而剧烈挣扎。

上诉人的律师辩称，即使 Dicka 的言行能够被看作是同意，但也仅是同意被扔进湖里，而不是同意朋友们可以弄断他的脖子，也就是说没有同意可以对他进行殴打。当然，本法院并不否认 Dicka 没有同意朋友们弄断他的脖子，也认为他甚至没有同意被扔进湖里。但请注意，本法院所认定的是 Dicka 同意和他的朋友们在湖边进行一番有趣的挣扎，换句话说也就是，Dicka 同意了一场危险而又粗野的搏斗游戏。

就本法院看来这种危险而又粗野的搏斗游戏就好像一场非正式的拳击比赛一样。拳手们既然参加了比赛就意味着已经同意了接受来自对手的击打所会导致的严重身体伤害。参加危险搏斗游戏的人也被认为同意了接受在此过程中可能出现的任何意外。

至于被上诉人的行为能否构成冒犯性的身体接触，本法院的回答也是否定的。Mike Dorris 压断 Dicka 脖子的行为纯粹是个意外事故，而除此之外的其他接触都只是 Dicka 和同伴们游戏的一部分。

因此，本法院维持初审法院所作出的决定。

Overall v. Kadella
Court of Appeals of Michigan, 1984.
361 N.W.2d 352.

Per Curiam.（法院一致同意）本案是由两支业余曲棍球队 Waterford Lakers 和 Clarkston Flyers 之间的一场发生在 1975 年 4 月 17 日的曲棍球比赛而引发的。当全场比赛结束以后，先是 Flyers 队的一名场上球员与对方的一名球员相互打斗起来，随后这起纠纷就升级为两个队所有球员间的混战，甚至连那些替补席上的候补球员也都加入了战团。在一片混乱中，被告挥拳将原告打得昏迷不醒并且致使其右眼眉骨部分发生骨折。

在初审中，被告称整场事故是由于他在比赛后与对方球员依次握手时突然被人从身后打了一下而引起的，他的队友目睹此事后顿时像炸了锅一样纷纷和对方球员扭打在了一起，被告又称在打斗中曾看见有人挥舞着曲棍球杆向他的头部砸来，被告因为一时转不了身便只好硬捱了两下，可一旦抽出身来被告就认准了那个拿球杆打他的人并狠狠的将其打翻在地，报了适才的一箭之仇。然而，被告对当时混乱场景下他的举动也只能回忆起这么多了，他实在想不起来原告是否是被自己打伤的，甚至在混战中他到底打过哪些人。有3位打架事件发生时正在现场的目击证人作证称，原告在打斗中并没有离开过替补席，但是他一直在用自己的球杆戳击或敲打被告，于是被告就回头朝原告的脸上打了一拳作为报复。

原告本人及两位观众提供的证词与上述的说法可谓是大相径庭。按照这些人的描述，在这起事件中，原告自始至终都坐在替补席上，即使在他的队友全部加入了战团后，他也很好地保持了克制并没有起身。况且原告坐的替补席距离打架的地点也比较远，所以原告也不可能用自己的曲棍球杆戳击或敲打别人。可是不知为何，被告突然一个健步冲到了替补席前，一言不发地就打了原告一拳，然后又飞快地跑开了。总之，原告的受伤是非常无辜的，他根本就不是打架事件的参与者。

这场比赛的当值裁判在初审中作证称，他看见被告在赛后主动卷入了至少3起单独的打斗之中，于是他立即判罚了被告3次比赛行为不端 (misconducts)。因为打架的行为是密歇根业余曲棍球协会 (Michigan Amateur Hockey Association) 制定的曲棍球比赛规则中所明令禁止的，此规则中专门有一些条款是为了制止球场上的暴力而制定出来的，而替补席也通常被看作是比赛场地的一部分。还有一名裁判表示他看到了原告的确曾经有用球杆捅了捅被告的举动，后来被告也不问青红皂白就径直冲上前去对原告施以老拳。

初审法官对本案的事实问题进行了总结，认为："狂热中的被告对当时已经下场且并没有参与打架的原告进行了殴打，致使其受到了程度严重的伤害。"基于这一事实的认定，初审法院判决给了原告21 000美元作为对其身体伤痛、医药费及精神痛苦等的补偿，而且由于被告的行为是故意的及带有恶意的 (intentional and malicious)，法院还额外要求被告支付给原告25 000美元的惩罚性赔偿。

在上诉中，被告首先表示第48区法院不是本案合适的审判地

(venue)，因为此次事故是发生在第 51 司法区的管辖范围之内。根据 GCR 1963, 404 的规定，在民事案件中不合适的审判地应当以法院的命令（order）进行变更，或者是通过被告及时地向法院提出动议，或者是通过法院自己发现。在本案中，被告未能在规定时限以内提出变更审判地的动议，所以这就被视为他主动地放弃了这一权利，现在他不能再以此为借口对初审的判决表示异议。

被告对初审法院的判决表示了强烈的不满，他的抗辩理由在于，原告既然是主动自愿地参加曲棍球比赛，那么他就不能因在比赛中受到的伤害而向法院要求损害赔偿。被告所提出的这一理由可以用一句古老的法律术语表达出来"volenti non fit injuria"，即一个人不能因他同意受到的伤害而获得补偿的意思。

参加一场比赛本身就意味着参加者已经同意接受所有在比赛规则允许范围之内的身体接触，但是作为一项得到普遍确认的法律原则，绝大多数法院都认为那些超出了这种体育比赛通常所允许的故意致人伤害的行为也同样是可以获得法律救济的殴打行为。

在 Nabozny v.Barnhill, 31 Ill.App.3d 212, 334 N.E.2d 258 (1975) 一案中，一位业余足球运动员在对方守门员已经在禁区内把球牢牢控制在手中的情况下仍悍然伸脚猛踢其的头部，这一性质极其恶劣的行为明显与足球比赛中保护运动员安全的规则相违背。在决定这位守门员是否可以因对方球员这一行为提起侵权之诉时，审理此案的法院分析认为，在任何体育比赛中，运动员都负有为比赛规则所创设的为对方运动员的安全着想、收敛自己行为的法律义务。据此，该法院拒绝了被告提出的在体育比赛中运动员应该享有免因对方球员受到伤害而被起诉的豁免权，并详细写道："本法院相信我们的法律不应该为精力充沛的年轻小伙子们自由参加体育运动设置不合理的负担和障碍，但本法院同样相信一场有组织的竞技比赛不存在于真空之中，那些场上的运动员也必须受到我们这个社会所依赖的一些基本文明道德的约束。因此，如果一个运动员的行为能被看作是精心谋划的、故意的或是轻率到根本不顾及对方运动员人身安全的话，我们认为他就应当为自己侵权行为所造成的对方运动员的受伤负责，并且这是一个应该交由陪审团来裁决的事实问题。"

本法院还发现了其他很多判例同样支持比赛场上超出规则允许范围之外的行为可以构成侵权责任的法律原则。在 Griggas v. Clauson, 6 Ill. App. 2d 412, 128 N. E. 2d 363（1955）一案中，一位篮球运动员因在比赛中故意殴打对方球员而被判决有法律责任；在 Bourque v. Duplechin, 331 So. 2d 40（La. App. 1976），cert. den. 334 So. 2d 210（La. 1976）一案中，法官认为一位在垒球比赛中为了破坏对方得分而故意用前臂击打对方的运动员应当承担法律责任。我们完全同意上述法院所作出的判决意见。在本案中，就连被告自己的证人都承认曲棍球比赛中有关禁止球员打架的规则是在意图制止球场上暴力事件的发生，被告故意的殴打行为当然违法了这条规则。更何况根据初审法院认定的事实，被告的殴打行为是否能算出现在比赛的进行当作尚是一个很值得争论的问题，原告对赛场上殴打行为的同意能否延续到比赛结束以后是让人感到怀疑的。

被告还为自己辩解称，因为当时有人用曲棍球杆从背后打他，所以他的行为只不过是在行使正当防卫（self - defense）的权利罢了。初审法院认为，原告坐在替补席上时手中并无球杆，即使他有一根的话也完全无法坐在那里用球杆碰触到战团中被告的身体，故此初审法院拒绝了被告有关正当防卫的见解。我们不认为初审法院的这一认定有任何明显错误的地方。

本法院决定支持初审法院的判决。

补充知识：

长期受大陆法系培养的法学院学生往往一时不能适应英美法系大量阅读案例的学习方法，认为这不如记熟每种罪名的成立要件来的明了干脆，往往是钻在案例堆里半天却不知所云。一开始有这样的感觉并不奇怪，但其实这些案例所负载的知识是极其丰富的，问题只是在于人们能不能体会罢了，有些粗枝大叶的人只想了解一个最终的结果，而真正的有心人却能够从每个案例中都悟到很多东西，比如作为法官了解案情的切入点、如何严谨地说明一个有争议的法律问题以及某些专业词汇的用法。在这里我想结合自己的体会谈谈包括判决书在内的英美法系正式法律文书在写法上，或者从根本上说是在思路上的共同点。读者们通过阅读到目前为止章节中的不少案例，想必对这些文本的组织架构已经有了基本的了解。虽然美国的司法制度对法官如何撰写判决意见没有一定的格式要求，法官们完全可以在兴之所致之处自由发挥一番，但实际上我们所看到的绝大多数的判决书都痕迹或深或浅地遵循着固定的模式，这就是美国法学院中通常所称的"IRAC"。"IRAC"指的是一篇正式的说理性法律文书在论述问题时应该包含的 4 个部分，这 4 个字母分别指的是最初的提出问题（Introduction）、接下来的法律解释（Rule Explanation）、再接下来的法律适用（Rule Application）和最后的解决问题（Conclusion），当然对于判决书来说还应该加上对案件事实和审理程序简单介绍。

三、告知后的同意

所谓告知后的同意是指，美国的相关法律要求医生在为病人实施诊疗前必须把具体的诊疗方案和所有可能由此引发的后果向病人作出充分且坦率的披露，病人只有在获取了包括此种诊疗手段所预计带来的积极效果和负面影响在内的完全信息后表示出的同意，才能被称为告知后的同意，医生也只有在得到了病人告知后的同意后才可以对病人实施进一步的治疗。如果医生没有对病人进行告知或者医生的告知被认为是不完全的，医生很可能会因此而承担一定的法律责任。告知后的同意在美国侵权法中是一个争议很多、影响也很大的问题，笔者之所以在上一节中称其为旁门左道，是因为这个名字虽然在表面上是从同意这一免责特权中引申出来的，但其实无论就法律渊源还是适用范围来看，其和同意应该算是相当不同的两个法律概念。同意是一种针对故意侵权行为的免责事由，是被告在诉讼中进行辩护的武器，而告知后的同意却更多地在法庭上扮演着冲锋陷阵的角色，是病人用来控告为其治疗的医生侵权的诉由。

相比较其他那些因古老而略显陈旧的同门来看，告知后的同意是美国侵权法概念中颇受世人瞩目的后起之秀，这倒不光因为它是一个给现代社会带来了巨大结构变革的法律理论，还在于它深深地触动了人类曾长久以来视为当然的人伦观念，所以从根本上来说更像是一个在此人们辩论一切有关生命与尊严的道德问题的拷问场。就其终极目的而言，告知后的同意无疑是一个旨在提供给患者在治疗自身疾病方面更多知情权、参与权和决策权的法律制度，但经过几十年的实践下来，评论家们对它在医疗领域的作用还是毁誉参半的。支持者认为这不仅是对病人基本人权的有力保障，而且也在实际上减轻了医生以往因担心治疗失败而承担的压力，现在只要获得了病人有效的告知后的同意，任何已被病人所知的不良后果出现都不是医生的责任。但是反对者则往往会用具体的事例指出患者所希望得到的是最有效及时的治疗，而非什么人权上的进步。现实生活中有不少病人在被告知手术可能产生的可怕副作用后而拒绝进行手术，即使副作用出现的可能性通常只是在理论上存在的，还有一些病人在精神上根本经受不起关于其病情真相的坦白相告，在面对一些治疗时间较长或存活机率较小的绝症时，经常会干脆拒绝一切积极的治疗手段。最令反对者感到痛心疾首的还是"医生—病人"之间传统关系的蜕变。自古以来医生就是一个妙手施仁心的神圣职业，医生对于病人的有效治疗必须是建立在病人对医生绝对信任的基础之上，医生的职业道德也自然要求他对每一个病人都采取最稳妥有效的治疗方法。而引入告知后的同意后，医生见到患者的第一件事就是先说一大通自己概不负责的宣言，或是不管毛病大小都先让患者填上一大堆莫名其妙的表示已被告知的表格，这从根本上降低了医生工作的神圣感和责任心，同时也让病人变得更加多疑，以及对医护人员缺乏必要的信任。告知后的同意作为一个社会问题争执归争执，作为一个法律问题也可以在议会上辩论来辩论去，但是作为一个人权问题恐怕就没有人敢再说三道四了，因为人权同政治正确一样都是美国社会中被约定俗成不便多谈的禁区。于是美国所有的 50 个州和联邦政府都通过各自的立法程序把告知后的同意作为一项基本的制度确定下来，并且也相应地被添加到了美国医护人员的行为操守规范当中。只是这样既不便民也不利己，也不知到底何人能从中得益？

告知后的同意在美国侵权法中是一个资历很短的概念，虽然在 100 多年前美国的法院就审理过这类纠纷，但其理论成型还是最近七八十年来的事情，据说 "informed consent" 这个词最早在成文法中出现应该追溯到二战结束后的纽伦堡公约。其实世界各国的医疗卫生领域都或多或少地有体现尊重病人知情权的规章条例，但是美国告知后的同意制度却显得更加制度化和系统化。

首先，告知后的同意不仅是实施治疗前的一个必要程序，而是在诊断、护理、希望病人参加医学实验前都需要对病人进行充分完全的信息披露。经过了几十年的熏陶体会后，现在美国已经很少有医生会忘记对病人的告知义务了，但通过近年来的案例却反映出目前引起争议的焦点在于信息披露的不完全性，比如医生在手术前告诉病人可能会有 10 种后遗症，结果病人得上了这 10 种以外的第 11 种，这时的同意就有可能因为医生告知的不充分而无效了。说同意有可能无效，而非绝对无效，是因为不同的州在处理类似问题时的态度是很不一样的，也即州与州之间衡量信息披露完全与否的标准是大不相同的。从总体上看，美国法院考察告知义务的标准有3种：(1) 理性医生的标准（reasonable physician standard），即一个具有普通专业水平和责任心的医生在相同的情况下会告知哪些内容；(2) 理性病人的标准（reasonable patient standard），即一个普通的病人在相同的情况下会希望得知哪些内容；(3) 主观标准（subjective standard），即该病人在当时的情况下需要被告知哪些内容才能作出合理的同意。

一般来说，美国的法院会根据自己的喜好来选择以上3种标准之一作为衡量尺度，但无疑这第3种标准是对医生来说最为苛刻的要求，不过这也是最少州目前采用的标准。至于每一个州的具体情况，我们可以通过查阅该州以往的案例来了解，当然现在很多州也已经有了这方面的成文法。

其次，美国法院认为告知后的同意不应该只是取得一个形式主义的结果，让病人签署一堆文件了事，而应该是医生根据每个病人具体情况的不同而和他进行有针对性的交流沟通的过程，并且还规定了医生对病人的告知应当尽量注意使用通俗易懂的语言（lay language）来代替那些让普通人听了不知所云的医学术语（jargon）。笔者在美国的几次经历也验证了这一点，如果不是因为紧急情况到医院就诊，一个很明显的感觉就是整个医院的氛围十分宽松，医生从来都是不紧不慢的做着检查，同时还要唠唠叨叨地说很多注意事项，不过有时填几张声明已被告知的表格也是免不了的。由此看来，美国的医护人员普遍服务态度较好也不见得全是天性纯朴使然，也多少有慑于法律要求的因素在内。当然，医生对病人的信息披露也不是漫无边际的，虽然每个州、每个医院的具体规定会有所不同，但大体上局限在5个部分：

(1) 计划使用的治疗手段及其方式方法；(2) 可供选择的其他几种治疗手段；(3) 以上每种治疗手段的效果、风险和可能存在的不确定因素；(4) 估计并询问病人的理解程度；(5) 告知病人在治疗过程中所拥有的权利，如选择中止治疗等。

最后，为了确保在医疗过程中告知后的同意原则不会给病人造成任何损害或不便，例如出现因为医生等待病人的同意而耽误治疗的情况等，美国法在同意取得的方式上并不太斤斤计较，规定了在不同的环境下可以有种种妥协的办法，毕竟在绝大多数时候保全生命总是占第一位的。可以举一个简单的例子来说明，当一个已经失去了知觉并且时刻有生命危险的病人被送到急救室里，又没有任何他的亲人在场可以代替他表示同意，医生如果要等到他醒来再履行告知义务就实在是太迂腐了，这时病人的同意可以由法律推定作出（presumed），医生只要竭尽所能挽救他的生命就可以了。相同的道理也可以被适用于手术进行的过程中，假如手术进行到一半时医生判断凭原定的方案已经无法奏效了，必须施行另一种治疗手段，医生也不必先缝合并等病人从麻醉中醒来作出同意的表示，而可以径直根据自己专业上的判断行事。不过要构成这种紧急情况下的推定同意，也必须符合3个条件：（1）病人当时由于客观情况无法给出同意；（2）病人正面临不能拖延的严重危险；（3）以理性人的标准判断，病人在此种情况下会表示同意。

另一种情况就是当患者本人不具备或一时不具备同意的能力（competence）时如何取得告知后的同意，比如说医生如何从未成年人、精神病人、醉酒者以及情绪有所失控的病人那里得到有效的同意。一般来说，如果患者本人不能够及时的表示同意，可以由他们的亲人、监护人以及其他法律所认可的代理人代为给出。如果在一定时间内无法和这些代理人取得联系，医生应当自行采取对病人最为有利的治疗手段。

告知后的同意是一项极富美国特色的法律制度，它的理论基础在于强调个人自治（autonomy）的不可替代性，即使是在事关生死的重大抉择上，也应当给予每一个人充分的时间、尊严和机会来自愿地作出决定，因此人们必须享有充分完全的信息披露。在过去，如果一个医生被法官认为没有做到有效的告知，很可能会因为冒犯性的接触他人身体而被认为犯有殴打（battery），而现在越来越多的法院把信息披露不充分的法律责任看作是过失侵权的范畴，所以我们在后面讲到过失侵权一章时还会提及告知后的同意。

下面大家要看到的是在告知后的同意这个领域内算得上元老级的一个案例，虽然差不多是发生在一个世纪以前的事了，但此案随着时光的推移却从来没有被推翻，至今仍然是一个有效的法律渊源（sound law），而且其中确立的许多原则长久以来被无数的后人所引用，所以在美国讲到告知后的同意就不能不提一提这个案例。

Mohr v. Williams
Supreme Court of Minnesota, 1905.
95 Minn.261，104 N.W.12.

BROWN, J. 原告因为自己有病的右耳而到被告处就诊，被告是治疗有关耳朵方面疾病的专家。在为病人进行过常规检查后，被告确诊了原告右耳的毛病并建议她做一个小手术，原告表示同意接受手术治疗的方案。但是当原告被实施了麻醉而失去知觉以后，被告又觉得原告右耳的状况还没有严重到需要立即手术的地步，倒是她左耳的病情着实让人不容乐观，从一个医生的职业判断来看，手术越早进行越好。于是在没有唤醒原告并取得她同意的情况下，被告对他的左耳动了手术。由于被告精湛的医术，手术完成的十分顺利也很成功。然而，原告认为被告的这种行为侵犯了她的权利，并以殴打为由向法院起诉被告。在下级法院的审理中，陪审团的裁决支持了原告，判令被告赔付给其 14 322.50 美元。被告要求法官不理会陪审团的裁决，但遭到了法官的拒绝。不过法官认为陪审团决定的赔偿金额太多了，因此要求此案被重新审理。原、被告双方都提出了上诉。

本案的证据显示，在被告为原告做了第一次身体检查后，被告告诉原告她左耳的状况相当好，因此原告一直以来的印象就是自己的左耳完全没有问题，她只是因为右耳的病情才决定接受手术的。事实上，原告也作证说在此前她从未感到过左耳有任何麻烦。但是作为一项不容置疑的法律原则，医生在对病人实施手术前，必须对病人进行全面的告知，并且取得病人的同意。

我们毫不怀疑一名合格的医生理所当然地拥有令人信服的专业知识和技能，而且在对病人进行治疗的过程中，也会以其合理的关怀和最佳的判断努力给病人带来良好的治疗结果。关于具体使用什么样的手段和方式来治疗病人完全是医生独立判断和自由决定的事情，我们也不认为有任何地法律原则会干扰或限制医生行使这样的职业权利。特别是在一些紧急的情况下，医生有权以病人的利益为重而自行采取所有被认为必要的措施，法律从来都是认可这些权利的。比如某人因为受伤而失去知觉，而且他的伤势已经严重到需要立即实施外科手术治疗，那么此时治疗他的医生完全应该自行其是来挽救他的生命或是保全他的肢体，此人对于接受治疗的同意可以由法律推定而来。而且，如果医生正在进行一项病人已经同意了的手术过程中，突然发现了一个手术前未曾预料到变化，如果不立即消除这一突发问题就很有可能危及到病人的生命和健康，此时医生也不言而喻地可以在没有得到病人进一步同意的情况下改变原定的手术方案。但是上述的这些原则在本案中并没有出现。被告并不是正在对原告的右耳进行手术的过程中发现她左耳有严重病情的，而是在觉得原定的右耳手术已经毫无必要后才进行的一项对左耳的专门检查中发现的。假如把本案当作一个纯粹的法律问题来看，本案中既没有任何紧急的情况出现，也不存在不立即手术就会给原告造成严重伤害的可能性，所以本案并非属于上述几种可以豁免同意情形中的一种。原告从没觉得自己的左耳有什么问题，因此被告所认为的她左耳的病情是非常紧急的、以及立即的手术是必要的究竟是否属实，应当作为事实问题交由陪审团决定。

被告称他对原告的左耳进行手术也是得到过原告同意的，但这一点没有能从证据中反映出来。被告的这个看法是基于当时原告的家庭医生也在场，他把原告左耳的情况向家庭医生说了，并告诉家庭医生他准备立即手术，该家庭医生并没有表示反对。所以被告认为在当时的情况下，原告的家庭医生应该是能够代表原告的，而既然她的家庭医生没有任何反对的意思表示，原告也应当被视作已经同意了。证据显示应原告的要求，她的家庭医生在手术进行时确实在场，但他没有对被告的建议给出任何明显的同意。但是本法院认为该家庭医生出现在手术现场的目的并不是要参与到手术的过程中，同时他也并没有被授权可以代表原告对改变原定的手术方案表示同意或不同意。原告对麻醉以后失去知觉感到十分紧张和害怕，她只是希望她所熟悉的家庭医生在场来帮助她缓解这种不安的情绪。对于这个事实问题的看法可以由陪审团作出最终的认定。

被告的另一个抗辩理由是，他被指控的行为不足以构成殴打和威吓。被告认为原告的左耳确实有病，如果不及时治疗肯定有损于她的身体健康，所以他实施的手术是必要的，而且手术也进行的非常完美，故此殴打和威吓的指控不应该成立。被告还认为即使原告没有同意做一个左耳的手术，但综合当时的情况就可以看出被告在治疗上不存在过失，也没有任何证据能够证明被告怀有恶意，因此从法定构成要件的角度看，法院也应该判决殴打和威吓不成立。换句话说也就是，被告认为只要没有不正当的故意和过失的行为就不能认定殴打和威吓的存在。虽然并不是完全没有道理，但本法院不能同意这种说法，被告在此案中的行为至少构成了技术性的（technical）殴打和威吓。如果被告实施的手术没有得到原告的同意，且又不存在可以豁免同意的紧急事由，被告行为在法律上即是有过错的，也就是非法的。每个人都有权保护自身不受外来行为的侵害，除非这个行为能够被某种免责特权正当化，任何非法的或未经允许的接触他人身体的行为，只要不是让人感到高兴的，就会构成殴打和威吓的侵权责任。我们已经说过了，此案中的被告是否是在未经同意的情况下为原告实施了手术将作为事实问题而交由陪审团决定。如果陪审团认为确实没有同意存在，那么被告的行为就是非法的。本案也不同于刑事审判，在侵权法中殴打和威吓的认定并不需要一个非法的故意，被告的行为已经足以构成一个侵权责任了。

如果被告被最终认定为侵权，原告应当获得的赔偿金额应该取决于她所遭受侵害的程度和范围，因此原告耳病的真实状况、被告实施手术给原告带来的益处以及被告所怀有的善意都应该被考虑进去。

本法院支持原审判决。

补充知识：

既然病人有选择同意接受治疗的权利，那么相应地也应该有选择拒绝治疗的权利，美国法的确承认一个人有权选择死亡，在这种情况下，医生不能强迫他延续生命，不过这类案件往往会涉及到比较特殊的宗教、信仰方面的原因。美国曾经发生过一个案子，[1] 讲的是一个年轻人被倒下的树砸成重伤，抢救他的医生认为只有实施全身性的大换血才能挽救他的生命。但是他们全家都是一个名叫 Jehovah's Witnesses 教派的成员，他们的信仰禁止这种输血的行为，因此这个年轻人在家人的支持下拒绝了医生的建议，并且签署了一份使医院免责的声明。年轻人的祖父解释说："他希望以洁净之躯活在一个圣经所描述的美好的新世界中。"医院方面顿时慌了手脚，连忙找来一个上诉法院的法官处理此事。该法官亲临病床前询问病人的意见，并证实了该年轻人现时的精神状态是理智清醒的，于是便决定尊重他的意见，不以法院命令（order）的形式强迫他接受医生的救护。也有其他的法官赞同这个决定，认为这不仅维护了病人

---

[1] In re Osborne, 294 A.2d 372 (D.C.App.1972).

宗教信仰自由（religious freedom）的宪法权利，而且从更广义上说是公民享有自由选择权（freedom of choice）的体现。很难想像中国的法院会作出如此冷漠的决定，恐怕这就是东西方对生命和自由的理解不同吧。

我们在上文说过，如果病人本人由于年纪或病情无法给出同意与否的意思表示，这时可以转而征询其代理人的意见，但法院在这个问题上也经常会否决其代理人的意见，而以直接命令的形式要求医生给予病人以救治。比如说一个年幼的孩子生命垂危，但作为其代理人的父母却出于某种原因不同意给孩子治疗，这时法院就会命令医院不理会父母的意见而立即给孩子救治。在很多州这个规则已经被以成文法的形式规定下来了。然而还有一种更为复杂的情况，就是孩子还在孕妇的肚子里没有出生，该妇女是否有权选择拒绝接受对胎儿有利但对她本人比较难受的一些治疗。因为这是一个比较新颖也不常见的法律问题，在美国还没有形成规模性的案例可以进行研究，所以只能说尚无定论。不过已经有法院作出决定，认为孕妇本人有权选择拒绝。[1]

四、正当防卫/保护他人

用不着去引经据典，正当防卫简单说来指的就是一个人在直接现实地面临身体伤害的威胁是有权采取以适当的方式保护自己的安全，即使不把它当作一条法律原则，恐怕人们也会认为此乃万古不易、理所当然之常识，且中外皆然。不错，正当防卫的观念无论在东西方都早以深入人心，大到两国交战都不愿意开第一枪，小到小朋友们打完架向老师告状时知道去争辩谁先动手的，全是这种心态

---

[1] In re A.C., 573 A.2d 1235 (D.C.1990).

的体现，仿佛只要是先被袭击的一方就可以凭借正当防卫的理由在道理上占优，不过现代侵权法中正当防卫的免责特权也正是在这样的文化背景下发展起来的。虽然中国人自古以来也理解并支持正当防卫的原则，但和西方人特别是美国人相比，他们通过法律所表现出来的认同自我保卫的意识和激情却是足以让我们感到惊讶的，我想两者之间的区别主要是历史进程的不同造成的。中国是一个在政治上异常早熟的国家，由于经常需要发动大量的人力物力治理泛滥的河流，中国很早就建立起了完善的基层政府组织，比如至少汉代在乡村一级就有执教化的"三老"、理税讼的"啬夫"、管治安的"游徼"和缉盗贼的"亭长"负责一方治安，因此不需要且政府也不提倡民间以械斗的方式解决争端，而是在可避免的情况下应该尽量交由政府处理。与此正相反的是，西方直到中世纪基本还保持着散乱着无政府状态，国王和中央政府几乎没有实权，目无法纪的骑士们肆意相互寻衅，就连法官也只能偶尔地巡回审案，因此对西方人来说最为现实的就是自己保护自己，长期来这种文化塑造了尚武剽悍的民风。赤手空拳在新大陆上建立了一个国家的美国人更是如此，且不说西部片中一言不合即在决斗中血溅当场的牛仔，就是现在的美国也几乎是家家有枪，无形中倒成了一个严重的社会问题。法律是一个国家文化和价值观的集中体现，由此可见，美国侵权法中对正当防卫的规定也必将多了几分宽松和纵容。

　　说到这里，正当防卫在法理上的合法性基础想来已无需多言，更加值得详细讨论的其实是正当防卫的适用限制，也即什么样的自我防卫才能算正当的。作为一项故意侵权行为的免责特权，正当防卫的对象指的是针对身体伤害的暴力威胁，这并非是说人们不可以自行保护他们的财产，而是侵权法中对保护财产的特权另有规定，两者可用的手段并不完全相同。正当防卫的发生首先应当来源于行为人对当前情况的认识，他必须合理地（reasonably）感觉到或是预见到他本人的人身安全受到了暴力威胁，而且此威胁即刻间就会转变为伤害性的行动，所以他不得不进行适当的反击以使自己摆脱这种险境，至于谁先动的手事后即使法院追究起来也是很无关紧要的。要特别强调的一点是，行为人对局势判断的合理性将是正当防卫能否作为免责特权存在的基础，请注意这里讲的是判断的"合理性"而不是"正确性"，两者的法律效果是完全不一样的，而在正当防卫中，法律注重考察的是行为人对自己正在威胁之下的判断是否是一个合理的看法。法院在决定合理性时一般使用的标准有两种，这要看具体法院的喜好，一种即是理性人的标准，也就是我们在前面已经一再谈到的一个具有普通理性的人在其立场上是否会得出同样的结论。不过这种标准受到了另一些法院的猛烈抨击，认为其纯粹是纸上谈兵，当事人本人的真实想法才是问题的关键，只要他当时的感觉是对恐惧的诚实（in good faith & honest）反应就足够了。总之，不管通过了什么标准，法律认为行为人的判断是合理的，那么他的判断到底正确与否已经无碍大局了。举个例子来说，现实中可能存在这样一种情况，某人只希望对宿敌进行一番口头的恐吓，但他张牙舞爪的姿态实在是太逼真了，让在场的每一个人心里都觉得他这次是要动真格的了，于是其宿敌决定先下手为强就一下把他打昏过去，对此我们只能说这个判断是既错误但又合理的，法律也认可这种情况下免责特权的存在。因此一个正确的判断永远也是一个合理的判断，而合理的却未必总是正确的，但只要是合理的法律就允许行为人免受责罚，哪怕所谓的正当防卫根本是无中生有的。难怪美国侵权法中有一句不太被正式承认的格言：法律看重的是合理与否，而非正确与否。这个观点虽然有些偏激，但大体上说的是实情，也不单单是指正当防卫一处。

出于可以理解的原因，正当防卫的限度也是一个非常紧要的问题，也就是我们可以用什么样的方式来还击所面临的威胁，或是说这个程度应该怎样来把握。正当防卫存在的目的是提供给人们一个合理的方式在紧急的情况下凭借自己的力量来免受伤害，所以行为人既应该能使自己的人身安全得到保障，又不能在防卫过程中新仇旧恨一起算，把它当作报复别人的机会，故此正当防卫的行动应当以需要（necessary）为限。这是一个抽象的、难以量化的标准，但是我们也很好理解，假如行为人经过一番搏斗把意图抢劫的歹徒打跑了，其所面临的危险已经过去了，正当防卫存在的基础也就消失了，如果这时他再一个箭步冲上前去把那个歹徒揍得出气多进气少，恐怕就不是正当防卫的行为了，而是属于私下泄愤。另外生活中常常出现的一个场景就是双方互相谩骂但却不真的动手，这时如果有一方先被激怒了，按捺不住地与对方好一阵厮打，恐怕他也没法用正当防卫来为自己辩解。应该提醒一下的是，这里讲的只是一个原则，现实生活中的事情往往不是这么泾渭分明的，假如一方能从对方的话语当中合理地判断出他马上就要对自己进行身体伤害了，当然不必傻等对方一拳先打在下巴上再动手，而是可以在危险实际发生前把它消除，不过酣畅淋漓地打完之后他就得费脑筋让法官相信他判断的合理性了。

在谈到正当防卫的限度问题时很有必要讨论的一点是有关致命性或会导致严重身体伤害的武力（deadly force & great bodily harm，常简称 DF 和 GBH）的使用。这在美国是一个很现实也很普遍的问题，因为美国社会中枪支泛滥，人人似乎都有可能随时从身上摸出一把枪来，因此人们在自卫时下手也比较狠，生怕受到对方的反击，美国的警察已经有好几次在嫌疑人做掏口袋动作时疑神疑鬼地把对方当场击毙，引得媒体一片哗然。一般来说，美国侵权法在使用致命武力的问题上要求的是一种对等原则，即只有当自己受到致命或严重身体伤害的威胁时才可以用同样程度的武力进行自卫。例如《侵权法重述（第二版）》§143 就规定了："行为人即使在保护自己免受某种严重罪行（felony）的侵害时也不能使用致命性武力，除非这种重罪可以对其造成死亡或严重的身体伤害，但是在闯入行为人的居所（dwelling place）时发生的除外。"这条规定除了谈到了对等原则之外，还提及了一个很重要的例外，就是如果行为人是在自己的家里受到了威胁，是可以不加任何考虑的立即用致命的武力把来犯者阻却，大概在极端重视家庭观念的美国人看来私闯宅地是一个罪不可赦的恶吧。对于这个问题，还应该简单提一下另一个例外，是警察在执行抓捕逃犯之类的公务时可以适当在更大的许可范围内使用致命性的武力，这是出于警察在工作中要面临比普通人更多生命危险的考虑。因此如果是个一般人用正当防卫为自己辩护的话，那么他必须承担证明所使用武力是合理的举证责任，但如果被告是个警察，就很可能会出现举证责任倒置的情况。

有一句俗话说的好"退一步海阔天空"，生活中的很多时候宽容忍让并不应该被认为是软弱的表现，比如在双方剑拔弩张的情况下，一方稍稍退却也许就可消血光之灾于无形，那么法律是否要求在使用武力保护自己之前尝试回避威胁呢？美国侵权法对这个问题的回答是模棱两可的，《重述》和一小部分州法院确实明确规定，在可能需要使用致命性武力自卫时，必须首先考虑是否有条件退却（retreat to the wall），只有这种可能性不存在时才能进行正当防卫。然而美国大多数州法院的意见则对此没有硬性的规定，认为退却与否有时关系到一个人的尊严和荣誉，每个人有权自己决定是面子重要还是避祸更现实。但是无论行为人是怎样决定的，他在正当防卫的过程中都不应该故意伤及到无关的第三方，如果他是通过牺牲一个无辜的旁观者的利益来保护自己，法律将不会认为这种防卫是正当的。不过假如第三者的受伤是一个无心插柳的事故，或者是完全出乎行为人意料之外的，则不会影响正当防卫的免责效力，行为人也无须对受伤的第三者承担误伤的法律责任。

保护他人则是美国侵权法中另一种针对故意侵权行为的免责特权，因为其理论形态与正当防卫极其相似，而且也不是在司法实践中经常出现的一类案子，所以我们只需要在本节中顺便提一下。保护他人指的是行为人在他人面临即时的身体伤害的威胁时主动替他人进行防卫的行为，用生活中的语言表述出来就是我们常说的拔刀相助或见义勇为。在西方社会里，在危难之际保护他人自古以来就被看作是一种美德，早在《圣经》中就有基督徒要互相帮助的训诫，而到中世纪时扶危济贫、救助弱小更被认为是骑士的本分，有兴趣的读者可以找本《唐吉柯德》来领略当时骑士阶层的所谓侠义精神。到了现代文明社会，打打杀杀的事虽然已经不多见了，但是这种舍己为人的义举却仍被法律当作一种免责特权保留了下来，最初这种特权主要用于当家人遇到危险时男主人保护亲属的情形，但目前包括《重述》在内的美国大多数州侵权法都把这一免责事由扩及到了可以保护正在威胁下的一切陌生人。

《侵权法重述（第二版）》对保护他人的特权主要可见于§76，其中规定当行为人合理地认为有人正处在随时可能实现的身体伤害的威胁之下时，可以主动地使用一定的武力帮助他人摆脱险境，这种保护他人的行为是正当合法的。由此可见，《重述》采纳的是行为人合理认为的办法，但有很多州判断是否存在保护他人情形的办法要更为简洁，即如果站在威胁之下的受侵害者的立场上看存在正当防卫的情形，那么行为人主动代其进行防卫的行为就是保护他人；反之，如果当时受侵害者的自我防卫是不正当的，那么行为人的帮忙也就不是保护他人了。保护他人和正当防卫的理论和适用基本上是如出一辙的，保护他人行为的限度完全可以参见正当防卫的要求，这里就不再赘述了。但是在保护他人中很可能会出现好心帮倒忙的情形，也就是说行为人帮助的不是拥有正当防卫权利的人，或者反而是挑起殴斗的一方，比如曾经听说过这样一个故事，某极具正义感的市民在街上看见一个面目凶狠的大汉在追逐一个身材瘦小的青年，甚感不平便伸出脚去把大汉绊了一跤，让青年逃脱，结果得知刚才其实是便衣警察在抓小偷。那么如果真出现了这种情况法院会如何处理呢？这取决于各个州法的具体规定，有些州认为，这时保护他人的特权是不存在的，而《重述》和另一些州则持相反的态度，主张应该鼓励支持见义勇为的举动，这种善意的错误也理当被免责。

Silas v. Bowen

United States District Court, District of South Carolina, 1967.

277 F.Supp.314.

DONALD RUSSELL, District Judge. 此案于 1967 年 11 月 21 日经由本法院审理，原、被告双方当事人都没有要求陪审团出席。通过传唤一些事发时正在现场目睹了事情全过程的证人，并经双方律师交叉询问考察了他们证词的可信性，本法院根据所确定的事实作出如下判决：

事实认定

1. 原告是一个密苏里州的居民。他是一个职业篮球运动员，效力于圣路易斯老鹰队（St.Louis Hawks）。然而在事情发生时，他正在位于南卡罗来那州哥伦比亚市的杰克逊要塞参加国民自卫队的军训。

2. 被告是一个南卡罗来那州哥伦比亚市的居民，在杰克逊要塞外经营一家停车场。

3. 大约在事发前的一个星期，原告和他的一个同伴把车停在了由被告经营的停车场内，并把车子交给了停车场内的一个修理工进行维修。虽然这个修理工在被告的停车场内工作，但他不是被告的雇员。在接下来的一个星期六的上午，也就是 1965 年 8 月 14 日早 11 点，原告和他的同伴到停车场付了修理费并取回了汽车，然后他们开车向哥伦比亚市驶去。

4. 当原告一行抵达哥伦比亚市后，他们去了当地一个年轻妇女的家中，而后者对他们的拜访进行了款待。在原告上午到停车场取车至他们下午晚些时候回程的这段时间里，原告承认他们喝了一些啤酒。

5. 在驾驶过程中，原告和他的同伴发现车子没有被修理好，汽车的离合器仍旧十分松动。于是他们在驶回停车场时，想找修理工再把离合器调整一下。原告称他们大概是在下午 1 点钟左右回到要塞的，但杰克逊要塞的记录准确无疑地显示那时其实已经是下午 6 点钟了。

6. 当原告一行人回程的时候，是由他的同伴开的车。他的同伴在把车开进停车场时明显是在超速驾驶，这反映出了他当时由于车没被修好而产生的恼怒心情。

通过种种事实情况的佐证，本法院深信原告和他的同伴在事发时正因为对修车的结果不满意而处在一种极为愤怒的情绪中。

证据同样显示原告和他的同伴在那天曾经大量的饮酒，尽管原告否认他们中有人喝醉了。被告、被告的妻子以及一个公正的证人都看到原告和他的同伴到达停车场时已经表现出受到了酒精的影响。

7. 按照原告的说法，他的同伴先下了车，并径直走向了正在停车场办公室附近的被告。该同伴要求被告立即把车修好，但被告说修理工并不是为他工作的，而且现在也不在停车场里。于是该同伴就表现出了纠缠不休的样子，被告则让其放聪明一点。这时原告也下了车，原告称自己只是站在车边，并没有靠近被告，也没有卷入争吵当中。

原告方提供的证词被被告方的有利的反驳推翻了，被告方的证人主要包括了被告本人；被告的妻子，她当时正在停车场的办公室内；另外一个公正的证人，他当时就在事发地点不远处。依据被告方的证词，原告是和他的同伴同时下的车，一起以充满威胁的气势逼近被告，并开始用粗言秽语恐吓被告。被告感到十分害怕，在要求原告一伙离开未果后，便从办公室里取出了一把枪为自己壮胆。

不料原告看见被告拿着枪走出来后，对此丝毫也不畏惧，反而更加走近被告并用一只手扭住被告的肩膀，另一只手则插在自己的口袋里。被告此时愈发心惊胆战，深信原告马上就要对自己进行可能会造成严重身体伤害的殴打了，就向地上开了一枪，希望能以此让原告把自己放开。毫无疑问，被告根本没有想伤害原告而只是打算吓唬一下，因为被告是向地面瞄准开枪的，但不巧的是子弹还是伤到了原告的脚。

本法院不相信原告所说的当时他是以非常克制的态度远离纠纷现场的，如果真是这样的话，那更应该是原告的同伴而不是他自己被子弹所伤。

相比之下，被告方的证词更加可信。原、被告两人的年纪和体格相差悬殊，所以被告对原告的举止感到害怕恐惧是合情合理的。原告是一个年轻、强壮的职业运动员，大约有 6 英尺 6 英寸高，225 到 230 磅重。被告则只是一个普通的中年人，大约 5 英尺 6 英寸高，135 磅重。被告在面对如此庞然大物的原告所发出的威吓时，在首先要求原告和他的同伴离开未果后，才鸣枪吓唬了他们一下，至于子弹最终击中了原告的脚面纯粹是个意外。自始至终被告使用的武力没有超过保护自己免受严重身体伤害所需要的界限。

法律结论

原告起诉被告殴打和威吓，而被告则用正当防卫为自己辩护。在检验正当防卫的理由是否存在之前，我们必须说明一下当时的情况。在发生纠纷时，被告是站在自己办公室门口的，而原告既是整个事件的挑起者，又在拒绝离开后成了对被告停车场的非法闯入者。基于上述所有的认定，本案的法律适用应当如下：

1. 作为停车场的主人，被告有权要求原告及其同伴离开，如果他们加以拒绝的话，被告可以使用适当的武力驱逐他们离开。

2. 虽然驱逐非法闯入者一般不能使用致命性的武器，但如果闯入者的语言或举止使主人合理地相信他正面临着遭受严重身体伤害的威胁，使用致命性的武器就为正当的了。

3. 如果财产的主人不仅是为了保护财产，更是为了保护自己和家人的人身安全而开的枪，开枪的行为是可以免责的。

4. 作为一项基本的法律原则，如果行为人是在自己的合法领地内进行自卫，就像本案中的被告在自己的停车场中一样，是可以立即使用致命性武器的，而不需要先行尝试退却。虽然仅仅存在威胁性的、粗鲁的、无礼的言语不能构成使用致命性武力的正当理由，但是如果伴随这些言语的还有另外一些足以使人相信严重的身体伤害马上就要来临的行动，那么两者加起来就形成了可以进行正当防卫的场合。除此之外，在判断对即将到来严重身体伤害的预感是否合理的问题上，纠纷双方在年纪、体格等方面的差距都是需要考虑的因素。

5. 当然，为了使正当防卫能成为一项合适的免责特权，行为人不能是对于争端的发生有过错的一方。在本案中，被告要求原告及其同伴离开停车场的要求是合法的，不应当被认为是挑起事端的原因。

按照我的意见，被告用正当防卫来为自己辩护从事实和法律两方面看都是有道理的。因此本法院的判决支持被告。

补充知识：

因为主要是依赖于案例法的积累，美国侵权法中关于正当防卫和保护他人的一些观点规定对非专业研究者来说并不是太一目了然。虽并不是太一目了然。当然我们可以参考《侵权法重述（第二版）》中的具体条文，但其实借鉴美国刑法的相关部分未尝不是一个更好的办法。正当防卫和保护他人在刑法中同样是有效的免责事由，而且由于美国的刑法和侵权法在发展过程中基本是同根同源的，所以刑法中关于正当防卫和保护他人的规则与侵权法相比在理论上具有很大的相似性。再加上刑事法律是个一字之易就事关生死的法律部门，刑法上一个总的原则即是"法无明文规定不为罪、法无明文规定不处罚"，因此正当防卫和保护他人的免责原则在刑法中要显得更为明晰和条理化，于是很多法官在审理侵权法的有关案子时也往往喜欢在论述正当防卫理论的地方引用一些此方面著名的刑法案例作为渊源。刑法在美国主要属于州法的范畴，大多数犯罪都应当有各个州的刑事法律管辖，而且每个州都有自己的刑法典。但是在这些州法之上有一部 1962 年的《标准刑法典》（model penal code，常简称 MPC）对美国刑法的影响很大，其中的很多原则都已经被各州法所吸收引进，因此我们可以通过研究 MPC 来了解美国刑法对于正当防卫和保护他人的规定，其具体条文是在 MPC 的 Sec.3.04 和 Sec.3.05，有兴趣的读者可以通过和《重述》的比较阅读来加深对这两个免责特权的理解和掌握。

五、保护财产

纵览本章所介绍的 9 种针对故意侵权行为的免责特权，虽然它们对于侵权行为的免责效果都是一样的，但是每种免责特权各自的适用范围却有不同，比如同意可以被适用于几乎所有的侵权行为，相比之下，正当防卫和保护他人就主要被用于免除被告在面临侵犯人身权的暴力威胁时奋起反抗所带来的侵权责任，而本节接下来要详细介绍的保护财产则是一种专门伴随着被告保护其财产权不受他人侵犯而产生的免责特权。

在自己对于财产的合法使用和占有权受到来自他人的侵犯或威胁时，人们使用适当的武力进行自卫是一项无可厚非的天赋权利，这不仅在美国侵权法中是件理所当然的事情，即使在中国这样的大陆法国家，对私有财产的保护权也被认为和契约自由一样是现代民法赖以存在的几大基石之一。作为一种免责特权的保护财产，主要适用于被告的土地、房屋或其附属物遭受侵犯的场合，所以在此类案件中多先有原告的"trespass"的出现，至于动产虽然也在保护财产的免责适用范围之内，但我们在实践中多用下一节要讲的夺回财产（recovery of property）的原则，这不仅是因为动产具有可移动性从而在侵权中经常会发生占有权的移转，仅仅被动保护很可能不足以奏效，也是由于传统习惯方面的原因。

从历史的发展来看，长久以来土地无论对国家还是对个人来说都是最根本也最直接的财富与实力的体现，一个国家会因为疆域辽阔而被称为泱泱大国，占有土地的多寡也是一个人身份和地位的象征，我们通常所说的封建实际上指的就是一种土地的层级分封制度。在过去的农业社会中，古人把土地看成一切经济活动的基础，中国人叫做"本"，而西方人则更为直接的称其为"真正的财产"（real property），除土地及其附属物之外的所有财产都是"末"。虽然到了当今现代社会，各种信用经济和虚拟财产的广泛出现已经极大地冲淡了土地在人们心目中的价值，但千百年来的传统积淀却早就保留在了法律及我们的日常生活当中。大到"保家卫国"的战争，小到"私人宅第，非请莫入"的告示，甚至以前小学生们因课桌上的"三八线"而起的冲突，或多或少都是这种文化心理的延续，而且法律也在一定程度上认可在这种纠纷中主人使用适当武力保护自己财产的正当性。请特别注意，之所以在上一句话中要加上"一定程度"和"适当武力"的字样，绝不只是为了配合严肃著作的氛围才故意把句子搞的文绉绉，而是因为法律对这种自卫的行使确实有着十分严格的限制。

俗话说这个世界上没有绝对的自由，同样任何法定权利的存在都具有内在的相对性，作为一项体现人文精神的法律原则，在任何情况下对财产权益的保护都不能对抗人身权益，也就是说人们不能够仅仅因为避免财产的损失而采取危害他人生命或身体完整的危险行动，这就如同在行船遇到海难时只能抛弃货物而非旅客一样，所以保护财产的免责特权实际上是一项非常有限的抗辩理由，人们在生活中行使这一权利时必须遵守各种严格的限制，而且这种限制要远比我们在前一节所学的正当防卫及保护他人要苛刻的多。

既然说到了限制，美国侵权法上一个很普遍的原则没有变，那就是应当从保护财产的手段和程度上都应当以需要为限，既不能对侵权者采取属于过激的行为，更不能在威胁消失后仍然进行打击报复。但保护财产与正当防卫及保护他人非常重要的区别之处在于，后两者中的当事人所面临的是身体方面的遭受侵害的危险，因此总是可以使用武力以求自保，而在前者情况下他人行为的目标归根结底只是被告的某件财产而非被告本人，因此本着生命永远高于财产的原则，在很多情况下法律会要求被告放弃自行保护财产的努力，或者是改用其他稍微温和一些的方法来自卫。

可以举一个很简单的例子，被告家的果园到了收获的季节怕人来偷，于是就准备采取一些防范措施，他可以在园子周围修一圈高大的围墙，这既合理又合法；也许还可以像很多国内的居民小区一样在围墙上布下许多碎玻璃，不过这有可能给小偷造成严重的身体伤害，大概双方律师会在法庭上争辩这种措施 reasonable 与否；但绝对不能在果园周围埋一圈地雷或是其他什么的致命武器，法律无论如何不会认为保护水果比一个人的生命更为重要，哪怕只是一个"坏人"的。我们还可以就这个虚拟的故事作进一步的设想，假如被告在保护财产的同时确实不想伤及他人性命，于是就在果园的各个方向醒目处张贴了大幅的告示，上书"埋有地雷，闲人免入；如有意外，概不负责"，那么是不是被告就真的可以因此免责了呢？从美国的判例法来看，恐怕这种提示并不能免除被告的法律责任，因为没有哪国的法律承认事先通知的杀人就不犯法。

我们再假设被告统统不用以上的手段，而是自己拿着一个大棒子在果园里来回巡视。一天他突然看见几个小孩子偷偷摸摸的钻进了果园，准备每人摘几个果子解馋，那么被告是否可以悄无声息地走到孩子们的身后揪住耳朵把他们撵出果园呢？单从法律技术的角度上讲，被告这种未先予以警告的突然袭击是不适当的，美国侵权法要求在条件允许的情况下，被告应该先以和平的方式驱逐侵入者，比如口头劝阻等等。但是如果闯入果园的不是几个小孩子，而是一伙存心来捣乱的彪形大汉，情况就可能会有不同了，被告在如此紧急的情况下可以径直使用除致命的和可造成严重身体受害的武力之外的其他一切手段来保卫自己的财产。假如双方在激烈的争执中冲突加剧，侵入者掏出了刀枪之类的致命性武器，或是言辞之中流露出了让任何人都会不寒而栗、信以为真的威胁，被告此时完全可以先下手为强，用任何方式将侵入者先行击毙，因为此时整个事件的性质已经变了，不是果园而是被告本人面临着死亡或遭受严重身体伤害的即时威胁，法律允许在这样的情况下对侵入者施加致命性的打击。

在这个故事中还可能出现一种现在来说比较少见的情况，但也值得提一提，那就是闯入果园者是个无家可归的流浪汉，外面已经数九寒天而他却食不果腹，只得到果园中来寻些食物并躲避风寒，此时被告就无权以保护财产为由将他赶走，因为一旦如此这个流浪汉很可能会难以生存下去了。按照生命总是高于财产的法律原则，被告必须收留该无家可归者，否则很可能会受到法律的严惩。

Katko v. Briney

Supreme Court of Iowa, 1971.

183 N. W. 2d 657.

MOORE, Chief Justice. 本案的主要争议在于农场主是否有权使用足以致人死命或重伤的枪械来保护一间废弃已久的茅舍免受窃贼的光顾。

我们在本案中讨论的并不是法律是否允许一个人保护他的居所

和家人安全的问题，实际上被告的住处远在事发现场的好几英里以外。

被告拥有一个荒废了的农场，其中有一间破败不堪的房舍里面堆放了些古旧的坛坛罐罐，原告和他的同伙以为那是古董便寻机破门而入试图将其盗走，却不料惊动了被告预先在房间里设置的一把可被自动触发的 20 号口径（20－gauge）的步枪，结果原告被枪发射出的子弹击中造成重伤。后来原告以人身伤害为由向法院起诉被告，要求获得损害赔偿。

在此之前的审理中，陪审团判决原告胜诉，并命令被告陪付给原告 20 000 美元的实际损失赔偿和 10 000 美元的惩罚性赔偿。

被告向初审法官提出了不理会陪审团决定（JNOV.）和重新审理的动议，但法官在仔细考虑了双方的意见之后驳回了被告的动议，并根据陪审团的决定支持原告胜诉。于是被告向本法院提出了上诉。

被告所拥有的那间房舍是从 Briney 太太的祖父母那儿继承得来的，已经无人居住很长时间了，以前就发生过几起类似的入室盗窃事件。几年前被告用木板钉死了房子的窗户和门，希以此来阻止盗窃者的非法侵入，而且他们至少在 1967 年前就在房子周围醒目的地方张贴了"禁止进入"的告示，其中最近的一个仅在离房子不到 35 英尺远的地方。在 1967 年 6 月 11 日，被告在房子的北卧室里设置了一个"枪击陷阱"（a shotgun trap）。Briney 先生非常清楚这种 20 号口径步枪的威力，他在给枪清洁并上油后，把枪固定在了北卧室里的一张铁床上，枪管正对着卧室的门。被告用一根弹簧将门的把手和枪的扳机连接在了一起，这样只要有人一开门，步枪就会自动发射子弹。一开始 Briney 先生把射击目标瞄准在了入侵者腹部的位置上，但后来根据 Briney 太太的建议，把枪口调低到了入侵者的腿部。Briney 先生承认他在房子里放这么一把枪是因为被接连不断的盗窃事件搞的非常愤怒和焦躁，但他又说他其实不想伤害任何人。不过 Briney 先生无法自圆其说为什么他使用的是一把子弹上了膛的步枪，而且伤害到的只会是已经进入房子里的人。北卧室的窗户都被钉死封严了，因此从卧室外无法看到这把枪的位置，也没有其他任何标记提示枪的存在。

原告通过撬开走廊里一扇已没有玻璃的窗户上的木板而得以进入被告的这座房子。可是当他正打开其中北卧室的门时触发了被告预先藏在这里的"枪击陷阱"，步枪射出的子弹不偏不倚的击中了原告右腿脚踝稍上一点的地方。结果原告右腿的大部分，包括胫骨，当场都被打的惨不忍睹。最后还是在同伙的帮助之下，原告才被架出了这座房子，并被立即开车送往医院。原告因此在医院里住了整整 40 天才逐渐恢复过来。

根据权威的医学专家的证词，原告因为枪伤而遭受了永久性的残废、身体机能的丧失以及腿缩短了一截。

被告在初审和上诉中为自己辩护的主要理由都是，"法律允许主人使用枪械来阻止他人对居所和库房的夜盗（burglary）和偷窃（theft）行为。"

在初审法官对陪审团进行指示（instruction）的第 6 条，法官认为："财产的主人被禁止适用致命的或可能造成严重身体伤害的武力来故意的或放任的伤害非法侵入者。因此财产的主人应当被禁止利用枪械及与之类似的会致使他人丧命或受到严重身体伤害的危险装置来伤害非法侵入者。即使是侵入者的确怀有非法目的的事实，也不能改变这条规则。只有当侵入者正在完成一项暴力性的重罪（Felony），或是可被判处死刑的重罪，再或者是其行为危及到了旁人人身安全时，财产的主人使用枪械及与之类似的会致使他人丧命或受到严重身体伤害的装置的行为才会被法律认为是正当的。"

无论是专家意见还是判例法传统，压倒性的法律渊源都支持初审法院在本案中适用上述的原则。

《侵权法重述（第二版）》的 §85 和 §180 都说到："人们延续

生命和保持肢体完整的价值，无论是对其个人而言还是就整个社会而言，都要远远超过土地占有者驱逐不受欢迎的入侵者所能得到的利益。因此财产的占有者没有权利故意或放任地使用可能造成他人死亡或严重身体伤害的武力来伤害非法进入了其领地或干扰了其对动产占有的侵入者，除非这种侵入行为构成了对财产占有者及使用者生命或人身安全的威胁。土地的占有者也不可以间接地或利用某种机械设施来完成即使他本人在场也不能做的事。同样，土地的占有者不会因为事先给予了某些警告而获得对那些侵入者使用致命性或可能造成严重身体伤害的机械设施的法律特权，只要侵入者的行为没有对他人构成生命或人身安全上的威胁。"

　　判决于 1951 年的 Allison v. Fiscus, 156 Ohio St. 120, 100 N. E. 2d 237 一案的事实经过与本案有很多雷同之处。在那个案子中，原告恶意地砸坏了被告仓库的门锁，并非法进入其中试图行窃，但是他不慎踩到了仓库主人预先在门内放置的一些雷管而被严重地炸伤。原告以受到被告故意伤害为由向法院起诉，法院认为关于被告设置如此一个陷井来保护自己的财产不受非法侵入者损害是否超过了法律所允许的合理的、必需的防卫程度限制应当交由陪审团来决定。最终俄亥俄州最高法院认同了原告的诉讼请求，并判决除实际损害赔偿之外，原告还有权获得惩罚性的赔偿。

　　在很多法域里，在承担民事责任的同时，财产的主人还会因为使用枪械或其他类似危险装置严重伤害甚至夺取他人性命而要负一定的刑事责任。

　　经过认真的考虑和参照有关法律，本法院认为此案在初审中没有任何值得推翻的错误，因此本法院决定维持初审判决。

补充知识：

　　本案的初审法官在列举几种可以使用致命性武力来保护财产的情形时提及了"可被判处死刑的重罪"这一概念，借此机会我们可以简单了解一下死刑在美国这个极讲"人道"的国家是如何规定的，以及美国人对死刑存废问题的一些争论。死刑，英文可称作"death penalty"或者是"capital punishment"，一直是全世界法律工作者以及众多的民间团体争执不下的话题，这种古老而又野蛮的刑罚方式是否应该继续保留在文明国家的司法体制中，不仅是个单纯的法律问题而更是一个有关人类生命价值思考的哲学问题。据不完全统计，到目前为止，世界上已经有112个国家完全废除了死刑，而美国却恰恰是这112个以外的保留了死刑制度的国家，而且有好事者评论美国每年判处并执行的死刑数与伊朗这个美国人所谓的"流氓国家"基本上不相上下，如果的确属实的话，这是足以让处处都抱着文化优越感的美国人感到尴尬的。

死刑是人类最古老的一种惩罚同类的手段，最早的关于死刑的立法甚至可以追溯到公元前18世纪的汉谟拉比法典（Code of King Hammaurabi），当然美国死刑制度的历史就要短的太多了，早期主要还是追随英国法的立场，对死刑的规定十分严酷苛刻，甚至连小孩子偷葡萄都会被判处死刑。美国有史可查的最早的一起死刑执行发生在1608年的一起为西班牙人充当间谍的案子。随着时代的发展以及社会条件的变化，死刑在美国的发展时起时落，不过从总体上看二战以前一直是呈明显的上升势头，特别是在20世纪30年代中期达到了顶峰，大约每年要执行200多起死刑，从二战胜利后到上世纪60年代这个数字却急剧下滑，甚至在1965年左右美国基本上已经废除了死刑，但自1976年开始各州又纷纷通过立法恢复了死刑，近年来执行死刑的数量更是在稳步增加的。根据2001年的统计结果，美国共有38个州保留了死刑，其中却有6个自1976年后就再未执行过，剩下的12个州包括哥伦比亚特区则从法律上废除了死刑，其主要是些东北部和中部的州。

纵观世界法律的进化史，废除死刑的呼声与死刑的发展几乎是同步的，无数的专家学者对死刑表示过反感，不过其中最先把废除

死刑的想法总结成完整理论的还要数意大利天才法学家贝卡利亚
(Cesare Peccary) 在 1767 年的旷世之作《犯罪与刑罚》(Crimes and
Punishment)，他在其中系统地批判了传统上所认为的死刑所能带来
的对犯罪行为的威慑力，至今，人们反对死刑的理由还是没有脱离
贝卡利亚的思考。废除死刑的运动在美国同样长期以来都是如火如
荼，不仅在下层有众多的民间团体会举行各种抗议活动，在学术领
域中每个法学院都会借刑法课来专门组织学生讨论死刑的道德基
础，甚至连最高法院的大法官布仁南（Brennan）和马歇尔（Mar-
shall）都曾在判决意见中明确表示过死刑本身即是违宪的，因为其
与宪法第 8 修正案根本性的抵触。况且死刑的判决和死刑的执行可
以说是两码事，一个人从被判处死刑到最终执行当中要经过 20 多
年的情况在美国一点儿也不鲜见，当事人可以利用程序法或实体法
上的哪怕一丁点小问题为自己申诉。据一份学术资料统计，美国从
1992 年到 2002 年仅有 663 人被执行死刑，而且其中德克萨斯一州
就占了 247 人。因此如果哪一天美国重又宣布废除死刑真是一点儿
也不奇怪。

　　在本案中，法官曾把夜盗（burglary）和偷窃（theft）当作两个
并列的犯罪行为来相称，虽然这应该是属于刑法方面的内容，但因
为中国法没有这样的分类方法，我们可以简单地了解一下两者的区
别。中国人习惯把一切不告而取的行为称作"偷东西"，因此不太
讲究是白天偷的还是晚上偷的，从口袋里偷的还是从家里偷的，但
在美国这样的区别将会导致两种不同的罪名。偷窃（Theft）是美国
对一大类犯罪行为的统称，大致包含盗窃（larceny）、盗用（embez-
zlement）和欺诈（false pretenses），中国人通常说的偷东西一般是指
美国刑法中的 larceny。而这 larceny 的构成要件包括：故意（inten-
tional）侵犯性的占有（trespassory taking）他人的动产（tangible per-
sonal property），并且希望永久性地剥夺原主人对该财产的占有。而
夜盗（Burglary）则不仅仅单纯的是侵犯财产占有权的罪名，其构

成要件（MPC 的定义与普通法传统规则有差异）是：在夜间（in the nighttime）非法闯入（breaking and entering）他人的住所（dwelling house），妄图在其中犯下某种重罪（with intent to commit a felony herein）。因此仅是从定义来看，两者的区别就已经非常明显了，当然有兴趣研究下去的读者还可以通过阅读美国刑法方面的案例来了解更详细的情况，而且现代美国的刑法包括 MPC 对一些传统犯罪行为的定义都有了很大的改变。

六、夺回财产

作为另一种独立有效的免责特权，夺回财产与上一节中我们已经了解的保护财产是一对意思相近但侧重有所不同的法律概念，它们都是用来免除被告在保护自己的合法财产不受他人侵害的过程里可能出现的侵权责任，但是保护财产强调的是被动的抵御，以消除外来的威胁为限，而夺回财产则允许合法占有者以主动进攻的手段将已被他人掠走的财产重新夺回，直到该财产物归原主为止。由此可见，夺回财产是我们进入这一章以来所接触到的最为积极的一种自我维权方式，但法律在认可公民在保护财产权的过程中使用些许武力的合法性的同时，也势必对这种特权的适用增加更多的限制。

和上一节所说的保护财产一样，夺回财产虽然在概念中也并不强调区分动产与不动产，但在实际运用时还是有所偏重的，其主要适用于被告的动产受人侵害的场合。这一点我们可以从夺回财产中的"夺回"两个字体会出来，因为不动产从本质上来说是侵权人移不走搬不动的，而只有动产才具备被侵权人从原主人手中完全夺走的可能性，比如钱包被人偷去、自行车被人骑走、帽子被人拿错等等，这时才会产生被告使用一定武力从侵权人那里夺回的可能性。当然在一些情况下也会发生不动产被别人强行霸占的情况，被告完全或部分丧失了对自己土地、房产的占有权，例如租约到期房客还赖着不肯搬迁、佃户不愿离开其租种的土地等等，美国法律规定在这些情况下财产的合法主人也可以用合法的方式自行将他们驱逐，尽管这些也都应该是夺回财产，但侵权法中还有一个专门的术语"收复失地"（re - entry upon land）来解决不动产的问题，关于这一点的详情在本节的后面也会有所述及。

从行为的方式和程度上来看，在夺回财产中所允许使用的武力是极其轻微和有限的，由于法律信奉人的保护生命安全和身体完整权要远远高于财产权益，况且一个法制社会的公权力足以保证事后追索的可能性，夺回财产中合法武力的限度并不是以需要为限，这就好比在现代社会中任何人都无权因为小偷拒绝交出赃物而可对其进行殴打。法律规定行为人在试图从侵权人那里夺回财产时，首先应该尽量尝试用和平的方式解决，比如大声命令他人将东西放下或是发出要动武的警告；其次，在上述举动无效的情况下，行为人才可以使用适度的武力，但其目的只能是夺回属于自己的财物，而不是打击对方，一旦财产回到自己的控制之下，合法使用武力的情形即告消失；最后，行为人无论如何不能使用致命性或可造成严重身体伤害的武力来夺回财产，除非事态的进展使得行为人自身的生命安全受到了即时的威胁。但值得注意的是，如果事态的恶化及危险的发生是由被告自己的过度莽撞或挑衅所引起的，被告很可能不被适用夺回财产的特权，比如被告先前被一恶棍勒索去某些财物，他完全有时间和证据去报警，但他却返身从家中取来一把猎枪找那个恶棍算帐，结果言语不和之下两人发生冲突造成伤亡的事故，此时夺回财产的免责适用就很勉强了。

从行为的时效上来看，夺回财产的免责特权只在特定的期限内存在，即被告必须一发现自己的财产被他人掠去就立刻开始实施夺回财产的行为，这个要求在美国法律上有个非常形象的术语叫"fresh pursuit"，顾名思义就是要保存追索的新鲜及时。这个要求实际上反映出了夺回财产从性质上讲只是法律从效率出发而作出的一项特殊规定，而不是公民权利的常态，人们只能在十分有限的范围内行使这一特权，大多数情况下通过司法解决财产权的纠纷才是法律所鼓励的途径。所谓"fresh pursuit"并不完全是指一个时间上的概念，而是应该指他人侵犯被告财产与被告夺回自己财产两个行为之间连接的无中断性，因为有时受害人要过很长时间才能发现自己的某件物品出现在了别人那里，这时虽然仍算被告首次发现遭受侵害的事实，但两个行为的联系却已经被时间阻断了，现时的占有者很可能并不是当初的侵权者，所以被告只能诉诸于司法程序来要回物品。

从行为的施予者来看，夺回财产只能被应用于财产原先的合法占有者从后来财产的非法占有者那里把有关财物夺回的情况，这里就有可能产生两个禁区。第一种情况是，如果该财物是由于合法占有者自身的某种错误而被转移到他人手中的，则不适用夺回财产的特权，比如合法占有者参与到某种不公平的交易当中，或者他因为认错了人而把东西托付给了他人等等。另一种情况是，该财物是合法占有者自愿交付给他人的，后来却反悔又向他人索要，比如 A 把一条项链送给 B 当礼物，事后觉得过于贵重便要求 B 返还，但是假如 B 不答应的话，A 也无权自行从 B 处夺回。美国法这样的规定也体现了生活中的一种人之常情。

夺回财产虽然只是美国侵权法中故意侵权行为免责特权项下的一个小小制度，但其在美国社会中的应用却是比较广泛的，下面我们就择其重点来看看几种主要的适用情形。

夺回财产可以被用来解决分期付款中存在的法律争议。美国是一个信用经济高度放达的国家，为了促进消费和实现今天就能享受明天的生活，在美国分期付款的方式不仅被普遍应用于房屋、汽车等大件的购置上，就连购买电脑、钢琴等很多不易消耗的商品也都可以要求分期付款，因此美国法中有关分期付款的各种规定非常健全。分期付款最主要的一个特点即是顾客只要花一部分的钱即可享用商品的全部，而与此同时该商品的所有权仍然属于店方，因此在分期付款中经常出现顾客拖欠甚至拒付后继款项时，店方是否有权实际地剥夺顾客对该商品的占有，也就是说可否由店方行使夺回财产的特权。关于这个问题的简单回答是"可以"，因为根据《合同法重述（第二版）》§243 或与之类似的州法规定，店方有权在分期付款合同中加入一个"加速"（acceleration）条款，这指的是双方约定只要有一期或几期款项未能及时付清，则此后的所有欠款将被视为即刻到期，所以具有付款义务的当事方应当承担全部违约的责任，店方也因此有权收回货物。不过现实生活中的情况却并不完全如此，如果店方能保证以和平的方式夺回财产，那当然没有任何问题，但如果店方在行使权利时必须使用武力才能实现目的，法律则就不允许这样做了，而且即使在分期付款合同中有授权店方收回商品的条款，店方也不能用暴力强迫的方式来重新取得占有权。在现实中大多数情况下，这类分期付款合同的纠纷往往都是通过法院的参与来解决的。

夺回财产在美国还被广泛应用于各种商店防范盗窃的措施中。我们曾在第二章非法监禁一节的补充知识中介绍了发生于便利店、超市等零售场所的小规模偷窃案件一直以来都是美国社会一个屡禁不止的社会问题，以至于美国人专门发明了一个英语单词"shoplifting"来形容这种小偷小摸的行为。千万不要以为顺手牵羊、乘机揩油只是贫穷落后国家的天性，其实生活富足的美国人爱占小便宜的习惯即使和中国人比起来至少也是不相上下的，在超市里对水果、蔬菜的个头和质量挑挑拣拣，或是几个人结伴去饭店时比别人多付一块钱小费都不愿意的现象在美国再正常不过了，由此可见，有的美国人在逛商店时会随手藏一些小物件就不足为奇了。一个人拿走一小袋洗发水事小，但很多美国人都这样做的话，零售商店就承受不了这个损失了，据说就是这样的小额盗窃每年给美国零售业造成的损失可达数百万美元之巨。于是许多商店都采取了各种各样的措施来进行防范，但这就在法律上产生了一对矛盾，如果法律不允许店主在第一时间盘问顾客，那么无疑会助长盗窃的行为；如果法律允许店主的检查，那么顾客的隐私和行动自由权就得不到保障。因此法律必须另辟蹊径，把社会从这种两难的困境中解脱出来，这就要求法律允许店主们能够以更加灵活、宽泛的方式行使夺回财产的免责特权。通过几十年的积累和实践，美国已经形成了一套判例法和成文法相结合的综合治理体系，相对性地赋予了店主在类似情况下自行处理问题的权利，并借助一个个具体的案例把这些权利的边界不断地细化，对店主调查盘问顾客的方式、时间、场所等要素无不限制得细致入微，基本上做到了生活中所可能发生的每种争议都能在法律中找出相应的规定。不过总的来说，这都是属于州法的范畴，而州与州之间的侵权法很可能互不一致，因此要了解某地对某个行为的具体做法还是有关参阅该州的案例和成文法。在本节的后面我们将通过一个真实的案例来详细了解一下美国法在这个问题上的尺度。

在解决由不动产而引发的争端上，夺回财产主要在房东驱逐逾期居住的房客方面发挥着有限作用。作为一项基本的财产法原则，一个房客在租约到期后未得到出租人同意而继续居住即为逾期居住，此时该房客对原租赁的住所已经没有任何合法的权利了，从本质上看甚至构成了对出租人房产的"trespass"，因而出租人有权选择延长租约或者是驱逐房客。之所以称夺回财产仅发挥着有限的作用，是因为美国有些州明令禁止房东自行用武力驱逐逾期房客的行为，要求必须通过司法程序解决。但是美国也有一些州是认可房东夺回财产行为的，但所使用的武力也应当在合理的范围之内，否则房东反而要承担致使房客受伤的刑事责任。

收复失地的原理其实和夺回财产是一回事，但因为涉及到的不动产的问题，美国法必将采取更为审慎的态度来避免无家可归者的产生。因此在大多数州，土地的合法所有者都不能自行用武力来驱逐滞留在其领地上的佃户或其他人，而应该通过法律的途径妥善解决。不过也有极少数的州存在相反的规定，允许地主使用适当的武力来夺回自己的土地。

Bonkowski v. Arlan's Department Store

Court of Appeals of Michigan, 1968.

12 Mich. App. 88, 162 N. W. 2d 347.

NEAL E. FITZGERALD, JUDGE. 本案是一起关于错误拘禁和诽谤的上诉案件，初审的陪审团判决被告商店的店员因怀疑失窃而阻拦并盘问原告的行为构成侵权，这样一个法律问题在本法域内还不多见。

原告，Marion Bonkowski 太太，在她丈夫的陪同下于 1962 年 12 月 18 日晚上 10 点左右从被告的商店里买了几样东西后走了出来。然而就当该夫妇二人走到离他们的泊车处只有 30 码远的地方时，当晚在被告商店中执勤的保安 Earl Reinhardt 跑进停车场中并大声叫 Bonkowski 太太站住。Reinhardt 让 Bonkowski 太太跟他回商店去一下，于是 Bonkowski 太太只得又折回了商店，这时 Reinhardt 告诉她有人举报她刚才在购物过程中偷偷往手提包中塞了 3 件工艺首饰，但出门时却没有付款。Bonkowski 太太当即否认自己做了任何不轨之事，然而 Reinhardt 坚持要检查一下她的手提包。在商店门口的水泥台阶上，Bonkowski 太太当场把包的所有东西都倒在了她丈夫的手中，并出具了刚才购物时留下的收银条。Reinhardt 没有找到丝毫 Bonkowski 太太犯有盗窃的证据，就返回到店中了。

后来原告对 Earl Reinhardt 和 Arlan's Department Store 提起诉讼，要求他们共同承担损害赔偿责任。原告声称由于被告的侵权行为，现在她患有多种精神方面的失调症状，如头痛、心理紧张和抑郁等等。在初审中，陪审团支持了原告提出的错误拘禁和诽谤的诉由，并判决给她 43 750 美元的经济补偿。

被告在上诉中称，初审法院的判决存在着诸多值得商榷之处，但我们在本次上诉中只考虑那些与本案的判决结果紧密相关的那些争议。

作为一项普通法的原则，免责特权的存在对被告来说是有效的抗辩理由，在这个问题上，我们的立场与《侵权法重述（第二版）》是一致的。《重述》的§120（A）确认了零售商店的店主有权在对顾客产生了合理怀疑的情况下进行合理的调查。本法院也十分认同这样的原则，并打算将该原则适用于此案当中：如果被告 Arlan's 的雇员 Reinhardt 对原告 Bonkowski 太太犯有盗窃行为的怀疑是合理的，那么他即可以用合理的方式对 Bonkowski 太太进行调查，并对此享有免责特权。

《侵权法重述（第二版）》的有关评论部分对这项法律原则的背景进行了深刻的阐述："这个免责特权对于店主来说是十分必要的，它可以将店主从以往的在发现盗窃嫌疑人后所陷入的两难境地中解脱出来。如果没有这个特权，店主只能面临两个非常无奈的选择，或者任由嫌疑人离开商店并消失于人海当中，或者冒着承担非法拘禁责任的风险，把嫌疑人扣留下来加以盘问。"

然而，《侵权法重述（第二版）》有表示："（ALI）不肯定店主的这项能够自行调查可疑顾客的特权可以被延伸到商店之外，即使顾客当时并没有走远。"对于这个问题，本法院所采取的立场要比《重述》更加宽容开放。我们认为店主的特权应该被允许扩展到商店之外，至少就本案的事实情况看起来这样做是合适的，因为店主很可能无法在嫌疑人离开商店前的很短时间内形成合理的判断。

因此在本案的审理过程中，应当由陪审团根据上述的法律原则来认定如果被告的雇员 Earl Reinhardt 对原告 Bonkowski 太太偷窃首饰的怀疑是否是合理的。如果陪审团认为这个怀疑是合理的，那接下来还要判断 Reinhardt 当时对原告采取的调查方法是否也是合理的。假如陪审团从本案的事实情况出发，认为被告不应该享有上述免责特权，那么被告的行为地当然地构成了非法拘禁。

在要求重审和上诉中，被告都攻击初审的首席陪审员（foreman）James Bell 根本就不具有在本案中担任陪审员的资格，因为他先前也曾被牵涉进了一起超市盗窃案当中，而且被告还抱怨陪审团所裁定的损害赔偿金额实在太高了，这表现出了过于激动以至于失去了理智的陪审团的一种狂热情绪和对被告的偏见。在对本案的审理当中我们发现，被告的这些指责是没有依据的，因而也就不值得深入地考虑及探讨。

本法院决定推翻初审法院的判决，并责成其根据本判决意见中所设立的原则对此案进行重审。

补充知识：

本书行文至此对在美国侵权法中三足鼎立之一的故意侵权行为的介绍已经进入尾声了，相信通过这些章节中作者的讲解和案例的演示，读者们不仅对美国作为一个判例法国家在法律制度上的特点有了一定的认识，还对这种遵从判例原则在司法审判实践中的具体运作方式有了初步的印象，比如现在的法院要遵从前例、下级法院要遵从上级法院的意见、以及法官对成文法有解释权等等。但是对美国法了解不深的初学者很可能对此颇有疑问，且一般可归结为两个方面：一为这种因循守旧、亦步亦趋的做法难道不会导致美国判例法的保守封闭；另一个则是如此庞大且各自为营的司法系统日积月累地作出成百上千的判决，难道它们之间不会相互冲突和抵制。要回答这两个问题既简单又复杂，说复杂是因为这从根本上牵涉到英美法系的历史发展及其与大陆法系的比较，说简单是因为美国的司法机器每天都在正常高效地运转，由此可见这些疑问其实在美国并不成为严重的问题。我在这里仅想谈一谈美国法中一个非常重要但似乎不太为国内学生所重视的名为"Shepard"的系统，这是一个对案例的效力进行标识的机制，也是美国司法审判实践中不可或缺的组成部分，毫不夸张地说离开了这个系统，美国的所有审判活动都会陷入停顿，这是由判例法体系的特点所决定的。

众所周知，美国的判例法实际上是一个十分善于自我更新的系统，遵从前例虽然是一个最基本的法制原则，但这并不会阻碍美国法的进步，美国的法官反而比大陆法系的同行们有更多的空间和自由来根据每一个案件的具体情况来灵活的选择、发展或改变现有的法律，来为当事人求得最大的公平与正义。在美国，法院在判决意见中推翻或实质性的更改前例的情况是很平常的，像一个州的最高法院可以明确宣布以前的普通法原则在本法域内被更新，即使是州的低级法院也能采用回避的办法来避免适用对其有约束力的成例，即指出本案的事实经过与前案明显不同，因此适用的法律原则也应该与前案有区别。判例法在美国经过了几百年的发展，形成了一个庞杂但有序的体系，这些判例在无数的案件中被无数的法官所肯定、引申甚至推翻，因此任何人在进行案例检索时都必须同时考察案例是否存在效力上的缺陷，于是"Shepard"系统的价值就在这时体现出来了。简单地说，"Shepard"就是对某个案例效力演变的记载，其通过各种记号详细地标识了这个案例在历史上被后来的法院所引用的情况，如果被后世赞同并引为佐证的越多，这个案例的权威性也就越强。相反也是一样，如果一个案例曾经被另一些法院强烈反对过，那么它的效力也就很成问题了。在美国，案例检索是一个法律工作者的基本技能和日常不可少的基本工作，但找到相关的案例永远只是检索工作的一个方面，还必须参照"Shepard"系统对这些案例的效力进行逐一审定才能算结束了整个检索工作，否则在法律文件中引用的是一个已经作废了的案例作为依据必定会造成灾难性的后果。如果是采用书面检索的方法，"Shepard"系列书和案例书的分类和查询方法基本是相同的，不过你可能会很惊讶地发现两者的厚度也是差不多的。当然随着电脑技术的发展和互联网的应用，现在人们已经不太用费时费力的书面检索方法了，在 Westlaw 或 LexisNexis 之类的网站上利用输入关键字、案件索引等方式就会有全部的相关案例出现在你面前，并且还能够同步反映出这些案例的现时效力。但是查询手段的简化并不意味着就可以跳过这一个程序，在判例法体系中对案例效力的考察在任何时候都是至关重要的。

七、紧急避险

Necessity，中文直译可为"需要"或是"无可避免"，虽然这原本也不失为一种贴切的翻译法，但究其实质与国内大陆法系学者所熟知的紧急避险并无二致，故此考虑再三还是决定直接延用紧急避险的说法，这样不仅十分亲切也显得了更加传神一些。紧急避险这个免责特权的含义让我想到了中国的一句古语"两害相权取其轻"，美国侵权法似乎也或多或少地出于类似的想法而规定了，在突如其来的危急情况下且又面对无从选择的局面时，当事人可以通过采取必要和适当的手段牺牲他人的利益来保护自己或别人的生命财产安全，法律不要求当事人在事后对这种行为承担侵权的法律责任。

可能是因为多由航海大国组成，英美法系对紧急避险原则的认识很早也很深刻，据信其最初是来源于海上救生的习惯法。在西方人开始远洋航海活动的早期，受制于造船技术的稚嫩与海上气候的复杂多变，航行中的船员们经常性地受到恶劣海况所带来的巨大威胁。在这种情况下，船长拥有绝对的权威决定可行的措施来拯救一船人的生命，包括丢弃全部的货物和如何分配食品、淡水等等，货主及船员们一般不能够在事后要求船长为其命令承担法律责任。这样的规则除了至今仍然在海商法中存在，也逐渐转移到了陆上，形成了一个体系成熟完整的法律制度，如果按照行为的性质划分，可分为公共紧急避险和私人紧急避险两大类。

公共紧急避险 (public necessity) 指的是出于某种公共目的的需要而实施的紧急避险行为，其多是由代表公权力的政府面对特殊事态所采取的强制性行为，比如征用、摧毁、禁止、隔离、强占等等。具体说来，公共紧急避险又可以细分为以下几类：

1. 在战争或战争的准备期，出于国防目的而采取的紧急避险。最典型的就是对民用物资的征用和统一管理，这里就要牵涉到政府是否应当对此作出经济补偿的问题。比如在二战的早期，太平洋战场上的美军面对日寇的攻势节节败退，但是为了不让留下的军用物资落入敌手，美军便采取了中国人所称的"坚壁清野"政策，炸毁了很多当地的战备设施，其中就包括 Caltex 公司在菲律宾经营的一些石油存储设备。战后 Caltex 公司要求美国政府赔偿其损失，但审理此案的法官区分了征用 (a taking for use) 和摧毁 (destruction of property) 两种不同的情况，认为前者是可以允许获得补偿的，而后者则不应该由美国政府来承担责任。[1]类似这样情形的案例有很多，但美国法院所持的立场却有些不一致的地方。

2. 出于公共卫生及动植物检疫需要所采取的紧急避险。这是政府在和平时期所承担的维护社会安定的责任中非常普遍的一种。比如为了防止地中海果蝇危害当地的柑橘类植物，加州政府用飞机大规模的喷洒药物，但这种药物对汽车的外层保护漆有非常严重的腐蚀作用，不过法院以紧急避险为由拒绝要求加州政府赔偿损失。[2]政府在这种情况下可以自由行使公权力的例子还有很多，最广为人知的也许就是几年前大规模爆发的牲畜口蹄疫和禽流感风波，不过现在的政府为了安抚民心很可能会主动地和受影响的业主达成经济补偿协议，而不会单纯地采取强制措施。

---

〔1〕 United States v.Caltex, Inc., 344 U.S.149, 73 S.Ct.200, 97 L.Ed.157 (1952).

〔2〕 Farmers Insurance Exchange v.State, 221 Cal.Rptr.225 (1985).

3. 为控制自然灾害或其他突发性的可能危及公众安全的紧急事件而采取的紧急避险，各种教科书上举的最多的例子就是为了防止火灾的蔓延而主动拆除一些人的房屋。有经验的人可能知道，在风势的影响下火灾的传播速度是非常迅速的，甚至比人逃跑的速度都快，而且往往一烧就是一大片，这时最重要的就是及时拆除火场周围那些可以助燃的房子以便形成一个隔离带，把大火控制在有限的范围内再行扑灭。只是这事说起来都容易，但真要拆的是谁家的房子，恐怕就没人会舍得了，所以由此而引发的诉讼为数也是不少的。至于说到其他的突发事件那就是千奇百怪形形色色无奇不有了，最让人哭笑不得的要算是世界各地不时传来的狮子、老虎从动物园里偷跑上街转悠的消息，前不久国内某地还闹出过一群狼流窜到社会的虚惊。虽然没听说美国发生过这样的荒唐事，但美国人也有自己的苦恼，那就是狗患不止，且当街射杀一只疯狗容易，狗的主人找上门来也只能用紧急避险的尚方宝剑来扯皮了。[1]

4. 在我们日常生活中最常见的公共紧急避险行为肯定是警察抓捕犯罪嫌疑人了，这一点本可以并入上一条讲，但在美国警察权力的滥用是一个极为敏感的社会问题，因此有必要单独提一提。我们平时看好莱坞警匪片最过瘾的镜头可能要数先是一阵鸡飞狗跳的汽车追逐，再是正面人物同无路可逃的坏蛋展开殊死搏斗，最后在砸烂一大堆坛坛罐罐之后坏蛋终被抓获，而此时英雄悄然离去。在电影里英雄可以留下一片狼藉后和女主角一起潇洒地走开，可是现实生活中警察局长可能就要因此而面对一长串的帐单发愁了，美国很多州都有要求警察部门赔偿在执行任务过程中造成居民经济损失的规定，比如布什的老家德克萨斯最高法院就认为居民可以以财产受到征用为由而获得补偿，除非警察部门能够证明在行动中存在着

〔1〕 Putnam v. Payne, 13 Johns. (N.Y.) 312 (1816).

极为重要的公共利益。[1]

私人紧急避险（private necessity）指的是公民个人为了保护自己或他人的私人利益而采取的紧急避险行为，比如为躲避撞车而在情急之下猛打方向盘把车开到了别人的地里，这时被告虽然不需要承担侵犯土地的侵权责任，但通常会被要求补偿碾坏别人庄稼的实际经济损失。

私人紧急避险的模式与公共紧急避险基本相同，也要更加简单一些，因此不必展开细讲了，但是在适用私人紧急避险时却有一个主要的限制，那就是不能通过犯罪的手段来实现，比如找一个无辜的人代替自己死。这样做其实就完全曲解了法律当初制定紧急避险规则的目的，因此这种自私自利的行为会使得行为人承担相应的刑事责任。

Surocco v. Geary

Supreme Court of California, 1853.

3 Cal. 69, 58 Am. Dec. 385.

MURRAY, Chief Justice. 本案是由于被告在 1849 年 12 月 24 日发生的一场火灾中擅自拆毁了原告的房子及损坏了原告的一些其他财产所引发的诉讼。

被告 Geary，在上述事件发生时是旧金山市的治安官，他宣称基于职责，自己有权在当时的紧急情况下拆毁原告的住宅以阻止火势的进一步蔓延。

然而根据可信的证据显示，那时争议中的房子已经差不多被大火烧得摇摇欲坠了，而原告正在现场忙于从火中抢出自己的财物，如果不是因为被告阻止的话，他们应该能够把更多的东西转移到安全的地方。

---

[1] Steele v. City of Houston, 603 S.W. 2d 786 (Tex. 1980).

在此案的初审中，陪审团的意见支持原告方，被告因此提起上诉。

对于此案本法院所需要考虑的惟一一个争议即是：如果某人在火势危急的情况下完全是出于善意的考虑而拆毁了他人的住宅以阻止大火向周边的房屋蔓延，那么他个人是否应当对该住宅的主人承担赔偿的责任。在纽约州和新泽西州的法院系统里这个法律问题已经得到了很妥善的解决，所以我们认为充分的借鉴这些判例的意见对解决本案的争议是非常有帮助的。

为了防止火灾的传播而人为地毁坏一些财产的权力来源于紧急避险的法律要求，这是一种超然于市民阶层意识形态之上的自然法理念。古往今来人类社会的道德和正义标准都不排斥许多在紧急状态下进行利益权衡的做法，比如在沉船之际抢占可载人漂流的木板；暴风雨到来时把多余的货物扔进海里来换回整条船的安全；或是为躲避敌人的追杀而侵犯他人土地以寻得栖身之处。这个显而易见的原则就是 "Necessitas inducit privilegium quod jura private"（紧急避险是一种可以赋予私人权力的恩典）。

我们的普通法体系吸收了这个自然法的原则，并把紧急避险看作可以一种免除侵权责任的免责特权。

到目前为止，紧急避险的原则已经被无数的案例和论著所确认，人们经常举出拆毁房屋以控制火势或是用来构筑街垒抵抗入侵的例子来证明紧急避险的合理性基础。在这些情况下，个人的财产利益必须让位于在法律上具有更高层次的紧急避险的需要。

一栋已经着了火的房子，或者是在其周围可以帮助火灾传播的房子，都构成了可以被合法拆除的滋扰之物（nuisance），这时房屋主人的私权利应该屈从于公众安全和社会利益的考虑。如果不这样规定的话，那很可能会有一些狭隘顽固之徒只顾念及一己之私利而拒绝拆除他们的房屋来掐断火源的措施，实际上不仅他们自己的房子在大火中是保不住的，这样做还会连累整个城市都在火灾中毁灭。

被上诉人的律师在审理中提出了一个问题："究竟谁有权判断确实需要毁坏他人财产的紧急情况的存在?"

在以前发生过的一些事例中，这的确是一个很难回答的问题。也许有时真实情况尚未紧急到需要拆毁他人的住房，或者在受到自身利益影响的房主看来，保存房子的希望明显是存在的。在所有这些案件中，个人的行为都是受其自己对当时事态发展的判断所支配的。如果一栋房子在紧急状况不存在或不明显的情况下被拆毁了，那么当事人自然要承担侵权责任，因此在任何此类案件中紧急避险的需要必须首先被很清楚地表现出来。这个原则表明我们既不苟同那些不负责任的轻率地毁损他人财产的行为，也不支持不分青红皂白就让当事人一律负责的立场。

本州的立法机构保有对此问题进行立法的权力，而且我们赞同用法规的形式确定何种情况下建筑物可以被拆毁；事后赔偿应该通过怎样的模式进行；以及如何避免在紧急避险的需要不确定时的应对措施。

但是在目前没有相关成文法的时候，本法院不得不依据普通法的基本原则对此案进行裁量。

此案的证据明白无误地证明了在当时的情况下拆除原告的住宅完全是有必要的，即使被告不拆该房舍也肯定会毁于大火中。而且原告也不能就因被告行为而未搬迁出的财物提出求偿，因为他们的财产权利将受制于紧急避险的需要，况且如果任由原告抢救财产而延误了控制火势蔓延的话，就算拆掉原告的房子也无济于事了。

原审判决应当被推翻。

Ploof v. Putnam

Supreme Court of Vermont, 1908.

81 Vt.471, 71 A.188.

MUNSON, J. 本案的被告拥有 Champlain 湖中的一个岛屿以及岛上的船坞等设施，该船坞在被告家佣人的管理之下。在 1904 年 11 月 13 日，原告、他的妻子和两个未成年的孩子驾驶着一艘单桅帆船在湖中游玩，他们突然遇到了一阵异常猛烈的暴风雨，这使原告一行人的生命财产安全受到了极大的威胁，无奈之下原告为了暂避风雨只得把船系泊在被告的船坞上。然而被告的佣人却把维系帆船的缆绳解开，致使原告的帆船在暴风雨的驱使下向湖岸漂去。在狂风暴雨中该帆船最终不幸倾覆。原告一家人都落入了湖中，虽然他们都挣扎着游上了湖岸，但都受到了不同程度的伤害。原告后来依据两个理由起诉被告：首先被告故意给帆船解缆的行为侵犯了他的财产；其次在当时的危急情况下，被告有责任允许原告在船坞上停泊帆船直到风暴平息为止，但被告因为其过失大意的行为没有尽到这个责任。

在普通法的历史上有许多的案例认可紧急避险特权的存在，由于突发的危险情况而不得不就地躲避可以使原本是侵犯他人土地的行为得到正当化。我们可以参考一些在这方面有影响的案例来更加详细的阐述紧急避险的原则。在 Miller v. Fandrye, Poph.161 一案中，有一群羊侵犯性地闯入到了被告的土地上，于是被告和他的狗当即把羊群逐出了自己的地盘，被告还称羊群刚跑出了地界他就喝止住了追逐中的狗。原告起诉称虽然被告完全有权带着狗把羊群驱逐出的自己的领地，但他不应该把这些羊赶进另一个不相干人的土地，造成又一次的侵犯土地。法院对此的判决是尽管被告可以控制住自己的行为，但他不可能让狗在一刹那就停下来，被告在当时的情况下已经尽了最大努力了，因此侵权的责任不存在。普通法的传统还认为，一个过路人因为公路被突然出现的事故阻塞而借道公路旁边人家的小径通过不构成侵权。同样为了挽救货物免受火灾或水灾的吞噬而进入他人的私地也不用承担侵犯土地的法律责任。另有 Proctor v. Adams, 113 Mass. 376, 18 Am. Rep. 500 一案，法院认可了被告未经许可的进入原告的海滩去阻止海浪把自己的小船卷入海中，并判决这不是侵权。

紧急避险的原则更加理所当然地适用于拯救人们性命的场合。一个人可以牺牲他人的财产来挽救自己或同伴的生命。在 Mouse's Case, 12 Co. 63 中，原告起诉被告非法动用了他的箱子及其中的财物。在该案中，船夫载运了 47 名乘客在他的摆渡船上，原告和被告当时也都在这条船上。当渡船在水中行驶时，一阵突如其来的大风使得整条船上的乘客都处在危险当中，如果不把过于沉重的行李扔出去，渡船很可能会有灭顶之灾，于是被告当机立断地把原告携带的箱子丢下了船。事后法官根据紧急避险的原则判决被告作为乘客的一员完全有权在危险来临之际把原告的箱子从渡船上仍出去来挽救一船人的性命。但是如果原告能证明船夫一开始就使渡船超载了，那么他可以因此而向船夫求偿。不过如果没有超载的情况出现的话，这场暴风雨带来的灾难就只能归结于不可抗力（act of God）了，任何人都应该自行承担因挽救他人的生命而遭受的财产损失。

通过以上的分析可见，非法进入他人土地的行为可以因为紧急避险特权的存在而得到正当化，本案的事实经过使我们相信，在本案中确实出现过应当允许原告帆船停靠的紧急情况。然而被告对此提出了抗辩，他声称，原告在起诉中没有排除其可以把船系泊在一些自然岛屿上也同样安全的可能性。原告反驳道，当时暴风雨出现的突然性和猛烈程度迫使他只能选择被告的船坞停靠，因此原告提出的紧急避险的理由作为一个法律问题是充分的，而造成该紧急情况的具体原因是一个有关证据的事实问题，其详情不需要在此细说。当然紧急避险的特权不能不分场合和具体情况的随意适用，按照程序法的规定，对于是否存在紧急情况的事实问题的裁定应当已经在案件的审理完成举证部分后就有定论了。

被告还坚持原告的起诉是有缺陷的，因为原告没有证明被告佣人解开缆绳的举动是一种在其工作范围之内的职务行为。被告称其佣人的行为完全是自作主张的，并不是来源于他的任何特殊指示或泛泛授权。但是本法院认为这种直接针对被告进行起诉的做法是合适的，被告佣人的举动应该被认为是一种职务行为，被告是借助佣人之手对原告实施了侵权行为，因此对被告过失、大意等的指控是正当的。

本法院支持原告胜诉。

补充知识：

在本节的第一个判决意见中，加州最高法院的 Murray 大法官引用了一句格言 "Necessitas inducit privilegium quod jura private" 来概括紧急避险的意义和作用，虽然我们已经不是第一次接触到拉丁语单词，但借着这个机会我还是想简单谈谈这个让中国人在学习法律英语时普遍感到有些棘手的问题。众所周知，普通法是一个既保守又极有生命力的一个法系，说保守是因为它主要以案例的积累作为发展模式，所以很多历史悠久的法律传统至今尚保留其间；说富有生命力是因为它很善于吸收和借鉴其他法系的观点做法，由于这两个特点的并存再加上英语语言本身的开放性和包容性，美国法中保留着大量的未加同化的外来语，拉丁语可能就是其中最大的一支，大量的拉丁语词汇目前仍活跃于美国日常的法律的文化中。如果想举出一些这样的例子可谓是比比皆是，单就阅读侵权法案例而言，我们经常接触到的就有 prima facie 、res ipsa loquitur、ad hoc、res judicata 以及 quoad hoc 等等，要是以后学习到刑法和财产法的话那就更多了。这些拉丁语词汇的存在是我们在研究美国法时不能回避的问题，对于中国学生来说所面临的问题主要有两个，一个是如何了解它们的意思，另一个是如何掌握它们的读音。第一个问题相对来说并不怎么难解决，我们可以根据和英语单词的拼写比较猜测其代表的含义，比如上面提到的那句格言，我们完全能连猜带蒙地理解个八九不离十。另外拉丁语的构成方式也有一定的规律，我们也可以通过它们的前缀或后缀来加以辨别。至于读音的问题，也许并没有什么取巧的方法，只能借助于字典认一个记一个，像 Black's Law Dictionary 之类的权威专业字典都会在拉丁语单词后面注明音标。

八、法律授权、管教、正当理由

法律授权指的是被告人的行为是按照法律对他的要求和许可去做的，如果他的行为是在法律授权的范围之内，他就可以因此而免责。我们可以把法律授权的法理基础理解为两个权力的冲突，原告享有的是法律所泛泛授予其的维护人身和财产安全的权力，而被告享有的则是法律出于实现某种更大利益的考虑而专门授予一类人的特别权力，故此当两者的行使发生了冲突时，后者理所当然地优于前者。一般说来这种特别的权力是因身份而授予的，现实生活中这类例子很多，比如医务人员可以对病人实施紧急救护、证监会可以要求达不到要求的公司退市、质检部门可以查封伪劣产品的生产，但是最为我们所熟知的还要数警察依据维护公共秩序的职责抓捕犯罪嫌疑人的权力。我们也就以此为例说明法律授权在美国司法审判中的实际运作情况。

在普通老百姓看来，警察就是政府的代表和法律的象征，因此抓个坏人也是天经地义的。其实不然，姑且不论被抓的人是坏人与否不是警察所能下定论的，在所有情况下抓人警察都要依据相应的法律程序行事。一般来说，这包括在行动之前先要取得法官签发的形式完备的拘捕令，以及在行动过程中必须执行"米兰达"规则告知被逮捕者他所享有的权利等等。但是基于法律授权的免责条件，警察只要做到形式主义的合法就可以了，至于这人到底该不该抓就不需要警察负责到底了。不过警察的行动一定不能超出拘捕令所许可的范围，否则法律授权的免责特权就失效了，比如明明是要去抓张三却把李四带回来了，即使这的确是一个无意的错误也是要承担侵权责任的。

当然在紧急情况下没有拘捕令警察也可以抓人，不过警察就更要小心谨慎一点了，他必须合理地相信他的行动正在阻止一项正在发生的犯罪行为的完成，而且他所使用的武力也必须在当时的情况下是合理的。实际上这些都是属于刑法课上所主要讲的内容，有兴趣的读者可以参考美国刑法的有关规定。

管教指的是由于预先存在着某种特殊的关系而使得一个人对另一个人承担有管教的权利和义务，比如父母与子女、老师与学生、上司与下级、长官与部属、妻子与丈夫、主人与佣人等等。法律认可现实生活中这些特殊关系在侵权法中所起的免责作用，一些原本应该属于侵权的行为如果出现在这种关系中就可以得到正当化。管教作为免责特权的一种是非常好理解的，因为我们的生活中天天都在发生这样的事，老师批评学生不可能是精神伤害，妻子用丈夫的茶杯不会构成侵犯动产，军人违反纪律条例被关禁闭也算不上非法监禁。但是这并不是说管教的权力是法律所不能涉足的禁区，实际上，管教的自由与侵权的责任有时仅有一线之隔，其衡量的标准主要在于管教行为在方式和程度上的合理性。

正当理由是一个没有什么定义和概念的免责特权，也就是说如果你实在想不起来前面所说的8条事由有哪些适用于你，那么就直说自己的行为是具有正当理由的，具体是什么正当理由就和法官就事论事吧。也许这是缔造美国侵权法的鼻祖想起了"有规则就有例外"的著名格言，生怕自己在造法时遗漏了什么，就干脆在最后加上了这么一个不管条款。

David v. Larochelle

Supreme Judicial Court of Massachusetts, 1936.

296 Mass. 302, 5 N.E. 2d 571.

QUA, Justice. 本案是有关于原告起诉一位警长对其犯有非法监禁，而被告表示自己是根据地方法院因为原告不到庭接受讯问而签发的拘捕令对原告实施逮捕的，因此理应不承担侵权的法律责任。但是原告则针对这样的辩解宣称法院对其发出拘捕令是毫无道理的，实际上他本人在此之前根本就没有收到过法院的有效传票。

本案的详细事实情况是这样的：在先前进行的与本案无关的一项诉讼中，被告承担了向原告送达传票的任务。于是被告就前往原告的惯常住所把一份传票留给了原告，但是被告所留下的其实是一份由他签署过的空白的制式传票，其中既没有包括原告的名字，也没有要求他出庭的具体时间。到庭审那天原告自然没有出现，结果就被判了缺席并由法官当场签发了一张拘捕令。此时警长还完全没有意识到自己先前犯下的错误，便亲自带着这张拘捕令去逮捕原告。莫明其妙的原告当然感到很不服气，争执之下和被告动起手来，虽然被告并没有使用过分的武力，但在混战中原告还是受了轻伤。其实在被告行动之前，原告的律师曾写过一封信给他质询有关空白传票的事，不过被告显然没把这当一回事。

初审的法官认为被告是在依据拘捕令履行自己的法定职责，因此他的行动应该被认为是正当的，所以初审的判决支持了被告。

初审法院的这个确定被告的行动经过了法律授权的见解是正确的，他所持有的这张拘捕令是形式完备，而且法院有权对庭审的缺席方签发这种强制性的拘捕令。普通法的传统认为，公职人员的职责只要求他们按照所接到的表面合法的令状行事，而不苛责他们去探究该令状在实质上是否存在可能导致其无效的瑕疵。《侵权法重述》和绝大多数的已决案例都采取的是类似如此这般的立场。从理论上讲，当警长在执行拘捕令上所要求的公务时，他的行为并不是代表其个人，而是作为法院的执行机构在工作的，所以当原告对其提起非法监禁的诉讼时，他应该得到"法律授权"免责特权的保护，其个人不承担这类错误的法律责任。由此可见，原告不能根据侵犯土地、殴打、错误逮捕、非法监禁之类的侵权诉由获得经济赔偿。

依此判决。

Tinkham v. Kole
Supreme Court of Iowa, 1961.
252 Iowa. 1303, 110 N. W. 2d 258.

GARFIELD, Chief Justice. 本案是由 Michael Tinkham 一个未成年人通过其代理人提起的诉讼，他指控一个学校教员 Marius L. Kole 对其犯有殴打行为，并给他造成了肉体的伤害。为了方便起见，我们在下面将直接称这个小男孩为原告。

本案的关键问题在于，透过双方提交的证据我们是否可以认为，作为一个老师，被告对原告施加的肉体惩罚在当时的情况下是不合理且十分过分的。

在 1958 年 10 月 2 日，原告是一所公立学校 8 年级的学生，他当时只有 13 岁，大约 110 磅重和 5 英尺 2 英寸高。被告是他的授课教师，负责每天从 2 点 30 分到 3 点 30 分这个时段的课程。在那天下午快上课前，坐在原告前排的一个同学 Jerry Geisler 从学校的乐团排练回来，把一双白色的手套随手放在了课桌上。这时正坐在后面等待上课铃响起的原告突然把这双手套夺了过去，并将其戴在自己的手上挥动起来。在一片吵闹声中，被告走进教室让学生们把课本拿出来准备开始上课，但原告却仍然在玩着自己的游戏。于是被告就提醒原告现在已经开始上课了，还要求他赶快把手套脱掉。不过原告对此显得很不以为然，他并没有迅速地服从老师的指令，而是慢慢地一个手指一个手指的脱着手套。被告因此又连续地告诫了原告两次动作快一点，然而原告依旧表现出慢腾腾的样子。这时意想不到的情况发生了，被告从讲台上冲到原告面前，用手猛烈的击打他的头部，并追问原告还敢不敢了。原告急忙给出了否定的回答，但被告又打了他几下才折回教室的前面。在剩余的时间内，被告气冲冲地训斥了整个班级一顿，称这个班是最为调皮捣蛋、不守纪律的集体。

原、被告对以上的事情发生经过的认定没有太大的争议。此外，当时在教室里另两个学生也证实了事实确实如此，并补充说乐团的手套往往偏小一些，因此不太容易一下就脱掉，并且被告在发现原告没有按他的命令行事时显得脾气很暴躁。

事情发生后，原告大约于下午 4 点回到家中，他将这件事告诉了父母，并称自己的左耳嗡嗡直响。第二天放学后，一位家庭医生也是本案惟一的专家证人 Dr.Connor 为原告进行了耳科检查，发现原告的耳朵内残留有鲜血，这表明原告的耳膜被打穿孔了。在 1959 年 9 月，Dr.Connor 又为原告进行了一次检查，证实了原告耳膜上又一个铅笔头那么大的孔洞。Dr.Connor 还在本案的审理过程中作证称耳膜穿孔会导致原告的听力下降，以及更加容易受感冒等的感染。

本法院看来在此案中应该适用的法律规定是一目了然的："老师使用程度、方式合理的惩罚手段来管理学生是可以免责的，但老师所拥有的惩罚学生的权力同时也是有限的。老师的免责特权需要通过证据证明其行为的合理性来实现，而为了辨别其行为究竟合理与否，法院必须考虑下列因素：惩罚行为的本质、学生所做的使自己受到惩罚的错误举动的本质、受惩罚学生的年龄和体格、教师实施惩罚的动机等等。如果证据能证明教师没有在其中的任何一条上存在错误，那么他就可以不承担殴打的法律责任。反之，只要他未能达到上述的任一标准，他的行为则是法律所不能允许的。总而言之，在决定教师是否享有免责特权时最关键的一个问题还是其施加给学生的惩罚合理与否（reasonable），而对于合理性的判断是一个应由陪审团裁定的事实问题。"可参见 Suits v.Glover, 260 Ala.499, 71 So.2d 49, 43 A.L.R.2d 465。通过总结兄弟法域先前一些判例的意见，我们认为有助于判断教师惩罚行为合理性的最重要的一个因素即是惩罚行为实施的方式，这包括教师是怎样体罚学生的和学生因此所受到的身体伤害的程度如何。

根据本案的事实情况，陪审团可以看出导致原告受到殴打的主要错误是因为被告不满意他脱下手套的速度。被告对原告发出的指令是让他赶快把手套拿下来，而原告却未能做到这一点，不过有证人称学校乐团所发的白手套是式样很窄小的一种，必须一个指头一个指头地拽下来，这也许正是原告动作迟缓的原因所在。而且还必须考虑的一个问题是，当时才刚刚打上课铃，教室里还是一片吵闹，有不少学生甚至都没有意识到老师已经进来了。基于这样一种景象，我们认为原告所犯的错误从本质上讲其实并不很严重。

本案有充分的证据显示被告连续击打原告头部的行为是十分粗暴的而且还是在怒不可遏的心情伴随下完成的。这一点可以从原告遭受的耳膜永久性穿孔的伤害上看出。本案中至少有4个证人作证称在原告已经被被告打的抖抖嗦嗦并保证再也不敢后，被告又打了原告几下方才罢手。这无可置疑地说明了这几下附加的惩罚根本就是不必要的和没有由来的。

纵然我们同意有时用某些略带痛苦的惩罚手段来管教孩子的适当性，但我们重申这种惩罚必须是合乎情理的，而且此合理性应当作为事实问题交由陪审团最终决定。

推翻原审意见并发回重审。

Sindle v. New York City Transit Authority

New York Court of Appeals, 1973.

33 N.Y.2d 293, 307 N.E.2d 245, 352 N.Y.S.2d 183.

JASEN, Judge. 在 1967 年 6 月 20 日中午时分，原告（14 岁）搭乘了一辆由被告员工 Mooney 驾驶的校车。那天是 Elias Bernstein 中学一个学期即将结束的最后一天，所以校车上的 65 个到 70 个孩子都表现的欣喜若狂、难以自制。很快这种过于激动的情绪就通过破坏欲发泄出来了，一些孩子们开始肆无忌惮地毁坏车上的日光灯、玻璃、广告条等物，但没有证据显示原告也参与了破坏行动。

这辆校车沿途停靠了几个预设的站点，在这过程中，司机不止一次地警告学生们不要发出让人无法容忍的噪音和立即停止破坏车上的设施。当汽车行驶到 Annadale 一站后，司机先停下来让到站的乘客下了车，当他走到车的后部检查了一下遭受破坏的程度后，他对剩下的孩子说要把他们直接送到警察局。于是司机把车门关好就径直向附近的警察局驶去，甚至在经过几个站点时也没有停车。

原告连同他的父亲指控被告应当对其承担非法监禁的侵权责任。在此前的审理中，法院曾判决被告败诉，并且认为被告所提出的其具有"正当理由"的免责特权不能够适用于本案。

我们认为前述法院的这种做法是根本错误的，正当理由是一种对故意侵权指控有效的抗辩，被告有权提出证据以此为自己辩护。因此该法院拒绝接受被告提交证据的决定是错误的和不公正的，此判决应当被推翻。

在本法院看来，我们最好在这里就正当理由的相关原则理论给原审法院作出一些提示。综合地看本法域内的一些法律条文如 Penal Law § § 35.20，35.25 和 General Business Law § 218 等等，为了阻止一个人伤害他人或毁坏他人合法占有的动产及不动产的行为，如果是在适当的情况下以适当的方式及时作出的，那么将不作为违反行为惩处，这就好比我们的法律允许零售商店的店主以合理的方式滞留并盘问被怀疑犯有盗窃的顾客一样。另外 Penal Law §§35.10 也规定父母、监护人、老师等对儿童负有管教责任的人可以以合理的体罚方式对儿童进行教育，这同样不构成侵权责任。

本案的案情于上述的法律原则是十分契合的，校车司机通常都被看作学生乘客的照顾者和公共财物的看管者，他有义务承担起采取合适措施保护学生和公共财产的双重职责。在这种情况下，校车司机当时行为的合理性，也就是他为自己辩护时所称的正当理由，必须同时从这两方面来考量。因此在重审此案时，法院至少要衡量这几个因素：保护学生安全和财产完好的责任、协助警方调查公共财产被破坏的义务、被告采取行动的方式和场合以及当时是否存在有更加合理可行的替代方法。

基于以上原因，原审法院的判决被推翻并责成重审此案。

补充知识：

写到这里，本书有关故意侵权行为及其免责特权的介绍已经全部结束了，当然在这些章节里我们只是蜻蜓点水地浏览了一遍美国侵权法中这一部分内容的大概框架和基本构成，实际上希望在一本书里通过阅读几十个案例就对一种结构庞杂的侵权行为做到心领神会是不太可能的，如果想要在现有的基础上更上一层楼就这只能靠扎扎实实的去积累、体会和感悟。我在这里想简单地给大家介绍一下了解美国法的各种途径。在美国假如不算各种专业的期刊和杂志的话，法学教科书一般都有 3 种不同的类型。通常美国法学院学生去上课都要同时带两本课本，一种叫 law book，就是主要讲法学理论和原则的课本；另一种叫 case book，顾名思义里面包含了成百上千的关于这一部门法的案例，只有两者配合使用，才能搞的清楚枝繁叶茂的美国法在这个方面究竟是怎么回事，因为前一本书中的原则经常被后一本书的案例所改变，而后一本书中的案例也有可能被最近的立法所更新。另外到临近考试时，美国学生为了复习方便往往还会买另外一种叫 study aids 的书，比较著名的有 Nutshell 和 E-manuel 等系列，这种书类似于速成型的辅导参考书，特点是其中分门别类提纲挈领地归纳了很多细小知识要点，使人看起来很快就能对某个部门法的概况了然于胸，不过这些书很多教授是不允许学生在开卷考试时带进考场的。

　　本书到现在为止，读者们可能会发现所读到的都是一个或少数几个原告对几个被告提出侵权指控的案例，也就是说案件中当事人的人数很少。当然这样做是有一定原因的，比如说这样的案子看起来更加简洁明晰，更加容易归纳总结，以及更方便于把法学理论从案情提取出来使之模型化。但是我们也应当注意到在实际生活中，最具影响力和有最高参与度的侵权法案件却往往并非这种一对一的单打独斗，而是有成千上万人成为当事人的集团诉讼（class action），这类诉讼经常被称为大规模侵权诉讼（mass action）。大规模侵权的案件主要会发生在两种情况下，一是由于严重事故（mass accident）造成的众多受害者，比如在印度曾经发生过的美国化学工厂毒气泄露事故，使全城的人都深受其害；另一种就是更为常见的产品责任事故（mass product liability），现代化的大生产和畅通的流通渠道使得一种产品能够以前所未有的广度为众多消费者所持有，但由此而来的问题则在于，一旦这种产品存在着设计或质量上的隐患，那给全社会所带来的不安定因素也同样是巨大的，由此现在的法院往往在这样的案件中持对消费者有利的强硬态度，于是渐渐促成了产品召回制度的广泛应用。大规模侵权案件由于参与者人数众多和标的金额的庞大，而更容易在社会中吸引媒体的关注以及律师事务所的兴趣，但是其在基本原理上与普通的侵权法案件并无二致，仅就是需要多一些的公共政策方面的考虑。

第四章 过失侵权

一、概 论

通过前两章的学习，我们逐步了解了故意侵权行为的分类、构成、适用以及一些对其有针对性的免责特权，虽然掌握这部分基础内容是我们全面深入学习美国侵权法前的一个必不可少的知识准备，但如果俯瞰整个美国侵权法的理论层次与结构，故意侵权行为在其中所占的比重和所居的地位实际上只能说是处在一个相对次要的位置上，而我们尚未谋面的过失侵权行为才毫无争议的是美国侵权法体系中最具有代表性、最值得探讨、同时也是理论形态最为精致的组成部分。尽管从英美侵权法的发展进程来看，过失侵权以历史长短而论只能算是故意侵权的小弟弟，但与后者在进入 20 世纪后就停滞不前且再无重大的理论突破相比，过失侵权尽管并无后者一般的显赫历史，却凭借着工业革命的东风一路高歌猛进，不断地在理论与实践上进行自我丰富和创新，终于不仅令人信服的在现代美国侵权法的体系中取得了一席之地，而且还成功地取代了故意侵权长期以来在侵权法审判实践中的主流地位，彻底改变了古老英国法以令状（writ）为基础的僵化的救济模式，从而造就出了一种更加讲求灵活和实用的以恢复社会正义为主要职能的现代侵权法的思维方式，所以在本书中我们将会把主要的篇幅和精力投入到对过失侵权行为的研究中去。

正如上文所述，现代美国侵权法中过失侵权理论的产生与发展并没有很长的历史，虽然"negligence"这个词在英美法的法律文书中古已有之，但那时的意思与现在我们通常所用的却存在着比较大的不同。在19世纪以前，所谓过失指的并不是一种单独的法律责任（a separate cause of action），而是泛泛的指一切未能承担法定义务的行为（failure to perform a legal obligation），或是仅作为行为人在完成一定故意侵权行为时特殊的心理状态（mental element），因此在那时会有很多诸如"过失殴打"（negligent battery）等现在已经被抛弃不用的法律术语。在法律适用上，原始的过失理论似乎比现在的严格责任（strict liability）还有过之而无不及，在一个1466年的古老判例[1]中，法官认为被告在修剪自家的灌木藩篱时造成一些树枝落在了原告家土地上的情况属于过失责任，他指出只要是被告力所能及应该可以避免却未予以避免的事故都会产生过失的责任（for though a man doth a lawful thing, yet if any damages do thereby befall another, he shall answer for it, if he could have avoided it.）。这样一种对过失原理的表述与现代过失责任在定义上已经十分接近了，但两者考虑问题的出发点却是大不相同的，比如前者根本性地忽略了当事人行为合理性（reasonableness）的因素。

现代意义上的过失侵权理论发端于19世纪的中后期，其是与当时英、美两国在工业革命带动下大量新式却安全性欠佳的机器以及交通工具被广泛使用的社会大背景是分不开的，这也就是说过失侵权理论并不是来自于某几个天才法学家的脑袋，而是顺应形势应运而生的产物，这对于我们认清现代过失侵权责任补偿性的本质有着非常重要的意义。我们可以举一个简单的例子来说明这个问题，在火车刚刚作为一种大众运输工具在美国出现的时候，由于技术上

---

[1] Case of the Thorns, Y.B.6 Ed.4, 7a, pl.18 (1466).

的不成熟与管理体制上的欠缺，火车所造成的重大交通事故频频，比如在 1853 年和 1856 年间就相继发生过多起火车出轨或迎头相撞的悲剧，共有 100 多名旅客因此而丧生。这时如何确定事故法律责任的性质和轻重对法院来说存在着极强的政策上的考虑，一方面受害人应该得到经济补偿是毫无疑问的，但另一方面火车作为一种前途远大的新型交通工具也应被积极扶持，避免出现因为数额庞大的赔偿而导致铁路公司破产夭折的后果，于是在兼顾公平正义的同时追求一种大家都可以接受的利益上的平衡就成了当务之急，过失侵权理论就是在这些的情形下被迅速发展了起来。根据过失侵权的理论，铁路公司的责任不再是必然的和一成不变的，而是可以按照其过错（fault）的大小来确定，如果火车司机的操作完全是符合规程的，那么其责任就有可能很小，反之假如事故是由火车司机的玩忽职守造成的，其责任就会很大。

从 1850 年到 1920 年是过失侵权理论发展的黄金时代，各种各样根据过失责任发展出来的法律原则竞相出现，并且在不断的司法审判实践中得到了检验和改进。首先，过失侵权作为一种单独的法律责任最早被适用于一些公共服务性的行业，比如大众承运人、旅馆服务员、外科医护人员等等，这一类人被认为既拥有一定的专业知识，又是面向社会公众提供普遍的服务，公众自然而然地会对他们的行为产生安全上的期待和信赖，因此当他们出于非故意的原因未能提供符合专业水准的服务并伤害到顾客的利益时，过失的侵权责任是在所难免的。其次，有矛就会有盾，在过失侵权责任得到广泛扩张的同时，多种限制过失责任产生的法律原则也被法院所确认，如自冒风险（assumption of risk）、原告过失（contributory negligence）以及同工原则（fellow - servant rule）等的抗辩理由逐渐成长起来了，对整个过失侵权理论的良性发展起到了一个有益的制衡作用。最后，很多目前在美国侵权法体系中自成一统的侵权行为正是在当时过失侵权理论的羽翼下展现出雏形来的，比如对于隐私权

（right of privacy）的认识和对产品责任（products liability）的严格规定都是后来从过失侵权责任中慢慢脱离出来的。1939 年美国法律学院（ALI）以过去的判例原则为基础，对当时通行于美国的侵权法原则进行了系统化、学理化以及条文化的总结和汇编，并集大成于《美国侵权法重述》（第一版）一书（Restatement（First）of the Law of Torts），这标志着以过失侵权责任为主体的现代美国侵权法体系的最终稳定和成熟。

　　根据著名的布莱克法律辞典所给出的权威解释，过失责任是由于行为人未能尽到在相似条件下一个具有普通理性的人所应尽的谨慎义务（the failure to exercise the standard of care that a reasonably prudent person would have exercised in a similar situation）而产生的。我们在本章中将紧扣这一定义，一方面通过大量的案例演示来说明过失侵权责任的形成及其必要构成要件，另一方面则重点和大家一起讨论诸如理性人（RPP）、谨慎义务（duty of care）这些过失侵权行为中最基本概念的含义和应用，为读者们能够在复杂多变的社会生活中准确地理解和适用过失侵权原则打下坚实的理论基础。其实过失侵权本来就是一种来源于日常生活的法律制度，因此只有当其又复归并服务于生活时，我们才能感受到它在实践中所散发出的勃勃生机。

　　当然，我们在学习本章内容时还不该忘记的是，过失侵权理论，或是说由其代表的整个现代美国侵权法在近 100 多年来的迅速发展直接得益于 Cardozo、Learned Hand 以及 Holmes 等一些即使在全人类历史上也称得上最为睿智的法官的极力扶持和精心雕琢。他们所作出的那一篇篇凝结着无与伦比的才智的不朽判例，不仅解决的是个案中的法律疑难，更重要的是为探索中的过失侵权理论指明了发展的方向，这对于当时尚处于萌芽状态的现代侵权法来说无异于是在一次次地被赋予新的生命力，而且这笔伟大的精神财富在人类法律发展史上的价值是永恒的，无数后世的法官和学者在渴望得到灵感启发时往往会通过反复地重读这些已被时间化为经典的篇章以体会其中永不枯竭的思想活力的源泉。这样的说法绝非夸大其辞，曾经有一件事给我本人留下了非常深刻的印象，那还是我在美国法学院刚刚接触到侵权法不久时，上这门课的教授一贯见解独到，对一般的案例少有赞美之词，但唯独讲到 Palsgraf 诉 Long Island R.Co.[1] 这个案例时却对卡多佐的笔法推崇备至，感叹到做侵权法的学问几十年来每隔一段时间再读这个案例总能有新的体会。既然如此德高望重的教授尚言未能尽窥此中精妙，我辈学力有限自然是更加心悦诚服、五体投地了，因此我也很希望能够和国内的学子一起来分享这些永不磨灭的法学家的智慧。读者们在本章中除了可以读到包括 Palsgraf 在内的许多经典案例，我还将在适当的地方简单地介绍一下作出这些判决的美国著名法官的生平，使读者有机会进一步熟悉他们的法律思想和判决风格。但是根据我自己学习美国法的心得体会，我还是想提醒读者尽可能地去直接阅读经典判例的原文，有些东西看看译文了解一下大意即可，而像卡多佐这样惯于微言大义的大家的作品，一次翻译就等于一层意思的流失，再高质量的译文都只能保证准确性而无法留住那难以言传的神韵和气质，对于那些希望在美国法方面有所造诣的学生来说，仅仅依赖于别人已经咀嚼过的知识是根本不可能取得创见性的成就的。

二、过失侵权责任的构成

在上一节里，我们简单地了解了一下过失责任在美国是如何逐渐发展起来的，那么究竟现行的过失侵权制度是什么样的呢？或者说在现代美国侵权法的框架下什么样的行为会被归类为过失侵权

---

[1] Palsgraf v.Long Island R.Co., 248 N.Y.339, 162 N.E.99（N.Y.1928）.

呢？以及构成一个过失侵权行为的必要要件又有哪些呢？回答这 3 个问题似乎都需要一个能够整体性反映过失侵权行为性质和特征的定义。在美国侵权法的理论中想找到这么一个现成的定义既难也易，说易是因为即使不算重述和各种专家论著，百十年来美国法院审理过的过失侵权案件何止成千上万，其中每一个判例都浸透着主审法官对过失责任的深刻理解，自然可祭起拿来主义径直用作定义；说难是因为其定义如此众多，而且每个人的版本肯定又各有侧重，反而不好判别哪一个更权威、更有道理从而能够脱颖而出了。

　　一般来讲，我们给一个法律概念下定义通常都会有好几种不同的方法可供选择，比如概括式、描述式、比较式、列举式或者排除式等等，大多数情况下，根据该法律概念的特点使用其中一种就已经可以解决问题了，但恐怕要为过失侵权行为寻找到一个最为合适的定义就不是这样一件轻而易举的事了，无论单独的使用上述哪一种方法似乎都只能反映出过失侵权行为丰富内涵中的一个方面，而无法面面俱到。造成这种情况的原因主要有两个：一是因为过失这个概念本身就具有极大的模糊性，其既是指一种法律责任，又是指一种伴随着行为的心理状态，更是一系列松散的行为模式的总称，想要用一小段话把这么许多的特性统一起来无疑是非常困难的；另一点原因是因为过失侵权仍旧是一个尚在发展中的法律制度，其内涵和外延都还在不断的变动中，有不少原本归于过失侵权范畴的法律责任现在已能在侵权法体系中自立门户，也有一些过去不被认为是过失的行为正被逐渐添加到侵权责任当中，总之，通过列举现有的过失侵权行为的种类来充当定义必定是存在很大局限性的。其实，从普通法的特点来看，通过定义来了解一个法律概念未必是个最优的途径，这只是中国学生的一种学习习惯，美国的案例教科书虽然是厚厚的一大本，但从头翻到尾也难见到一两个所谓的定义。所以我们在学习过失侵权行为时，一方面可以尝试着放弃坐等现成定义的惰性，取而代之的是抱着积极主动的态度通过阅读分析本章中的案例来培养一种对法律的感觉，另一方面我们也不妨先在此采用齐头并进的方式把上述几种总结定义的办法统统用上，以利于我们从不同的角度来观察过失侵权行为的构成。

所谓概括式的方法指的就是通过归纳总结一类行为所具有的共同特征来表现其的独立性，那么对于所有的过失侵权行为来说，其共有的一个显著特征就在于被告人行为的可归责性并不是建立在原告受到伤害的事实基础上，而是取决于其行为是否有悖于我们的社会和法律所希望其在行为时所遵守的谨慎义务（duty of care），如果被告的行为是低于这一标准的，那么就是一种过失，如果尽管被告的行为高于这一标准但仍然给原告造成了伤害，那么被告也不用承担过失的法律责任。这样的一种共同特征使得过失侵权责任不至于沦为变相的社会福利，同时也明显有别于范围日益扩大的严格责任制度。

描述式的定义可以使我们对过失侵权责任的法理学依据有更加深刻的体会。在一个有很多人共同生活在一起的社会中，每个人都有追求幸福的行动自由，但这种自由的行使必须以不给他人造成不合理的伤害（unreasonable risk）为前提，我们的社会和法律又把这样一种谨慎行为期望和信赖上升为了一种法律的责任，如果被告在行为时没有尽到自己所负的责任而给他人造成了损失，并且法院以某种客观的标准认定这种结果是事前可以预见到的（foreseeable victim），那么被告就要向该受害者承担过失的法律责任。Atkin 法官曾经风趣的说到过："上帝教我们去爱我们的邻居，现在这条规则变成了法律，那就是你一定不要去伤害自己的邻居。"

比较式的方法可以帮助我们明晰故意侵权和过失侵权的区别所在。顾名思义，无论是故意还是过失，指的都是行为人在为或不为一定行为时的心理状态，前者在前面的章节我们已经了解过了，简单地说就是明知且确信的意思，而过失侵权者的心理则没有那么严格，其不仅压根就没有伤害他人的打算，有时甚至还在竭力避免这种伤害的发生，总之，被告人的心理不是过失侵权责任的必要构成要件之一。

列举式和排除式的定义在这里好像没有多少用武之地。因为过失侵权行为的发生条件、方法和场合实在是数不胜数，而且又没有一定的模式可言，所以在过失侵权中根本没有象在故意侵权中殴打、威吓这样的一个个具体的行为分类，任何一本侵权法教科书所能做的都只是逐一分析构成过失责任的要件，凡是符合要件的都是过失侵权行为。

在美国的司法审判实践中，象侵权之诉这样的民事诉讼一般实行的是谁主张谁举证的规则，也就是说如果原告要想让法院相信他有一个合适的过失侵权诉由（cause of action），他就必须首先能证明该案初步证据（prima facie case）的存在，这一般需要包括 5 点内容，也即是过失侵权行为的 5 个必要要件：

1. 义务（duty）。正如前文所说的，过失侵权从本质上看是行为人违反自己谨慎行为义务的一种法律责任，所以原告必须首先证明对于被告来说这种义务是存在的以及这究竟是一种什么样的义务。

2. 违反义务（breach）。义务的客观存在仅是问题的一个方面，只有被告的行为违反了这一义务才有可能构成侵权，被告的行为是否达到了其义务所要求的标准往往是诉讼中原、被告双方争执的焦点。

3. 事实原因（cause in fact）。头脑中有最基本法律概念的读者都知道，行为和损害结果其实只是两个孤立的要素，还必须有一定的因果关系把它们联系起来才会导致法律责任的产生，事实原因指的就是被告的行为客观上是造成原告遭受损失的原因所在。

4. 法律原因/最近原因（legal/proximate cause）。我们知道事物之间的因果关系在现实生活中是非常复杂的，在大多数时候并非是一因对一果，而有可能是多种原因造成了最终的后果。所谓法律原因就是用来区分到底是哪一个原因应该对原告的损失承担法律责任的机制，在过失侵权中，只有当被告的行为被认为是造成原告受伤害的直接、最近原因时，被告才需要对自己的行为负责。如何确定最近原因是我们在学习过失侵权时需要主要讨论的一个问题。

5. 损害结果（damage）。细心的读者可能还记得在一些故意侵权行为当中损害结果并不是一个必要的构成要件，但在过失侵权行为当中，原告必须证明自己遭受了实际的损失，否则对被告过失的指控就不能成立。但是，假如被告的行为还没有给原告造成实际伤害，只是给原告造成了一种风险或威胁的话，原告可以转而向法院申请一个禁止令（injunction）来制止被告的举动。随着侵权法的进一步发展，对这个要件的要求显示出了松动的迹象，何谓实际损害在一些案件中变成了有争议的问题。

以上 5 个要件都是原告在起诉时必须能够证明的事项，任何一点的不成立都有可能导致整件案子被撤销，其中除了第一点是由法官来裁量的之外，其余 4 点根据习惯一般都交由陪审团来定夺。在本书过失侵权部分接下去的章节里，我就将以对这 5 大要件的分析为基础来和大家一起探讨美国侵权法体系中关于过失侵权责任方方面面的问题。

Edwards v. Honeywell, Inc.

United States Court of Appeals, Seventh Circuit, 1995.

50 F.3d 484.

POSNER, Chief Judge. 一个消防队员的遗孀起诉专业的安全报警系统制造商 Honeywell 公司，正是在一次对安装了被告公司设备的火灾现场的灭火过程中原告的丈夫以身殉职，诉由是原告认为其丈夫的死亡与 Honeywell 公司未能在接收到安全报警系统传送来的告警信号后及时地通知消防部门致使火势变大的机器危险有关，因此 Honeywell 应对这种过失行为承担法律责任。本案最早是由原告

在 Indiana 州立法院起诉的，但后来应被告的要求基于异籍管辖权
(diversity jurisdiction) 被移送（remove）到联邦地区法院审理，结果
初审判决被告 Honeywell 公司的过失侵权指控不成立。

在 1982 年，Honeywell 公司与一户叫 Baker 的家庭签定了一份
合同，由前者在后者的家里安装一整套安全报警系统（价值 1 875
美元），并提供相应的监控服务（每月 21 美元）。Baker 家的房子是
那种在 Indianapolis 市随处可见的非常普通的木制结构房屋，其安装
的报警系统也是最为常见的那种，当火警、匪警发生或需要紧急的
医疗救护时，房子里的人只要按下报警系统中相应的按键，一个告
警信号就会自动通过电话线被传送到由 Honeywell 公司维护的控制
中心，再由其中的工作人员打电话通知政府部门或医院进一步处
理。

在 1988 年冬天的一个下午，Baker 太太当时正在家中的地下室
内和另外两个同事一起工作，她突然发现自己家的锅炉房着火了，
而且火势已经无法控制了。于是这 3 个人连同一条狗急忙逃出了房
子，不过在撤退前 Baker 太太同时按下了安全报警系统中的火警和
匪警两个键。

Baker 太太发出的火警信号大约是在那天下午的 2 点 45 分被被
告维护的控制中心所接收到的，其工作人员立即作出了反应。她先
通过电脑调出了 Baker 家的位置，然后打电话给 Indianapolis 消防队
报告火灾的消息，但后者告诉她应该由 City of Lawrence 消防队负责
并帮她把电话转到该处，可是电话接通后 City of Lawrence 消防队又
认为 Baker 家的地址属于 Lawrence Township 消防队的辖区，于是电
话又一次被转接才得以把火灾的消息报告给正确的消防部门。

假如被告的工作人员第一次就把电话打给 Lawrence Township 消
防队，而不是用了 3 次才联络上的话，那么只需要 45 秒的时间消
防部门就能够获悉 Baker 家的火灾。但由于被告工作人员的错误，
直到下午 2 点 58 分适当的消防部门才收到报警，原本的 45 秒被延

迟到了整整 4 分钟时间。原告据此向法院起诉被告，称被告未能及时了解各个消防队之间的辖区划分是一种过失的行为。

大约 3 点整，Lawrence Township 消防队派出的消防队员到达了火灾现场，3 点 05 分 Edwards 先生带领另一名消防队员从车库进入 Baker 家实施灭火，但是他们不知道这场大火比他们按报警时间估计的要多烧了好几分钟，房子里的木地板已经被高温烤的极其脆弱，结果在 3 点 10 分到 3 点 15 分之间房子的地板完全破裂，在房中的 Edwards 先生坠落到地下室内当场殉职。

如果消防队员们能早到现场 3 分多钟（被耽误的 4 分钟减去预定的 45 秒），Edwards 先生的命运是否会有所不同，这是一个我们现在无法准确回答的问题。但是初审法院并不是根据这一点判决原告败诉的，被告也没有在辩护中提及这个问题。

很明显，本案向我们提出的是一个侵权法争议而非合同法争议，因为 Edwards 并不是从 Honeywell 公司与 Baker 家之间合同中受益的第三方。因此本法院在此案中将主要回答 Honeywell 公司是否对消防队员承担有谨慎的义务（duty of care）这一关键问题，如果被告根本就没有这种义务，那么此案就应当被驳回。

最初，疏忽大意导致的过失侵权责任只存在于职业人士（如医生等）或提供公共服务的行业（如旅馆主有责任照看客人的行李等）中。但是到了 19 世纪以后，这种责任就逐渐地普遍化起来，由于行为人的疏忽大意而造成他人受伤害的情况被当然地认为是过失责任的基本产生方式。不过为了防止过失侵权责任的恶性膨胀，法官们越来越感到需要给其加上一定的限制，于是义务的概念被极大的加强了，只要当被告的行为在客观上违反了某种先决的义务时，才被认为是一种过失侵权。而且在具体的案件中是否存在这样的义务应当由法官而不是陪审团作出决定。

一个过路人是否有义务警告他人危险的存在？在历史上美国的法院不认为存在有这样的义务，所以不去救助他人不会导致侵权责任的产生。即使被告的行为被认为是完全不负责任的，甚至是出于恶意的目的拒绝对受害者发出警示或施以援手，原告也不能够因此而从被告处获得补偿。但是这一原则的许多引申在其他的法域中已经被不同程度的削弱，比如制造商对二次购买者（second purchaser）的义务和会计对不特定大众的诚信义务等等。

　　然而在本案中我们要着重考察的一个问题是，该死亡的消防队员对于被告来说是否是一个可预见的受害者，因为 Indiana 州的法院系统早已接受了 Cardozo 法官在 Palsgraf 一案中确立的原则，即被告对因其行为造成的不可预见的受害者不承担过失侵权的法律责任（no liability to unforeseeable victims）。所以即使 Honeywell 公司的行为存在过失，但如果 Edwards 先生不是其过失行为影响下的一个能够被预见到的受害者，Honeywell 公司也不用对其负侵权责任。

　　我们认为 Honeywell 公司作为一个安全报警系统的提供商不仅不具备对其用户家中所发生火灾的危险程度进行判定的专业知识和降低火灾危险的能力，也完全没有任何办法来评估一个消防队员在工作时所可能面临的风险，因为这不但受到不同火场的特殊环境的影响，还取决于各个消防部门所使用的消防器材、消防队员的训练质量和消防队领导在现场的指挥水平。一个生产报警器的厂家肯定是无法了解到这些信息的，也没有可能对它们产生积极的影响。

　　消防队员在扑灭住宅火灾时殉职的事例实事求是地说是比较鲜见的，我们也从未耳闻过曾有先例把消防队员的殉职归咎于报警系统的失当，因此原告要证明这两者之间的因果关系是非常困难的一件事。在实践中"不可预见性"这个法律术语的含义经常是指一件事的发生实在是太不寻常（unusual）、太难以想到（unreckonable）且太不确定（uncertain）以至于根本不可能在事前采取合理的防范措施。本案中的 Honeywell 公司即面临着这一法律义务不确定的情况，其再也无法计算出究竟在服务中要多么小心才能避免类似的法律责任，或是究竟需要涨价多少才能应付对消防队员和其他任何因为公司没能及时通知而在火灾中受伤的人进行赔偿的准备金。

而且一个提供火警服务的公司无论如何不应该被认为是火灾伤亡的首要责任方，即使有责任也只可能是第四位、第五位的。责任排在第一位的应该是房主，我们不了解为什么 Baker 家的锅炉突然发生了爆炸，是其在设计上有缺陷，还是 Baker 家在使用、维护时操作不当？责任排在第二位的应该是措施不得力的消防部门。因此本案中有资格成为被告的不仅有警报服务提供商和消防部门，还应包括 Baker 一家、锅炉的制造商、甚至破裂地板的木材供应者以及整座房子的设计师和建筑商。但是原告单单选择了 Honeywell 公司作为被告，这可能因为其是一家外州的大公司从而打起官司来更有油水 (deep and well－lined pockets) 的缘故。我们只能如此推测原告起诉的用意。

原告还向我们陈述了本案在政策上需要作出的一些考量，原告称如果被告胜诉了，那么全国范围内的警报服务商就根本不会考虑吸取本次事件的教训来向用户提供更加完善的安全服务。我们不能接受这种说法。我们的社会应当主要通过提供一种鼓励竞争的商业氛围而不是加强法律责任来优化私营企业所提供的商品和服务的质量。即使我们判决 Honeywell 公司在本案中胜诉（我们认为必须如此），这对 Honeywell 公司在维护与客户关系方面来说却未必是个好消息，所以 Honeywell 公司不会缺乏动力来不断改善自己的服务。

本法院支持地区法院的判决。

Gulf Refining Co. v. Williams
Supreme Court of Mississippi, 1938.
183 Miss. 723, 185 So. 234.

原告 Willie Williams 曾向被告 Gulf Refining Company 购买过一个汽油罐 (gasoline container)，但由于其存在质量上的缺陷而在使用中造成了火灾并致使原告受到人身伤害，因此原告要求被告承担过失侵权的法律责任。根据初审法院作出的一项对原告有利的判决，被告向本法院提起上诉。

GRIFFITH, Justice. 上诉人是一家州内的石油制品的分销商，出售包括汽油在内的多种油料。在本案中造成事故的那起火灾发生前不久，上诉人下属的在 Canton 这个地方的一个加油站把一罐汽油卖给了邻近的一家农场以供拖拉机使用，而被上诉人则是该农场中的一名雇员并恰好负责驾驶其中的一台拖拉机。上诉人所售出的那罐汽油并没有立即被使用，而是一直被放置在田埂上，直到有一天被上诉人打算给自己所开的拖拉机加油，他才试图把该汽油罐的封口打开。然而这个罐子的封口年久失修，其顶盖上的螺纹有很长的裂缝，结果在被上诉人用力旋转顶盖以打开罐子时，由于摩擦力过大而产生出了几点火花，正是这些溅落到罐内的火花一遇到汽油便迅速地引发了火灾，被上诉人躲闪不及被大火严重烧伤。以上的事实经过在初审中得到了陪审团的确认。

上诉人为自己辩护的主要理由在于，有证据显示这场由拧开罐塞而造成的突如其来的火灾完全是一种不同寻常的、极其罕见的和难以设想的偶然事故，上诉方为此提供了很多证人的证词来证实类似的事情在以前从未有所耳闻，据此上诉人认为自己不需要为这种根本不可能被预见到的人身伤害承担责任，上诉人还特别提请本法院注意这是一条在本法域内已经得到广泛认可的法律原则。

我们并不否认这种侵权法理论的真实有效性，然而人们对表述这条法律原理的语言在理解上却经常会产生一种误读，以为判断过失责任存在与否完全取决于某事件发生的合理性的程度（degree of probability），所以当一个可预见性后果（foreseeable consequence）发生的可能性小于不发生的可能性时，过失侵权的法律责任是不存在的。

为了纠正长期以来在法律界内流行的这种对过失侵权认识上的错误，我们必须首先区分并澄清事情发生的合理性（probability）、可能性（possibility）与可预见性（foreseeability）这几个法律概念所具有的不同含义以及在法律责任确定方面的不同价值。当对一个案件的争点（issue）的探究主要集中于过去是否确实发生或存在过某个特定的事实时，仅仅证明在当时环境下的确具备了产生该事实的可能性是不充分的，哪怕这种可能性是极大的。此时我们需要的是能证明该事实的发生或者不发生是否具有合理性的证据，并且这种合理性应当尽量用直白的、能为普通民众所理解的通俗语言表达出来。但是当一个案件的争点聚焦于某件事情发生的可预见性时，我们所希望了解的是当事人在当时的环境下能否客观地预见到这件事在将来会发生，并且我们把这作为衡量当事人法定义务（duty）大小的一个依据。当然，对可预见性的考察并不是指法院要去明确当事人是否确实预见或估计到一件事会否发生以及大致以怎样的方式发生，我们实际上关心的只是客观条件下这件事的发生概率，即使是这种概率低到不足以在逻辑上满足起码的合理性。

我们对可预见性的检验其实不是为了给事情发生的合理性一个进行比较的参照，其本身也是一个非常重要的确定过失责任是否存在的要素，可以被用来帮助我们分析当事人在为一定行为前对行为可能产生的后果的认知程度，以及这样的认知是否能或应该能促使一个理性人（RPP）采取行动规避不良后果。

本案中引发事故的汽油罐从材料、设计到制造来看都是按照标准的模式最终生产出来的，而且也是被使用作其常规目的，所以如果上诉人对其进行了合理的保养的话，那是不应该出现这样的事故的，即使发生了，那也被认为是完全不可预见的，上诉人没有过失的法律责任。但是在本案中有证据显示，该汽油罐已经被连续使用长达 9 年之久，其罐口塞子上的螺纹线已经断裂、扭曲以及有很多的缺口，这种情况主要是由于在长时间的使用过程中反复捶打造成的，并且曾经有上诉人的雇员在该油罐被送到被上诉人工作的农场前注意到过这种情况。但是没有足够的证据能够显示，被上诉人也同样察觉到了这一重大的缺陷或是意识到了使用该油罐存在着可能危及其人身安全的风险，所以上诉人所提出的自冒风险（assumption of risk）或原告过失（contributory negligence）的抗辩理由不能成立。由此可见，本案的证据足以表明一个具有普通谨慎态度和责任意识的人假如处在当时上诉人的位置上理应能够发现年久失修已经使得该汽油罐本身存在着缺陷，并且能够据此合理地预见到继续使用该汽油罐会引发火灾，以及给使用者造成人身伤害，所以上诉人应当对被上诉人的损失承担相应的法律责任。

本法院决定维持原审判决。

补充知识：

案例教学法是一种非常行之有效的学习法律的方法，其中一个很突出的优点就在于避免了对实体法和程序法的人为割裂，通过阅读本书中的侵权法案例，我们既能够学到美国侵权法的原理，又可以同时了解到美国民事诉讼法的一些知识。比如在本节的第一个案例中，联邦上诉法院波斯纳法官在一开始就交代了这个案子在程序上的来龙去脉，并在适用 Palsgraf 规则时特意说明 Indiana 州法院系统已经吸收了这一规则，这其实就隐含着美国民诉法的一个基本原则 "Erie" 规则。众所周知，美国存在着联邦和州两套独立的法院系统，两者的管辖权在一定程度上相互重叠，如果符合一定条件的话，当事人可以自由选择在州或者联邦法院进行诉讼，但是这种选择权从本意上来讲是为了给当事人提供方便，而非鼓励当事人通过挑选法院来规避法律，因此 Erie 规则的存在就是为了尽量保证当事人无论是在哪一套法院系统内诉讼都只能获得同一种判决。简单地说，Erie 规则是一种联邦法院的法律适用规则，大致指的是在审理非因联邦问题而获得管辖权（federal question jurisdiction）的案件时，联邦法院可在程序法上适用联邦民事诉讼规则，但在实体法上应适用州法，还包括所在州的冲突法和证据规则等等，总而言之的一个原则就是力求获得和所在州的最高法院审理此案相同的结果。

本节第一个案例的主笔法官波斯纳（Richard A. Posner）的鼎鼎大名对于熟悉美国法的人来说可谓是如雷贯耳，他把经济分析方法引入对法律研究的创见为他赢得了世界性的学术声誉，并使他成为了为数不多的仍然在世的美国现代历史上最伟大的法学家之一。波斯纳于 1939 年 1 月 11 日出生于纽约，此后一直接受的是典型的美国精英教育，最终于 1962 年毕业于哈佛法学院，并在此期间担任过《哈佛法学评论》（Harvard Law Review）的主席。作为一名意气风发的年轻哈佛毕业生，波斯纳在短期为最高法院布仁南大法官（Justice William J. Brennan, Jr.）担任助手后，为自己选择了一条学术道路，先后在斯坦福大学和芝加哥大学法学院任教，并在此期间创作出了一系列奠定他在法学界不朽地位的著作，如 Economic Analysis of Law 和 The Economics of Justice 等等。波斯纳于 1981 年 12 月接受了任命，成为联邦第 7 巡回法院的法官，但他至今没有中断在芝加哥大学的任教。波斯纳法官的著作颇丰，而且内容非常广泛，涵盖了法理学、法制史、经济法学甚至文学等的领域，其中很多都已有中译本面世。

三、谨慎义务的标准（1）

理性人的概念

美国现在究竟有多少项效力良好的法律制度？这恐怕是一个让所有人都要挠挠头的难题，作为一个主要依赖法律来调整人与人之间利益关系的国家，美国的法的确已经多到没有人能数得清的地步了，更何况还有众多勤勉的普通法法官们会根据自己的理解对现存的法律不断进行修修补补，潜移默化地改变着美国法的面貌。可是如果把这个问题换成在美国被应用的最为广泛的法律是什么，那可供我们选择的范围就要小很多了，比如交通法规或者婚姻家庭法什么的。不过侵权法也绝对是一个很有希望胜出的候选项，而在各种侵权行为中又以过失责任为最，即使用一句中国的俗话"法网恢恢，疏而不漏"来形容也一点也不为过，这是因为过失侵权其实就是一项专注于人们社会生活角角落落的法律制度。

　　然而作为一个普遍的道理，任何一项法律制度都会有其在设计上的针对性和局限性，现代过失侵权法也并不是万能的上帝在人间的化身，同样需要遵循有所为有所不为的思路，因此区分过失行为和过失侵权行为这两个不同性质的法律概念，对我们正确理解过失责任的内涵有着非常重要的意义。可能会有读者就此问到为什么不能把生活中所有因为过失而损害到他人利益的行为都看作是侵权行为而加以法律的制裁，这的确是一个每个学习过失侵权理论的人都必须思考一下的问题，因为它实际上已经触及了现代过失侵权法律制度的核心命题，即为什么过失责任的产生要以谨慎义务的存在为前提条件。我们不妨举一个简单的例子来说明这一问题，想必大多数人都有过在上下班的高峰期间挤公交车的经历，像是被塞进沙丁鱼罐头中的乘客们随着汽车每一次发动和制动所带来的惯性而不由自主的相互碰撞，不过相信没有人会认为这种非自愿的身体接触会构成过失侵权的责任，因为人们觉得这在生活中实在是太平常了，只要对方不带有恶意或是行为乖张，大家一般都不会想到去追究责任。其实，如果把社会比作一辆蹒跚前行的公共汽车，共同居住在其中的我们又何尝不是应该在生活的颠簸中相互扶持与谅解的乘客呢？只要一个人的行为符合了乘客们所共识的最低正当行为的标准，也就是做了所有其他乘客希望他做到的事后，就不应再对无可避免的后果承担责任，只有当他的行为被乘客们的共识认为是不合理的、不正常的或是不够谨慎的时候，他才负有过失的责任，这正是现代过失侵权法的终极价值取向。反过来讲，这种说法也是成立的，如果没有义务作为过失责任的前提条件，那么过失不就变成了一种无原则、无限制、无条件的法律责任，人们的任何一点不小心的行为都会构成过失侵权的责任，而且如果人们无法在一定程度上预见自己行为的法律后果的话，那么让他如何去遵守法律呢，我们的社会岂不是要陷入到了人人自危的境地，因此义务前提实际上是控制过失责任泛滥化和空洞化倾向的重要堤坝。

通过以上的分析，我们了解了义务作为过失责任前提条件的重要意义和作用，但究竟应该如何去理解这种义务的性质，或者简单地说，这种所谓的义务指的是不是被告行为的过错性（fault），也是同样值得我们重视的一个问题，我们至少可以在两个层次上讨论义务和过错的关系。首先从实践层面上来看，适当引入过错的概念可以使过失侵权责任的构成变得更简洁。如果按照传统的做法，法官在论证被告是否犯有过失时，首先应当建立一个类似环境下的普遍义务标准以及被告的行为确实违反了这一标准，但在实践中法官经常发现，当被告的行为给原告创设的风险是如此清晰地可以被合理预见到的时，比如被告把西瓜皮丢在一条没有路灯的人行道上，其对谨慎义务的违反是显而易见的，因此用被告的行为带有明显的过错来一言以蔽之就已经足够了，此时过错与义务是可以互相混同的。其次从理论层面来看，用过错来简单理解义务的概念是对后者的误读和对可归责性（culpability）原则的偷换，因为过失侵权法并不是对被告行为的一种道德判断，是否具有过错从本质上不影响被告过失责任的构成，即使完全没有主观和客观上过错，被告也有可能因为其行为低于法院认定的某种标准而需要承担侵权的责任。

既然义务的存在是过失责任成立的前提条件，那么这种义务的内容又是什么样的呢？遗憾的是法律并没有也不可能提供给我们一个具体的行为标准，因为过失侵权所能管辖的行为是如此的多种多样，可以说人类的行为有多少种可能性过失侵权行为的产生也就有多少可能性，时间、地点、当事人、环境这任一变量的变化都会导致行为标准的不同，一个人在某时某刻所面对的义务是根本无法量化的。然而根据由普通法发展出的一些惯例做法，我们大致可以通过两种方法来把握义务的范围，其一是可预见性的方法，即如果被告对原告的伤害是任何一个理性人在事前都能够预见到的，那么被告就有义务去避免这种结果的发生，而不能置之不理，任由这种结果发生；其二是 Learned Hand 法官所描述的公式 B（burden）< P（probability）L（liability/injury），即如果被告避免过失发生的代价要小于过失结果发生的可能性系数乘以原告的损失，被告的义务就应当是存在的。比如说 A 和 B 是住在一个房子的邻居，一天 A 家的水龙头坏了，水源源不断的流出来，泡坏了 B 家的地板，后来调查表明，A 换一个水龙头要花 20 块钱，所以 B 就是 20，而这种事故发生的可能性系数为 1%，且 B 遭受的损失为 2500 块钱，P 乘以 L 等于 25，在此案中 B 就小于 PL，A 被认为是有义务去及时更换水龙头的。

既然过失侵权责任在生活中无孔不入，而且又没有一个实用明确的谨慎义务的标准，那么人们在过日子的时候岂不是要提心吊胆、处处小心了吗？但生活经验却告诉我们似乎不必如此多虑。其实小心谨慎在任何时候都是需要的，但因为害怕过失侵权而担惊受怕就很没有必要了，现代过失责任制度只要求我们每一个人按社区中最平常的方式行为，大家怎么做我也怎么做就足够了，这实际上就是我们常说的理性人（RPP）的标准，所谓的理性的谨慎（reasonable care）基本上就是一种普通的谨慎（ordinary care）。虽然在前面已经被多次提到过，但理性人却是过失侵权中最为常见的一种行为标准，简单地说，它在日常生活中提供给了我们一种行为的参照，对比理性人的行为标准，我们就可以知道自己的行为是否能被法律所接受。为了更加深入地了解理性人标准在侵权法中的应用，我们可以从以下几个方面来进一步认识其的一些性质和特点。

首先，所谓的理性人其实是一个被法律所虚拟出来的标准化的人，也并不足以被称得上是理性，他会受各种人之常情的影响、会疏忽大意、会鲁莽急躁，而且这些缺陷只要是合理的就能得到法律的谅解，总之他是人类一切主要共性的集合，你甚至可以把他想像成你的妻子、你的邻居、乃至是街上任何一个你不认识的陌生人。法律创造出来这么一个模型绝非是想塑造出个圣人作为榜样而让大家效仿，只是为了在你做一件事之前给你提供一个参照，如果是另外一个和自己差不多的普通人会决定做不做以及怎样做这件事。如果你的行为和他在相同情况下会采取的行为一致，那就完全没有问题，如果你未能达到他的行为标准那你的行为就是有瑕疵的。

其次，理性人的标准是一个客观的标准，是法律在消灭了所有人在容貌、脾气、智力、教育等方面的差别而创造出的一个只具备社会中一般人所拥有的经验见识和逻辑推理能力的普通人的模型，因此你个人在一些具体条件上与这个模型的差异通常不会被考虑进去。这也就是说，即使你判断问题或预知风险的能力比这个理性人更高，这个标准也不会水涨船高，但是反过来假如你在某些方面达不到理性人的要求，比如先天性的智商低、反应很迟钝、或是性情特别易激动等等，却不会使得这个标准俯就你的特殊情况，哪怕很困难，你也必须和正常人一样达到理性人行为的要求，否则就要承担相应的侵权责任。这一点看上去似乎对那些社会中的弱势群体特别的不公平，甚至有强人所难之嫌，但 Holmes 法官对此自有解释："假如一个天生弱智的人一天到晚把周围的邻居家都弄得鸡飞狗跳的，我相信上帝会原谅他的，但这不能用来解释他的邻居也必须因此而忍受他所带来的麻烦。所以邻居们有权要求他按照正常人的标准行事，世俗的法院并不会因为他的弱智就降低对他的法律要求，从而允许他继续扰民。"[1] 最后，虽然法院总是在事后才会通过理性人标准来考察被告的行为是否符合合理谨慎的义务，但是从性质

---

[1] Oliver Wendell Holmes, Jr., The Common Law, 108 (1881).

上看理性人仍然应是一种事前的判断标准（foresight standard），而非事后追究责任的机制。这就意味着我们在衡量被告的行为是否低于理性人的标准时，应该根据被告当时所处的环境和掌握的信息来决定其行为合理与否，而不是在掌握了全部事实后充当事后诸葛亮。然而假设有这么一种情况，在举证中被告能用充足有力的证据证明自己当时的确不具备特定的知识来预见到自己的行为会造成最后的结果，比如不知道漂亮的白色夹竹桃是有毒的，那么这是否是一个有效的抗辩呢？大多数法院面对此种情况认可的规则是，如果按照理性人的标准他应当知道却实际不知道，那么他是有义务积极地去获取这些知识的，因此不知道本身即构成了一种过失。当然这只是我随手举出来的一个例子，并不意味着每一个人都应当具备类似的植物学知识，理性人标准所要求的知识仅仅是社会中几乎人人都知道的一些常识。

下面两个案子讲的都是被告在开车过程中发生的事故，前者是因为突然身体不适而把一车人撞飞了出去，后者是因为自己异想天开试图飞起来而勇敢地和大卡车亲密接触了一下，法院会认为他们各自的"不小心"构成了过失侵权的责任吗？请看两位法官的精彩分析。

Cohen v. Petty

Court of Appeals of the District of Columbia, 1933.

62 App.D.C.187, 65 F.2d 820.

GRONER, Associate Justice. 原告称自己在 1930 年 12 月 14 日作为客人搭乘了由被告驾驶的汽车，但是被告在开车过程中没有能够尽到谨慎驾驶的义务，由于行事莽撞和车速过快的原因，被告突然对行驶中的汽车失去了控制，造成车子猛地冲向了马路的另一侧并狠狠地撞在了路堤上，结果原告的身体因为车祸的强烈冲击而受到了严重的永久性的伤害。

本案中共有 4 位证人亲眼目睹了这场车祸发生的全过程，分别是原告本人、也在车上的原告的姐姐、被告以及被告的妻子。据称当时在车内的情形是，被告在驾驶位上开车，他妻子坐在他旁边的副驾驶位上，而原告和她的姐姐都坐在后排的座位上。车祸发生时这辆车子正朝着 Silver Spring 方向驶去，然而就在距其只有五六英里的一个转弯处，汽车突然冲出了公路并一头撞在了路堤上，突如其来的强大冲撞力把后座上猝不及防的原告姐妹俩从敞开的车顶甩到了公路上。

原告的姐姐作证称，该车在车祸发生前的车速大概在 1 小时35 到 40 英里之间，不过从未有过驾车经验的原告自己称，当时该车的时速肯定已经接近 45 英里了。据调查这起车祸发生的地点是在一条十分平坦宽阔的公路上，而且该车是刚刚经过一个非常长也很平缓的转弯处不久。原告称就在车祸发生前的一分钟左右，她听到正在开车的被告对坐在旁边的妻子说："我感到很不舒服。"隔了一小会儿，被告的妻子以一种听上去充满恐惧的声音连声追问她的丈夫："天啊，John，你到底怎么了？"然而她的话音未落，汽车就似乎开始失控，紧接着车祸便发生了。原告的姐姐已经不太记得清车祸发生前有无这段对话了，只是回忆到当时车内的人都在很随意地闲聊着。

被告方提供的证词与原告所说的大体上并不矛盾。当时就在副驾驶座位上的被告的妻子称，车祸前该车一直是以正常的车速在公路上平稳地行驶着，直到她突然听到丈夫说："哦，Tree，我不舒服。"被告的妻子叫 Theresa，但被告习惯在生活中昵称其为 Tree。于是她就转过头看了看正在开车的丈夫，发现他已经昏厥过去了。被告的妻子描述这车祸发生前的最后一幕道："他（被告）的头软绵绵的低垂着，手也从方向盘上滑落了下来。我连忙用双手抓住方向盘，试图重新控制住汽车。但这之后的事情我就想不起来了，直到我又恢复知觉后发现自己正躺在一辆陌生的车子里。"被告的妻子还证实了，当她转头看她丈夫时，后者的眼睛已经完全闭上了，从他丈夫叫她到车祸的最终发生都只是一瞬间的事情。被告自己也称他当时的确昏了过去，但这种情况在以前从未发生过，他的身体一向很健康。在车祸的当天，他吃早饭的时间稍迟了一些，因此他就没有吃中饭，不过他直到突然昏厥之前都没有感觉身体有任何的异样。

根据以上的事实经过，我们认为在本案中应当适用的法律原则是十分清楚明了的：当一个人在驾车过程中突然受自己无法预见的疾病所影响，从而不能继续控制汽车以至于发生事故，其是不用承担过失侵权责任的。

在本案中所有的证据都给我们留下一个深刻的印象，即作为一个身体一贯强健且又无病史前科的普通人，被告根本不知道也没有可能预见到那天他会在开车时突然昏厥过去，而过失的责任只出现于被告明知（knew）或应当知晓（should have known）这种会导致车祸发生的可能性的存在，却仍然放任自己驾车的情况。

因为原告没有提出其他有力的证据来证明被告另外一些过失行为的存在，我们只得相信这起撞车事故完全是由于被告的突然昏厥所造成的，而这次毫无征兆的昏厥是被告自己无从预见和知晓的，所以被告在行为上没有过失，这只是一场由纯粹的意外而引发的交通事故。

本法院判决被告胜诉。

Breunig v. American Family Ins. Co.

Supreme Court of Wisconsin, 1970.

45 Wis. 2d 536, 17 N. W. 2d 619.

HALLOWS, Chief Justice. 原告开着卡车在一条高速公路上正常行驶时突然被 Erma Veith 太太驾驶的车迎头撞上，事后调查的结果证明车祸完全是由 Erma Veith 太太的过错造成的，当时她开错了车道。原告直接起诉了 Ema Veith 太太投保车险的保险公司，法院初审判决原告获胜，被告于是向本院提出上诉。

本案的事实情况是确定无疑的，Veith 太太在车祸发生前的一刹那间突然被一种非理性的幻觉所影响，以至于无法继续像正常人那样谨慎驾驶，结果引发了这场事故。证据显示当时 Veith 太太正在送丈夫上班后返家的途中，她偶然看到前面有一辆车的尾灯是白色的，不知怎的她就像是在冥冥之中听到了某种召唤，鬼迷心窍地跟在这辆车的后面穿过了三四个街区，然后就发生了车祸。Veith 太太不能详细地回忆起车祸发生的具体经过，她是在医院里恢复知觉的。

有一位精神病医师作证称，Veith 太太曾告诉过他发生车祸前的心态，Veith 太太说那天当自己象往常一样在马路上开车的时候，突然之间感觉到了上帝的力量，她相信上帝正在控制汽车的方向盘并指引着她前往某个地方。她很清楚地看见了原告驾驶的卡车正向她逼近，但她不仅没有采取规避动作反而猛踩了油门，因为她认为这样做就可以像蝙蝠侠（Batman）一样飞起来。该精神病医师把这种幻觉称为"急性的、偏执型的精神分裂反应"。他还认为从 Veith 太太追随白色的尾灯开始到最终以车祸收场的这段时间里，以她真实的精神状态是无法驾驶汽车的。不过有证据显示 Veith 太太的神经以前从未出现过类似的问题，也从未有医生警告过她要注意这样的问题。

在这个案子中的确存在有讨论精神失常（insanity）这一抗辩的余地，如果能够成立的话，这是一个能有效地免除 Veith 太太过失侵权责任的理由，但是我们同时也注意到，并不是医学上所有类型的精神失常都可以使过失责任归于消灭，法院将会根据被告所患精神失常的种类和性质来逐案决定被告应承担责任的大小。作为一项基本的判别原则，折磨被告的精神问题和幻觉必须是能够确实影响到其对谨慎驾车义务理解和领悟的那几种，如果被告不能证明这一点，他也必须使法院相信其实际上影响到了自己以正常的方式控制汽车。除此之外，被告还应该证明他没有可能在事前得知或被通知警告，某些特定类型的精神失常会突然降临到他的身上。

然而，现在也有一些流行的法学理论和政策上的原因认为应当让一个精神失常的侵权者对自己的行为承担相应的法律责任，这些人所持的论点主要是：（1）当两个无辜的人面对由谁来担负损失时，理应由主动造成损失的人来承受；（2）可以诱导那些对精神失常者负有监护责任及代其享有财产权益的人更加积极主动的控制其的行为；（3）可以避免在审判中越来越多出现的虚假的以精神失常为借口的抗辩。不过以上这些主张精神失常者应当如常人一样承担侵权责任的理论在目前的司法实践中，通常只适用于那些被告在事发前就已存永久性精神失常的案件里，像本案这样完全是毫无征兆的突发性的精神失常的情况尚没有现成的前例可供援引。

本法院认为当一个人在完全不知情且不可预见的前提条件下由于各种无法防范的原因突然陷于精神失常的境地以至于客观上无法使自己的行为达到相同环境中理性人的谨慎标准时，全部地剥夺他用精神失常为自己申辩的权利就显得太矫枉过正了。虽然在现实生活中这样的案子确实出现的非常少，但这并不能构成我们就因此忽视这一部分人存在以及他们的正当权利的理由。现代侵权法的理念告诉我们，基于一个行为人没有能力去避免的行为而把侵权责任强加给他是不公正的，假如这个没有能力的事实在事前对他来说是不可知的话。

我们认为比较合理的做法是把这种突发性精神失常的法律后果等同于一些突发性的身体疾病，比如心力衰竭、癫痫症和昏厥等等，并且仿照这样的问题同样处理，而非依据精神过失的一般原则。(法院随后又考虑了 Veith 太太是否有可能预见到她所遭受到的这种精神失常的情况有朝一日会发生，结果法院对这个问题的看法是肯定的。法院根据她以往在生活中的很多言谈举止，如她一直相信自己和上帝间存在某种特殊关系，她会作为上帝的选民（the chosen one）在世界末日到来之时得以幸存等等，推断出某天在她的头脑里出现"上帝控制了方向盘替她开车"的想法一点也不让人感到意外。这一决定成为了法院最后驳回被告方上诉的主要原因。）

本法院支持初审判决。

补充知识：

读案例中的小故事其实有时候是蛮有意思的一件事，这可以成为一个我们了解各种海外奇谈的窗口，就比如读了本节中的两个案例才发觉真是世界之大无奇不有，第一个案例中车开得好好的而且在谈笑风生中突然就昏过去了的情况本来就已经是比较罕见的交通事故了，第二个案例中的肇事者居然感到上帝在帮她把方向盘和能变成蝙蝠侠什么的更是让人感到匪夷所思了。不过这种匪夷所思的事在英美法判例中其实可还真不少，我手头上就还有另外两个现成的奇闻。一个是平时并不常见的加拿大的案子，[1]某个货车司机开着大货车在公路上行驶，突然头脑中出现了一阵幻觉，感到这辆车正在被他的老板远程操纵着从而不受他的控制，于是引发了一场车祸，法院认为该司机无过失。另一个案子[2]的事实经过和本案极其相似，一天被告在开车时认为上帝可以保佑他飞起来，于是他在距离一辆卡车很近时用力踩下油门，结果自然是事与愿违，而且造成了两车相撞。在法庭上被告称自己的行为虽然愚蠢但的确是他当时真心实意的想法，因此他无须为其虔诚的宗教信仰承担过失责任。不过审理此案的法官认为被告的侵权责任是存在的，因为一个理性的人处在被告当时的环境中绝对不会产生类似的愚蠢想法，所以被告未能尽到比照理性人标准他所应承担的谨慎行为的义务，况

---

〔1〕 Buckley & Toronto Transp.Comm'n v.Smith Transport, Ltd. [1946] Ont.Rep.798..

〔2〕 Vaughan v.Menlove, 3 Bing. (N.C.) 468, 132 Eng.Rep.490 (1837).

且愚蠢从来就不是可以用来免责的理由。

在本节的第二个案例中有一个很值得我们研究的地方，虽然其并不是个严格意义上的法律问题，但对我们理解整个美国法律文化以及侵权法的社会效益都有极大的帮助。通过了解该案的事实经过，我们知道其实 Veith 太太才是造成车祸和原告受伤的直接肇事者，也即是应当向受害者承担法律责任的过错方，但是在本案实际的审理过程中，Veith 太太并没有作为当事人出现，而是由其所投保的保险公司越俎代庖，走上前台取代了她的被告位置。这个疑惑就引出了我们今天的问题，保险公司何以在侵权法诉讼中陷的如此之深？

在美国侵权法学界一直以来都有这么一种说法，"在侵权法体系的背后往往深藏着一个保险体系"，这句话真实地道出了美国现代侵权法制度与保险业发展之间互为表里的千丝万缕联系。实际上，如果没有一个规模庞大、实力惊人的保险产业在背后支持，现代侵权责任无论如何也不可能扩张到目前的深度和广度；而侵权法制度的发展反过来也强烈地刺激了保险业的膨胀，针对各种新式侵权行为的出现，保险公司们也会不断地推出和调整新的险种来覆盖这些责任。我们可以试举一个例子，惩罚性赔偿（punitive damage）是现代侵权法中被越来越广泛应用的一个经济杠杆，如果说麦当劳老太太的故事在几十年前还能让人瞠目结舌的话，那么现在天文数字般的赔偿数额在报纸每日的法制新闻中已经屡见不鲜了，凭个人或一般小企业的财力是根本无力对此进行偿付的，法院的判决也就有流于一纸空文的危险，这时侵权责任险（liability insurance）的出现就可恰到好处地填补这一落差，通过保险合同的约定把被告的赔偿义务转嫁到保险公司的身上，这既保证了整个美国现代司法体系能够流畅地运转起来，也使得皆大欢喜的诉讼结果成为可能，如原告得到了补偿、被告不会因此而破产、法院的判决能被执行、以及社会正义得以伸张。

在美国，侵权责任险是一种第三方责任险（third party insur-ance），即指承保人（insurer）承诺当合同约定的事项条件成熟时直接向第三人（遭受侵权的原告）承担给付义务的保险形式，以区别于那些承保人承诺付款给投保人的第一方责任险（first party insur-ance），不过现在有很多综合性保险合同都同时包含了这两种形式的保险。根据标准的侵权责任险合同条款，保险公司的承保范围主要存在于两个方面，一是投保人侵权责任发生时的诉讼费用，即被告人的律师费；另一个就是投保人侵权责任成立时的赔偿费用，这可能在合同中因为保费的不同而有一个上限。美国的侵权责任险现在已经成为了一个让人难以置信的庞大产业，美国人每年大约会花75 亿美元来为自己和家庭购买侵权责任险，这相当于美国国民生产总值的 2%，其中以交通事故为主的车辆责任险是最大的一个险种。

保险公司在侵权诉讼中的地位和作用会因为具体保险合同条款和各个州相关法律的变化而不同，在绝大多数情况下，保险公司并不会作为当事方直接参与到诉讼中去，因为标准的保险合同规定保险公司只有当最终赔偿数额确定以后才开始履行合同义务，而其大多数州的法律也禁止保险公司过度干预诉讼的进程，只有 Louisiana和 Wisconsin 少数几个州允许保险公司完全取代投保人以被告的身份参加到诉讼中。

法学家和社会学家们对保险公司和侵权法的这种互动多少表现出了一定的忧虑，他们认为虽然保险公司的存在可以使侵权法的补偿功能得到更加充分的发挥，但这是削弱侵权法的惩戒威慑功能为代价的，久而久之就会给大家造成一种只要有钱就可以不顾他人权益的不良印象，因此作为法律内核的司法正义观被极大的削弱了。

四、谨慎义务的标准 (2)

未成年人、残疾人、精神病人和紧急情况下的行为标准

在上一节，我们了解了谨慎义务作为过失侵权责任必要构成要件之首的重要意义，并着重谈了如何用理性人的标准来衡量行为人在行为时应尽的谨慎义务。然而一般标准只是针对一般人在一般情况下的行为，在具体的案件中适用时我们还必须根据当事人的特殊状况和当时的特定背景来对一般的标准进行修正，使之能与当事人之间形成恰当合理的可比性，以求得其行为可以在我们日趋多元化的价值体系中得到一个真正公平的评价。

那么，什么样的对比和参照法律认为是合理的呢？总得来说理性人标准反映的其实是社会对被告所从属的一类人在行为时应当为他人的安全着想的一种期望，因此在拿被告和某一理性人标准进行比较时应至少要考虑两者在 3 个方面的可比性和一致性：(1) 行为人的可比性，我们知道人的行为归根结底都是社会化的产物，所以我们不能忽略其行为产生的这一大背景，比如用美国人的一些行为标准来作为判断中国人过失与否的依据就是不恰当的，因为生活习惯不同的社会对人们行为的期望也是不同的；(2) 行为在时间上的可比性，我们的社会是一个瞬息万变的社会，用彼一时的标准来衡量此一时的行为自然也就谬误万千了，这就好比在一片漆黑的夜晚开车应当比在白天开车承担更多的谨慎义务；(3) 行为在周边环境上的可比性，思考法律问题不可能像做科学研究一样力求在一个真空的不受环境干扰的条件下考察研究对象，一个人的行为总与其周边环境存在着千丝万缕的联系，如果不把这些可能会对被告行为施加影响的外界因素考虑进去就不能充分理解其如此行为的原因，比

如一个人在面临重大压力之下的行为自然会更有可能犯错误。

在本节中，我们就将通过逐一分析未成年人、残疾人、精神病人和紧急情况这 4 种最有代表性的特例来分析和展示他们谨慎义务的标准是如何在普通理性人的基础上有所变动的，实际上越是具体的对行为人的分类越是能体现一个国家在司法过程中的细致以及对社会中弱势群体的关怀。

我们首先来看看未成年人的谨慎义务与成年人的有何不同。我们知道未成年人无论是在心智、文化还是对事情的判断方面都会与富有社会经验的成年人相比有比较大的差距，未成年人的不成熟会使得他们根本无法预见到一些行为可能产生的后果以及对他人的影响，所以我们的法律应当对他们进行特殊的保护，在必要的时候适当地降低他们的行为标准，因此一些原本对成年人来说有可能是过失的行为对未成年人而言就不是了。我们可以看一个简单的例子，假如你到朋友家作客，朋友的幼子突然掏出新买的玩具水枪向你发射，这充其量只能算是一个孩子顽皮天性的体现而不是过失侵权，但是如果是他的爸爸这么做就不符合一个理性的成年人的行为标准了。

那么法律具体是如何降低未成年的谨慎义务标准的呢？简单地说，就是通过划定一个年龄的界限来区别成年人的理性行为标准和未成年的标准，如果被告低于这个年龄界限就被认为是未成年人，从而适用具有与其相同年龄、知识和经历的未成年人在相似情况下的理性行为作为标准。这也就是说，如果被告是个 12 岁的孩子的话，那么我们就应该使用一个普通的理性的 12 岁孩子的行为标准来作为参照，假如被告的行为在其同龄人当中司空见惯的话，那就不存在行为上的过失责任。

不过从美国的司法审判实践来看，在有关未成年人精神义务的问题上还是有许多具体操作方面的争议，比如当儿童参与到一些通常只有成年人才参加的活动或是具有很强危险性的活动中时，是否还应当适用儿童的行为标准。对此不同的法院可能会有不同的做法，但一般习惯性的处理方法是当儿童参与的活动实在是过失危险且会给公众安全带来很大的威胁时，就应当适用成年人的行为标准。不过现在很多法院已经渐渐放松了对危险活动的定义，儿童参与到像滑雪这样原本只有大人才可以参加且与人与己都具有一定危险性的活动中时，只需要适用未成年人的标准就可以了。然而，成年与未成年的年龄界限也是一个会引发很多争论的话题，虽然大多数州都采用 18 岁的标准，也有一些法官认为 21 岁、16 岁或者 14 岁是比较准确的界限，不过法院一般认为低于 7 岁的儿童是没有理解侵权责任的思维水平的，因此不具备过失的行为能力。

我们接下来要看看残疾人的谨慎义务标准，通常残疾人因为身体上的客观缺陷而无法做到一些对正常人来说是轻而易举的事情，并因此而侵犯到他人的权益，比如使用轮椅代步的残疾人可能因为不能灵活地控制轮椅在行进中转向而碰撞到他人，那么我们的法律是否对因此而对残疾人网开一面呢？在上一节中我们了解了理性人的标准是一个客观性的标准，这本身其实就是对残疾人的一种保护。遵循标准的客观性的标准，残疾人只需要在生活中尽到和普通人一样的谨慎义务就可以了，而不需要更加地小心，比如在上述的例子中该残疾人只要证明自己有操纵轮椅的必要技术且没有行走的过快、闯红灯等其他过失行为，就不需要承担过失侵权责任。当然，残疾人毕竟身体有缺陷，很多对正常人来说很普通的事如果让残疾人来做就变得特别危险了，比如由一个视力受损的人来开车等等，所以残疾人也必须在行为是充分考虑到自身缺陷对做某件事的不利影响并积极主动地去回避这些缺陷，否则过失责任也是会因此而产生的。

有关精神病人的谨慎义务其实在上一节的第二个案例里我们已经看到过很详细的论证了，但这里还是可以再提纲挈领地谈一谈。从法院的实践情况来看，精神病人似乎没有像残疾人那样得到侵权法的特殊照顾，一般情况下作为被告的精神病人还是会被要求承担普通理性人的谨慎义务，只有当该精神病人是作为原告而被考察是否犯有原告过失（contributory negligence）时，其实际的精神状况才有可能被考虑进去。不过从上一节的案例中我们也可以得知，假如被告本人在事前完全预料不到自己会突然精神失常但这种情况却发生了，法官会将这等同于突然的心脏病等身体疾病，只要被告能证明他本人对此无法预见，他是有可能不用承担过失责任的。另外还需要专门提及的一点是，因为喝醉了酒而导致自己判断力的降低通常并不能得到法院的谅解和同情，尤其是那种主动性的醉酒（voluntary intoxication）。

紧急情况也是很值得我们探讨的一种存在变数的可能性，因为在预料不到的情况突如其来或者在面临巨大的压力时，普通人对问题的判断力可能将受到很大的影响，犯错误的机率也会随之而大增，我们的法律认可了人在紧急情况下往往都会惊惶失措这一事实，并不要求用平时情况下的理性人标准来衡量紧急情况下人们的行为，而是会把当时的紧急事态作为一个重要的因素加入到对被告行为合理性的考虑当中。有一些法院把这种紧急情况下人的行为标准称为"本能反应"原则（instinctive action），但这并不是说只要当时的行为是被告本能反应就一定可以免责，本能反应也要有充分的合理性作为基础，比如在开车时发现前面有人闯红灯，这时法院可能认为紧急刹车是一种合理的本能反应，而选择把车开到人行道上就称不上合理。而且各个法院对紧急情况是否出现的判别标准也各有不同，有些法院认为在机动车的交通事故中司机只要有5秒钟的反应时间就不算有紧急情况，但另一些法院也许会觉得这一标准太过苛刻了。

Roberts v. State of Louisiana

Court of Appeal of Louisiana, 1981.

396 So.2d 566, aff'd on other grounds, 404 So.2d 1221(La.1981).

LABORDE, Judge. 在这起侵权诉讼中，William C.Roberts 请求因其在路易斯安娜州 Alexandria 市美国邮政大楼前厅发生的事故中所受到的伤害而获得赔偿。在那场事故中，Roberts 被 Mike Burson，一个被特许在大楼内设摊的盲人，撞翻在地。

原告以两项法律责任起诉了 State of Louisiana：雇主责任（respondeat superior）和被告对 Mike Burson 这么一位盲人在公共场所设摊所带来的危险性估计不足以及在对他的监管上存在过失。虽然 Mike Burson 是造成这起事故的责任人，但他并没有作为当事人被加入到此次诉讼中。

初审法院判决被告和 Mike Burson 之间并无雇佣关系存在，所以雇主责任的指控不能成立，而且被告也没有过失责任。

本法院出于以下的理由认为初审法院的判决是正确的。

在 1977 年 9 月 1 日中午 12 点 45 分左右，Mike Burson 离开了他设在邮政大楼内的特许摊位向洗手间走去，正当他走下大堂的时候由于目力所限不慎撞到了原告的身体，原告当场就摔倒在地板上并摔伤了臀部行。原告是个 75 岁的老人，身高 5 英尺 6 英寸，体重将近 100 磅。而 Burson 大概有 25 或 26 岁，身高 6 英尺，体重 165 磅。

在事故发生的时候，Burson 没有使用拐杖或其他任何可辅助盲人行走的工具来在身前探路。

虽然 Burson 并不是本案的被告，但他的行为是否存在过失是决定 State of Louisiana 有无责任的关键因素，所以我们对本案的分析将从确定 Burson 行为的性质入手。

原告声称 Mike Burson 是以一种过失的方式从他经营的摊位走

向洗手间的，具体说来也就是他认为 Burson 此时没有使用其平日里走路惯用的拐杖构成了过失。

在判定残疾人（handicapped persons）行为的过失方面，不同的法院发展出不同标准的谨慎责任。然而 William L.Prosser 教授归纳的现代标准却正被最多的法院所采用："盲人也有权利居住在这个世界上，并且人们应当谅解他们的身体缺陷，而不能要求他们做客观上无法做到的事。不过在明知自己在行为上的不便之处后，残疾人也应当根据各自的特殊情况适当地调整自己的行为使之具有适当的合理性，残疾仅仅是我们考虑其行为合理性的一个因素。在过去有人说一个盲人应当比正常人承担更多的谨慎义务，但这种说法现在看来是不够准确的，正确的理解应当是一个盲人的谨慎义务即是一个普通的理性人在失明之后所自然而然会采取的小心行动。"W.Prosser, The Law of Torts, Section 32, at Page 151－152（4th ed.1971）.

经过仔细地回顾本案的事实情况，我们认为 Burson 的行为已经尽到了在当时情况下一个理性的盲人所应当承担的谨慎责任。

Mike Burson 是一个双目完全失明的人，但自从 1974 年开始他就在邮政大楼中摆设了摊位，这是一个由联邦政府资助州政府具体实施的福利项目的结果。Burson 没有雇用店员，而是自己经营这一摊位。

Burson 自己作证称，在发生事故的那一天，他是在离开摊位去洗手间的路上撞到原告的，当时他没有拿着拐杖，对此他解释说他完全可以凭借身体对周边环境的感觉在一幢他熟悉的建筑里进行短途的行走。Burson 又补充说至于上下班时他还是需要使用拐杖才能往返于住处和工作的地方。

原告认为 Burson 存在过失的主要理由就是他在邮政大楼里行走不用拐杖这一事实。然而，在回顾了初审时双方所提供的各自证词后，我们相信盲人凭借自身对外界的感觉在一个熟悉的环境里行走是很平常的一件事。例如盲人服务社的主管 George Marzloff 就称，虽然他会建议盲人们走路时都要带上拐杖，但他知道假如是在一个熟悉的环境中生活，90％的盲人会把拐杖抛在一边，而且根据他的个人观点，在一个相对拥挤的环境中盲人使用拐杖的危险反而比它所带来的帮助还要大。Marzloff 先生进一步告诉我们，盲人在一个地方生活久了就能学会记路，此时他们就可以不带着拐杖在这个地方转悠了，就像在他们自己的家里一样。Marzloff 先生证明到，在他的办公室里就有好几个盲人雇员，他们在办公室里从来不用拐杖。

　　记录中惟一认为 Burson 不带拐杖行走是过失行为的证词是由原告的专家证人 William Henry Jacobson 给出的，他是一个专门研究视力受损的人应当如何行走的科学家。Jacobson 虽然承认他没有特别针对 Mike Burson 本人的行走技巧进行过研究，也不熟悉州的这项支持盲人摆摊的项目，但他强调他会从科学的角度要求盲人在离开摊位后应当要带上拐杖。他还说盲人应当使用拐杖在一个尽管熟悉但经常会变化的环境中走动，不管这种变动是由于外部的人经常走入、内部的人经常巡回穿梭、还是其属交通要道人员往来频繁造成的。

　　综合考虑初审的所有记录，我们感觉原告并没能证明 Burson 在行为上存有过失。Burson 声明自己对大楼里的环境非常熟悉，他已经在里面工作了 3 年半之久，而且他曾经接受过行走的专门训练，合格证书可以证明他拥有足够的行走技巧。此外他用路程很短且熟来解释对他为何不带拐杖去洗手间也使我们相信这是一个很理智的决定。不仅 Burson 自己的说法是完全能站得住脚的，而且我们还有很多来自于其他人的证词说服了我们，盲人在熟悉的环境里短途行走不带拐杖不是一种不够谨慎的行为。此外非常重要的是，没有其他任何证据能够表明 Mike Burson 在走动时有另外的过失行为，比如他走的太快了或者是太心不在焉了。根据所有以上的因素，我们判定 Burson 没有过失。

我们认为 Burson 没有过失的决定使得继续讨论 State of Louisiana 的法律责任已经没有必要了。

Goss v. Allen
Supreme Court of New Jersey, 1976.
70 N.J.442, 360 A.2d 388.

SULLIVAN, J. 本案是一起因为滑雪而引发的人身伤害诉讼，事故发生在一处位于 Vermont 的滑雪胜地。在初审中陪审团发现被告的行为没有过失，因此裁决支持被告。但是上诉法院推翻了之一结果，认为初审法官在指示陪审团有关适用于被告的谨慎义务标准时存在明显的错误，因此此案需要重新审理。本法院反对上诉法院的看法，决定支持被告胜诉。

在 1972 年 2 月 21 日，原告以资深滑雪者的身份担任了 Vermont 州 Mad River Glen 滑雪场巡逻队的首席救援顾问。这个滑雪场中有一个适合初学者练习的坡道，但是在其尾端有一个非常陡峭的左转弯。本案中的事故就发生在该大转弯过后大约 60 英尺的一端平缓滑道处，当时原告和她的一个朋友正站在那儿拍摄照片。

被告是一个只有 17 岁的滑雪初学者，虽然有过几次越野滑雪的经验，但却从未尝试过下坡滑雪，而且在此之前他也没有来过 Mad River Glen 滑雪场。在到达了这个滑雪场之后，被告被分配使用初学者坡道，然而他没有乘坐电梯前往滑道的 T 形顶端，而是选择了从稍低一点的地方起步。被告大约向上走到了有山高四分之一的地方便开始向下滑，他大概成功地向下滑了有 30 英尺左右的距离便接近了大转弯处，但迫于在转弯时保持身体的平衡，被告不由自主地失去了对自己滑行动量和方向的控制。突然他看见前方的滑道上有两个女孩，但由于距离太近和缺乏经验，直到差不多快撞上了被告也没能及时叫喊着发生警告。原告发现不对劲了以后立即试图离开滑道但已经为时过晚了，她被飞驰而下的被告狠狠地撞倒在地上。

初审法官在向陪审团指示应该在本案中适用的谨慎义务标准时，认为不应当适用成年人的标准，而是应当和其年龄（17岁）一致的理性人在相类似情况下的行为作为标准。

原告以陪审团的裁决与其通过证据所反映出来的优势地位相悖为由提起上诉，然而上诉法院却发现初审法官所指示的谨慎义务标准明显有误。上诉法院认为滑雪从本质上来说是一项属于成年人的体育运动，而当一个未成年人参与到一项通常只有成年人才参与的活动时，他所承担的谨慎义务应当是一个成年人在进行此项活动时所需要的技巧、知识、能力的标准，他实际上并未成年的因素没有被考虑进去的余地。上诉法院于是推理出，假如是成年人的谨慎义务标准在该案中被适用，那么理智的陪审团是会发现被告犯有过失的。

上诉法院认为成年人的谨慎义务标准应当适用于本案的决定是依据滑雪是一项成年人的运动这一基本前提而作出的，他们的看法是滑雪会对他人造成极大的危险而且参与者绝大多数都是成年人，所以一个人必须达到成年人的合格标准才有资格参加滑雪运动。我们发现这一结构是站不住脚的，滑雪作为一项非常流行普及的娱乐活动，虽然有其一定的内在的危险性，但却一直都在被各个年龄层次的人们所参与。

我们的确认可当未成年人参与一些极具危险性的活动时应当被按照成年人的谨慎义务标准来衡量，例如驾驶摩托车、摩托艇和打猎等等。但是对于这些活动，新泽西州的法律都明确规定了未成年人必须首先取得执照并具备和成年人一样的能力和水平。

我们认为初审法院对本案被告所适用的行为标准是正确的，这是一条普遍适用于确定未成年人谨慎义务时被采用的标准，即应当参照在相似环境下具有同等年龄、智力和经历的理性人的行为标准。当然未成年人所参与的活动的性质也是我们考虑的主要因素之一。

然而，绝大多数法院认为，上述的谨慎标准只应该在判断未成年人的行为是否构成了原告过失时才能被采纳，如果是在未成年人的行为造成了他人受伤害的场合就必须使用另外一些不同的标准。我们认为这样的做法是不符合法律的逻辑的，对同一种行为使用两种标准只会增加侵权法的复杂性，从实用主义的立场考虑上述这一条标准已经足够了。

上诉法院还在其判决中讨论了是否应当将 18 岁作为成年的界限，然而这种担忧是没有必要的，因为无论将这条界限划在 10 岁、14 岁或 18 岁，这种划分是否合理的疑问总是存在的。但是我们总是要一个成年与否的界限的，所以本州将其确定在 18 岁并无不妥。

推翻上诉法院的决定，维持初审法院的判决。

SCHREIBER, J. (dissenting). 现存的对未成年人谨慎义务标准的规定既不符合现实，也不能使被告免责。

按照现在的规定，在确定一个年龄在 7 岁到 18 岁的未成年人的过失责任时，他的行为或不行为将以和他具有同样年龄、智力和经历的理性人在相似环境下的行为标准来衡量，除非某些活动潜在的危险性要求未成年人在参与时必须符合成年人的谨慎义务。但是这条规则在适用上有很多难以克服的内在的困难。

陪审团将用什么样的标准来判断一项活动是否具有潜在的危险呢？如果这种所谓具有潜在危险的活动就是指的那些有可能导致严重或永久性伤害的活动，那么几乎每一项活动都会落入这一范畴。持多数意见的法官没有给我们一个明确的标准，他们只是简单地指出当参加有些活动需要执照时，这些活动就符合有潜在危险性的指标。但是本州没有对参加每一项有潜在危险的活动都提出首先必须获得执照的要求，所以有否执照并不足以作为衡量理性人行为标准的决定性依据。

对于那些受害者来说，其所受到的损失与责任人的生日又有什么关系呢，所以让未成年人仅仅遵守虚构的与其年龄一致的谨慎责任标准并不符合公平的原则，至少是当他们从事成年人的活动时。持多数意见的法官既不公平也没有必要地把未成年人应当承担的代价转嫁到了无辜的受害者的身上。所以无论何时只要未成年人从事的是通常成年人才能参加的活动时，其都应该承担和成年人一样的谨慎义务。

总之，无论是以活动的性质还是行为者的年龄来区分谨慎义务的标准都是不实际的。滑雪是一项既为 18 岁以上的人喜爱、也为众多 18 岁以下的人所广泛参与的活动，其与打高尔夫球或骑自行车并没有什么不同。其实驾驶摩托车、摩托艇、自行车、机动船、或是把高尔夫球击打出去、又或者滑雪所可能对公众造成的危险都是不言而喻的，只要是让一个不够谨慎的人以不够谨慎的方式来进行这些活动都有可能对他人造成严重的身体伤害，所以没有理由不让未成年人来承担成年理性人的义务的标准。

18 岁成年的标准在目前看来与立法机关在一些涉及未成年人的立法中所持的立场相对立，而且其与普通法传统的 14 岁即被认为可具有刑事犯罪犯意的看法也并不一致。固执地坚持 18 岁的界限，忽略了现代年轻人心智的早熟，相比之下 16 岁似乎是一个更为合理的标准。

我将支持上诉法院的判决。

补充知识：

陪审团制是美国司法审判实践活动中一个非常有特色也非常重要的制度设计，但是长期以来美国法学界的学者们对陪审团的意义和作用却众说纷纭、争论不休，持拥护立场的人把其奉为美国精神的象征、民主法制的依托，而持反对立场的人则从根本上怀疑陪审团制对保证司法公正所能起到的效果，他们经常略带讥讽地质问到

"从大街上随便找出 12 个从未接受过正规法律训练的普通市民组成的陪审团难道能比学识渊博而又经验丰富的法官更值得信赖吗？他们是根据自己正确理解掌握的法律原则对案件的是非曲直进行裁决，还是完全在被动地接受双方律师的说服，而后挑选其中一个看上去表演的更出色的？在案情越来越复杂、争议越来越专业化的今天，只具有有限个人生活经验的陪审员们还能否胜任诸如诉微软垄断这样需要深刻政策性考虑的案件？"这些问题的确是非常值得思考的，笔者也曾就同样的疑虑请教过研究相关问题的教授，他对陪审团的理解显然是典型的美国式的，他认为美国人天生就对政府有一种不安全、不信任感，尽管法官更熟知法律条文，但是他们也就显得专横与冷酷（without heart），而来自于共同的生活环境，陪审员们相比之下倒是能够带有同情心地考察当事人的疾苦，也就更加亲切和值得信赖。

不管是如何的毁誉参半，作为美国宪法第七修正案所规定的一项不可剥夺的权利，陪审团制在美国还必将长远地实行下去。在这里我想先给大家简单地介绍一下陪审团是如何组成的。一般来说在案件开始庭审前只要当事人中的任何一方提出要求，都应当在该案中组成陪审团进行审理。这时法院的书记官会从登记在册的陪审员名录（pool）中随机抽选出一定数量的适格陪审员，并通知他们于一定时候来法院报到，在美国担任陪审员是公民的一种法律义务，如无故缺席将会受到法院的惩罚。对于这些随机的偶然的被挑选出的市民们，法官或双方律师们还会对他们进行简单资格审查（voir dire），以判断他们是否能在案件中保持公允中立的立场。这个程序虽然简单但有时对案件的结果却有着至关重要的作用，比如前黑人橄榄球明星辛普森能在杀妻案中从明显不利的情况下解脱出来和该案的陪审员多数同为黑人不无关系，因此律师们都会在这个过程中尽量排除对己方不太友善的候选人。律师可以使用的手段有两种，一种叫有因回避（dismissal with causes），指该候选人因为自身的某些原因无法在案件的审理中公正裁决而被否定，比如案件的被告是个少数族裔，而某人有很深的 3K 党背景，这时被告的律师肯定会要求此人回避。另一种则为无因回避（peremptory challenge），指律师可以毫无正当理由地要求某人回避，比如说这个人的发型和胡子让我觉得不舒服就可以构成一个恰当的无因回避借口。[1] 无因回避的使用是有次数限制的，而且美国最高法院也不允许是基于种族等歧视性的原因而行使的。一般来说在美国的民事审判中，陪审团应当由 12 名陪审员组成，但这不是一个严格的规定，只要不少于6 人即被认为是合法的。

五、谨慎义务的标准（3）

专业人士的行为标准

通过上一节的介绍，我们了解到未成年人、残疾人这些在履行法律义务中具有弱势地位的社会群体的谨慎义务，因为在客观上受到自身的心智和身体条件所限，他们在相似情况下如果要完全依照普通理性人的标准来行为就显得有些力不从心了，所以法律在衡量他们的行为是否构成过失时通常都会酌情加以适当的照顾，故此他们的行为标准一般是低于相似情况下普通人的标准的。然而在我们的社会中除了有这些弱势群体外，还有另外一部分为数众多的人，他们大都受到过良好的技术培训、拥有一定的知识技能、具备相当的文化素质以及从事着某些专门的职业，正是由于他们在各自的专业领域所具有的绝对优于普通人的强势地位，法律往往会要求他们在完成本职工作的过程中对社会和公众承担相比普通人而言更多的

---

[1] Purket v. Elem, 514 U.S. 765 (1995).

谨慎义务，这就是我们在本节中所要学习的专业人士的行为标准。专业人士在这里应该采用颇为广义的概念，不仅指的是医生、律师、工程师、飞行员等高级白领阶层，还经常包括教师、兽医、泥瓦匠等拥有一技之长的人，有时甚至连旅馆服务员、出租车司机等从事公共服务行业的人也都一并算在内。

专业人士因其所具备的专业知识和特殊技能而在提供专业服务时受到法律的严格要求，他们的谨慎义务标准可以大致被表述为："其行为必须符合本职业中一个合格的且具有普通谨慎的从业人员在相同或相似条件下所应采取的谨慎行为。"我们可以从以下几个方面来深入了解这一行为标准的具体含义：

首先，这一标准实际上包含了两个层次，专业人士在提供专业服务的过程中不仅应当履行作为一个普通人所负有的谨慎义务，而且还要承担起本专业内的行为标准，这两者既是相互包含的也是相互补充的。这就比如一个人不得随便碰触他人身体的义务对医生来说也是存在的，在条件允许的时候医生也应当首先取得病人的同意才能通过触摸为其诊断治疗，当然这种同意在实践中通常可以从病人主动来到医院就诊的事实中推断出来。

其次，这应该是一个客观性（objective）的行为标准，对专业人士的职业技能做了最低程度上的限定，即其行为从专业的角度来看必须至少符合该专业最低的合格水平。对于医生、律师等需要持证执业的行业来说，取得执照本身就意味着此人的专业水准是不低于本行业所要求的的最低标准的，所以只要其在为客户提供专业服务的过程中是按照本行业通行和惯常的操作流程和敬业态度来工作的，那他在行为上就没有过失的法律责任，而不论他的工作结果是成功还是失败。这一个问题是容易理解的，比如当事人请律师打官司并不能因为官司打输了就认为律师犯有过失，同样医生也不会仅仅因为没有把病人抢救过来就被要求承担法律责任，只有当他们在执业时的行为大失专业水准并且已经低到了本专业内合格（competence）的标准以下时，他们才有可能被证实存在过失。我们还可以从另一个方面来理解客观性的概念，如果一位医生经验丰富技术超群的话，法律也不要求他每次都施展出高出同僚一筹的水平，只要不低于最低要求，即使他对某个病人的治疗在手段和效果上都远逊于自己应发挥的平均水准，也不会被认为是一种过失。但是反过来说，法律不会因为某人是初入行的新人就允许他在提供服务时有所闪失，他必须时刻表现出合格的水平，否则他的过失就会给其客户带来严重的损失，特别是对医生来说每一个幼稚错误的代价都是可怕的。

再次，专业人士的谨慎义务是一种非常细化的行为标准，在一个专业的内部也会因为存在着不同的分支而有所不同，比如说在律师的行业里又有知识产权律师、税务律师、或者是专门从事海商法的律师，而在医生内部更是有内科、外科等的分类，他们在从事这些自己所熟悉的业务时还要比行业内的一般从业人员采取更加专业和审慎的措施。

最后，在针对专业人士的过失责任而提起的诉讼中，原告仅仅证明自己因为被告的行为而受到了伤害是不够的，原告还必须证明被告的行为低于专业的合格标准，这时法院通常会要求原告提供专家证词（expert testimony）来证明这一点。通过前面的学习，我们知道美国民事诉讼中陪审员的挑选程序完全是随机的，因此在有关医疗事故的审理当中并不是由 12 名医学专家来决定被告医生所采取的治疗方案是否合适，而是让一些只具有最普通医学常识的公民来作出这样的判断，这些人只依赖自身的经验肯定无法辨明到底是应该用这种还是那种药，因此专家证人所给出的专业意见往往会起到决定性的作用。但是法院也经常会提醒陪审团，专家证人称如果是自己在被告的位置上不会使用被告的方法是不足以构成过失责任的，只有当他明确地指出被告当时所采取的措施在专业上是不能接受的时候，被告的行为才会被认为是低于合适标准的。当然在有些情况下，被告所犯的错误是极其明显的，专家证词就是多余的了，比如律师在应该到庭为当事人辩护的时候因为忘记了而根本就没有露面即是一个众人皆知的过失行为。

在专业人士的过失责任当中，医生因未获得病人告知后的同意（informed consent）而被诉过失的案子占了相当大的比例。在第三章第三节中我们已经了解了告知后同意原则的具体含义，以及完全未告知的话医生有可能会承担殴打的法律责任，在本节中我们要学到的则是医生的告知不充分的情况，比如医生向病人隐瞒了治疗的危险性或有无替代治疗手段的信息，这时医生就将面临着被指控行为存在过失的风险。

对于因为告知后同意原则而引起的过失责任究竟在法理上有何依据、在实践中如何操作、以及双方当事人各自的举证责任等事项在本节所选的第二个案例中都有法官为大家很详细的作出了说明，在这里我也就不再赘述了，但有一个非常关键的问题我认为必须专门提一提。医生因为履行告知后同意的义务有瑕疵而形成过失责任，其不是因为医生没有告知而是医生对病人的告知不够充分完全造成的，这就使得医生告知义务的范围成为了所有问题的核心，换句话说也就是医生到底应该告知病人哪些信息才被认为是适当的履行了义务。对于这一点，医生和病人出于不同的立场可能在很多时候会有不同的想法，病人自然希望知道的越多越好，然而医生则有可能认为有些事情没有披露的必要或者告知病人反而比瞒着他更糟，于是当病人没有获得自己期望的疗效时，这对矛盾就容易激化，为医生日后的过失责任打下了伏笔。面对此种情况，法院内部也分成了两种意见，一种主张采用"合理医生"（reasonable physician）的标准，即以一个具有普通谨慎的理性医生所认为应当告知病人的事项作为标准；而另一种则针锋相对的主张"合理病人"（reasonable patient）的标准，即以一个理性病人所希望了解的信息作为标准。近年来，这后一种标准又有了进一步的发展，一些州的法院从根本上抛弃了用虚拟出的理性病人来衡量具体某个病人对告知的期望，转而认为只要病人的要求是正当合理的，医生都应当给予告知，这无疑对维护病人的权益是十分有利的。

此外在有关医生笼统的谨慎义务方面，美国法院所使用的标准也经历了一番变迁，最初是本地原则（locality rule），即以当地医生的行为作为标准，这主要是因为过去城乡在医疗水平上的差距很大，用首善之区的标准来要求穷乡僻壤的医生是既不现实也不公平的；这其后法院又发展出了一种相似地区原则（the same or similar localities），这种方法的缺陷在于没有一种明确的指标来比较两个地区的情况是否相似；目前绝大多数的法院采用的是全国标准（national standard of care），这是因为经过多年的发展各地医生之间的水平差异已经不很明显了，病人在任何地方都可以享受到规范的医疗服务。

Heath v. Swift Wings, Inc.

Court of Appeals of North Carolina, 1979.

40 N.C. App. 158, 252 S.E. 2d 526.

1975 年 8 月 3 日，一架名为 Piper 180 Arrow 的飞机自 Boone - Blowing Rock 机场起飞后不久即发生坠毁事故，飞机上的所有成员无一生还。其中乘客的遗属以过失为由起诉飞行员的遗属和该飞机的所有者 Swift Wings 公司，认为飞行员 Fred Heath 在操纵上存在明显的技术失误。

William B. Gough, Jr., 一位自由身份的引擎专家和飞行员，在提供专家证词的时候称，根据他对该飞机在起飞时一些数据的计算，他认为当时飞行员应当打开副翼来增加飞机的升力，而且当飞行员发现提升飞机的速度有困难时，他应该立即选择把飞机迫降在附近的玉米地里，这样，飞机上所有的人都很有可能幸存下来。

初审中的陪审团认定对飞行员过失的指控不成立，原告就此向本院提出上诉。

MORRIS, Chief Judge. 本案争议的焦点集中在初审法官对陪审团有关于过失定义和谨慎义务标准的指示上。

初审法官指示陪审团："陪审团里的各位先生女士们，过失指的是被告未能如一个理性的、小心谨慎的人在相同或相似情况下一样的行为。很明显，过失可以由做了某些事造成，也可能因为没有做某些事造成，这取决于具体的环境。就本案中的飞行事故而言，过失可以特别解释为，被告 Fred Heath 未能施加一个和他具有相同技术水平和经验的理性飞行员在相同或类似情况下会采取的一定程度的小心谨慎。"

作为一条很常见的法律原则，除非被成文法所改变，谨慎义务的标准指的就是一个理性人在相同或相似情况下的行为。虽然理性人的行为标准是一个不变的常量，但具体行为人所需要的谨慎的程度和质量却可以随着环境的改变而显著地发生变化。

初审法院不合适地把一种主观的谨慎义务标准引入了过失的定义当中，比如"和 Fred Heath 具有相同技术水平和经验"的说法就十分不恰当。我们注意到法律往往要求拥有特别专业技术的人在发挥他们的专长时要比普通人遵守更为严格的行为标准，他们必须表现出与自己学识、技术和能力相一致的小心和谨慎。另外，专业领域内的一些更为专门的人才又必须比那些普通的专业人士承担更多的注意义务。然而专业人士的行为标准仍旧是一个客观的标准，比如一个医生在执业时的行为标准即是相似地区同专业医生所具备的专业水平和谨慎习惯。

采用客观标准的好处在于能够使得每一个人的行为都受到相同标准的检验。在本案中，初审法官有关于飞行员谨慎义务的指示是极其容易产生误解和法律的误用的，其居然允许陪审团通过考察 Fred Heath 的个人经验和技术水平优劣与否来决定何种行为标准应当被采纳，而不是直接适用对所有飞行员来说都应符合的最低专业标准。正确的指示应当为 Fred Heath 的过失取决于他的行为是否符合对每一个飞行员来说都应该达到的最低专业标准。

本法院认为此案需要重审。

Scott v. Bradford
Supreme Court of Oklahoma, 1979.
606 P.2d 554.

DOOLIN, Justice. 本案是由原告根据初审陪审团在一起有关医疗事故的案件中所作出的有利于被告的裁决而向本法院提起的上诉。

Scott 太太的私人医生在为她检查身体时发现她的子宫位置上长了几个纤维肿瘤，于是他推荐 Scott 太太再到被告医生处做进一步的治疗。此后不久，Scott 太太就住进了被告所在的医院，并签署了一份例行的同意书对被告即将对她实施的切除子宫手术表示了首肯。然而在手术后，Scott 太太却发现自己患上了经常性的小便失禁。为此她到另外一名医生处又做了身体检查，诊断结果表明上次的手术在她的体内留下了一段瘘管，其膀胱内的尿液会顺着这瘘管不住的向外漏。该医生又把 Scott 太太推荐到了一位专业的泌尿科医生处进行治疗，最终又经过了 3 次手术，Scott 太太失禁的问题才得以治愈。

Scott 太太联合她的丈夫以玩忽职守（malpractice）起诉被告，称被告未能告诉她切除子宫手术可能对身体造成的危害以及有无其他可行的治疗方案。Scott 太太还说如果她在手术前被适当地告知这一切的话，她一定不会选择进行这一手术。

本法院认为此案的核心争议在于 Oklahoma 州是否采用了告知后的同意（informed consent）原则作为构成医生玩忽职守责任的标准，如果是的话，那初审法官对陪审团的指示又是否正确地描述了医生在对病人的告知方面所承担的义务。

盎格鲁—美利坚法的核心理论基础即在于个人自治主义（self-determination），每个人都被认为是自己事务的最终决定者。这种法律理念不允许医生以任何方式来代替病人作出决定，告知后的同意之一原则正是因此衍变而来的。

要使得病人对某一治疗方案的同意产生法律效力，其必须建立在病人已经充分得知了关于自己治疗方案的足够信息、可行的替代治疗手段和一切连带风险的基础之上。这种被称为"告知后同意"的要求与医生的专业技术和职业道德在整个治疗的实施过程中具有同等关键的地位，这促使医生承担了必须告知病人他面临的所有选择以及这些选择的潜在风险的义务。如果医生违背了这一义务，病人作出的同意就是有缺陷的，医生需要为此而出现的一切后果负责。

如果医生对病人的治疗完全未经过授权和没有取得病人的同意，那么这就是一种殴打（battery）行为。然而，如果医生虽然取得了病人的同意但未履行充分的告知义务，那么病人就具备了以过失责任来起诉医生未能告诉自己全部选择的有效诉由，此时尽管医生的治疗手段可能是完全谨慎适当的，法院也可以推测出病人受到了伤害。

医生的这种告知后同意的义务最早出现在 Salgo v. Leland Stanford, Jr., University Board of Trustees, 154 Cal. App. 2d 560, 317 P. 2d 170（1957）一案中，判决该案的法院认为，医生向病人隐瞒任何一点可能会妨碍他对自己的治疗方案作出理智决定的事实都会被认为是违反了告知后同意的义务，因而需要承担过失的法律责任。该法院还强烈地建议医生不仅有义务告知病人他准备做什么，而且应该提供给病人有助于了解他是否应该这样做的相关信息。实际上，这样一种观点是与长久以来实务界所普遍认同的以专家的标准来决定告知义务范围的习惯性作法相左的。按照该法院的说法，以往的这种标准其实助长了医疗领域家长式管理的作风，给了医生独断专行的权力来单方面决定什么样的治疗是最符合病人利益的。在专家标准之下，一个医生只需要告诉病人在本地区的医疗实践中医生所通常告诉病人的那些事情。

最近在 Canterbury v. Spence, 150 U.S.App.D.C.263, 464 F.2d 772（D.C.Cir.1972）一案中，原有的告知后同意的原则又受到了新的冲击。Robinson 法官认为，医生因为没有充分向病人披露治疗的风险和替代的治疗手段而遭到过失的指控在美国法中并不是一个新问题，为此，他强调指出，贯穿美国法的基本理念即是任何一个有良好判断力的成年人都有权来自主决定别人可以对他的身体做些什么，而且只有在得到充分告知的前提下，人们行使自由选择权作出的决定才被认为是真正的有效的同意。这种必须获取的同意使得病人有机会来自主权衡各种可供选择的治疗方案和它们各自潜在的危险性。

Canterbury 一案的判决意见认可了许多兄弟法域一直以来试图把以本地区医生的习惯做法来决定告知义务范围的陈规转变为按每一个具体病人的特殊需要来决定应当告知的事项所作出的不懈努力。该法院明确反对旧有的专家标准，认为衡量一个医生是否履行了告知义务的依据应当是在当时情况下该医生的行为是否能够被认为是合理的："把医生的告知义务仅仅局限于医学界的习惯做法上其实就是允许医生专断地代替病人作出最后的决定。"我们完全同意该法院的这番见解。病人自行选择治疗方案的决定权不应该事实上被当地的医疗机构所代理，这也就是说，在一个病例中被认为是合理的告知在另外一个病例中可能就不再是合理的了。并且本法院拒绝采用由专家开列出的事项清单作为医生告知义务范围的标准，这一范围应当取决于每一个病人的实际需要以及是否告知的信息足以帮助病人作出明智的选择。换句话说也就是医生必须明确地告诉病人他在决定接受一种治疗方案时所面临的全部主要风险。当然我们并不能在此清楚地划分出什么风险是主要，的什么是次要的，这是一个应当逐案决定的事实问题，但我们认为只要一种风险有可能影响到病人的决策，那它就是主要的。如果在案件的审理过程中某一种风险是否应该被披露变得争执不下时，应当由负责发现事实的陪审团对此作出最后的裁决。

违反信息披露的义务其实只是医生因为告知有瑕疵而构成过失责任的第一个必要要件，法院也认可了很多的例外来豁免医生的这种告知义务，比如说当一种可能的风险应当是人人皆知的或者已经为病人所确知了，医生就没有必要一定要再告诉病人了。另外，作为医生主要的职责在于使病人的利益得到最大化，因此当披露全部信息确实有损于病人的利益时，医生可以拒绝这种披露，比如这会引起病人在情绪上的不安和失去继续治疗的耐心。而且当紧急情况出现时，如果病人无法决定治疗的手段和方式时，医生也会享有类似的特权。

在举证责任的分配方面，病人有责任证明构成该诉由的全部必要要件的存在，而医生则可以通过证明例外情节的出现或他应该享有某种特权来为自己积极的辩护。

因未能履行告知义务而产生的过失责任可以被分为三个必要构成要件：告知的义务是第一个、因果关系是第二个、损害结果是第三个。其中因果关系指的是一旦被告知其他的治疗方案和各种治疗方案的各自风险，原告一定会选择不接受现有的治疗或另选其他的方案。假如即使原告被适当地告知了所有的信息后仍然会选择现有的治疗方案，那么因果关系就是不存在的。换句话说，只有当披露全部的主要风险会使病人作出与原定治疗方案不同的决定时，医生违反了告知义务与病人的损害结果间才存在有法律所要求的因果关系。然而这又给我们带来了新的问题，这就是我们应当以什么样的标准来判断病人究竟会作出什么样的选择。

在 Canterbury 一案中，法院所持的是推定同意的立场，即以一个虚拟出来的理性病人在被告知全部信息后是否会推翻原有的治疗方案为依据来决定病人应该的选择，即使作为原告的那个病人声称自己一定会改变立场也无济于事。

在现有的讨论告知后同意的案例中，绝大多数都把主要的注意力放在了披露这一环节上，而对同意的要素关注甚少，实际上病人的同意才是因果关系产生的根源。也有一些判决意见建议在决定因果关系是否存在时应当采用主观的标准，即以具体病人如果被适当告知后会作出的选择为准，而不论这种选择合理与否。

虽然 Canterbury 一案所持的推定同意的客观标准在目前为最多的法院所广泛采纳，但其理性病人（reasonable patient）原则也为许多评论家所批评，因为其与个人自治理念是自相矛盾的，而且在实践中也会严重地削弱对受到伤害病人的保护。因此本法院拒绝适用这种会损害个人自治法理的理性病人标准来认定因果关系的存在。

如果当原告宣称即使是被充分完全地告知了以后，他仍然会选择继续原有的治疗方案时，适用主观或客观标准并不是一个问题。然而当原告认为自己会改变原有选择时，解决因果关系是否存在的办法就置于想方设法地去验证原告说法的可信程度。陪审团应当被指示，只有当他们确信原告一定会拒绝原有的治疗方案时，因果关系的纽带才能够成立。

当然，这种主观的判断标准也并非完美无缺，这会使医生的命运受制于病人的事后看法，然而一位足够谨慎的执业医生能够通过确保他对每一个病人都正确地履行了告知义务来进行适当的自我保护。假如他没有违反自己的告知义务的话，因果关系的问题也就根本不会被提起了。

构成这种过失责任的最后一个要件是损害结果。医生所未能告知的那种危险必须切实在原告身上发生了，而且原告所受到的伤害必须是屈从于原有治疗方案的直接结果。如果原告最终受到的伤害是医生在事前已经告知过了的，那么该医生就不能以未履行告知义务而被起诉。

总之，在以未充分告知为由而引发的有关医生玩忽职守的诉讼中，病人必须提出和证明：（1）被告医生在取得他对治疗方案的同意时未能告知他全部的风险；（2）如果他被给予充分的告知，他将不会同意原定的治疗方案；（3）他所未被告知的风险在他身上确实发生了，并且这种损害是其屈从于原治疗方案的直接后果。

对医生来说，作为抗辩的理由，他可以提出并证明原告确实知道这么一种风险，披露全部信息会损害病人的最大利益，因为属于紧急情况而需要迅速地抢救且此时病人已经无法自行决断。

因为在此判决意见中我们为医生创建了一种新的义务，所以我们决定在本案中暂不实行这种新的法律原则，只有那些在本判决作出之日后发生的诉讼才适用此新规定。

本法院决定维持初审法院的判决。

补充知识：

在本节的第二个案例中，法院通过严密的论证以一种新的法律原则取代了旧有的关于医生告知义务的一些规定，但是在判决意见的最后却要求只在该判决作出之日后发生的诉讼才适用新法，法院自己解释的原因是对于医生来说这还是一种新的义务。虽然法院对这个问题只是简单的一笔代过，不过我们自己可以从 3 个方面来理解这一决定。首先，从现实主义的角度来说，这样做实际上起到了 floodgate 的作用，也就是避免了因为法律原则的突然变更而使得法院所应受理的案件数量猛增。在本案中，法院的决定扩大了医生的责任范围，这就使得很多原本不是过失的情况获得了可诉性，于是很可能会出现众多原告踏破法院门槛的情况，正是预计到了这一点，法院才决定在此之前的一律不受理。其次，出于法理学的原因，大家都知道在大陆法法理中有一个溯及力的问题，美国法中相对应的词应该是 retroactive，在现代法律文明中不溯既往是一个非常普遍的要求。最后是有关公平正义（fair）的考虑，任何一种新法律在被创设之前对公众来说都等同于秘密法，而秘密法是封建帝王和法西斯才会用来迫害人民的法律手段，因为一个人显然没有办法遵守他根本就不知道、而且在他行为时根本就不存在的法律，所以法院也意识到了拿新的告知义务向本案中对此一无所知的被告来开刀殊为不公。

六、习惯和惯例

在前几节的学习当中，我们详细讨论了什么是人们在生活中必须遵守的谨慎行为的义务，以及如何用各种理性人的标准来衡量不同情况下、不同身份行为人的具体行为标准，.我们还知道一旦行为人违反了他所承担的谨慎义务，他的行为就是有过失的，当然他是否应当承担过失侵权的法律责任还需要考察因果关系等其他几个构成要件能不能够得到满足。但是，理性人的标准并不是原告作为证据所能提出的证明被告行为存在过失的惟一依据，而且在很多时候由于理性人标准本身的不确定性，其也未必是最有效率和说服力的依据，实际上，在不少涉及到工商业过失侵权的案子中，原告也可以通过向法院证明在该领域中从业者长期以来所养成并奉行的一些行为习惯和行业惯例的存在来和被告的行为产生一种对比，如果被告违反了这些习惯和惯例也是有可能要承担过失责任的，不过这些习惯和惯例并非自然而然地就可以构成一个绝对的谨慎义务，还需要由陪审团来判断这些习惯或惯例是否符合合理性的要求，以及最终决定其能否成为一种普遍的可得到法律强制力支持的在该领域内所有人的行为标准。

那么什么是能够得到陪审团所认可的习惯和惯例呢？这是我们在本节中所要重点探讨的问题。所谓习惯（custom）指的就是在一定社会环境或行业背景下人们所长期普遍遵循的未成文的行为方式，以及其他种种已成文的操作规程和行为守则，比如在中国所有车辆都要靠右行驶、在建筑工地上干活的所有工人都要戴安全帽、以及医生在给病人注射青霉素前要先进行皮试等等都属于虽未必有法律规定但确已被大家所广泛遵守的习惯，这方面的例子在生活中是多的数不胜数的。习惯的定义有广义和狭义的两种，广义的定义就已经把惯例（usage）包含进来了，但如果使用狭义的定义，我们还是可以对习惯和惯例的概念作出一些区分的，一般我们在口头上讲的习惯是指人们在生活中所养成的一贯的行为模式，就比如我们在随手关门时通常都会注意后面有没有人紧跟着，以免突然闭合的门夹到了别人。而与此相对的惯例往往都被用来指称人们在从事某些工业及商业活动中约定俗成的做法，比如大多数商店都会在清洁过地面后摆放上提醒顾客此时路滑的警示牌。

但无论是使用什么样的定义，原告要想证明一种生活习惯或行业惯例的存在，他都必须向陪审团提交证据来说明至少 3 个方面的内容：

1. 这应该是一种在该领域内已经达到了一定普及程度（scope of application）的做法，因此为众多的人所广泛的了解和熟知。这个要求是非常容易理解的，因为"习惯"这两个汉字本身向我们传达的就是"习以为常、一以贯之"的意思，所以如果仅仅是原告个人的一厢情愿怎么能称得上是标准了呢？当然我们也需要正确地理解普及程度的要求，一个国家可能有全国性的习惯、一个地区可能有地区性的习惯、甚至一个生产车间里也会有自己特殊的习惯，只要符合一定的证据要求，法律统统承认这些不同层次习惯的有效性，而并不是只有得到全国范围内认可的做法才是习惯和惯例。只不过这些不同层次习惯各自的效力也是不尽相同的，全国性的习惯要得到全国范围内从事这一行业的成员所共同遵守，而一个车间自行发布的安全生产措施只有对本车间内的工人才有约束力。

2. 这样一种习惯性的做法是在该领域中具有很大影响力或占

有优势地位的（prevailing）做法，即如果做一件事存在着很多可取得异曲同工效果的选择，那么被告选择不按原告所认为应当的方法行事也不会被认为是违反了习惯。这就比如医生治疗感冒可以有打针、吊水、吃药等多种都很常用的选择，你不能说如果有的医生让你打针而有的医生让你吃药，那么他们中必然有一方是违反治疗感冒惯例的了。

3. 习惯和惯例应该指的是那些旨在促进效率、提高安全的做法，而不是长期以来流传下来的陈规陋习。虽然从字面上的意思来看，不合理的习惯也是习惯的一种，但出于可想而知的原因这是得不到法律承认的。换句话说，法律并不欣赏"别人做得为何我做不得"的见解，不好的习惯或者严重一点说劣根性并不能充当人们一再犯错误时的保护伞，否则社会就永远也不会进步，人们的行为标准和谨慎意识也永远得不到提高。比如被告因为在马路上乱扔西瓜皮而导致原告滑倒受伤，他就不能以人人都会乱扔垃圾来为自己辩护，陪审团也不会接受把乱扔垃圾确立为一种法律可容许的习惯或惯例。

在证明不同方面的习惯和惯例存在时，原告所负的举证责任是不同的，如果是一种社会中人人皆知的生活习惯，比如红灯停绿灯行这种交通常识，原告需要的提供的证据是非常简单的，因为陪审员们都有这样的生活经验。但是如果原告所希望证明的习惯和惯例是被用于一些特别专业化的领域中时，陪审员们不经专家指点是很难理解这么做与那么做到底有什么不同，或者为什么这么做就一定比那么做更加危险，此时原告就应当准备充分的专家证据来以普通人都能明白的方式把问题深入浅出地向陪审团解释清楚。

说服陪审团某种习惯和惯例的存在只是原告工作的第一步，他接下来还必须阐明被告的行为与这一习惯和惯例是有差距的，以及由这种差距就可以看出被告行为的不合理性。前一个问题是相对容易解决的，但后一个问题实际上也就是习惯和惯例本身的合理性往往往会是审理过程中原、被告双方争执的焦点和法院在判决意见中一般会主要说明的部分。从本质上来说，在一定的领域内存在某种习惯和惯例只是一种可以帮助我们确定行为标准的证据，而非行为标准本身，也不当然的就会成为行为标准，陪审团还必须对其合理性进行检验，如果习惯本身就是不合理的，如我们上面所提到的乱扔垃圾，被告是否遵守了这种习惯并不能作为他行为合理性的判断依据。

习惯和惯例与法律所要求的合理的行为标准之间其实并无逻辑上的必然联系，并不因为在许多情况下法院认为合理的谨慎即是常规的谨慎，我们就可以把所有的习惯做法都当作谨慎行为的标准来奉行，因为合理与否才是考察行为惟一的指标。更为重要的是，出于因循守旧的惰性或法不责众的侥幸，人们通常所做的并不一定就是合理的或满足法律要求的，对此我们完全可以用一个生活中的事例来说明这个简单的道理。很多中国人都会对现在医院收费打闷包的现象有所耳闻，也就是说中国很多的医院通常在收费时并不开列详细的单项药品价格清单，而只是笼统地给出一个用药的总价作为依据，据说这是国内医院管理长期以来都习以为常的一种行业惯例。但是在公民的知情权日益得到扩张的今天，如果用法律的眼光来考察这种医院的惯例，相信其合理性如果不是根本没有，有也只是极低的。我们从这个例子中至少可以感受到两个方面的印证，从一方面说，习惯和惯例并不是合理的代名词，即使是在某个行业中已经通行了多年的习惯或惯例，仍有可能会因为本身的缺陷而被法院认为是不足以用作该行业中的谨慎义务标准；从另一方面来看，法院如果总是简单地把习惯和惯例径直作为合理的行为标准所造成的社会影响可能是消极的，比如把一项落后的惯例奉为行为的标准实际上就是在向一种已存的陋习妥协，所以只有通过把握合理性的标准在可接受的范围内引导人们不断的进步，才是法律促进整个社会吐故纳新的社会职能的最好体现。

以下两个都是在处理习惯和惯例的证据力方面很有代表性的案例，但是它们的侧重点又各有不同，从第一个案例中，我们主要可以看到原告应当如何通过证据建立起一种习惯和惯例的存在，而在第二个案例中，法官详细说明了有关习惯和惯例本身的合理性方方面面的问题。

Trimarco v. Klein

Court of Appeals of New York, 1982.

56 N.Y.2d 98, 436 N.E.2d 502, 451 N.Y.S.2d 52.

FUCHSBERG, Judge. 原告因为受到了人身伤害而以过失为由起诉被告，初审陪审团裁决支持原告 Vincent N.Trimarco，并判给了他240 000美元的经济赔偿。然而上诉法院的法官们却在对这一决定的复核意见中产生了分歧，最终多数意见否定了初审法院的判决，认为应当是被告在此案中胜诉。现在该案又被上诉到了本院这里，为了解决其中的法律争议，我们所关心的主要问题是究竟应当如何来看待原告所提出的有关习惯与惯例的证据。

本案中的争议是由发生在1976年7月一栋多层住宅楼内的一起浴缸玻璃门爆裂事故引起的。从对原告最有利的角度看待本案的证据，我们发现原告是租住在该住宅楼内的一个房客，事发时他刚洗完澡并正在把起遮掩、保温作用的玻璃门拉开以便从浴缸里出来，突然谁也料想不到的事故发生了，原告因为霎时间迸裂的碎玻璃而受到了严重的身体伤害。

在这起事故发生前，原告和他的妻子从来都以为这扇门是用固化过的安全玻璃制成的，直到事故发生后他们才了解到，其实门上所使用的都只是普通的玻璃，其厚度据估计大概在$\frac{1}{16}$到$\frac{1}{4}$英寸之间，不过安全玻璃和普通玻璃在外观上是几乎没有什么区别的，据原告称被告也从未提醒过他这扇玻璃门的真实质地。

在本案中，原告以专家证据的方式向我们证明，早在20世纪

50 年代的前期使用防震玻璃材料来充当浴室隔墙的做法在实践中就已经非常普遍了，所以到 20 多年后的 1976 年仍然用普通玻璃来作浴缸拉门是明显不符合安全标准的。原告还提出了其他的一些辅助证据来强调上述的说法，比如曾有社会团体和联邦机构联合向公众发出过在浴室中使用普通玻璃隔墙存在严重安全隐患的警告。在交叉询问中，管理原告这栋住宅楼的物业经理也承认，至少是从 1965 年开始很多的房东就已经陆续开始用其他的材料如塑料和安全玻璃等等来替换原有的由普通玻璃围成的淋浴房了。

面对上述的种种证据，上诉法院持多数意见的法官认为，尽管使用防震玻璃在当时已成为装修浴室时的习惯与惯例，并且的确也是一种更加安全的封闭淋浴房的方法，但除非被告因原告的请求或同楼内发生了的类似事故而得到了危险的警示，他是没有义务主动替换原有的普通玻璃的。

我们认为上诉法院的分析方法是有缺陷的。首先，根据《住宅法》（Multiple Dwelling Law）的 Section 78，被告有义务维护他所出租的房屋在居住上的安全性，因为如果不将这一保持房屋内各项设施处于良好状态的义务加诸到房东的身上，那么居住的缺陷就永远也得不到改善。

其次，我们认为当一种可以消除危险隐患的安全措施已经成为了人们的日常习惯以后，这种习惯就有可能在日后演变为一种强制性的行为标准。因此如果有证据显示被告的行为是人们普遍所接受或认可的习惯做法，那么被告就有机会证明他已尽到了谨慎的义务；反之，如果证据显示出被告的行为偏离了习惯做法并且这种偏离是造成事故的法律原因（proximate cause）的话，被告的过失责任就有可能是成立的。这用庞德的话来说也就是："有关习惯和惯例的证据有助于勾勒出社会对人们在从事各自行业工作时如何行为的一般期望，以及可以在陪审团需要决定在一定社会条件下的某些行为是否合理时为其带来一些常识性的指导。"（Pound, Administrative

Application of Legal Standards, 44 ABA Rep, 445, 456 – 457）

　　有关习惯和惯例的证据究竟在一个案件当作有多大的证据力，一直是个被众多权威所争论不休的问题，但几乎每个人都同意它潜在的作用非常大，因为它事实上是由社会中多数人的判断力、经验和行为所共同凝结融会而成的。而且所谓的习惯和惯例并不要求是在整个社会中都整齐划一的，只要它得到了很恰当的定义以及在某一个行业当中是普遍存在的，行为人对它的明知故犯或是无意的忽略就都有可能带来一定的法律责任。

　　然而，即使一种习惯或惯例的有效性已经得到了法院的认可，它也并不当然地就会成为衡量被告行为是否存在过失的绝对或压倒性的标准。当它有机会成为一种谨慎义务的标准前，它还必须能经受得住陪审团对其合理性（reasonableness）的检验，即是否只要依某种习惯或惯例行事的行为就一定是合理的，而不按其行事的行为就会是不合理的。这就正如 Holmes 所说的："经常被做的事也许可以作为证据证明这即是应该被做的，但是应该被做的事却必须符合理性人的行为标准，无论其是否经常被做。"　（Texas & Pacific Ry.Co.v.Behymer, 189 U.S.468, 470, 23 S.Ct.622, 622 – 23, 47 L.Ed.905）

　　把上述的理论代入到本案的事实当中，原告所提出的证据足以保证他所提出的诉由能够得到陪审团的聆听和支持。专家证人的证词、物业公司经理的承认以及一些社会团体和政府发出的警告都让我们相信用更为安全的材料来更换普通玻璃已经成为了本地房地产行业 20 多年来形成的一种习惯或惯例。此外，还需要由陪审团来最终决定的是，如果综合考虑使用安全玻璃的成本、可得性以及这种新习惯所带来的冲击和影响，我们是否可以得出普通玻璃已经不再被认为是一种具有合理安全性的浴室隔断材料的结论。

　　初审法官对如何衡量有关习惯和惯例证据力的理解是正确的，他向陪审团指出本案争议的实质还在于被告行为的整体合理性。他还特别强调了习惯和惯例方面的证据并不是决定性的因素，单纯其他业主或房东会使用更安全材料的事实并不能构建出一种谨慎义务的标准，并且认定本案中是否存在原告所说的习惯或惯例属于陪审员的裁量权。

本法院决定推翻上诉法院的判决，并将此案发回重审。

Dempsey v. Addison Crane Co.

United States District Court, District of Columbia, 1965.

247 F. Supp. 584.

HOLTZOFF, District Judge. 本案是一起由人身伤害而引发的诉讼。由于在本案的审理中没有陪审团出现，本法院决定分为两步来确定被告的责任大小，首先我们将决定被告是否应当对原告承担法律责任，如果这一前提成立的话，再行核定被告需要付出的具体赔偿金额。

本案的原告是一个名操作打桩机的工人，在华盛顿市西北处的一个建筑工地上干活，这个工程刚刚进入挖掘阶段。在 1962 年 3 月 27 日，原告的雇主，也就是承建了整栋大楼的建筑承包商，从被告处租赁了一台起重机，被告是一个专门从事提供起重机租赁及其相关业务的公司。原告雇主租赁的那台起重机在当天一早就运到了建筑工地上，并很快就被拉到了挖掘现场。这时一个工头指示刚到现场的起重机驾驶员把一台明显阻碍了工程推进的电焊机挪到一边。

于是该起重机驾驶员和他的助手先利用起重机的吊杆把电焊机抬高，接着将其移动往另一个地方，最后准备送到指定的位置上再把它放下来。当时包括原告在内的 4 个工人正在工地的另一角上操作打桩机，他们每人占住了机器的一角，以防止其在剧烈的震动中扭曲变形。然而当被高高吊起的电焊机移动到指定位置上正待徐徐放下的时候，起重机的一条辅助力臂突然发生了脱落并在坠地时正好砸在了两名在近旁操作打桩机的工人身上，结果其中一人当场死亡，另一人也身受重伤，他就是本案的原告。

在开始具体分析本案的争议之前，我们认为有必要先简要地归纳一下可在本案中被适用的一些有关于过失侵权的法律原则。虽然被告用不着无条件地保证其所提供的机械万无一失以及在机械附近的人绝对安全，但被告有义务去施加适当的谨慎以免自己的机械给其他人造成不合理的危险和伤害，这种谨慎是任何一个具有普通理性的人在类似的环境和条件下都会采取的。一旦未能尽到此谨慎的义务，被告的行为就是存在过失的，并且如果这种过失是造成他人受到伤害的法律原因（proximate cause），被告就必须向受害者提供相应的经济赔偿。被告在某一具体环境下的谨慎义务的范围取决于其行为所涉及的风险以及使用其机械可能带来的危险性的大小。

原告方称被告行为的过失可以从两个方面体现出来：首先，被告在完全没有必要使用辅助力臂时却让其被高高的悬吊起来；其次，被告使用起重机和使用力臂的方式方法都是不安全的。我们必须逐一分析这两个指控。

起重机的核心工作部分是一个足有 60 英尺长的吊杆，其可以将货物水平的移动或垂直的提起，并能够通过抬高降低来改变工作的角度。与吊杆连接在一起的是一条 30 英尺长的辅助力臂，这样设计的目的在于当吊杆的长度不足以够到货物时便可以将其伸展出去以扩大有效的工作范围。

原告方称当时被告起重机的吊杆上正悬挂着重物且辅助力臂没有被使用的必要，被告却仍然把辅助力臂悬吊起来，这即是一种过失行为，因为如果严格按安全规程来操作的话，此时应当将辅助力臂从吊杆上卸下并用支撑物固定起来。在庭审中也有一部分证人的证词证明了这一点。然而本法院认为原告未能提供足够的优势数量的证据来说服我们相信仅仅因为用不着就必须把力臂从吊杆上卸下否则即为过失的看法，这似乎只是原告的一家之言。

　　对于原告提出的第二点指控，我们认为必须采用更加慎重的态度加以考虑。原告认为被告在使用起重机时将力臂悬吊在吊杆上的方式是不安全的，而且正是这种安全性的缺失直接造成了这起事故。为了检验原告的说法是否确切，我们还需要仔细地了解一下起重机的构成和工作原理。

　　在一台起重机中，其吊杆和力臂都是由金属锻造而成的，而力臂被两条吊索连接并悬吊在吊杆之上。为了能牢牢地牵制住力臂，这两条吊索在制造时即被深入地嵌进了力臂和和吊杆的内部，可以说在结构上是和它们连为一体的。当吊杆被从一个水平位置上提起时，一条吊索就会被抬高到另一条之上，并以这种角度将力臂保证在原有位置上不发生偏移。这两条吊索均是由钢丝绳拧成的，并在各自的尾段有一个金属制成的弯钩。这些弯钩的下部都是敞开的，在平时通常并不会被关闭或锁住。这些弯钩被挂在吊杆上，并使得力臂被紧紧地与吊杆连接在一起。

　　本案中的这场事故是以这样的方式发生的：当吊杆被调节到一定的角度并缓缓地把电焊机向下安放在指定的位置时，上方吊索的一个弯钩突然顺着倾斜的角度滑落下来，这就在无形间加大了下方吊索所承载的力臂的重量。然而单靠下方一条吊索是无法承受住整个力臂的重量的，于是下方的吊索很快就断裂开了，力臂也因此坠落到地上砸到了两名工人。

　　目前除了使用普通弯钩以外，还有另外一种方法来把力臂固定到吊杆之上，那就是用圈形的金属钩环，换句话说也即是用其与吊索所组成的一个完全封闭的锁链来改进容易滑落的敞开式弯钩。

　　证据显示在本案中造成事故的起重机是在目前的建筑业和机械租赁业中被广泛使用的型号。至于那种用钩环来代替弯钩的新型起重机，虽然已经被投入正式使用，但其普及程度还比不上被告使用的老式型号。不过钩环这种部件在很多五金商店里都有出售，而且价格也并不贵。

　　将力臂和吊杆连接在一起的吊索并不是一种具有标准制式的部件，通常都是由起重机的拥有者自行装配的。据悉，被告起重机所使用的吊索就是在他自己的厂房里制造出来的。

　　通过详细了解以上的种种事实情况，各方面的证据清楚地表明了本案中被告所使用的起重机是一个在当时业界中最为常见的一种型号，虽然已有更加安全的新式起重机问世，但其尚未达到普及的程度。这对被告来说是洗脱过失责任的一个有利的证据，但不是决定性或结论性的。

　　我们可以充分地借鉴 T.J.Hooper（2d Cir.）60 F.2d 737 一案中所确立的法律原则来解决本案的法律争议，在该案中两艘船发生了相互碰撞，其中肇事方是一艘近海拖船。这艘拖船因为没有装备无线电设备而无法接收到通过广播发出的暴风雨警告，这在事后被认为构成了过失。Learned Hand 法官在判决意见中写到："在拖船上安装无线电设备在近海的承运者当中来说并不是一个普遍的行业惯例，他们大都完全依赖于船员的经验来判断危险的存在。那么一个行业中从业者的习惯做法是否就一定符合他们所应承担的谨慎义务的范围呢？无疑在一些案子中答案可能是肯定的，我们曾经肯定了不少的行业惯例可以径直作为该行业中谨慎行为的标准。确实，在很多情况下所谓合理的谨慎在事实上就是普通的谨慎，但是严格地说，这两者之间关系的混同并不是必然的。一个行业可能出于保守的习惯和自身的惰性而完全不适当地拖延对新设备的采用，并在原有的基础上不断地提高对谨慎义务的遵守。"

　　新泽西最高法院曾经判过的一个案子 McComish v.DeSoi, 42 N.J.274, 200 A.2d 116 与本案也有很强的可比性，该案的法官认为："理性人标准解决的是什么应当做的问题，同时作为一个法律的要求，这一标准无论人们习惯与否都必须得到遵守。而人们在从事某个行业时通常做什么（what is usually done）并不当然的等同于应当做什么（what ought to be done）的要求，除非这两者之间在行为标准上是一致的。"

从此案的事实情况当中，本法院发现了被告所使用的起重机其吊杆和力臂在连接的方法上是非常不安全的，这种不安全的连接构成了被告的过失行为，而且我们可以认定这一过失行为正是造成原告受伤的直接原因。

因此，本法院判决被告应当为其在施工事故中的过失行为对原告承担相应的法律责任，我们将在接下来的审理过程中确定被告所需支付的损害赔偿的具体数额。

补充知识：

在本节的第一个案例中曾出现了这样一个情节，被告认为自己作为房东没有维修房屋的责任，而审理此案的法官却根据《住宅法》的有关条文判定房东的这种义务是存在的，这实际上反映出了传统普通法规则与现代美国法在房东义务这一个法律问题上的不同观点。传统的普通法在房屋租赁方面一直以来奉行的是"买者自负"原则，即房客需要自行承担房屋在可居住性和是否符合租赁目的等事项上的风险，房主对此没有任何担保义务，比如 A 租了 B 的房子是为了开饭店且 B 也明知这一点，但等 A 搬进去了以后才发现该房子因为在结构上无法满足消防要求而根本无法改建成饭店，此时 A 也只有自认倒霉罢了。而且根据房客在租赁期满把房子交还给房东时必须保持房子原样的要求，普通法认为这就隐含了房客的维修义务，以往是房客必须保证房子里的每一样东西在退房时都完好无损。然而从五六十年代开始，随着整个社会经济条件的变化，现代美国法在这一问题上作出了根本性的转变，出现了房东与房客义务倒置的情况，比如房东必须满足房子的可居住性以及应由房东来承担平常的维修义务等等。当然我们可以从法律理念进化的角度来解释这种转变，但其出现的根本原因还在于大量经济性商品房的出现使得住房紧张的状况得到了极大的缓解，房屋租赁渐渐由从前的卖方市场变成了买方市场，房东们不得不较以往承担更多的责任。而且凭借着整个租赁市场的做大，渐渐出现了一些专业的物业管理公司和专门从事房屋租赁的个人，一个人同时拥有好几处房产的情况现在并不罕见，因此让这些个人房东或公司来承担维修责任反倒是更为经济的一种安排。关于房屋租赁方面的法律问题是美国财产法中的重要组成部分，我们在学到财产法时会设有专门的章节及案例来详细讨论这些有意思的话题。

七、违反法律（1）

我们知道所谓过失是一大类侵权行为的总称，在其之下又可分出各种各样的过失侵权的具体种类，比如我们通过本书前面的一些章节已经了解或简单提到过的原告过失（contributory negligence）、比较过失（comparative negligence）以及严重过失（gross negligence）等等，在本节中我们又要接触到一个新的过失种类 negligence per se，其中 per se 是一个源自拉丁语的后缀，意为自身、本身或是本质上的，所以我们一般就将其称为"本身过失"。顾名思义，本身过失指的是一个行为本身就构成过失，因此不再需要按部就班地对行为标准、因果关系进行论证，而违反法律规定的行为是造成本身过失的主要原因，这里所说的法律多指的是州立法机构所颁布的成文法。

在美国侵权法的框架结构下，一个人违反谨慎行为的义务从而犯有过失的起因可以有很多种，例如其行为不符合理性人的行为标准或者其行为不符合某种合理的生活习惯和行业惯例等等，但这些都需要原告首先能证明一种法律所承认的行为标准的存在以及被告行为确实违反了这一标准。那么有没有可能在一些情况下我们可以回避掉这些很伤脑筋的对于被告行为合理性的讨论呢？答案当然是肯定的，至少在被告的行为已经触犯了某些法律条文的明文规定时，我们只要能说服法院相信被告所为的侵权行为正应落入该法规的立意所规划的窠臼之中，就能证明被告是犯有过失的，这就是我们通常所说的本身过失，也有的书上把这种情形称之为行为违反法律的过失效果。

在认知一个新概念的时候，我们通常会把其分为两个层面来逐一理解，也就是平时人们常说的既要知其然，也要知其所以然。因此我们首先要对违法过失行为的法理基础有清楚的认识，也就是说为什么一个违反了法律法规的行为会自然而然地同时具有过失性。我们都已经知道了现代侵权法中有关过失责任的制度设计实际上反映出的是社会对人们行为的一种要求和期望，即人们在为自己寻求方便的时候应该谨慎自己的行为从而不以伤害他人的利益为代价，从这一点上来讲这些正是立法机关制定各项法律的根本用意所在，因此违反普通法原则和违反成文法条文的过失具有同源性。具体一点说，无论是州的议会还是政府都是民选的产物，他们所订立的各种法律法规也即可被认为是民意的体现，所反映的是公众希望对于某些行为进行禁止或约束的要求，而且任何人都必须遵守这些行为的限制，违反法律也就等于违背了社会对他行为的期望，因此法院直接把法律的规定导入进来作为过失侵权中行为人谨慎义务的标准自然并无因法律性质不同所可能产生的冲突，用一句玩笑话来形容也就是高版本的行为标准可以兼容低版本的行为标准，因为在绝大多数情况下刑事法律和安保法规对人们行为所提出的要求一定会比理性人的标准要来的更加具体和严格一些，人们在遵守起来也不会有什么特别的困难。比如在美国明尼苏达州发生的一个案子[1]中，该州的有关法律要求店员在向顾客出售剧毒药品时必须在盛器上注明剧毒的字样以免他人误服，被告的店员某天忘记了这一点，

---

[1] Osborne v. McMasters, 40 Minn.103, 41 N.W.543 (1889).

结果导致了原告的亲属死亡，法院认为忽略法律义务本身即构成过失。假如我们用依次论证义务及违反义务的方法来审理此案结果也会是相同的，标注剧毒字样的要求在这种具有高度危险性的交易当中肯定是一个非常合理的谨慎义务和行为标准，被告的店员忽略了这项要求即构成违反义务（breach of duty），而在此案中因果关系和损害结果都是显而易见的，所以被告的过失也还是很清楚存在的。但是既然明尼苏达州的立法机关将其上升为了一种法律义务，那么我们就没有必要避简就繁地再为每一个要件走个过场，因为立法机关在确立一项新的法律义务时一定十分审慎地考虑过各种潜在的问题。

然而也不是所有违反法律的行为都会带来过失责任，这正如不是所有的刑事诉讼都可以附带有民事诉讼，根据应当尽量避免扩张解释的法律原则，如果立法机构在立法时并未设想及规定从一项刑事责任中必然可派生出一种民事责任，法院是不能够随便进行添附的，所以大多数法院在处理本身过失的案件时都把违反法律这一事实至多作为结论性的证据（conclusive evidence），至于被告是否最终应当承担过失责任一般还需要考察下列三个要素：

1. 原告是该项法律所希望保护的人。任何一项法律都会具有一定的立法意图，由此带来的指向性把其在主观上希望保护的人单独划分为一个群体（class），以便于那些无意当中涉及到的人相区别，只有当原告属于该法主观上希望提供保护的群体之内才有可能让被告承担侵权责任，这实际上反映的是侵权法中所要求的可预见性原则，即原告一定要是被告行为影响下一个可以预见的受害者，如果原告受伤害对被告来说是完全不可预见的，那么让被告因此而承担赔偿责任也就太不公平了，这是过失责任与严格责任的重要区别。比如说交通法规要求司机在开车时必须系好安全带，这项法律主要是为了保护司机在发生车祸时的人身安全，但如果一个未系安全带的司机把路人撞倒了，路人就不能以该司机不系安全带违法为由要求司机承担过失责任，因为路人并不是该项法律希望保护的人，而且司机没系安全带与发生车祸也没有直接的因果关系。

2. 原告所遭受的伤害正是该项法律竭力想制止和防范的那一种。比如说，如果有法律规定居民们必须在一定时间内把自家门前的积雪扫清，该法的目的明显是为了防止行人因为路滑而摔倒受伤，所以只有摔伤的人才可以向法院起诉违反此项法律构成了过失。像这项法律的立法意图还是非常明显的，但有些法律就比较模糊了，像美国的《统一交通法案》（Uniform Traffic Act）要求司机在街边停车的时候一定要完全熄火并把车钥匙从车上拔下来，这样要求的目的是什么，让人实在摸不着头脑。于是有些法官认为是为了防止小偷在逃跑时把偷来的车开上街会危及公共安全，有些法官认为是为了防止在路面不平时车会自由滑动，而另一些法官则认为仅仅是为了提醒车主防盗。[1]不过只要法律的意图得到了明晰，法院剩下的工作相对来说就比较简单了，在1869年的时候，英国有一个《传染病防治法》（Contagious Diseases Act）规定运输牲畜的时候应该要将它们用围栏隔开，原告的羊在被从汉堡运往纽卡斯尔的途中因为承运人没有使用围栏而被暴风雨冲下了船，原告于是以承运人违反了《传染病防治法》的规定而要求其承担过失责任，但法院以该法是为了防止牲畜因为传染病而非天气受损为由拒绝了原告的请求。[2]

3. 该项法律还必须能够满足合理性的要求。尽管立法机构在制定法律的时候必然会很细致地考虑公民守法的伦理性、现实性和经济成本等诸多可归结于合理性的因素，但被告仍有机会对其能否成为日常行为的标准进行质疑，比如他的行为根本就没有过错，处罚对他来说过重了等等。有些时候法院也的确会认为被告的违法行

---

〔1〕 Ney v. Yellow Cab Co., 2 Ill. 2d 74, 117 N.E. 2d 74（1954）.

〔2〕 Gorris v. Scoot, L.R. 9 Ex.125（1874）.

为是情有可原的，甚至在当时的情况下违法比守法更加合理，我们将在下一节里在研究这方面的问题。

Martin v. Herzog
Court of Appeals of New York, 1920.
228 N.Y.164, 126 N.E.814.

CARDOZO, J. 原告和她的丈夫在 1915 年 8 月 21 日晚间乘坐一辆四轮马车前往 Tarrytown 的途中，与由被告驾驶的汽车发生迎面相撞的交通事故，两人被强大的冲击力从马车上摔到地下，其中原告的丈夫当场死亡。发生碰撞的地点是在公路的一个转弯处，当时被告的汽车正在沿着弯道行驶，由于视角受到限制他没能看到从黑暗中突然出现的马车，结果双方都躲闪不及就撞在了一起。原告起诉被告犯有过失，理由在于被告没有靠公路的右边开车，而被告也反诉了原告的车夫，因为他驾车的时候没有亮灯。本案中没有证据显示被告当时有超速驾驶的情况，他的汽车也没有任何机械故障。初审时的陪审团认定被告是应当承担过失责任的，而原告方则没有过错。上诉法院推翻了这一判决并将此案发回重审。现在原告把该案上诉到了本院这里。

我们认为原告的马车在夜晚行驶时没有按法律的要求开灯这一忽略本身就是具有过失的，而不仅仅是证明过失存在的证据。参照本州《公路法》的第 329 条 a 款，法律要求车辆在晚间行驶一定要亮灯的目的在于为公路上的其他旅客提供人身安全上的保护。如果我们进一步的分析相关法律条文的立法宗旨，我们就会发现，无论是有意还是无意地忽略了法律为保护他人利益而特别设置的一些安全措施，就等于未能尽到一个生活在有组织社会中的人所必须承担的谨慎行为的义务。我们认为这是在本州范围内已经得到了认可的一条法律原则。

就本案的事实情况而言，原告承认了他违法了要求亮灯的有关法律，而这些法律正是为了保护像被告一样的公路上的其他旅客而制定出来的。在初审中，法官却指示陪审员们可以按照他们各自的看法来自由裁量原告未开灯的情节究竟应该算有责任的，还是根本就无所谓的。然而这样的指示其实是错误的，陪审员们并没有豁免法律义务的权力，但他们所作出的原告无过错的裁决实际上就是在免除一个旅行者被法律所要求担负起的对其他旅客的安全负责的义务。马车夜晚行驶不开灯本身即是一种有过错的行为，而且是不可饶恕的，从性质上来看就是过失。我们认为这是陪审团从以上的事实中所应当得出的惟一合乎法理的认定。

但是我们还必须检验本案中的过失行为与损害结果间是否存在法律所要求的那种直接因果关系。一位在夜晚驾车出行忘记开灯的被告不用为自己的过错承担赔偿责任，除非缺乏灯光的警示或照明是导致事故发生的直接原因。同理，一位没有开灯的原告也不会因此而丧失向被告求偿的权利，除非他没有开灯也是造成事故的一个助因。我们说某人的行为存在过失并不总是指他就必须承担过失的法律责任，这还需要有一定的因果关系来支持。

在本案中，被告驾驶的汽车与一辆因为没有灯光而使得被告未能看见的马车之间的车祸发生在距太阳下山至少一个小时之后，我们完全可以据此推断出缺乏灯光的警示与最终车祸发生之间是存有因果关系的。如果没有再发现什么另外的事实可以破坏这种因果联系的话，我们就能够初步认定原告没开灯的过失也是造成这场事故的主要原因之一。

根据本案中已被认定的无可争辩的事实情况，缺乏灯光而造成被告视野受限是这起交通事故发生的直接原因。被告没有严格地靠右行驶也许亦是一种过失，但他不是故意撞上马车的，他也没有酒后驾车，更没有在公路上超速，事实告诉我们以上这几种通常的事故诱因在本案中都是不存在的。车祸完全是因为被告没能及时看见迎面而来马车，而如果当时马车按照法律的规定把灯打开就足以使被告借助灯光提前发现它的踪迹，一切后来发生的悲剧也都是可以避免的了。如果原告不能说服我们相信公路上其他车辆的灯光或路灯完全可以起到和其自己开灯一样的照明及警示效果，他就必须转而证明在事发的情况下马车开不开灯不会对结果产生什么影响，只要以被告那样横跨中线的方式开车，即使开了灯事故也总会发生。可是在初审中原告对此没有能够提供什么有说服力的证据。

我们相信在初审中陪审团认定原告方没有过错的原因是出于对受害者的同情，因此无原则地减轻了原告其实应负的责任，这种做法造成的错误是十分严重的，一项旨在保护他人生命安全的法律不是可以随便就置之不理的一纸空文。

支持上诉法院的处理意见，本法院的判决完全支持被告。

Brown v. Shyne

Court of Appeals of New York, 1926.

242 N.Y.176, 151 N.E.197.

LEHMAN, J. 原告雇用被告为她做指压按摩治疗，想以此来促进病体的尽早康复。被告其实并没有行医执照，但他却宣称自己能手到病除，根据《公共健康法》（Public Health Law）这种无证行医的情况是属于违法的。在经过被告 9 个疗程的治疗之后，原告的病情不但没能好转反而身体瘫痪了。原告在上诉中声称瘫痪完全是由于被告的按摩造成的，而在此前的初审中她已经获得了要求被告赔偿给她 10 000 美元的胜诉判决。

原告在她的起诉状中称，由于被告的过失行为而使她受到了严重的身体伤害。如果的确如原告所说是被告的过失直接导致了她的受伤，那么原告就有机会获得相应的损害赔偿。虽然被告一直到对外自称是个按摩师（chiropractor），并非普通的医师（physician），而且他和原告也是这样说的，但他同时也到处大肆宣扬自己绝对有像医生一样为人诊断治疗的本领，他在本案中的所作所为也证明了他是在试图给别人看病。在初审中，原告通过举证详细描述了被告是怎样为她进行治疗的，她声称被告的治疗方法不符合现今任何一种已得到广泛承认的医学理论，甚至任何一个合格的医生都会预见到被告的方法必然会对身体造成不良的后果，最后事实证实了果然如此。尽管原告的证词也有一些自相矛盾的地方，但陪审团完全可以从中归纳出对原告有利的事实，并对是否是因为被告的过失而给原告造成了伤害的问题作出肯定的回答。被告没有机会从初审的判决中找到一点实质性的错误，反而我们认为在一些问题的认定上初审法官对被告有点太宽松了。

在初审进行的后期，原告曾获准修改起诉状并添加了一项指控："被告治疗原告事实表明了他正在从事的是只有持牌医生才被允许参与的医疗卫生活动，但他在当时并没有纽约州所颁发的内科或外科医生执照，所以其无证行医的行为是纽约州的《公共健康法》所明令禁止的。"在考虑这项新提出的指控时，初审法官指示陪审团，如果他们能够发现被告对原告的治疗手段不符合当时医学界主流的治疗该病的方法所要求的技术和谨慎标准，那么他们就应当作出对原告有利的裁决。初审法官还对陪审团说："本案与通常的医生玩忽职守案有一些小小的区别，因此我允许你们假如觉得合适的话可以基于另外一种理论来判断过失责任存在与否。本州的公共健康法案规定任何人只有经州的专门机构批准并以法律要求的方式获得执照和注册，才可以合法地行医。我所介绍的这一法案从法律性质上看属于本州的一项公共安保法规，因此违反这项法案在一定程度上可以作为认定被告的行为存在过失的证据，而且事实上被告已经肯定违反了这项法案。具体引申到本案的案情中，如果你们认为被告是在不具备本州健康法案所规定的专业知识和技巧的情况下，仍然试图为原告治病及用按摩脊背的方法使病人的椎骨复位，你们就可以裁定被告是犯有过失的。"

简而言之，初审法官指示陪审团他们可以从被告违反了《公共健康法》的事实中推断出被告犯有过失，并是由于这种过失造成了原告的受伤。然而本法院认为初审法官的这一看法是错误的。

《公共健康法》中的有关条款通过拒绝颁发给未受过基本医学专业训练和在考核中表现出足够专业技能的申请者执照的方式来禁止他们行医，其立法目的无疑是为了保护公众的健康和安全免受不合格从业医师之侵害。如果被告违反该法能被认为是原告受伤的法律原因，那么原告可以基于被告违法的事实而获得经济赔偿。但是如果被告违法与原告受伤并没有直接的因果联系，违法就与过失责任的成立毫无关系了，这也就是说损害结果一定要是被告违反法律责任的直接后果。

本州关于要求申请人受过专业教育和通过考试才能获得行医执照的规定，是为了提高州内从业医师的技术水平和谨慎义务，但是执照本身并不能赋予从业医师任何额外的本领，也不能使其在医疗事故发生时获得自然的豁免权。在本案中，原告所受到的身体伤害可能是由于被告缺乏相应的水平或谨慎所造成的，不过这与被告是否获得过行医执照却无必然的联系，因为即使是被告的确拥有执照也可以由于未能施展适当的专业技术和谨慎态度而被认为犯有过失。诚然，我们可以设想假如被告没有在本州行医，原告也就不会因此而受伤，但本州法律的立法目的在于保护公众不受技术不合适或态度不谨慎的庸医的危害，所以除非原告的受伤能被证明是因为被告医术的拙劣而粗心大意而直接导致的，被告未能获得执照与原告的受伤间就不存在直接因果的联系。

在本案中，原告所提起的诉由是过失或玩忽职守。根据本州的法律，只有获得过执照的合格从业医师才能从事治疗病人的活动，而被告在向原告进行自我宣传的时候，声称自己完全有资格替原告治病。被告要能在事后对此自圆其说的话，就必须证明自己可以满足合法行医所需要的技术和谨慎义务方面的职业标准，如果原告的受伤恰好是因为被告的实际水平不能达到执业医生的职业标准所直接造成的，那么原告就应当获得经济赔偿。《公共健康法》的有关条款会把那些在水平上不合格的人挡在从业医师的门槛之外，但一个水平完全符合标准的医师也完全可能会由于没有执照就开业从而触犯法律。只是就立法本意而言，《公共健康法》并不是为了追究后一种人的责任才订立的，所以这后一种人不应该因为治好了病人却没有一纸执照而需要承担民事责任。因此为了展示原告的受伤是由于被告违法法律责任而直接造成的，原告必须要提供证据使我们相信被告在对其治疗的过程中未能施展本州内一个合格医生所会表现出技术水平和谨慎态度。如果不是造成损害结果出现的直接原因的话，仅仅未能获得执照本身并不能带给原告任何赔偿。这从理论的角度也就是说，使原告遭受伤害的那个危险假如并不是法律所意图提供保护来制止抵御的那一种，仅有违反法律这一事实并不足以支持一个有效的民事诉由。也许有人会提到在 Karpeles v. Heine, 124 N.E. 101, 227 N.Y. 74 一案中，本法院曾宣判过违反禁止雇用 16 岁以下的儿童做工的法律本身就会产生法律责任，但在该案中，本法院同时认为有关禁止童工的法律正是为了保护缺乏预见力的儿童抵御在工作过程中可能出现的不测而订立的，所以雇主违反该法非法雇用童工的事实应该被认为是造成日后童工在工作中受伤的直接原因，原告过失不能作为抗辩的理由。

有人认为，初审法官所作出的判决并不是让原告完全基于被告没有行医执照的事实而获得赔偿，而只是把未获得执照当作被告行为存在过失的一种证据。这种议论实际上是在说，即使违反法律本身不足以构成责任，但其可以用来作为原告受伤是因为被告缺乏必要专业技能和谨慎态度的证据。这样一种逻辑推理只有当被告没有获得行医执照是因为他既不具备医生诊断治疗一般病人所需要的技巧和学识，甚至也缺少治愈原告病例所应当具有的那一部分医学知识时才成立。有关被告学识、技术和所接受过的专业训练的证据已经在初审中被充分展示了，陪审团可以据此来判断被告的行为究竟是谨慎还是过失的，但是没有执照这一事实并不能独自加强对上述被告技术拙劣这一推理结果的暗示。总之，违反或忽略法律义务的事实只有当这种违法与所称的过失间存在充分的逻辑联系时才能作为过失责任存在的证据。本法院在历史上也从未作出过没有执照本身即能证明过失的判决。

签于上述原因，初审法院的判决应当被推翻，本案需要重新审理。

CRANE, J. (dissenting). 本案中的被告是一个在纽约中部 Utica 市开业的按摩师，而原告则是一个 46 岁左右的妇女，并在 1923 年 3 月间是被告的病人。在经过被告的治疗后，原告声称自己因此而变瘫痪了，于是她向法院提起了诉讼，以期获得经济赔偿。初审法院判决原告胜诉，上诉法院支持了这一对原告有利的判决，但同时也因为该案中尚存在一些有争议的法律问题而特别许可了被告将这些问题提交到本院作进一步的讨论。在事发时，原告因患有喉炎而到被告处接受治疗，前后一共去了 9 次，正是最后一次的治疗造成了原告的受伤。

原告在其修改过的起诉状中声称被告的行为存有过失以及他违反了本州的《公共健康法》。然而，被告连同他的一些证人在作证的时候都称，被告在治疗过程中所使用的脊柱校直疗法完全符合按摩医学的科学原理和操作规程，而且这种疗法根本就不可能致使原告受伤。不过我们在考虑这个问题的时候不能排除被告对于原告的治疗存在手法过重的可能性。

本案的焦点争议在于应该如何认定被告违反《公共健康法》这一情节的法律性质，即如果他没有执照就在外行医的事实和原告受伤的结果没有法律上的因果关系，那么该情节是否就一定不能充当反映被告医术不合格的证据而被陪审团用来作为裁决被告犯有过失的直接依据。在这个问题上，我不同意多数法官的否定意见。

在初审中，法官已经非常细致和充分地向陪审团指示，除非被告的行为是导致原告受伤的直接和法律上的原因，否则被告不用对原告所受的伤害承担法律责任。但是各种丰富的本案的证据足以显示出原告的瘫痪直接源自于被告对她后背、脖子和头部的指压，所以，陪审团认为，被告的行为与原告的受伤间存在直接因果关系的裁决是完全正确的。

本州的《公共健康法》禁止无证行医正是为了保护公众免受本案中原告所亲历的这种荼毒，因此，违法这一事实本身即可被当作最终造成人身伤害出现的直接法律原因。作为法院今后在此种争议中不应当去逐一决定心理医师、成药技师、按摩师或者是其他任何健康卫生领域内从业人士的行为究竟是否符合了一个合格医生获得行医执照所需要的专业标准，还是只满足其各自行业的相关标准。《公共健康法》已经为我们设定了一个很明朗的规则，那即是任何人在执业前都必须通过相应的考试来显示出合格的专业技能并凭此而获得专门的执照。这无疑给每一个希望在该领域内从业的人提供了一条公平合理、简便易行的正规渠道，所有人都能够通过这样的方式获得执照，从而合法地面向公众进行执业活动。因此，如果任何人违反了该规则的要求，擅自接收病人而终于造成了对病人的伤害，他都没有理由抱怨法院把未能获取执照本身就作为他缺乏必要专业水平的明证。

补充知识：

在本书选录的很多案例中，我们都可以发现在法院的判决书中除了有主笔法官起草的代表多数法官意见的判决意见正文，还会包括一些赞同法官的附议（concurring）或者是少数法官发表反对意见（dissenting）的慷慨陈词，这种在法院判决中同时展现法官之间对立意见的做法，是中美两国在司法审判实践中的一个重大区别，不过这实际反映出的是更深层次上东西方两种法律思想的根本差异。在中国，法院作出的判决一定是按少数服从多数原则所得出的合议庭的统一认识，个别法官即使可以持保留意见也绝对不允许将其反映到最终的判决书中来，而且从案件事实到法律适用及审判结果之间的整个逻辑推理过程也都是秘而不宣的，当事人无从知晓为什么应该适用此法而非彼法或者为什么不采纳己方律师的法律意见。我觉得这种做法表面上体现的是维护法院威信从而不将内部矛盾示于外人的用意，而根本上反映出的是中国法院认为一个案子只可能有一个正解的心态。在美国这两方面的问题都是不存在的。

首先，就维护法院的威信而言，美国法院几乎从不信奉依靠神秘主义来保持权威的看法，与其说刊登反对意见是在向社会暴露法官间的矛盾和分歧，不如说这是对公众进行了一次很好的法律教育，因为多数与少数的地位是经常易主的，很有可能随着一位法官的离任原来的少数意见会在一夜之间变成了多数意见。现代法院的威信从根本上讲是建立在人民对法律的信仰和信任上的，让大家知道法官对法律的不同理解不会动摇尊重并服从法院的根基，相反会使得法律在司法体系中的整个运作过程对公众来说更加的透明，而不让人觉得法院是在暗箱操作，因此人们会充分谅解甚至欣赏法院中存在的不同意见。这正如康德所说的：当宗教想要躲在神圣后面，当法律想要躲在尊严后面时，它们恰恰引起人们的怀疑，而失去人们的尊敬。因为只有能够经得起理性的自由与公开的检查的东西才能博得理性的尊敬。

其次，就一个法律争议是否只有一个正确答案的问题，美国主流的法理学思想对此的回答基本上是否定的。美国不少法学家都认为法律不是一种寻求对真理问题解答的工具，其本身即具有相当大的开放结构，因此很多时候法律并不能告诉我们必须怎样做才是对的，而只是不断地发出提示什么是错误的结果。此时就应该由法官依据其自身的智慧和经验，在考虑社会接受能力和公平正义理念后，利用自由裁量权选择一个最能帮助法律目的和社会价值实现的解决之道。

八、违反法律 (2)

在上一节中，我们认识到了过失尤其是本身过失（negligence per se）责任极有可能由行为人违反法律的行为而引发，但同时违法行为又不必然的导致过失责任的成立，现在几乎所有的美国法院都或多或少地认定了违法即过失的本身过失原则在适用上存在着一些例外或限制的情况，只是不同州的法院在对这一政策的把握上轻重有所不一，不过我们可以通过以下三个方面来从整体上了解这些例外和限制的详情。

首先，行为人所违反的法律在效力和性质上的不同会导致其最终法律效果的不同。从法律的效力来讲，我们知道一个现代国家立法权力的分布是非常分散的，很多的部门机构都有权制定各种广义上的法律，比如在中国各级人大、各级政府及其下属机关都能发布各种类型的且效力不一的法律、法规、条例和办法等等，甚至连一些行业协会和社会团体也能制定一些在本领域内通行的规章制度。在美国的情况也与此类似，除了我们通常所说的法律（statute）以外，广义上的美国法还包括有条例（ordinance）、行政规章（administrative regulation）以及一些非强制性的建议性规定（advisory code）和产业标准（voluntary industry standard）等等，违反这些不同的法律所会引起的后果是不一样的。其中违反法律的后果自然是最严重也最难用抗辩理由洗清的，很有可能会造成过失责任的成立；但如果行为人违反的是地方性条例（local ordinance）的话，其对违法行为过失性的证明力就要相对弱一些；又或假如违反的是行政规章的话，证明力又要更弱一些，很多州的法院都认为这不足以构成本身过失，充其量只是证明过失存在的一种证据；至少那些建议性的条例和标准基本上在认定本身过失中是无所作为的，但可被看成是专家证据用以建立其适当合理的行为标准。

从法律的性质来看，违反某些立场强硬的（absolute liability）法律比违反一些泛泛的行政管理性法律的后果要更为严重。前者主要指的是那些涉及到基本人权、公共安全或者针对妇女、儿童等社会中的弱势群体进行专门保护的法律，比如有些州规定司机在出车前一定要保证刹车的完好否则即构成本身过失，还有一些州规定商店在贩卖香烟、烈酒等成人食品时严禁向未成年人出售，如有怀疑的话，一定要让购买者出示身份证件，否则也即构成本身过失。店员声称自己合理的相信对方是成年人也不能作为抗辩的理由，这实际上已经很类似于严格责任制了。而对于另外一些泛泛的行政管理性的法律来说，违反它们只是构成法律意义上的（matter of law）推定过失，当事人还有足够的机会和能力用证据进行反驳，比如现在大多数法院都不认为医疗事故及交通事故的肇事者没有行医执照或者驾驶执照的违法事实即可构成过失责任，这一点我们已在上一节的案例中已有所领教了。

其次，行为人违反法律的行为能否直接构成本身过失，还需要考虑公平正义、因果联系、社会影响等诸多因素。在上一节中，我们已经谈到过法院需要考察法律在保护对象和防范风险在指向性上的限制是否能得到满足，但其实很多法院在决定使用本身过失的法律原则时会采取慎之又慎的态度，还往往会特意关注行为人所违反的刑事法律责任是否在现有的民事法律体系中已存有与之相对应的民事义务。如果法院能够找到一个在普通法上已存的谨慎义务作为依托，那么当然可以在满足条件时放心大胆地使用本身过失的原则，因为此时即使使用普通法的推理方法也是能发现过失责任存在的。但是如果法院需要做的是开创性地把一种刑事法律上的责任引入到民事领域中作为人们日常行为的标准，法院在操作时就会极其小心了。有些法院认为根本不可使用本身过失原则，而有些法院则认为需要详尽地分析诸如该法律义务是否已被清楚的定义了、是否已为人们所广泛知晓、是否会给行为人带来没有错误的过失等的因素，但是要同时满足所有这些条件还是很不容易的。

最后，我们知道被告违反法律是适用本身过失原则的前提条件，但是假如行为人实际上没有违法或者行为人违法是情有可原的时候，本身过失原则根本就失去用武之地了。那么什么样的理由能够得到法院的认可呢？我们可以借助《侵权法重述（第二版）》§288A 中列举的事项来一窥其中的奥妙：（1）在可被原谅的情形下违反（excused violation）议会制定的法律和政府部门制定的行政规章不构成过失责任；（2）除非法律或规章中明确规定不允许这种免责理由，违法的行为可因下列原因而得到原谅：（a）由于行为人客观上达不到守法所要求的行为能力，所以违法是合理的；（b）行为人既不知道也没有机会知道他应该遵守某项规定；（c）他在施加了合理的谨慎并竭力希望守法后还是未能满足要求；（d）他当时面临着非因他本人而造成的紧急情况；（e）遵守法律在当时的条件下反而会给行为人或其他人带来更为严重的危险。

当然《重述》所列举的事项也只是总结的比较全面的一个版本而已，每个法院在实际操作中都会结合本法域的习惯做法和当前的实际案情来具体决定是否构成了对违法行为的合理辩解，我们可以通过下面两个案例来详细了解一下美国法官在这个问题上的思路。

Zeni v. Anderson

Supreme Court of Michigan, 1976.

397 Mich. 117, 243 N.W. 2d 270.

WILLIAMS, Justice. 本案中的事故发生在 1969 年 3 月 7 日上午，雪后的街道虽然空气清冽但平均积雪的厚度却达到了 21 英寸。原告 Eleanor Zeni 是一个 56 岁的注册护士，当时她正步行前往位于 Marquette 的北密歇根大学医疗中心上班。由于雪厚路滑的缘故，她并没有按照惯常的和法律要求的那样走在人行道上，而是沿着街道在马路上行走，她的身后即是滚滚车流。

被告 Karen Anderson 是附近一个学院的学生，在事发时正驾着自己的车在法律规定的限速以内和原告在同一条马路上并行着。据被告称，当时她已经打开了车上的破雾灯，而且她车上的一名乘客也称汽车的挡风玻璃也被摇了下来。然而被告的这一种说法在初审中受到了一位目击证人的质疑，他在作证时表示，他看到当时被告汽车的挡风玻璃不仅没有摇下而且被附着的残雪弄的灰蒙蒙的，他真怀疑车内的人能不能清楚地看到外面的情况。这位证人还说被告驾驶的车离人行道栏杆的距离实在太近了，因此在事故发生前他就预感原告会被车碰到。

终于，被告的车撞倒了正走在她右边的原告。被告称当时她已经看见了原告走在自己的车和一辆沿街停靠的汽车之间，但她并没有听到或感觉到自己的车碰到了原告的身体。那位目击证人向我们描述了事发时的情况，他看到原告被撞翻到了汽车的挡泥板和前车罩上，于是他急忙跑过去救助受伤的原告，他特别回忆起那时他是站在马路一侧用白线标出的停车位以内。一位后来赶到的警察也作证称，他发现原告的鲜血从街沿一直溅到了足有 13 英尺远外的人行道上。

原告所受到的伤害无疑是非常严重的，她需要精密的神经外科手术才能清除颅脑内的瘀血。而且由于头部受到重击所造成的失忆症，原告目前已经完全无法回忆出事故究竟是如何发生的了，因此她也不能确切地告诉我们当时她是否知道被告的车就在身后。在经过了一段漫长的康复期后，原告的身上留下了永久性的伤残，她现在只能做一些兼职工作。

初审时的各种证词表明，在原告所属的医疗中心内工作的护士们经常会走在快车道上去上班，而且一位警察也声称对行人来说冬天积雪的时候走在快车道上比走在人行道上反而要更为安全。还有证据显示就在事故发生的前几天，Ms.Zeni 本人就真的因为路滑而在人行道上摔了一跤，虽然她没有因此受伤，但另一位该大学安全部门的主管就没有这么幸运了，他也是在人行道上滑倒却受伤住进了医院。

然而，被告坚持认为原告未能走在人行道上构成了原告过失，因为她违反了本州的有关交通法规，如州法 M.C.L.A. §257.665和 M.S.A. §9.2355 就规定："当人行道存在的时候，行人走在公路中专供机动车通行的部分是违法的。只有当人行道不存在时，行人才可以根据实际情况尽量的在马路上靠边行走。"

根据以上的事实和证据，本法院将从原告违反法律可否过失的推定、可否作为本身过失、可否作为作为过失的证据、可否作为谨慎义务的标准这4方面来判断原告违法没有走人行道是否会使得她丧失向被告求偿的权利。

现在有越来越多的州认为，在一起由违反刑事法律而引起的民事诉讼中，被告或原告违法的事实只能被看作建立起过失责任的初步证据（prima facie case），而且当事人可以通过证明在当时的情况和条件下他有足够的情有可原的理由才不得已违反法律的规定来反驳并推翻违法即过失的这一先入为主的推定。这些理由并不需要是可在刑事法律中适用的免责特权，因为在缺乏立法机关明文规定的时候，是否接受刑事法律作为民事诉讼中的行为标准不是强制性的，而是完全由法院来进行自由裁量的。密歇根州的判例法长久以来也正是承袭了这样一个可反驳的推定（rebuttable presumption）的原则。

我们可以从本州上诉法院 Fitzgerald 法官审理的 Lucas v. Carson, 38 Mich. App. 552, 196 N.W. 2d 819（1972）一案中知道这一原则是如何在具体的案情中适用的。在该案中，尽管被告已经实施了充分的预防措施，她的车仍然无法解释的滑动并撞到了正排在她前面等红灯的原告车的后部。在分析被告由违反法律所引发的推定过失是否能被推翻时，Fitzgerald 法官首先表示了通常可作为反驳理由的

"突发的紧急情况"（sudden emergency）并不存在于本案中，但他转而赞同了被告提出的意见即突发的紧急情况不是反驳推定过失的惟一理由，他写到："作为一个法律问题，能够反驳推定过失的证据必须是有事实根据的、清楚的、有力的和可信的，这也是一个普遍的证据原则。在本案中，被告声称她从来都是在以非常谨慎和合理的方式驾车的，再加上她所提供的其他一些令旁人信服的佐证，这已经足以保证让我们将此案的事实提交给陪审团作出最终的决定，被告是否构成了过失。"

这种处理方法的一个很突出的优越性即在于它的公正性。"如果有充足的抗辩理由和免责特权，那么一般违法也是可以原谅的，法定的标准就自然不能作为过失的行为标准在案件中被直接适用。"Satterlee v.Orange Glenn School Dist.Of San Diego Country, 29 Cal.2d 581, 594, 177 P.2d 279, 286（1947）（dissenting in part）。"当遵守一种由成文法自动生成的行为标准会使人陷入原可避免的危险中时，再把其作为衡量行为人是否过失的依据是非常不合理的。"Tedla v.Ellman, 280 N.Y.124, 131－132, 19 N.E.2d 987, 991（1939）。

这种办法也是很符合法律逻辑的。一个人在行为上没有犯错误也就不存在真正的过失，这时如果立法机构没有强制性地将法律责任扩展到这种无过错行为上来，法院一般也不应该自行这样做。再说要是被告违反的是刑事法律的话，法院也没有随心所欲的权力把一项规则从刑事法律中单独抽取出来再塞进到民事领域中，这也是为了防止法院走向另一个随意肢解扭曲立法机构所制定法律的极端。

虽然有一些本州的判例似乎传达出了把本身过失看作一种严格责任的讯号，但我们认为这种看法是片面的，在审理一件案子的过程中，我们要根据很多现实情况来发展出一种比本身过失更为合理的厘定行为人法律责任的办法，因为现有的有关本身过失的原则规定都被实践证明太过于僵硬和机械化，难以让很多有想法的评论家和法官们满意。现在法学界有这样一种说法，不管法院是怎么样在纸面上定义本身过失的，只要法院在运用时不顾及被告人已经施加了适当的谨慎和他具有一个很好的免责理由，那么其所做的实际上就不是过失责任而是严格责任。而且有些时候立法机构在立法方面对某些公民私权利规定的缺失也许是有意而为之的，所以法院越俎代庖地牵强地把别的方面的法律作为标准引入到侵权法当中来，根本就是违背立法机构意图的。法院的过于积极也有可能制造麻烦，如果一种很轻微的违法行为成为了民事责任的构成形式，在那些允许起诉原告过失的法域里，原告就会因为一点很细小的忽略法律义务而丧失了获得急需的经济补偿的权利。

一半是出于对违法只能作为可被反驳的推定过失这一规则的尊重，一半是出于对违法即构成本身过失之类过于机械化认定的不满，我们认为违反那些由政府机关及行业协会所制定的行政条例和规章制度的情节只能作为最终衡量一个人的行为是否构成了过失的证据。然而，这么说并不意味着我们选择加入了很少一部分法院所持的违反由议会制定的法律也只是证明过失存在的一种普通证据的阵营。兼顾公平正义和在审判实践中的可操作性的因素，我们认为对违反法律的事实最合理的定位还应该是把其当作对行为人犯有过失的可反驳的弱势推定，这样诉讼双方当事人都得到了很好的关照，而且也给立法机构在维护其权威上保留了足够的体面。

现在看来，的确有一些过去本州作出的判决存在着不分青红皂白滥用本身过失原则的情况，但是绝大多数地法院还是能够合理地判别出适用该原则的正确场合，即不仅立法指向和最近因果关系这两个前提条件必须得到满足，而且在审判程序上也要保证当事人享有充分的机会来提出证据反驳他犯有过失的先入为主的推定。

到此为止，我们就可以对本法域内如何认定违反法律行为的过失性的法律原则进行一个精确的总结概括：当一个法院决定在侵权纠纷中引用一项刑事法律作为谨慎义务的标准时，违反该刑事法律可以建立起行为人犯有过失的初步证据。但是，如果陪审团认定其违反法律存在足够的情有可原的免责理由，那么先前过失的推定是允许被推翻的，此时衡量其行为是否过失的标准还应该是由普通法所规定的理性的行为标准。所谓情有可原的免责理由应当包括但不限于《侵权法重述（第二版）》§288A 中所列举的事项，具体的能否构成，还需要根据每一个案子的实际情况来加以决定。

其实本案的情况远没有如此复杂，因为本州的交通法规本身就明确规定了只有当人行道可用而未用时才算违法，而在本案中，当时人行道积雪厚达 20 几英寸，因而处于不可用的状态，原告如果仍然坚持走人行道的话反而要比走马路更加的不安全，也就是说更加的不合理，所以原告根本就没有违反交通法规，自然也就谈不上什么本身过失了。像这种对当事人行为到底违法与否的认定通常应该是陪审团的工作，特别是当某项法律不仅提供了或许可被法院所接受的法定的谨慎义务标准，而且也明确规定了法律所认可的免责理由时。

本法院决定支持原告。

Barnum v. Williams
Supreme Court of Oregon, 1972.
264 Or. 71, 504 P. 2d 122.

DENECKE, Justice. 原告因为在一起车祸中受到了人身伤害而起诉被告，他所驾驶的摩托车和被告驾驶的汽车在一条山路上迎面相撞。在初审中，陪审团支持被告，原告因此提出上诉，他声称初审法官给了陪审团两条错误的指示。

该事故发生在波特兰市（Portland）的 Vista 大道，那天是个阴雨天，当时原告是往山上的方向走，而且正在转一个角度很大的弯，在他对面的方向，被告正在往山下走。Vista 大道在那儿只有被一条黄线分隔出的两条车道，其中被告所走的车道离山体非常近。陪审团能够从证据中发现车祸发生在非常靠近路的中线的地方，或者说实际上就是在原告所用的车道内。因此陪审团可以合理地推断出那时的情形，当被告看到原告的时候，原告的车正压在路的中线上准备借势转弯，但是被告开的车道非常窄也离中线很近，他立即意识到两车有可能撞在一起，于是被告就当机立断猛踩刹车，但是由于天雨路滑，被告的车不可避免地滑入了原告的车道，事故就这样发生了。

初审法官是这样指示陪审团的："除了普通法下的过失责任外，违反法律也会导致过失责任的产生，这是因为行为人未能按照法律所要求或禁止的方式行事，从而忽略了保护他人安全的义务。当我向你们指出一些法律具有厘定人们行为标准的性质时，违反这些法律的行为本身就带有过失性。当然这一规则也是存在例外的，如果你们根据当时的具体情况认定一个人即使因为顾及自身或他人的安全而在行为时施加了足够的谨慎但也无法满足法律所制定的行为标准，那这时未能严格遵守法律义务的行为是应该被原谅的，而不应该被认为构成了过失责任。"

原告对这段指示提出的异议，实际上反映出了本案的初审法院以及其他很多法院在处理涉及到由违法行为而导致的本身过失时会面临的种种理论上难题。

我们已经多次反复强调过了违反一项法律或者规章条例会构成本身过失或者是原告过失的后果，但是对这条普遍的规则也存在着一个适用上的例外，即一个人是否犯有过失，最终还得取决于他的行为能否满足理性人的谨慎义务标准。然而，如果法院一上来就确认使用本身过失的原则的话，那么当事人的行为是否符合理性人的行为标准就无关紧要了，只要陪审团认定他的行为违法，他就是犯有过失的。

尽管我们认可并在不断使用着违法即会构成本身过失的规则，但是我们同样不愿放弃长久以来都根植于美国侵权法理论基础中的过错是构成过失责任的前提条件这一基本命题。这正如我们曾在一起刹车失灵案中所说过的："我们认为，立法机关制定机动车管理条例并不是为了把过错的考虑整个地从侵权法体系中清除出去。" McConnell v. Herron, 240 Or. 486, 491, 402 P. 2d 726, 729（1965）。

我们以前处理过许多类似情节的案子，在一个驾驶员突然发现他的前方出现了一辆车、一个行人或是其他任何障碍物时，他很可能会在慌乱之中把车开进错误的车道因而违反交通法规。在这些案件的审理中，法官经常会指示陪审团，司机违反那些要求车辆各行其道的法律的行为将会构成本身过失，但是如果司机这么做是为了在非由其自己造成的紧急情况（sudden emergency）中避险，而且他的本能行为符合一个理性人在当时事态下的合理反应，该司机是没有过失责任的。

由某些人或某些突发的事在司机的正常车道内造成的紧急情况是使得一个理性的司机转入错误车道的主要原因，但是我们所说的本身过失适用的例外不应该仅限于此。而且从另一个方面看，紧急情况的出现并不改变人们在行为时必须遵守的行为标准，这一义务仍然应该表述为在当时情况下的合理的谨慎。这也就是说，假如一个人在应对紧急情况时的应急行为不合理，那他仍旧需要承担过失责任。反之，假如他的应对是合理的，他就没有过失责任了。其实紧急情况只不过是我们衡量一个人在一定客观条件下行为是否合理的外部环境中的一种。

但是也有其他的一些判例，司机并不是因为紧急情况才把车子开错了车道的，而是出于另外的某些原因。比如在 Tokstad v. Lund, 255 Or. 305, 466 P. 2d 938（1970）一案中，被告没有面临紧急的情况，他是因为路上的积雪太厚才不慎滑入到原告的车道中来的。我们认为："尽管有证据表明被告 Lund 开错了车道并因此撞上了原告，然而他当时正是按理性人的谨慎义务标准去行为的。" 255 Or. at 307, 466 P. 2d at 939.

正因为把紧急情况作为豁免违法过失责任的惟一理由是不合逻辑的，所以一直以来我们都在经常地创造条件来放松违法即过失的僵硬规则，同样我们也仍在一如既往地坚持把过错作为在交通事故侵权案中认定过失责任的基础。法院往往会感到非常勉强，仅仅因为当事人的做法与法律规定有悖，就把一个合理的行为认定为过失或原告过失。由于这种根深蒂固的过错理念，法院正在不断认可并创造出对本身过失原则适用上的例外情形，以避免该原则过于严厉及教条的缺点。

然而，上述的办法很可能会带来理论上的混乱，请试想，如果在一个案子中陪审团裁决当事人的行为是合理的，因此违反一项法律不构成本身过失，但是在另一个案子当中，我们又不得不判决违反该项法律确实构成了本身过失，那么我们这不是在自相矛盾吗？我们认为对目前本州做法的正确表述应当是，如果一个人违反了交通方面的法律规定，作为一个法律问题他是过失的，除非此人能提供证据使陪审团相信他在当时情况下的行为是完全合理的，无论该情况能否被法律认可为一种紧急情况。

另外一种其实效果一样的表述方法是，违反交通法规会造成一种当事人犯有过失的推定。当有证据显示某当事人确实违反了交通法规时，他即负有举证证明自己行为合理的责任。如果他未能提供出有效的证据或是法院认为他所提供的证据不足以证明他的行为具有合理性时，他就必须承担过失的法律责任。但如果当他提供的证据使法院相信这时应该将其行为合理与否作为一个事实问题交由陪审团来裁量的时候，不论他究竟违法了没有，都将由陪审团来最终决定他是否犯有过失。

诚然，在有些情况下，法官在决定是否以及什么时候把衡量当事人行为合理性的任务当作事实问题交给陪审团时会遇到很大的困难，但这些困难我们在许多其他的案件当中也需要经常加以解决。例如在有关火车穿过道口的案子中，尽管我们通常都认为火车在过道口前不需要发出红绿灯、旗语之类任何的警告，但如果受害者能证明理性人在当时的情况下是无法得知火车到来时，我们也必须判断这是否已经创造出了一个应当交由陪审团裁决的例外情形。

在本案中，陪审团可以发现，尽管被告驾驶的汽车可能已经越过他被法律要求待的车道里了，但他的行为仍符合当时情况下理性人的行为标准，因此初审法官对陪审团指示在实质上并无错误。

补充知识:

通过前面章节的学习，我们知道美国作为一个普通法系的国家，判例法是其法律渊源的基本形式，而且法官可以通过造法来满足和适应具体案件审判过程中的需要，但这并不是说成文法在美国就不重要，实际上成文法正因为其内容稳定、定义清晰、使用便捷以及效力持久等优点日益成为美国法中的核心部分，像美国法律学院（ALI）编纂各种法律的重述正是为了推动这一潮流所做的努力。虽然是宪法课上的主要内容，但我们可以先以联邦法律（statute）的制定（enactment）来简单了解一下美国成文法的产生。

美国宪法奉行的是立法、司法与行政的三权分立，而制定联邦法律的立法权归国会（congress）所有，宪法中的第一章第七节（Article 1, Section 7）规定了国会立法的一般流程。按照宪法，这个流程可分为：（1）国会的初步听证（preliminary congressional inquiry）；（2）法案（bill）被正式介绍到众、参两院（House and/or Senate）；（3）法案被推介给专门的委员会（committee）处理；（4）委员会进行听证（hearings）；（5）法案通过委员会的审查；（6）在国会进行广泛的辩论（legislative debate）；（7）对法案进行表决（vote）；（8）总统签署使之成为正式法律（sign）；（9）对该新法律进行编纂（codified）。当然这仅仅指的是一切顺利的情况，如果遇到复杂的局面，如众议院批准了但在参议院通不过，或者是国会都同意而总统坚决不签时，那此法案的诞生就要大费周折了，很多时候会牵扯到党派斗争和政见不同，这可就不是法院所能管得的政治问题了（political issue）。

九、不言自明

作为一个在美国侵权法中常见的拉丁语词汇，res ipsa loquitur 转换为相应的英文就是 let thing speaks for itself 的意思，如果根据英语的表达再翻译成中文即是指用事实来说话，不过，为了简明起见，我们一般在中文教科书中都称之为不言自明或者不证自明。什么叫不言自明，相信大家即使只是单纯的会意一下也能把这个概念的含义猜出个八九不离十，就是事故发生的原因即使不通过举证也已经明显到足以让陪审团推断出来，这样一种制度的设计主要是为了在一些符合特定条件的案子中减轻原告在证明被告切实违反了谨慎义务（breach of duty）时所面临的困难和压力。

我们知道，美国法院在审理有关民事案件中奉行的是谁主张谁举证和双方当事人对抗制的原则，即原告既然提出被告侵犯了他的权利，他就负有义务去积极收集并向法院提供能证明自己主张的证据，而且他所提供的证据还应当具备一定的合理性和说服力，否则被告就可以驳回起诉的动议（motion to dismiss）或者要求法院进行直接判决（direct verdict），这就是我们通常所说的原告使诉讼有条件进行下去的举证责任（burden of coming forward with enough evidence）。具体说到侵权法的案件，原告除了要依据理性人标准、习惯和惯例以及法律规定向法院具体说明被告对自己肩负的谨慎义务，还必须确凿无疑地证实被告的行为已经构成了对这种义务的违反，而原告在向法院说明被告违反义务时，应该同时顾及到两个方面的内容，即该义务的确被违反了和违反义务的就是被告或与被告有某些连带关系的人。

　　一般说来，在侵权官司中，原告举证责任的难点在于建立起谨慎义务和直接因果关系，而被告违反义务的事实通常因为行为标准和损害结果的存在而比较明显，原告不需要在这一点上花费太多的口舌，比如说要是被告驾车是因为闯红灯而撞倒了正在过马路的原告的话，规定红灯停车的交通法规可以构成被告谨慎义务的标准且被告违法的事实同时又表明了他违反了这一义务。即使一个侵权案件的事实情况非常复杂或者过于专业也未必就一定会增加原告的举证难度，因为原告此时能够以专家证据（expert testimony）的方式支持自己的说法，而专家证据往往因其权威性而对陪审团的最终裁决起到很强的指导作用，比如在举世瞩目的辛普森案中，法医专家李昌钰博士提出的对现场血迹的疑问就对陪审团产生了至关重要的影响。倒是有一些看似很简单的案子反倒可能因为完全没有目击证人或者被告留下的线索实在太少而让原告无法提供任何直接的能说明被告违反义务的证据，比如原告在逛商店的时候不小心踩在一块比萨饼上摔了个大跟头，既没有人能告诉他这是谁随手扔在地上的，他也不可能兴师动众地要求警察做指纹对比，这时原告就应该借用环境证据（circumstantial evidence）来转而指控商店里的比萨饼店以对公众安全造成潜在危险的方式做生意的。原告可以指出商店是个人来人往的地方，而被告在这里贩卖以蜡纸包裹的小块比萨使得附近经常出现未吃完的比萨或是蜡纸被随处乱扔的现象，这给行人的人身安全带来了极大的威胁。商店安排专门的清洁人员打扫楼梯正是说明了这一情况的严重性。其实这是一起由科罗拉多州法院审理的真实案件，[1]法院最后接受了原告的这种举证。

　　然而，在现实中还有一些会让原告感到更加棘手的案子，例如在有些时候原告根本就不知道自己是怎么受伤的，是谁造成自己受伤，以及对方是如何让自己受伤的，这时如果还是要原告依照通常

----

[1]　Jasko v. F. W. Woolworth Co., 177 Colo. 418, 494 P. 2d 839（1972）.

的举证程序来证明被告违反义务恐怕更是无从谈起了。读了本节的第二个和第三个案例后，也许大家就能体会到原告在通常程序下所面临的无奈境地了。一个是走在路上突然飞来横祸，脑袋被不知从哪里掉下来的椅子砸了一下；另一个是去医院动手术割盲肠却匪夷所思地落得右肩肌肉萎缩。大家可以设身处地的试想一下，如果真的在社会中遇到了这些甚至自己都说不清道不明的麻烦又能怎样向法院举证呢？多半只能是徒呼奈何罢了。这时，如果适用了不言自明原则的话，我们就可以深刻地感受到它的价值所在，英美侵权法创设出这样的一种制度主要就是为了解决这种原、被告双方获取和占有的信息严重不平衡以至于阻碍了案件得到公平合理的审理及受害人获得法律适当救济的困境。假如不言自明的原则在一个案子中被适用，原告就被免除了向法院提供被告是如何行动的这类其实他并不了解的事故发生细节的举证责任，而只需要说出他所知道的那一部分内容，陪审团就将根据这些事实带有倾向性地推测被告到底犯有过失与否。

虽然早在西塞罗（Cicero）的著作里我们就可以发现有关不言自明原则的阐述，但在英美法中，后人一致公认的把不言自明原则首次运用到司法审判实践中是英国大法官 Pollock（Chief Baron）在1863 年宣判的一个案例，[1]该案例由于观点独到、分析精辟至今还经常为后世的法官所引用，我们不妨来了解一下这个小故事。该案的事实经过并不复杂，原告有一天走在街上却突然被从被告商店里飞出的一袋面粉砸伤，于是原告把被告告上了法院，但他除了能证明自己的伤势和面粉是从被告商店里飞出来的之外，完全不知道究竟是哪一个人扔的面粉以及他是如何用面粉击中自己的。Pollock法官认为原告提出的证据已经足够了，如果被告不能提出相反的证据，那么法院将合理地推断出被告犯有过失，因为这起事故的发生

---

〔1〕 Byrne v. Boadle, 2 H. & C. 722, 159 Eng. Rep. 299（1863）.

是如此的荒唐，如果不是因为被告商店里某个人的过失，一袋面粉是不可能平白无故的从仓库里飞出来并击中原告的，既然这袋面粉一直都在被告的绝对掌控之下，那么非要莫名其妙受到伤害的原告去寻找证人并指明究竟谁是真正的责任人既不现实也不公平。Pollock 法官的判决不仅开了在具体案件中适用不言自明的先河，还道出了现代英美侵权法中这一原则的基本精神和意义。

不言自明原则既然是一种特殊的制度，那么也只有一些能够符合特殊条件的案件才能适用该原则，现代美国法院通常认为其适用条件可以归结为三点：

1. 该事故一般只有因为某人的过失才会发生。如前所述，原告不知道事故是如何发生的是引发不言自明原则的前提条件，但一起事故潜在的发生原因是多种多样的，比如自然规律、纯粹的意外、他人的故意行为或者是原告自己的莽撞等等，既然原告提起诉讼只是想要追究被告的过失责任，为了缩小范围提高效率，就很有必要把可以适用不言自明原则的情况限定在那些只可能是由某人的过失造成的那些事故中。

2. 造成原告受到伤害的器物必须是在被告完全的独有的（conclusive）控制之下。其实这也是为了进一步帮助我们更有把握地从有所缺失的事实情况中推测出被告是否应该对原告的受伤承担责任，因为如果致使原告受伤的器物一直都是由被告所掌控的话，那么我们可以合理的据此认为正是被告的行为或者不行为使得该器物被用于不当用途，反之如果该器物一直以来都是由几个人共同所有的话，那么每个人都应该有同等的嫌疑，被告负有责任的可能性被极大地稀释了，因此单单指控被告是不公平的。在实际案例中，这个问题常常成为被告对原告请求适用不言自明的要求进行反攻的突破口，不过越来越多的法院都渐渐趋向于对"完全的独有的控制"之一条件进行宽泛的解释，用权属控制的概念取代了以往被告一定要实际控制的要求。

3. 该事故不能是因为原告的主动行为而引起的。这一个条件是对原告提出适用不言自明原则请求的制约，因为从本质上来讲，这一原则是对原告进行适当照顾的措施，并因此在诉讼中将被告置于一个相对不利的位置上，其根本目的在于为案件创造一个公正平等的审理环境。但如果原告的主动行为是导致事故发生的诱因之一，那么他并不是一个无辜的受害者，也就未见得会在诉讼中处在先天性的弱势地位上，所以不应该享受不言自明原则的特殊保护。

根据美国司法审判实践的惯例，应当由法官作为一个法律问题来决定是否可以在一个案件中适用不言自明的原则，如果法官对此不认可，原告还必须承担通常的举证责任，如果法官认为可以适用的话，接下来就由陪审团依据已知的事实推断被告的法律责任。但在此非常值得注意的是，尽管法官决定适用不言自明原则会给陪审团的推断带来很强的被告有过失的倾向性，但这并不是说陪审团一定会裁决被告过失。其实不言自明原则的作用只是帮助原告用合理的推断来弥补残缺的事实链并提供给陪审团一种关于事发原因的可能的解释，不过假如陪审团愿意相信是另外的原因引发了事故，其仍然可以裁决被告不用承担过失的法律责任。

Colmenares Vivas v. Sun Alliance Insurance Co.

United States Court of Appeals, First Circuit, 1986.

807 F. 2d 1102.

BOWNES, Circuit Judge. 上诉人也就是初审中的原告，因为在乘坐自动扶梯受伤而根据异域管辖权（diversity jurisdiction）在联邦法院起诉被告，要求获得相应的损害赔偿。在初审中，当双方当事人都出示完证据后，被告向法院提出了直接判决（direct verdict）的要求并得到了法官的批准，初审法官认为，原告未能提出有说服力的证明被告犯有过失的证据，而且可以推断出过失存在的不言自明原则不能适用于此。然而，本法院决定推翻初审法院的判决并将此案发还地区法院重审，因为我们发现不言自明的原则可以在该案中适用。

本案的事实经过是经过双方一致认定的。1984 年 2 月 12 日，Jose Domingo Colmenares Vivas 和他的妻子 Dilia Arreaza de Colmenares 抵达了波多黎各的 Luis Munoz Marin 国际机场。随后，他们乘坐自动扶梯前往机场二楼的移民和海关检查站。当时 Colmenares 太太站在自动扶梯的右手边，手扶着随自动扶梯一起上升的扶手，她的丈夫就站在一步之后。正当这对夫妇乘扶梯上升到大约一半的高度时，自动扶梯的扶手突然停住了但脚下仍然在向上移动，这使得 Colmenares 太太的身体一下就失去了平衡。她身后的丈夫连忙用双手将她扶住以免其滚落，不过这样做反而使 Colmenares 先生自己摔下了自动扶梯。后来 Colmenares 夫妇决定因此而直接起诉该机场所投保的 Sun Alliance 保险公司。在审理过程中后者又把负责检查、维护、调整、修理机场扶梯的 Westinghouse Electric Corporation 加入为本案的第三人。

在初审中，被告于双方出示证据完毕后向法院提出了直接判决的请求，原告当即表示了反对，认为自己所提交的证据已经非常充分了，而且如果适用不言自明的原则更是可以清楚地推断出机场的管理者在这起事故中存在过失的责任。在听取了原、被告双方对此问题的辩论后，法院认为从现有的证据中无法看出机场管理者犯有过失，而且本案也不足以根据不言自明的原则提交给陪审团裁决，因为作为该原则适用条件之一的"致使伤害发生的器物必须处在被告完全的独有的控制之下"的要求并不能够得到满足。

根据波多黎各的有关法律，要想适用不言自明原则必须首先满足 3 项条件：(1) 该事故如果不是因为某人行为上的过失通常不会发生；(2) 该事故必须是由被告完全的独有的控制之下的器物所导致的；(3) 该事故的发生不应该是由原告的主动行为所引发的。如果这 3 项条件能够得到满足的话，陪审团在缺乏直接证据证明的情况下也可以推断出被告过失的存在。

A. 第一项要求：过失的推定

适用不言自明原则必须满足的第一项要求是"根据一般的生活经验来看，我们可以推测出该事故一定是由于某人的过失行为才会发生的。"我们目前并不清楚初审法院是否认为此项要求在本案中可以得到满足，尽管初审法院在判决中声称其遵循证据的疑点归利于上诉人的惯例。我们认为本案的事实情况是能够满足这项要求的，因为如果不是出于某人的过失的话，在自动扶梯的正常运行中扶手是不应该突然停止不动的。

但是，如果上诉人仅能证明自己是因为乘坐扶梯而受伤的这一点，我们就无法同意此项要求可被满足了，因为该单独的事实不能告诉我们究竟是上诉人自己的过失还是他人的过失行为导致了事故的发生。在此案中，无可辩驳的证据表明，原告完全是因为自动扶梯扶手的突然停止才失去平衡而受伤的，而且这是自动扶梯在运行失常时造成的可预见的后果。因此我们可以合理地推断出一定是有人在操作或维护自动扶梯的过程中出现了过失行为，否则事故就绝对不会发生，所以适用不言自明原则的第一项条件在本案中是存在的。

B. 第二项要求：完全的独有的控制

要想适用不言自明原则的第二项要求是致使事故发生的器物，在本案中也就是那台自动扶梯，一定要是在被告的完全的独有的控制之下。初审法院正是基于这一要求不能被满足而拒绝了原告提出的适用不言自明原则的请求，尽管原告声称"该自动扶梯是机场管理者所拥有的财产并处于其控制之下。"我们同意初审法院的意见，仅凭这一点是无法满足适用不言自明原则的第二项要求的，因为这不能排除除机场管理者以外的其他人也可以控制该自动扶梯的可能性，事实上，该自动扶梯正是由另一家公司 Westinghouse 所维护保养的。然而，我们认为在本案中，机场的管理者应该被认为完全的独有的控制了该自动扶梯，因为其作为一个公共场所的营运人有不可推卸的责任去保持所有设施都处在安全的状况之下。

有少数法院要求"完全的独有的"必须严格地依照其字面意思来理解和应用，然而最高法院曾在审查一个案子时否定了这种见解，认为这会不适当地限制陪审团对事实进行推理的裁量权。因此我们不应该对"完全的独有的"做狭义的解释，当被告和其他人需要共同为致使伤害发生的器物负责时，陪审团仍有权发现被告单独的过失。实际上，法律规定这么一项要求的目的并不在于把不言自明原则的适用仅仅限制在那些只有一个行为人控制着伤人器物的案件中，而是为了防止发生事故其实是由第三方造成的情况，让真正的责任人逃脱法律的追究。所以，我们完全不需要被告实施了实际的物理性的控制，只要应当是由被告而非其他人最终应当对该器物引发的事故负责就足够了。即使被告对于该器物所负的责任也是与他人共同承担的，或者被告只是名义上占有且实际控制者另有他人，也都不影响不言自明原则的适用。故此，就探讨是否适用不言自明原则的场合而言，被告如果有不可移转的责任去维护某种设施的安全可靠，他即被认为完全的独有的控制了该设施。并且除非被告的责任是可以转移的，否则他已将对该设施的实际控制权转移给其他人，或是已通过缔结合同委托他人承担起这种责任的事实不会阻止不言自明原则的适用以及陪审团据此作出对被告不利的推测。

在本案中，我们认为机场管理者所承担的保持自动扶梯安全的责任即是不可移转的。虽然目前没有现成的标准来判断一种责任可否移转，但问题的关键在于如果这种责任对公共安全来说是如此至关重要的话，那么它就不应该被随意的转移给其他人。机场管理者正是肩负着这样一种职责。

因此我们认为初审法院作出的"完全的独有的控制"这项要求

没有满足的判定是错误的。

C. 第三项要求：原告的行为

适用不言自明原则所必须满足的第 3 项要求是，该事故不能是由于原告的主动行为而造成的。初审法院认为本案中没有证据显示是 Colmenares 夫妇的过错行为导致了这场事故，我们也同意这样的看法，他们除了正常地使用自动扶梯外没有做其他任何不合适的事。

因此，我们判决适用不言自明原则的三项要求全部能够在本案中得到满足，陪审团也应当被允许依据不言自明原则来推断被告是否犯有过失，以及决定其是否需要承担相应的法律责任。

本法院决定对初审判决部分支持，部分推翻，此案发回重审。

TORRUELLA, Circuit Judge.（dissenting）虽然多数意见正确地描述了波多黎各法中有关不言自明原则的规定，但其忽略了在本案中适用该原则应该注意到的问题。多数意见认为，要想适用不言自明原则所必须满足的第一个要求即事故只有当过失存在时才会出现能够在本案中得到满足，因为如果不是出于某人的过失的话，在自动扶梯的正常运行中，扶手是不应该突然停止不动的。

但是依我看来，仅仅因为自动扶梯的扶手突然停住和 Colmenares 太太失去平衡摔倒了的事实，而缺乏其他任何有关为什么扶手会突然失常以及是如何失常的证据，是根本不足以就据此推断出机场管理者存在过失的。法院应当注意到自动扶梯是一套非常复杂精细的机器，没有常识告诉我们其突然失常就一定是操作者过失所造成的。我认为此案中需要专家证据来帮助我们分析能否从事实中归纳出被告过失的推断。

Larson v. St. Francis Hotel

District Court of Appeal of California, 1948.

83 Cal. App. 2d 210, 188 P. 2d 513.

BRAY, Justice. 本案中的事故很明显是因为旧金山（San Francisco）的市民们在 1945 年 8 月 14 日欢庆二战胜利时的过度热情和兴奋所造成的。原告虽然没有亲身加入到欢腾的庆祝活动中，但当她沿着 Post 大街的人行道走到 St. Francis 酒店前面时，突然被一把从天而降的沉重的椅子不偏不倚地击中了头部，原告当场失去知觉，事后的检查证明她因此而遭受了极其严重的身体伤害。现在原告对该酒店的主人提起诉讼，要求其支付相应的经济赔偿。尽管当时有很多人就在原告的附近，不过他们都没有注意到椅子究竟是从哪里坠落下来的，以及是如何掉在原告头上的，并且这把椅子上也没有任何能够表明其属于该酒店的标记。然而，我们可以从以上事实合理地推断出这把椅子是从酒店的某个部分被投掷出去的，这样的猜测是符合证据应当以最有利于原告的方式进行解释的惯例的。

在初审中，原告除了向法院提供了上述的情况以及伤势的严重程度，还要求本案中其他未能由事实证明的地方应当通过不言自明（res ipsa loquitur）的原则来予以认定。但是被告对此提出了异议，初审法院最终接受了被告的意见，判决此案不能成立。因此，本法院所要考察的主要问题就在于，根据已知的事实经过可否允许不言自明的原则在此案中适用。我们认为初审法院所作出的决定是正确的。

原告曾引用了 Gerhart v. Southern California Gas Co., 56 Cal. App. 2d 425, 132 P. 2d 874, 877 一案来佐证自己的主张，该案的法官对适用不言自明原则的条件作出了说明："如果原告希望在自己的案件中适用不言自明的原则，他必须证明：(1) 事故的确实发生；(2) 直接造成事故地发生的东西或工具在事发前处于被告完全的独有的（exclusive）控制和管理之下；（3）在通常的情况下，如果被告施加了一般的谨慎，该事故就肯定不会发生。总之，不言自明的原则只适用于事故的起因完全在被告的掌控之中时，如果一件无法解释的事故存在多种发生的可能性且被告无法对其中的一些负责时，或者是该事故是两个原因共同造成的结果而被告只对其中的一个负有责任时，原告要求适用不言自明原则就没有充分的理由。"

把以上的法律原则导入到本案的事实情况中去，我们可以很清楚地发现本案中没有适用不言自明原则的余地。尽管原告声称上述所谓"完全的独有的控制"的要求不应当仅限于实际的物理性的控制占有，还应当包括名义的权利性的控制，但我们不知道这对原告证明自己的主张有什么帮助作用，因为一个酒店无论是实际的还是潜在的都不可能对自己的家具拥有完全的独有的控制。而且我们也不认为在通常的情况下，只要酒店施加了一般的谨慎，事故就不会发生。恰恰相反的是，该事故非常可能是由入住在酒店中的客人或是众多随意出入的酒店的人所造成的。根据本案的事实，最符合逻辑的推断即是这把椅子是由当时正在酒店下榻的某个客人因为过于激动而从窗户扔下来的。故此这起事故不是被告酒店在日常管理中施加一般的谨慎就可以避免的了的，因为如果酒店想要万无一失地制止客人们朝窗户外面扔家具的情况恐怕就必须在每一个房间里都安排一个保安看着，相信没有人会认为法律会要求酒店采取这样的措施。

本法院决定维持初审法院的判决。

Ybarra v. Spangard

Supreme Court of California, 1944.

25 Cal. 2d 486, 154 P. 2d 687.

GIBSON, Chief Justice. 本案是一起关于人身伤害的诉讼，原告声称自己在经受外科手术的过程中受到了被告的侵害，因此要求被告对其承担相应的经济赔偿责任。初审法院判决原告的诉讼理由不成立，于是原告向本院提起上诉。

在 1939 年 10 月 28 日，原告到被告 Tilley 医生处就诊，后者诊断出他患有阑尾炎并安排被告 Spangard 医生为他做切除阑尾手术，手术将在由被告 Swift 医生所开的医院内进行。随即原告便住进了预定好的医院，接受了皮下注射，接着又睡了一觉，然后被 Tilley 医生和 Spangard 医生唤醒，由被告护士 Gisler 推着轮椅送进了手术室。被告麻醉师 Reser 医生为原告做了手术前的一些准备工作，按照原告提供的证词就是把他扶到了手术台上，并在他的脖子以下一英寸也就是肩膀附近的位置放了两个硬物。后来 Reser 医生为原告实施了全身麻醉，原告就逐渐地失去了知觉。当原告在第二天早晨醒来的时候，他已躺在了病房里，被告护士 Thompson 正在照顾他，当时病房里还有另外一个护士，但原告没有把其列为被告。

原告声称在手术之前他的右手包括肩部从来都没有伤病或是疼痛的情况出现过，但是自从手术之后的那个早上他在脖子和右肩之间的部位感到了钻心般的疼痛。他将这个情况告诉了照顾他的护士和 Tilley 医生，于是后者在他住院期间实施了电气透热疗法，然而原告所感到的疼痛不仅在接受治疗之后没有减弱，反而不断地向下蔓延到了整条手臂。这种情况随着原告的出院而变得越来越糟糕了，他不仅不能自如地做出大臂回旋的动作，而且肩膀周围的肌肉甚至出现了麻痹和萎缩。因此他在 Tilley 医生处接受治疗，一直到 1940 年 3 月才重返工作岗位，但他在 Spangard 医生的建议下不得不在手臂上绑着厚厚的夹板。

原告在此期间也同时到 Wilfred Sterling Clark 医生处求诊，该医生为原告拍摄的 X 光片显示他肩部的一部分区域神经的感知能力正日益下降并由此造成了肌肉的萎缩。根据 Clark 医生的意见，这种情况可能主要是由于原告脖子和右肩之间的受到外伤或者严重压迫所造成的。

原告提起上诉的理论是当前的证据已经足以表明在本案中可以适用不言自明的原则，而根据该原则推断出被告过失的可能性使初审法院作出的驳回起诉的判决是不适当的。被告对此采取的立场是，即使我们假设原告目前的状况的确是由于受伤而引起的，也没有任何一个被告的行为或手段是造成原告受伤的原因。被告称原告一并起诉了如此众多医生护士完全是出于投机的心理，因为其中的一些人根本不需要为另外一些人承担连带的责任，而且被告还称原告未能指明到底是哪一些被告在行为上存在过失。总而言之，被告方的抗辩利用可以被归结为两个方面：（1）原告起诉了多位被告，但这些被告之间的责任是分别独立存在的，很可能只是由于某一位或几位被告单独的行为造成了原告的受伤，这么多不确定因素的存在使得不言自明原则不应该被适用于本案中的每一个被告；（2）在本案中存在着多种可能最终致使被告受伤的媒介或工具，原告没有明确的说明究竟是其中的哪一种使得自己受伤而其又是被哪一位被告所控制的，因此不言自明的原则不应该被适用。

通常来说，要想适用不言自明原则必须要满足三个要求：（1）该事故应该是属于那种非因他人的过失一般不会发生的；（2）该事故应该是由处于被告完全的独有的控制之下的器物所造成的；（3）该事故的发生因素中不应当掺杂有原告的主动行为。这是一个被法院在许多情况下都会参考的标准，包括在各种涉及到医疗纠纷的案件中。

然而，在医疗纠纷案中，究竟应当到何种情况出现时才能适用不言自明原则尚存在很大的不确定性，这主要是由于近年来一些法院对于不言自明原则的适用规定了不少限制的条件，却越来越不注重法律创设这一原则的本来用意，因此其似乎正逐渐的从一条简单且易于理解的周边证据法则转变为愈发僵硬的法律公式，从而排除了其在许多原本应当符合条件的案件中的适用。如果行为不言自明的原则能在今后继续发挥作用，我们就不应该忘记这条原则的用意和作用正是通过给诉讼中占有过度信息优势的一方施加压力来迫使其向法院透露事情发生的真正原因和经过，以求得其和无法接触并获得这些信息的受害者在诉讼中站在比较平等的位置上。

本案正是属于这样一个能够充分发挥和体现不言自明原则立意和精神的情况。既然我们认可对发生撞车时坐在轨道车上的乘客、走在大街上被从空中坠落的物品击中的行人或者是爆炸后留下的残骸适用不言自明，那么就更没有道理不同意将其适用于昏睡在手术台上的病人身上了，要知道病人是将自己的全部身家性命都托付给了医生和护士，而且本案中的原告是在完全没有知觉的情况下因为他所无法知晓的某个医生的某种医疗手段而受到了伤害。如果没有不言自明原则帮助的话，一个明显是因为某人过失而在治疗过程中遭受严重身体伤害的病人很有可能会无法获得应有的赔偿，除非有当时在场的医生护士自愿揭发究竟是谁在操作上存在过失以及整个事故是怎样发生的。假如不言自明原则真的不可避免的缺失了，那我们就不得不在这种病人被麻醉以后受到伤害的案件中考虑采用绝对责任而非过失责任，以防止受害人得不到法律救济的不公正的情况出现。所幸的是我们还不至于走到这一步，不言自明的原则应该能够适用于本案的情况。

事故不应当是由原告主动的行为所引发的这一适用条件根据我们已知的证据在本案中完全可以得到满足，同样事故非因他人过失不会发生的要求也很明显是在本案中能够符合条件的，因为本案事故发生的情况十分不同寻常，伤害既不是发生在动手术的区域也根本就和医治的对象无关，而是原告本来一直都很健康的身体部位莫明其妙地受到了伤害。根据本州以外作出的一些判例的规定，此案的这种案情足以构成适用不言自明的客观条件，被告应当被要求解释为什么如此奇怪的结果会发生，以避免自己被推定犯有过失。

被告提出的抗辩理由简单说来也就是原告未能明确地指出究竟是何人用何种方式导致了他的受伤；到底是他在医院期间接触到的

哪一种器具造成的最终结果；以及这许多种不同的器具又分别被哪些医生护士所完全的独有的控制着。被告又称他们之间有许多人不存在雇佣关系，因此就侵权法律责任而言，他们中的一些人不应该为另一些人的过错行为而承担任何连带的义务，如果综合考虑本案中原告所受伤害的性质、被告的人数和被告在治疗原告过程中分工的不同，即使一些被告确实犯有过失的话，也不应该让所有的人一起承担责任。

我们毫不怀疑在一所现代化的医院里一位病人很可能会得到很多人的照顾，这些人之间相互存在着合同及其他种类的分工合作关系。例如在本案中，Tilley 和 Spangard 医生在法律中的地位可以被看成是独立合同工（independent contractor），而麻醉师 Reser 医生和护士 Thompson 都应该算作是 Swift 医生而非其他医生的雇员。但是我们从来都不认为被告的数量或者他们之间的关系如何是在决定不言自明原则时值得被考虑进来的因素。每一个曾经在治疗过程中监护过病人的被告都负有不给病人带来不必要伤痛的谨慎义务，他们中的任何人如果违反了这一义务都要承担法律的责任。此外，被告中具有雇主身份的人还需要对自己雇员的过失行为担负起连带的侵权责任，而且即使没有合同关系存在，主持手术的医生也可以被看作是其他所有协助他完成手术的人的临时雇主并应当为他们的过失行为负责。这也就是说，虽然在手术进行过程中担任辅助工作的医生和护士都是医院而非主刀医生的雇员，但根据侵权法中的替代责任（respondeat superior）原则，主刀医生通常都会被要求为这些助手的过失承担相应的法律责任。所以，医生必须因为护士在手术中粗心大意的把一块海绵或者其他什么东西留在了病人的身体内而负有过失责任，即使在手术的分工中其实另安排有他人注意防止此种事故发生的事实也不能免除主刀医生的责任。

在本案的深入审理过程中，我们也许会发现遭到原告起诉的被告里有几位确实应该承担法律责任，而其余的则是在行为上没有过失的，但这种情况的出现并不是可以排除不言自明原则在本案中适用的理由。在治疗过程中伤害到原告身体的那些器具无疑都是在不同的时段而分别被掌握在这些被告以及他们的雇员手里的，而原告对这些医院内部分工及操作上的细节又是根本无从知晓的，故此，我们认为通过不言自明原则的带来压力，让被告自己把这些难以为外人所知的情况披露出来是合乎法律的正当性的。原告因为要接受外科手术治疗而被被告施加了麻醉，因此在被告侵害其身体的过程，中原告实际上都是昏迷不醒的，所以被告一定坚持要原告能够指明到底是谁以何种方式犯有过失实在是毫无道理可言的。

被告在本案中极力强调的另一个方面的问题是，原告也未能指明究竟是手术中的何种媒介或器具造成了这起事故。出于和前一个问题同样的原因，被告所提出的也只是个错误的概念，如果我们非要求原告这样做的话，将会给不言自明原则的适用带来不合理的限制。我们认为原告只要能证明他所受到到伤害是在自己失去知觉躺在医院这一期间受到外力作用而产生的就足够了。

如果仔细地检视一下近期有关探讨如何适用不言自明原则的案例，特别是本州作出的那些，我们可以清楚地看出越来越多的法院趋向于对"致人受伤的器物必须在被告完全的独有的控制之下"这一条件做宽泛的解释，尤其是为了更广泛的利用不言自明原则，已经有很多的例外情况得到了法院的认可，实际上控制权（right of control）的概念常常会取代实际控制（actual control）的概念来扩充我们对"完全的独有的控制"的理解。

根据我们确立的以上原则，我们没有道理拒绝将不言自明适用于本案，如果我们接受被告提出的辩解的话，那恐怕就没有病人能因为在失去知觉期间所受到的伤害而获得经济赔偿了。现在的医院已经发展成了一个高度协调一体化的体系，有许许多多的人会为了一个病人而作出自己努力，比如在手术前会有作为医院雇员的护士和实习医生进行最初的准备工作；有作为医院、主刀医生雇员或也可能是独立合同工的医生为病人实施麻醉；有主刀医生和他的助手，这些人是医院的雇员但同时也是他的临时雇员；以及在手术后照顾病人康复的那些医生和护士。这些人都对病人的身体免受不必要的伤害承担着谨慎行为的义务，仅仅因为牵涉进来的医生护士人数众多就拒绝给予病人适当的法律救济的途径是非常不公正的。

初审法院的判决应当被推翻。

补充知识：

既然本节的第一个案例谈到的是有关波多黎各法的问题，那我们不妨就此简单地了解一下波多黎各与美国在政治和法律上千丝万缕的联系。波多黎各（Puerto Rico）其实不是一个独立的国家，而只是拥有美国领土地位（US Commonwealth）的一个自由邦，其公民同时享有美利坚合众国的公民权。波多黎各目前的政治地位主要是由于历史的原因造成的，其自从在 1493 年哥伦布寻找新大陆的航行中被发现不久就成为了西班牙的殖民地，但 1898 年时西班牙因为在美西战争中失败而将此地割让给了美国，于是波多黎各作为美国联邦领土的地位一直至今，但其在内部享有较美国各州更高的自治权力，比如可以自行选举总督等等。不过自从 1952 年 7 月 3 日美国国会批准了波多黎各的宪法以来，在波多黎各已经举行过 3 次关于其政治地位的全民公决，赞成维持现有半独立状况和主张彻底加入美国成为第 51 个州的人基本上旗鼓相当，也有极少的人表达出了要求独立的愿望。由于在历史上先后受到过西班牙和美国的长期统治，两种法律文化都在波多黎各留下了深深的烙印，目前波多黎各的法律制度是以西班牙的民事法典（Spanish civil code）为基础，然而法官在判案时也经常参照美国各州的法律（US state laws）。就立法而言，波多黎各仿照美国的模式分别建立了参、众两院组成议会承担立法的职责，两院分别有 28 席和 51 席，其各自的分工也与美国的情况相似，但是美国国会对波多黎各议会通过的法律有否决权。在行政事务上，美国的总统和副总统是波多黎各的国家元首，但波多黎各的公民因为不必承担美国法下的纳税义务而无权参加美国的总统大选，实际的政府首脑是由波多黎各人自行选举出的任期为4年的总督。波多黎各的法院系统自上而下分为最高法院（Supreme Court）、上诉法院（Appellate Court）及高级法院（Superior Court）和地方法院（Municipal Court），所有的法官均经议会同意后由总督任命产生。

十、事实原因（1）

"要不是……否则"判断标准

通过前面章节的学习，我们知道了被告的过失行为并不一定会给他带来过失的法律责任，因为我们除了需要向法院证明被告的行为由于违反了谨慎行为的义务而具有过失性以外，还必须提供原告因此而遭受了实际的损害以及被告的过失行为与这种伤害原告利益的结果之间存在着一定程度的因果关系。损害结果相对来说是一个比较容易举证的事实问题，但要说明因果关系的存在就相当的复杂了，因为成立一个侵权责任所需要的因果关系并不像生活中我们所通常理解的由此及彼的逻辑推导模式那样简单，而是分为事实上的和法律上的两个层次，在本节里，我们所要详细了解的即是事实上的因果关系及其的一种主要判断标准，即"要不是……否则"（but for）的判断标准。

所谓因果关系指的就是一件事与另一件事之间的联系，如果前面一件事与后面发生的事存在着某种关联性，我们就可以认为这两者之间是有因果关系的。当然这种说法既把世界上万事万物间的客观联系想的过于简单了，又未必能经受的住纯粹逻辑上的检验，好在我们在这儿讨论的并不是一个哲学问题，也用不着用哲学家的眼光来认识法律上所指因果关系，所以我们还是应当主要把注意力集中在被告行为的可归责性上，因为如果把因果关系作为一个法律问题来看待，就不得不同时考虑到社会公共政策、公平正义原则、司法价值取向等许多非关逻辑的问题，也许这就是我们常说的法律思维与哲学思维的不同之处。

如前所述，美国侵权法对因果关系的要求可以分为先后的两个层次：（1）首先是事实原因（cause in fact）的层次，即被告的过失行为在事实上是导致原告受到伤害的原因所在。这个层次主要是为了回答是不是该被告的行为伤害到了原告的问题，只有对这个问题的回答是肯定的，才能顺利地过渡到下一步确定被告责任的议程中去，如果这时发现伤害原告的其实另有别人，那原先的被告也就完全谈不上需要对原告的损失负责了；（2）如果事实上的因果关系得到了满足，那么我们还必须考察被告的过失行为是否是原告受伤的法律原因或者叫最近原因（proximate cause），这也就是说，被告应该在多大的范围以内对自己行为的后果承担法律责任。虽然我们经常用一因对一果的理想模式作为分析问题的模型，但现实生活中的情况不可能是这么简单的，一个人的行为很可能会引发多个结果，比如说 A 在大街上乱扔了一块西瓜皮而使 B 摔了一跤，B 在摔倒以后没有及时爬起来又绊倒了 C，C 因此前往医院治疗伤腿的过程中因为医生的玩忽职守而患上了头痛，那么 A 是否需要对 C 的头痛承担法律责任呢？法院很可能会认为不需要，因为 A 的过失行为已经不能算是 C 患上头痛这一结果的最近原因了。所以这第二个层次的因果关系主要回答的是被告应不应该对原告负责的问题，具体的我们暂且留待到相关的章节里再说。

我们知道既然在现实世界里一个原因可以导致多个结果的发生，同样一个结果的出现也很有可能是多个原因的作用而产生的，比如在一起简单的汽车撞倒行人的交通事故中，我们就可以总结出行人没有走在人行横道线上、红绿灯设置不合理、汽车司机反应太慢、修理工在保养时未发现汽车的刹车有问题、在路的前方突然出现一个大坑司机不得不紧急避让等多种在案件审理过程中都值得一提的原因，那么究竟其中属于汽车司机过错的原因是否能被认为是引发事故的事实原因呢？对这个问题的回答，直接关系到受害者能否从该司机处获得赔偿以及应该向谁求偿。要直接回答这个问题是复杂的，我们需要更为详细的证据来帮助我们找到答案，但我们不妨带着这个问题先来了解一下什么是侵权法意义上的事实原因。

俗话说一次翻译就等于一层意思的流失，那我们就干脆避开种种语言的转换而直接接触所谓事实原因的词源好了。事实原因来自于拉丁语词组 sine qua non，其大致是"必要条件"、"绝对需要"以及"不可或缺"的意思，这就一下点明了事实原因在连接被告的过失行为与原告的损害结果时的内涵，即被告的行为应该是造成原告受到伤害的必要条件，如果被告的行为对原告受伤这一特定后果的出现来说只是可有可无的，那就不能说被告的过失是原告利益遭受侵害的事实原因。事实原因在侵权案件中可以以两种形式表现出来：(1) 被告的行为与原告的损失间通常总是有很强的联系，比如生活经验告诉我们，在人来人往的地方乱扔西瓜皮的行为是非常危险的，因为这会经常让人踩上去滑倒，或者是从高楼上向熙熙攘攘的人群中投掷杂物也经常会击中路人；(2) 在一个案子中除了被告的行为，没有任何其他可能的原因来解释原告为什么会受到伤害，比如某个病人吃了医生开给他的药后身体出现了排斥反应，而这种情况非因吃了这种药是不会产生的，所以医生的行为就是此种结果的事实原因。当然理论上的分析说明的只是经过总结后的一般情况，在具体的案件中我们还需要灵活地运用这些抽象的原理。

既然我们已经知道了事实原因在侵权法中的含义，接下来我们就要逐一来研究检验一种原因是否能构成事实原因的判断标准，在本节中，我将向大家说的是在美国司法审判实践中被运用的最为广泛的"要不是……否则"(but for)标准。众所周知，but for 在英语的语法中表示的是一种虚拟语气，即要不是发生了一件事，否则结果就会怎样，比如要不是下雨了我们就能去野炊，所以 but for 的标准实际上探求的就是如果被告不是以过失的方式行为的，那么原告是否仍然会受到伤害。如果因为被告换了一种行为的方式原来的结果依然如旧，那被告的行为就不是这一结果产生的原因，因为此时肯定有其他的更为主要的原因在发挥作用。反之，如果要不是被告的行为，原告也就不会受伤了，那么被告行为对案件的后果就起到了至为关键的催化效应，也就必然可以被看作事实原因。我们可以举一个很简单的例子来形象地说明一下这个问题，被告开车经过一个十字路口时发现四周没人就闯了红灯，但就在他过了路口以后突然看到前面有一个人和他在一个车道里同向步行，他急忙踩刹车却感到车停不下来了，结果被告撞倒了路人。现在的问题不在于被告有没有责任，而是他闯红灯的行为构成了事实原因，还是刹车失灵构成了事实原因。假如我们把上述的判断标准用到这个小事例中就可以清楚地看出，闯红灯的行为不是事实原因，因为他是已经把车开过了十字路口才和行人发生碰撞的，即使他不闯红灯等了几秒钟后也有极大的可能追上行人并把他撞倒；而刹车失灵应该被认为是事实上的原因，因为他当时已经提前看到了该行人并准备采取制动措施，如果不是因为刹车失灵的话，事故也就不会发生。

　　我们应该看到的是 but for 判断标准其实是由原告在向法院描述一种设想，假如被告当时不是这样做的结果会怎样，原告的猜测究竟会不会发生，我们谁也不能百分之百的保证，所以原告的推理应该具有能为正常逻辑所接受的合理性，当然被告此时也完全可以提出有利于己方的见解对原告的观点进行反驳。至于谁的说法能够胜出则要由陪审团来进行裁决，因为通常这会被认为是一个事实而非法律问题。大家还应当注意到的一点是，but for 判断标准并不是惟一的检验事实原因存在与否的方法，如果法院觉得使用这一判断标准会得出一个其不愿意看到的结果，法院往往会毫不犹豫地转而采取其他的办法来证明事实原因在案件中的成立，本节中就有案例反映出了这样的情况，而有关其他的判断标准，我们会在下一节中看到。

East Texas Theaters, Inc. v. Rutledge

Supreme Court of Texas, 1970.

453 S.W.2d 466.

SMITH, Justice. 本案是一起由 Sheila Rutledge 提起的涉及人身伤害的诉讼，她声称于 1966 年 9 月 25 日在一家由 East Texas Theaters 公司拥有和管理的剧院观看午夜电影的过程中，因为后者的过失而使自己受到了伤害。

在初审中，陪审团认为，被告未能将一些不确定身份的粗暴的观众从剧院中驱赶出去的事实构成了过失，而且其与原告的受伤之间具有事实上的因果关系。据此陪审团裁决应当由被告赔付给原告 $31 250 美元的经济损失。根据陪审团的这种认定，初审法院最终判决原告胜诉。后来本州的上诉法院（Court of Civil Appeals）也支持了这一判决。然而我们决定推翻这两个法院作出的决定，原告不应该从这场诉讼中得到任何东西。

被告在向本院的上诉中主要提出了两点抗辩理由：（1）上诉法院错误地支持了初审陪审团作出的关于本案中事实原因成立的认定；（2）上诉法院错误地认定了通过本案的证据足以发现原告当天的受伤与其日后自称因此而患上的慢性头疼等疾病之间存在因果联系。既然我们认为前两个法院在第一个问题的判决上就是犯有错误的，所以也就没有必要讨论第二个问题了。

尽管上诉法院的法官们已经在其判决书中充分而又细致地向我们阐明了他们作出判决所依赖的证据，但我们觉得仍有必要在此简要地复述一下本案的主要事实经过。当然，本法院在此遵循的规则同样是，无论现有的证据是否能支持陪审团的认定，我们都将以对原告最有利的方式来解释这些证据。

在 1966 年 9 月 24 日的深夜或者是 9 月 25 日的凌晨，原告 Sheila 买票进入了 Paramount 剧院观看午夜场电影，这是一家由被告公司所有和经营的电影院。该电影院的内部结构分为上下两层，下面是一排排的普通座椅，而上面则有一些包厢。Sheila 和她的朋友们当天是坐在剧院下层靠左边过道的地方，在其头顶上方就是悬垂着的包厢。在电影放映结束以后，剧院的灯都亮了，Sheila 也开始沿着左边的过道退场。然而正当她走向剧院前方的出口处时，一些坐在包厢里不明身份的人向下扔出的一个瓶子正好砸在她头部左耳以上的部位。

在初审中，陪审团认定这些包厢中观众的行为十分的粗暴（rowdy），而被告作为剧院的管理者却未能通过其雇员将这些粗暴的客人从剧院中驱逐出去，这一过失行为直接导致了原告 Sheila 受到伤害，我们认为有必要在此重新检视一下能从中推断出这种认定的证据。据初审中记录在案的一项证据称，当时电影院中楼上下所有观众的情绪都显得非常激动，他们不时地发出大声的叫喊。原告 Sheila 本人在描述这些喊叫时也称，当晚的叫喊是随着电影中某些镜头的出现而时断时续的，有时人们甚至情不自禁地使用了一些粗鄙的词汇。当时也在剧场内的另一位观众 Buddy Henderson 作证称，他看见情绪激动的观众们把纸头和冷饮杯纷纷扔向了前排，而 Sheila 却称自己未看到这一点，不过 Henderson 又称他看见观众们扔的也仅限于纸制的饮料杯，不包括任何的硬物。根据双方提供的各种证据，我们可以发现就剧院中观众骚动的持续时间的程度而言，楼下的情况比包厢中的还要更加严重一些，并且在电影即将结束时这种骚动达到了顶点。然而 Henderson、Sheila 和另一位名叫 Burt 的剧院工作人员又都告诉我们，在电影结束之后以及观众们纷纷退场之时，剧院里的狂热的气氛已经充分平息下来了，大家都显得很平静。总之，Henderson 说尽管当时观众们有叫喊、乱掷纸杯和其他情绪激动的行为，但一切都在可控制的范围以内，他一点也没感觉到会有任何糟糕的事会发生，他也没有为自己、朋友或其他人的人身安全感到担忧。

该剧院上层的包厢总共可同时容纳 263 名观众，当天差不多全被坐满了，据一位证人 Burt 回忆说，那场电影一共售出了 175 张包厢座位的票。当时剧场内的狂热气氛也蔓延到了包厢里，而且不局限于包厢的某一个部分，而是整个包厢里观众的情绪都比较激动，因此没有证据能够明确地指出哪一个观众的行为可以被称得上是粗暴的，也没有目击证人可以把当晚举止特别失当的人从众多观众中检举出来，更谈不上确定到底是谁扔了那个使 Sheila 受伤的瓶子了。而且，除了原告声称自己被硬物击中了头部以往，现场里也找不出第二个由坚固材料制成的器皿。证人 Henderson 称尽管他没有注意究竟是哪一个人扔的瓶子，但他在退场时的确用眼角的余光看到了一个快速运动的物体从包厢中飞了出来并最后砸在了 Sheila 的头上，这之后他也看清了被从上面扔下来的是个瓶子。不过就是当时同样在包厢里的观众也没有办法确认那个扔瓶子的人是不是也在这之前参与了大声的喊叫或扔纸杯子。

我们暂且不论本案中是否有可被确认的暴力作为证据来支持我们发现过失责任的存在，我们只要直接考证本案的核心问题，即现有的证据是否能够在被告的不行为和原告的受伤间建立起可满足法律所要求的因果关系就行了。然而，我们对这个问题的回答是否定的，我们认为没有证据能够证明被告未能驱赶剧院中粗暴的观众与原告被瓶子砸伤间存在直接的因果联系。

构成一个侵权责任通常需要证明两方面的因果关系存在：首先应该是事实上原因，即该原因导致了事情的发生且没有这个原因事情也就不会发生；其次对该原因而言事情发生的可预见性。我们认为原告不应胜诉正是基于本案中没有事实上的原因存在。具体地说，原告认为被告未能将粗暴的观众从剧院里驱赶出去的不作为是她被某个不确定的人用瓶子砸伤的事实原因。尽管我们认为这两者之间的确存在着前因后果的联系，但远未达到只要被告驱赶了粗暴的观众，就不会有其他人扔瓶子砸中原告这样的层次。本案前两次审理的记录清楚地告诉我们本案的事实不能够满足"but for"的判断标准，即要不是被告对粗暴的观众采取了漠然处之的态度，原告也就根本不会受伤，因为完全没有任何证据可以显示出投掷瓶子的人就属于那些之前在包厢里参与了叫喊和扔纸杯的陷入了激动情绪的观众。我们也无法确定只要被告把那些人驱赶出去就一定可保原告平安无事。总之，我们同意被告对初审判决在这一点上提出的异议，本案中的证据不能揭示被告的不作为直接导致了原告的受伤。

原告认为本案中的事实原因还可以从其他的方面找到，即在当时的条件下被告哪怕是做出最微不足道的监督行动也比什么都不做要合理，比如剧场的工作人员向狂热的观众发出安静下来的呼吁，或者是请一个警察站在包厢里，这都可以有效地制止个别观众把瓶子往下扔。实际上被告的这种姑息养奸的态度在暗中助长了个别观众夹杂在混乱的人群中做坏事可以不被发现的想法，并且事实证明的确有观众以扔瓶子的方式这么做了并也逃脱了法律的制裁。我们不能接受原告提出的这个理论，因为这与孤立的、偶发的原告被瓶子砸中的事故压根就没有关系。原告的想法实在是太过于投机而且设想的成分也太多了一点，即使被告当时把那些举止粗暴的观众驱赶了出去，我们现在也不得而知电影院里又会怎么样，况且没有人知道那个扔瓶子的人究竟在不在原告所认为的该被驱赶出去的观众的范围之中。因此，原告的这个理论对于建立事实原因来说纯属无稽之谈。

我们曾在以前宣判过的案例中确认了电影院的管理者需要对观众的人身安全承担其合理的谨慎义务（reasonable care），但我们从来没有说过剧院老板就应该是观众人身安全的保险承保人（insurer），必须对观众在看电影时受到的一切伤害承担赔偿责任。

本法院认为上诉法院和初审法院此前作出的关于原告胜诉的判决应当被推翻，原告不能从本案中获得任何赔偿。

Reynolds v. Texas & Pac. Ry. Co.
Court of Appeals of Louisiana, 1885.
37 La. Ann. 694.

PENNER, J. 原告的妻子在火车站登车时因为摔下楼梯而受伤，原告以此起诉被告过失并要求经济赔偿。据好几位证人称那天火车到站时就已经晚点了，所以必须缩短靠站的时间，乘客们都被告知要抓紧时间登车。原告的妻子是一个体型偏胖的妇女，体重约有250磅左右，她当时听到通知开始登车的广播以后，连忙从有灯光照明的候车室中跑到了没有安装路灯的站台上，光线的突然反差使原本能见度就很差的走道更显得漆黑一片，情急之下她不慎摔了一跤，结果给身体造成了严重的伤痛。初审法院判给了原告2 000美元的赔偿，被告不服并提出了上诉。

被告称即使其未在走道上安装日光灯或扶手是一种过失的行为，但这不是导致原告妻子受伤的事实原因，因为哪怕当时有足够的照明，原告的妻子也有可能会摔跤并受伤。我们承认的确有这种可能性的存在，但当被告的过失行为极大地增加了原告受伤的几率，而且很自然地导致了事故的发生时，仅仅因为存在没有被告的过失事故也会发生的可能不足以切断该过失行为与损害结果之间的因果关系链条。法院在这种时候只会考虑事故自然和通常发生的经过，而不会沉溺于不切实际的推测或想像。本案证据所表现出的强烈倾向性使我们相信被告的过失与原告妻子的受伤间存在事实上的因果关系。

本法院决定支持初审法院的判决。

Kingston v. Chicago & Northwest Railway Co.

Supreme Court of Wisconsin, 1927.

191 Wis.610, 211 N.W.913.

OWEN, J. 本案是一起因为火灾而引发的诉讼。被告铁路公司有一条南北向的从威斯康辛州的 Gillett 途经 Bonita 最终到达密歇根州的 Saunders 的主要运营线路，在 Bonita 这个地方又向西分出了一条支线专供 Oconto 伐木公司运送木材使用。这条支线是东西向，大约有 10 英里长，原告有一片香柏林场就紧靠在铁路的附近。

在 1925 年 4 月 29 日，有一起森林火灾发生在原告土地西北方向大概有 1 英里远的地方，同日还有另一起火灾出现在距原告地界东北方向约 4 英里的地方。在 4 月 30 日，这两股火苗汇合在一起浩浩荡荡地随风南下烧毁了原告的林场。原告在起诉中声称这两处火灾都是由被告铁路公司引发的，一起是由沿主线北上 Bonita 的火车造成的，而另一起是由沿支线运送木材的火车造成的。

在初审中，陪审团认可了原告的这一说法，发现两起火灾都是由从被告公司的火车头中迸出的火星所引发的，然而被告在上诉中对此表示不敢苟同。经过仔细地审阅双方提交的各种证据和记录，本法院认为可以确定东北方向的那股火情的确是由火车头在行进中迸出的火星造成的，但西北方向火灾的起因尚不明朗，也看不出这和被告有什么联系。

所以，我们现在所面临的局面是：东北方向的那股火是由被告造成的，而且据陪审团认定，其构成了毁损原告财产的直接原因，我们认为这一认定是完全可以经受住证据的考验的。然而，我们还不清除西北方向火灾的起因，并且陪审团和充分的证据也都告诉我们，其也是使得原告受到财产损失的直接原因。这是因为这两股火在距原告财产以北 940 英尺的地方汇成了一股，然后方才烧到了原告的地界上。这样我们就有了两个互不相干、各自独立、区别显著的事故起因，其中每一个都构成了烧毁原告财产的直接原因，并且即使缺少了任何一个，剩下的一股也已经足以单独地造成相同的结果了。

　　作为一项已决的侵权法原则，如果存在两个或两个以上的侵权行为人，并且他们各自的过失行为共同导致了损害结果的发生，那么他们需要分别对整个的后果承担全部的赔偿责任。在 Cook v.Minneapolis, St.Paul & Sault Ste.Marie R.Co., 98 Wis.624, 74 N.W.561 一案中，曾有法官写到："假如由两个侵权责任人的过失行为分别制造出来的原因共同发挥了作用，结果致使他人受到伤害，其中任何一个原因都应该被认为足以单独造成这一后果，因为无论这种共同作用的产生是故意的、实际的还是被推断出来的，每一侵权责任人都已经因为自己单方面的行为而造成了目前的后果。而且从现实的角度来说，我们既不可能对损害结果进行分摊，也无法追究清楚到底哪一点伤害是由哪一个人的行为造成的，因此所有的损失必须被看成一个整体来处置。"

　　上面引用的这个案子所描述的情形和本案的情况十分相似，即是由被告火车头引发的那起火灾联合了起因不明的另一股火灾共同作用把原告的财产给烧毁了，在本案中，我们可以肯定那股起因不明的火灾绝对不是自然的野火，而是因为人的活动而造成的，只不过受到证据不足所限我们无法确定是哪个人罢了。在上述的案子中，法官最后宣判引发了一处火情的铁路公司不需要对由两处火灾联合起来造成的经济损失承担法律责任，理由是另一处火灾的起因并不清楚，法官为此详细说到："由于被告过失而引发的火灾与其他起因不明的火灾汇合在一处席卷了原告的财产并使得其完全毁损，而这每一处的火灾即使单独蔓延开去也足以在相同的时间内造成同样的后果。因此我们认为其他地方发生的火灾在本案中构成了取代原因（superseding cause），因果关系的链条（chain of causation）也就被其从中切断了，所以整个事故的发生并不应该归因于被告引发的火灾，这如果被看作事实原因就显得太过于遥远（remote）了。"

该案的法官在其判决意见中多次强调另一处火灾没有已知的起源，这就使得我们可以顺理成章地推断出他的言外之意就是，假如两处火灾都是由已知的责任人所引发的话，那么两方的人都需要对后果承担全部的责任，由此该案法官开脱了被告法律责任的结论似乎仅仅是因为他不知道另外一把火是谁放的而做出的。该法官这样的做法实际上是不够慎重且带有冒险性质的，因为只有当该法官能够肯定另外这把火不是来自于需要承担法律责任的源头，他的结论方才可以和侵权法的一般原则所吻合。

就考虑本案所提出的特殊情况而言，我们并不想在这里批评侵权法的一般原则，其饶恕了因过失行为引发火灾而烧毁了他人财产的责任人，如果他引发的火灾先与其他的一些无责任源的野火汇合了的话，比如由闪电造成的火灾等等。因为在一些情况下这一原则还是有道理的，比如当被告引发的火灾被其他像森林大火情势更为迅猛的火灾所完全包容吞并时，这更大的火灾就构成了取代原因或阻断原因（intervening cause）。但是我们在本案中并没有遇到这种情况，东北方向和西北方向的两股火灾差不多是同等级别的，如果硬要说出两者的区别来，记录显示东北角的火势稍微大了一些，威胁性也更强一些，但无论如何也说不上东北角的火能把西北角的吞噬进去。

至此，我们毫不怀疑按照侵权法的一般原则，如果能有证据显示西北方向火灾的起源其实是由另外一些人所点燃的话，作为东北方向火灾的责任人，铁路公司就应当独自为所有的损害结果承担赔偿责任。而且我们认为西北方向的火灾的确是由人的活动引起的，因为其只是一场只存在了一天且没有蔓延多远的小火。从性质上看这不可能是森林大火，科学也告诉我们不存在其他的自然原因可以引发这样的火灾，所以我们肯定这同样是人为造成的。

有学者（Thompson）在总结上述 Cook 案的原则时说："这个案子的结论明显是错误的。我们可以设想一种情景，两个行为人尽管既不在同时也没有提前商量好却都从不同的角度向同一个人开枪射击，两个枪伤都足以造成受害人死亡，这时来争论哪一个人有罪而另外一个人是无辜的不是太过于幼稚和荒谬了吗？"

我们觉得这位学者为反对 Cook 一案判决所举的例子其实与该案内在的法律思维并不矛盾。按照我们的理解，如果出现两位开枪者中的一位因为另一位的身份不能确定而获得开释的情况，这实际上说的就是在 Cook 案中确立的原则。但这不是本案的关键，我们不打算将 Cook 案的原则适用到当前的情况中，因为被告并没有试图去证明西北方向的火灾是由非人为的原因造成的，并且我们认为东北方向火灾已经可以单独构成毁损原告财产的事实原因，而作为其引发者和责任人，被告应当对原告的所有损失进行全额赔偿。在一些情况下，如果即使缺失了被告人的行为，事故仍然会发生，那么被告人的行为也就不能被认为是引发该事故的事实原因，被告也就因此而不需要承担法律责任，但是，这一原则并不符合本案的特殊背景。这除了是由于前面已经说过的我们不能分割损失，还因为我们考虑到这样做会驱使几名被告互相拿对方的错误作为为自己开脱的借口，并最终造成无辜的受害者得不到赔偿的不公平的结果出现。

东北方向的火灾是由铁路公司引发的，而且该起火灾可以被看作是原告遭受损失的事实原因，我们认为这样的认定已经足以支持初审法院作出的倾向于原告的判决，并使我们不用再考虑被上诉人提出的其他的可建立起被告法律责任的理由。

本法院决定维持初审法院的判决。

补充知识：

通过本书学习美国侵权法到现在，大家已经读了不少的案例了，想必也都对如何总结解析案例有了自己的想法和心得。的确，如何思考和分析问题取决于每一个人自己的学习习惯，且因思维定式的不同而因人而异，不必也不能强求一致。但是应该承认的是，阅读案例切入点和侧重点的不同使得人们从中所获得的信息含量也是不同，为了能够最有效率地利用这些案例，美国的法学院都会在新生入学伊始就传授给他们做案例摘要（briefing a case）的技巧和方法，我非常愿意在把这套学习判例法的基本技能简要地告诉大家。

一般来说，在美国法学院的学生学习如何起草正式法律文书的模拟练习中，即使是处理一个只有单个法律争议（single issue）的案件，也需要在一个星期以内检索并阅读 30 个以上的判例。如果是逐个通读一遍的话，不仅浪费时间，而且容易顾此失彼，很可能在周末读完最后一个时早就忘记了第一个案例讲的是什么，这时对案例进行有目的的重点阅读并进行摘要就显得尤其重要。通常在阅读案例时应该特别注意并摘要以下内容：(1) 当事人名称、法院名称和审结日期；(2) 关键的事实（What facts matter to the decision?）；(3) 程序上的事项（procedural posture）；(4) 主要的争议点在哪里（issues）；(5) 法官对这些争议的态度（holdings）；(6) 适用的法律（rules）；(7) 法官的分析和思路（analysis）；(8) 结果；(9) 有无其他法官的附和或反对意见（concurrences or dissents）。读者们可以尝试着用以上的方法分析一下本书中的案例，这样每个案例只需阅读一遍就能够概括出要点，下次再想利用时就不必从原文中大海捞针了。

十一、事实原因（2）

重要因素和减少机会

在上一节的讨论中，我们详细了解了 but for 判断标准的具体含义以及知道了它正被最为广泛地适用于各种侵权案件里，但实际上，but for 标准并不是惟一的一种可以检验过失行为是否是导致损害结果产生的事实原因的办法，其在一些特殊情况下甚至还是错误的一种，必须为其他的一些判断标准所取代。在本节里我们就要学习两种能够起到这种替代效果的用于考察事实原因成立与否的法律原则：重要因素（substantial factor）原则和减少机会（loss of chance）原则。

通过前一节的介绍，我们知道 but for 标准规定只有符合"要不是因为被告的过失行为，否则原告所遭受的损害结果也不会出现"的要求，被告的行为才能被认为是导致该结果产生的事实原因。这不能不说是一个既在逻辑上无懈可击，又在操作中易于把握的标准，所以在绝大多数的普通模式的侵权案件中，but for 标准都足以表现出游刃有余的水平，但现实中也不乏例外的情况出现，特别是遇到多个侵权责任人的过失行为共同导致了损害结果出现的时候，but for 标准就明显地暴露出它刚性有余、灵活不足的弱点，被告很可能会利用缺少了其行为结果照样要发生为借口互相推诿责任，使得受害人得不到应有的公平合理的经济补偿。这种情形如果在 but for 标准的框架下是无法通过自我完善的方式加以解决的，这也就是说，我们只能另起炉灶转而求助于其他的途径来恢复颠倒的正义。

其实前一节的第三个案例已经充分地向我们昭示了 but for 标准

自身的局限和无奈，但是这种困境会在那些有两种或两种以上过失行为来源（combined force）存在的案件中表现的更为突出，我们可以试举一个简单的例子说明之。A、B、C 3 人站在一个大草垛前边聊天边抽烟，差不多在同时抽完了烟之后他们都很随意地把烟蒂朝脚下一扔就离开了，谁知 3 个尚未完全熄灭的烟蒂逐渐点燃了这个草垛并最终引发了一场大火。于是草垛的主人也就是原告一并起诉了 A、B、C 3 人，要求他们赔偿被烧毁的草垛的价值，这看上去是也应该是个情节很简单同时结果很明朗的过失侵权诉讼，然而假如审理此案的法院不加区分地使用 but for 判断标准来考察事实原因的成立与否，麻烦可就要随之而来了。请试想，按照 but for 标准的要求，如果把 A、B、C 3 个人的行为看作一个整体，那么其无疑是肯定能满足"要不是……否则"方程的检验的，但是假如把每一个人的行为单独拿出来接受考验的话，我们就会惊讶地发现 A、B、C 3 人都不用承担过失责任，因为他们中没有一个人的行为可被认为是导致草垛着火的事实原因，比如 A 可以狡辩即使没有他的过失，仅凭 B、C 两人扔的烟蒂也足以造成同样的后果，所以这不能满足 but for 的标准，他的行为也就不构成事实原因，当然 B 和 C 也完全可以以 A 的行为单独即可带给原告同等的损失来开脱自己的责任。尽管情感告诉我们 3 个被告的这种辩解充其量只能说是在钻法律的空子，但理智使我们不得不选择接受这一苦涩的后果以维护法律的威信，因为 but for 的判断标准的确是如此这般规定的。

虽然上述的例子只是一个杜撰出来的假设，但既然其推理完全合理就说明这样的法律制度确实存在着潜在的漏洞，不过所幸的是美国的法院早在 100 多年以前就认识到了这种危险所在并及时作出了补救，即是发展出了我们在本节中要说的"重要因素"原则作为上述情况下 but for 判断标准的替代，这也就是说如果法官觉得在一个具体的案件中适用 but for 标准会造成不公平的后果，他可以转而用对证据要求比较低的重要因素原则来探询事实原因成立与否。

那么何谓"重要因素"呢，我们可以从两个方面来理解：首先，这是一个比较模糊的概念而且没有经过细致的量化，所以很难套用一个具体的公式来得出什么因素是重要的，什么是不重要的，在很大程度上通过逐案的自由裁量来解决，我们只能说足以单独引发最终后果的因素是重要的，而明显不会改变事情发展轨迹的因素就应该不算重要。正是这种模糊的特性决定了重要因素标准不太可能成为一个完全取代 but for 的且能适用于所有侵权案件的建立事实原因方法，而只能作为后者的替补仅在非常有限的特殊情况中被考虑；其次，重要因素标准和 but for 标准之间的差异并不如人们想像的那么大，甚至可以说两者的思路其实都是一样的，即把被告行为对后果产生影响力的大小作为衡量的依据，只是两者对于程度的要求是不同的，but for 标准至少要求发生的可能性大于不可能，而重要因素标准则没有类似的要求。不过这一点说明的是，即使在适用重要因素标准时，我们也可以沿用 but for 标准的思路来考虑问题，只不过需要适当地降低一下门槛罢了。

至于"减少机会"原则（loss of chance，又或称 lost opportunity doctrine）实际上是重要因素原则的一个分支，也可以说是专门适用于医疗纠纷案件的重要因素原则的变种。我们知道医生的玩忽职守常常会使得病人康复甚至存活的几率降低，而通过专家证人的举证可以把这种几率的变化用百分比的形式清楚地表现出来，比如一个人得了心脏病到医院去开刀，这种病的治愈率在措施得当的情况下应该有80%，但主刀医生由于过失在手术中犯了不应有的错误，这使得该病人的治愈率降低到了30%，一下子从很有可能治愈变成了不太有可能，法院也许就会追究这减少的50%机会的过失责任，因为数字的强烈对比告诉我们，这是一个导致损害结果发生的重要因素。然而在这一原则的具体适用上，美国的法院存在着一些分歧，有些要求病人原先的治愈率在50%以上，即这个病是很可能被治好的，而另一些法院则没有类似的要求。大家可以通过本节的第二个案例来详细了解这两者的区别依然隐藏在这之后的不同法律理念。

Elizabeth Rudeck v. Kermit J. Wright

Supreme Court of Montana, 1985.

218 Mont.41, 709 P.2d 621.

MORRISON, J. 本案是一起关于医疗纠纷的诉讼，这是由于医生在动手术时把异物（foreign object）留在了病人的身体里而造成的。本案最初在 Lewis & Clark 郡的地区法院审理，陪审团裁决被告应赔偿给原告 75 00 美元的经济损失，但原告并不满意这个结果，因此要求法院重审此案，初审法官批准了原告的请求，被告 Wright 对此表示不服于是向本法院提起了上诉。

在 1980 年 5 月 27 日，74 岁的州政府退休雇员 Rudeck 先生在 St.Peter's 社区医院接受了被告 Wright 医生为他做的手术。在手术的过程中，Wright 医生将一块 30 厘米见方的医用纱布放置在了病人打开的腹腔中，但是后来他忘记将其取出来就匆匆缝合了刀口。当时还有 2 位护士在场协助 Wright 医生完成这个小手术，她们应当负责清点被使用过的医用纱布的数目，但是她们过失性地未能及时提醒 Wright 医生少取出了一块纱布。

因为根本没有人察觉到还有一块纱布留在了病人的身体里，Rudeck 先生在 1980 年 6 月 1 日就出院了，他本人当时也没感到有什么异样。但是在此后的几个月里，Rudeck 先生的伤口一直在流脓，他也觉得自己没有胃口，体重也下降了，而且出现了关节积水的情况。从 1980 年 6 月 1 日到同年的 9 月 29 日，Rudeck 先生又因为各种问题到被告 Wright 处一共就诊了 34 次。

尽管在此期间 Wright 医生还专门为 Rudeck 先生拍了 X 光片，但他没有发现医用纱布存在的情况。鉴于身体状况的不断恶化，Rudeck 太太把她的丈夫送到了另一家医院求诊，这家医院的医生很会就找到了问题的症结所在，不过由于 Rudeck 先生的身体实在是太虚弱了，经受不起另一场手术，只好将取出纱布的日期向后延迟。谁知 Rudeck 先生终于没能等到这一天，1980 年 10 月 24 日，由于病情的急剧变化，他在医院中去世。

在决定初审法官要求此案重审的判决正确与否之前，我们应该先来讨论被告 Wright 医生是否需要承担过失责任。在审理类似的医生把异物留在病人身体内的案件时，其他州的法院通常会采取的原则可被分为 3 种：（1）本身过失（negligence per se）的原则。采纳这种观点的法院认为医生在手术时未能把海绵、纱布、夹子之类的异物从病人的身体内取出的事实本身就可以说明该医生是犯有过失的，因为医生的谨慎义务要求他必须做到这一点。（2）不言自明（res ipsa loquitur）的原则。这种原则会推定留下异物的医生在行为上是有过失的，因为病人本人当时是昏迷的也就不可能犯错，而致使其受伤的手术器械都在主刀医生的完全的独有的控制之下，并且只要医生施加了合理的谨慎就不应该有这样的事故发生。一旦法院适用不言自明的原则推定被告犯有过失，那么反驳这种推定的举证责任就落在了被告身上。（3）普通的过失（ordinary negligence）原则。在普通法的过失原则下，医生在病人体内留下异物的事实仅仅是最终判断他是否犯有过失的一个证据，原告有责任分别证明能建立起过失法律责任的每一个要件。

综合考虑以上每一种原则的优缺点和本州法律的一惯做法，我们认为本身过失的原则最符合当前情况的需要。当一个病人躺在手术台上的时候，他是把全部的身家性命都交到了医生的手中，如果一样异物被错误地留在了病人的体内，即使不用专家证据人们都会觉得医生是有过失的。如果医生拿清点物品应该是护士的工作来推卸责任，那也是根本站不住脚的，因为在手术中的主刀医生就好比一艘船的船长（captain of ship）一样，需要照顾到手术过程的所有方面。

在初审中法官指示陪审团，原告可以就由 Wright 医生的过失行为所直接造成的损失获得赔偿。在定义何为"直接造成"时，法官将其解释为："如果一个原因是造成死亡结果的重要因素（substantial factor），那么它就是后者的事实原因。"然而，被告 Wright 对此提出了反对意见，他依据标准版本的关于事实原因的陪审团指示声称："事实原因是指以自然的方式造成某种延续性后果的原因，不仅其与结果之间的联系没有被任何其他新的或独立的原因所切断，而且没有这一原因该后果也就不会出现。"

在司法审判实践中，法院通常都用 but for 的形式来考察事实原因的存在，即如果没有被告的行为损害，结果就不会发生，那么该行为就是造成这一特定结果的事实原因；反之，如果没有被告的行为损害，结果照样会发生，那么该行为就不是结果的事实原因。这种 but for 的判断标准可以在绝大多数的案件里满足建立因果关系的需要，但是至少在一种情形下，这个标准是不起作用的。如果两个或两个以上的原因共同作用促成了某个结果的产生，并且其中任何一个原因单独作用也会造成同样的结果时，我们就必须采用另外的判断标准了。在这类案子中非常清楚的一点是，这每一个单独的原因都对最终结果的出现起到十分重要的作用，因此每一个原因都应该独自承担责任，而且这每一个原因都不能因为没有它其他的原因也能造成同样的后果而被免除责任，要是能这样的话，所有的原因都可以借此来逃避法律责任了。

"重要因素"原则正是为了避免在这些案件中各种原因会利用 but for 的原则相互推诿而被发展起来的，如果几个被告的行为共同与损害结果的发生紧密相关，虽然其联合在一起能够满足 but for 原则的检验，但如果分开来却都可以借助其他原因的存在而钻空子，这时法院就可以转而适用重要因素原则来认定每一个单独的原因都是导致最终结果发生的事实原因。这类特殊案件与普通的侵权案件相比还是不太经常出现的，不过本案正是属于这种应该用重要因素原则来代替 but for 原则建立因果关系的稀有情况，初审法官指示陪审团运用重要因素的方法来考察被告的过失是否已经构成了可以导致过失后果的事实原因，这一指示并没有什么不妥。

我们决定在本案中适用重要因素原则的目的并不是打算以此来彻底取代 but for 标准，我们只是认为本案的特殊情况决定了重要因素适用于此是更加适当的。

本法院完全同意初审法院的判决，此案应当得到重审。

Herskovits v. Group Health Cooperative of Puget Sound
Supreme Court of Washington, 1983.
99 Wash. 2d 609, 664 P. 2d 474.

DORE, Justice. 本案的上诉人也就是初审中的原告是一位已过世病人的遗属，她以职业过失（professional negligence）为由起诉曾替该病人看过病的医生，因为其未能及时诊断出该病人当时已患有肺癌，结果耽误了治疗，但问题在于原告虽然可以用可信的数据说明医生的误诊减少了该病人的存活机会，却无法证实如果该病人的病情得到了及时的发现和治疗，他就能够安享自然的寿命。初审法院以即席判决的方式否决了原告的诉讼请求，原告因此而向本法院提起上诉。

双方的律师都同意并建议在此案中本法院可以认为被上诉人 Group Health Cooperative of Puget Sound 和 William Spencer 医生在病人 Herskovits 先生第一次来医院求诊时过失性的未能诊断出他已患有癌症，这一误诊的结果直接导致了 Herskovits 先生存活的几率减少了 14 个百分点，而在通常情况下，Herskovits 先生能从癌症中康复的几率也是不到 50% 的。

在本案中，我们主要需要解决的争议是一个本来只有不到 50% 可能性存活的病人是否可以因为医院及其雇员在工作中出现过失致使他的存活率又降低了 14% 而获得一个能够被法院所支持的诉讼理由。被告在初审中向法官提出，即使 Herskovits 先生被早几天发现患有肺癌，他也照样会因此而送命，初审法官接受了被告这一见解并作出了对其有利的判决。

原告称 Herskovits 先生曾于 1974 年初因为感到身体疼痛和咳嗽到被告医院就诊，当时照的 X 光片显示他的左肺已有液体渗入。此后 Herskovits 先生的身体一直都没有好转，到了 1974 年的秋天，他胸部疼痛和咳嗽的情况已经成为持续性的了。但是被告医院的医生在此期间和以后都只是把这当成普通的咳嗽来治疗，也没有任何人关注或询问过 Herskovits 先生身体显现出来的各种症状。在 1975 年的早春，因为病情加剧，Herskovits 先生及太太动身前往南方，希望那里温暖的气候能对他的身体有所益处。然而一段时间下来情况却没有什么明显的改善，Herskovits 先生只得返回西雅图地区并以私人的身份前往 Jonathan Ostrow 医生的诊所进行咨询，结果发现自己的肺部早就发生了癌变。于是在 1975 年 7 月，Herskovits 先生在被告医院做了肺切除手术，但此外就没有接受任何的化疗或者放疗。在手术后的大约 20 个月也就是 1977 年 3 月 22 日，Herskovits 先生终于还是因癌症去世，享年 60 岁。

在初审中，原告虽然未能证明是被告的误诊导致了 Herskovits 先生的死亡，但她的证人 Jonathan Ostrow 医生却以专家证据的形式向法院解释了误诊对该病人的不利影响。他指出，如果在 1974 年 12 月份以前病人的肺癌就得到确诊，那么病人就有 39％的机会可以活上 5 年，但病人实际上是在 6 月以后才确切地知道自己患有癌症并开始对症治疗的，此时他继续活 5 年的几率已经降至了 25％。Ostrow 医生还说从专业的角度来看，他认为早在 1974 年 12 月或者 1975 年 1 月医生就完全可以对 Herskovits 先生的病情进行确诊。

根据以上的事实，原告声称由于被告的误诊使 Herskovits 先生的存活率从 39％降至 25％这一事实足以在本案中建立起充分的因果关系。而被告却对这种说法提出了异议，其称依照本州的法律只有当原告能够证明如果没有过失行为发生，Herskovits 先生就很有可能（more likely than not）会活下来时才能满足事实原因成立的条件，在本案中也就是说原告必须证明 Herskovits 先生原本的存活率就高于 50%，即至少要达到 51%。

我们认为本案应该受到 Pennsylvania 最高法院在 Hamil v.Bashline, 481 Pa.256, 392 A.2d 1280（1978）一案中确立的法律原则的指导，虽然 Hamil 一案中病人原本的存活率是高于 50% 的，但其中的逻辑分析却同样可以适用于像本案这样低于 50% 的情况。在 Hamil 一案中，原告的丈夫因为感到胸口剧痛而被送到了一家医院，但这家医院的医护人员却在实施抢救措施时犯有过失，结果使得病人很快便死亡了。在原告随后针对医院的过失行为而提起的诉讼中，一位医生作证称如果当时抢救措施得当的话，该病人有很大的可能性活下来，通常这个几率都在 75% 左右。他还说，该病人失去了这么多生存的机会应该是被告医院未能提供及时有效的救护的直接结果。但是代表被告方的专家证人却称根据该病人的实际病情，无论采用现有的任何治疗手段，他都是难逃死亡这一劫的。

审理 Hamil 案的法官把该案的案情与一般类型的侵权纠纷进行了比较和区别。在那些普通的侵权案中，but for 的判断标准，也就是要求要不是因为被告的过失行为特定的损害结果是不会发生的，是完全适当的。然而在 Hamil 和本案这样的案件中，被告都是因为违反了保护原告抵御来自于其他地方危险的义务而被认为是犯有过失的，因此这时陪审团不仅需要发现实际上已发生了什么，还必须考虑如果被告换一种做法，结果可能又会变成怎样。这正如 Hamil 一案的判决意见所说的："这类案子无论就案情还是所适用的法律而言都带有一定程度的内在不确定性，所以我们应当参照《侵权法重述（第二版）》§323（a）的规定，适当放宽对其证据上的要求，尽量使之能够得到陪审团的公正裁决。"据此，审理 Hamil 案的法官决定，在这种案子中，只要原告可以证明被告的行为或不行为增加了别人受到伤害的危险，那么这就足以保证应把整个案子交由陪审团来裁决这被增加的危险是否构成了促使某特定损害结果出现的重要因素（substantial factor）。

有些人可能会认为让陪审团对已经无法用事实来证实的结果进行猜测并以此作为决定被告是否需要承担法律责任依据的做法不够慎重，但我们并不觉得是这样，在原本的几率和被减少的几率都已经被用数字百分比的形式清晰地展现出来时，陪审团的判断就不能说只是一种猜测。其实让医学专家来分析，如果被告没有过失事情会变的怎样，从某种意义上来说不也只是一种猜测吗？

双方律师都承认被告在 Herskovits 先生未能被及时诊断出患有肺癌一事上存在过失，以及该过失减少了 Herskovits 先生 14% 的存活率，但双方对该过失是否可以构成 Herskovits 先生死亡的事实原因这一问题的看法并不一致。另外我们还应该注意到的一点是，Herskovits 先生一旦患有肺癌其最乐观的存活率也仅有 50% 还不到。但是就凭原告可以证明的这些内容和 Ostrow 医生所提供的专家证词，我们认为就已经足以建立其一个侵权责任的初步证据（prima facie）了，并且我们不能同意被告所提出的原告必须证明如果医院没有过失存在 Herskovits 先生的存活率就应该在 51% 以上的见解，因为从 39% 到 25% 这么大的降幅完全可以作为充分的证据说服我们把此案的决定权交到陪审团的手中。

基于机会减少（loss of chance）而成立的过失侵权责任并不能让原告从被告那里得到对于全部损失的赔偿。受害人或者其家人只应该就那些由被告的过失行为所直接造成的损害结果获得经济上的补偿，比如死者可预见的未来收入和多付出的医疗费用等等。

本法院决定推翻初审法院的判决。

DOLLIVER, Justice（dissenting）. 本案的主要争议在于当一个病人不太可能活下去，也就是说他的存活率已经在 50% 以下时，医生的过失行为又把他的存活率进一步降低是否会制造出有效的过失侵权诉由。多数意见对此作出了肯定的回答，但我觉得其中明显带有出于政策性考虑的色彩。

我认为 Cooper v. Sisters of Charity of Cincinnati, Inc., 27 Ohio St. 2d 242, 272 N.E. 2d 97（1971）一案中的逻辑推理更适合于本案的情况，该案的法官说：“现在美国的司法界流行这么一种看法，即重要的可能性（substantial probability）和痊愈的机会（chance of recovery）都可以作为判断标准，用于考察在一个案件中是否有符合法律规定的因果关系存在，而且尽管前者对于证据的要求看上去要比后者更加严格一些，但两者所发挥的作用实际上是相同的。侵权法传统的因果关系法则要求陪审团至少能够从证据中发现如果没有被告过失的话，事故发生的可能性要大于不可能。然而，在医疗纠纷案件中诉讼涉及到的是人的健康甚至生命，因此一些证据要求比较低的判断标准很可能在这类案件中受到一些法院的青睐。尽管人道主义精神强烈地驱使我们对任何减少了病人生存机会的过失行为进行惩罚而不论两者之间的因果联系有多远，但理智告诉我们这么一种松散的判断标准只会带来更多不公正的出现，所以即使有不少其他法院认可对于某些特殊类型的案件赔偿可以建立在一些无法通过传统的可能性判断标准的因果关系上，本法域也不打算跟随这一立场。”

多数意见认为，本案中 Herskovits 先生的存活率由于被告的过失由 39% 降至了 25% 这一事实已经建立起足够的可能性使得我们可以放心地让陪审团来考虑被告未能及时确诊出肺癌是否是 Herskovits 先生死亡的事实原因。其实这样的一种推理方法是有瑕疵的。无论 Herskovits 先生存活的几率是先前的 39%，还是后来的 25%，都是低于 50% 的，这也就是说，不管采用什么样的治疗手段他死亡的可能性都要比活下来的可能性要大的多。故此，我无法得出结论，被告的误诊是 Herskovits 先生死亡的事实原因的结论，因为及时地诊断和治疗也不会使得他更有可能活下来。此外，让医学专家、陪审团或是其他任何人仅仅根据一些数字就来判断假如Herskovits 先生得到及时诊疗他又到底能在 5 年之期内活多久不能不被认为是纯粹的主观臆断。

总之，我觉得 Cooper v. Sisters of Charity of Cincinnati, Inc. 一案的法律逻辑更加合理，因此我反对多数法官的意见。

补充知识：

在美国，从一所被美国律师协会（American Bar Association）认证的法学院（ABA Approved）毕业并不当然地就取得作为律师的执业资格，在绝大多数条件下这仅仅是一个必要条件，同中国一样，希望获得律师执照的学生还必须参加一项司法考试。但与中国又不同的是，司法体系双轨制的美国不存在统一的律考，而是每个州都有自己的考核办法，其形式、内容和通过标准也各不相同。并且当你决定参加某一个州的律考也获得通过的话，也只意味着你取得了在此州法域范围内执业的资格，而非是全美国。如果你打算到另一个州开展律师业务，还需要按照该州的有关规定再行申请这一州的执照，当然假如你符合豁免的条件如已经执业满了一定的年限可以提请免试。

你从美国哪一个州的法学院毕业并不意味着你就必须参加这个州的律考，因为美国的法学院并不着重传授学生本州的法律规定，而只是讲一些普遍的美国法原理，所以在外州考试也未必就有明显的劣势。而且即使要参加本州的律考，为了快速地了解和熟悉本州法律的一些特殊规定，大多数学生还会另外参加一些专门的考前辅导班来增加考试的胜算。美国各个州的律考方式和宽严程度都不一样，有的州要连考两、三天，有的州除了选择题、问答题还要加试法律文书写作，有些州的通过率只有 50%，而有些州则高达 80%。尽管存在着这些因素，还是有非常多的学生愿意选择参加纽约或加州这样法律服务业发达、大律师事务所云集的州的律考，以便在毕业后获得更广阔的就业机会。

十二、事实原因（3）

企业责任和市场份额原则

在上一节中，我们着重了解了"重要因素"原则这一种在特殊情况下考察被告的过失行为能否构成原告遭受伤害的事实原因的方法，以及其在涉及到医疗事故的侵权案件中的变种——"减少机会"原则。在本节中，我们还将继续研究另外一些特殊情况下因果关系的构建方式，即在有关产品责任的诉讼中法院将如何裁判因内在缺陷而引发了事故的产品制造者与在事故中受伤的消费者之间在事实原因证明问题上的相互博弈。说其属于特殊情况，仅仅是针对那些情节最普通的一个人的过失行为造成另外一个人受伤的侵权案件而言，其实在现实生活中，这类与产品责任有关的过失侵权诉讼往往是最为社会公众所广泛关注的、判决影响范围最深的、最能体现侵权法与人们生活之间具有较强互动性的、甚至也是最容易促使新法律原则不断涌现出来的案件。

想必大家在生活中或多或少地都有过使用不合格产品的经历，有些是因为产品本身的质量不过关，而另一些则根本是在设计或品质上存在着内在的缺陷，如果不合格产品仅仅因为质量的低劣导致其达不到标称的使用寿命也只会给用户造成一时的经济损失，但如果品质上存在内在缺陷的话，使用起来就会给用户带来人身安全上的危险，有时甚至是性命之忧，比如电视机爆炸、热水器漏电或者是更要命的药品有未知的副作用，这样的后果就会极其严重了。如果产品引发的事故是当即出现的以及很明显的，那自然是冤有头债有主，我们可以选择通过各种诉讼的或非诉讼的争端解决方式来直接向该产品的生产厂家要求一定的经济赔偿，但假如某样不合格产品给消费者人身造成的损害是隐性的且有一段潜伏期的，那我们很可能早就忘记了这样成品是从哪里买来的，更别说想的起来它的生产者是谁了。要知道在有关民事责任的诉讼中存在一个确定的被告是诉讼能够成立的最起码的要求，而现代美国民事诉讼的一个基本特点就是当事人双方的对抗制，如果连原告自己都不知道应该去告谁，法院就更没有义务来帮助原告寻找到合适的被告了，那么是否在这种情况下受到伤害的无辜消费者一定就投诉无门了吗，我们的法院就这样无动于衷地坐视这么大的不公平发生吗？侵权法难道在此时此刻不应该相应地作出调整，在对社会中弱势群体的保护上有意识地加以倾斜吗？我们在本节中试图解答的就是这些问题。

在对上述问题提出正式的解决办法之前，我想先给大家讲一个小故事，以便于让大家了解一样不合格的产品可能对消费者造成的危害有多么深远以及受到了伤害的消费者在普通侵权规则的框架下又有可能会感到多么的无助。DES 是一种在四五十年代曾风靡一时的药物的简称，其全名为 diethylstilbestrol，翻译成中文就是己烯雌酚的意思，这其实是一种人工合成雌性激素，主要作用在于帮助怀孕的妇女预防流产，首先由英国的科学家在上世纪 30 年代发明出来，从 40 年代开始在美国逐渐流行起来，有数百万妇女在医生的建议下使用过该药物。DES 曾被认为是一种非常安全的药物，但是谁也没有意识到它的副作用一直要到下一代人成年以后才能体现出来，60 年代中期，当年母亲腹中的胎儿也长大成人到了育龄之后，人们逐渐地发现它会对当年使用过 DES 的孕妇产下的女儿的生殖系统造成严重的损害，最终在 1971 年联邦食品和药品管理局正式宣布将其禁止使用。此时已经有差不多一代人的健康因此而遭到了摧残，于是，从 70 年代中期到 80 年代的初期，在全美国范围内掀起了一场消费者因 DES 的副作用而起诉制药厂过失的浪潮，几乎每个州的法院都曾受理到以此为主题的案子。但显而易见的是，原告们在诉讼中面临着一个巨大的困难，这就是有几个人的妈妈还能记得几十年前自己使用的 DES 到底是由哪一家制药厂生产的？换句话说，也即是大家都不知道被告是谁。实际上当时法院面对的压力也是巨大的，其既可以按照普通侵权法的理论要求原告逐一证明 5 大要件，也可以选择根据社会的现实需求发展出新的法律原则来为消费者们提供适当的救济，前者等于是在变相驳回原告的起诉，而后者意味着一种新的针对产品责任的措施办法就要诞生了，这无疑需要一定的勇气。

好在美国每一个州的司法体系都是各不隶属且自成一统的，大家尽可以根据自己的想法和认识各干各的，于是有的州选择了维持原有的体系，如 Ohio、Iowa 和 Illinois 等，而另一些州则决定运用新的法律原则来解决新的问题，如 Florida、California、Washington 和 New York 等，他们普遍认同将所有生产过 DES 的制药厂家看作一个整体来共同承担消费者遭受的损失，再在其内部将责任细化分摊到每一家的头上，但是这些州在具体的做法上也存在一定的区别，其中被运用的最广泛的要数企业责任原则和市场份额原则。

企业责任原则指的是，当一个行业基本上是被少数几个大企业所把持，而且这些大企业通过成立行业协会或者共同参与制定行规及安全标准时，我们即可认为这些企业具有了控制危险发生的能力并实际上对外形成了一个相互之间具有一定连带关系集体，那么如果消费者非因自身的过失而无法指明到底是哪一家的同质产品导致了损害结果的出现，法院即可以将有关于因果关系成立与否的举证责任转移到全体被告那里，被告也就很可能需要共同承担起对原告给予经济赔偿的责任。

市场份额原则可谓比企业责任又略显激进了一些，它规定在上述 DES 的情况出现后，所有在当年生产过该药并占据有一定市场份额的企业都要按照其各自所占市场份额的大小对消费者承担损害赔偿责任，除非该企业可以提供充分的证据来证明原告遭受的损失不可能是由其造成的。

本节的第一个案例即是当年沸沸扬扬的 DES 系列案中的一个，大家可以看看加州最高法院的法官是如何区别企业责任原则和市场份额原则，并评说各自优劣的，而本节的第二个案例更是把集体责任下的四项法律原则逐个讲了个遍，相信通过阅读这两个案例一定会使大家对本节的主题有进一步深入全面的了解。

Sindell v. Abbot Laboratorie

Supreme Court of California, 1980.

26 Cal.3d 588, 607 P.2d 924, 163 Cal.Rptr.132, cert.denied,

449 U.S.912, 101S.Ct.285, 66 L.Ed.2d 140(1980)

MOSK, Justice. 本案涉及到的是一个十分重要但又非常复杂的法律争议：原告因为她的妈妈在怀孕期间接受了一种有未知副作用的药物的治疗而受到了身体上的伤害，虽然她能够说出该药物的名称，却无法明确地指出其是由哪一家制药厂生产的，在这种情况下，原告是否能把所有在当时按同一配方生产过该药的制药厂都列为被告并要求他们共同承担损害赔偿责任？

原告声称她妈妈在怀孕期间为了防止流产而接受注射了一种名为 DES 的人工合成雌性激素，然而原告也就是当时肚子里的婴儿却在成年之后发现这种药物的副作用使得自己患上了癌症。由于已年代久远，原告无法指认她母亲使用的是哪一家制药厂生产的 DES，于是她就把当时按同一配方生产过该药的 5 家市场份额最大的制药厂一并作为被告起诉。其时还有另外 195 家制药厂也曾生产过这种雌性激素，但因为他们所占的市场份额较少，原告没有把他们也列为被告。初审法院驳回了原告的起诉，于是她向本院提起了上诉。

原告在上诉中所主要依据的理由是"企业责任"（enterprise liability）理论，这种理论是在 Hall v.E.I.Du Pont De Nemours & Co.,

Inc.（E.D.N.Y.1972）345 F.Supp.353 一案中被发展起来的。在该案中，有来自 10 个州的 13 名儿童于 1955 年到 1959 年间分别在 12 起雷管爆炸事故中受伤，他们作为原告起诉了全美 6 大雷管制造商及其行业协会，但当时实际上也有一些加拿大制造商在美国制造并贩卖相同种类的雷管。原告在起诉状中称整个美国的雷管制造业集体忽略了在单个雷管上标识警告信息的谨慎义务，也没有采取其他任何替代的安全措施，这种不作为给公众的人身安全带来不合理的危险并直接导致了原告的受伤。然而，原告在起诉中没有指明到底哪一家制造商生产的雷管应该专门针对哪一起事故负责。

审理该案的法院是这么推理的：有证据显示这些在生产上独立运作的被告在雷管的安全问题上都遵循的是一种行业内部通行的标准，而且主要由他们作为代表而组成的行业协会承担着关于雷管安全措施的研究和制定工作，比如应如何添加警告标识等等，整个行业内部在设计和制造雷管工作中存在着广泛的合作关系，所以法院可以据此而得出这些作为被告的制造商有共同控制本案中不合理的危险发生的能力。由此，如果原告能够充分地证明引发事故的雷管都是由这些制造商生产出来的，那么关于因果关系成立与否的举证责任就应该被转移到被告这里。该法院还特别指出这种企业责任理论只应该适用在那些只由少数成员组成的行业中，比如像本案中这样由 5 到 10 家大企业组成的雷管制造业，假如在其他案子中原告所面对的是由成千上万的小企业组成的高度离散化的行业，再适用此理论就不够公平合理了。

我们认为，本案中的事实情况与 Hall 一案明显不同，因此也就没有适用企业责任理论的余地。首先，在本案中有至少 200 家制药厂在当时生产过名为 DES 的这种药物，这与 6 家大企业将能代表整个美国雷管制造业的情况完全不一样，正好属于该案法官专门提醒的不适用企业责任的情形；其次，Hall 一案中的 6 家大型雷管制造商联合起来有很强的控制危险的能力，他们还共同组成了行业协会来制定各种安全措施和标准，而本案中的各家制药厂则根本性地缺乏这一互相沟通与协作的机制，都只不过是各自为战。

鉴于以上所说的原因，我们如果把本案中应当适用的法律原则仅仅局限于 Hall 一案中所提出的企业责任理论的话，那我们恐怕就不得不同样将原告的上诉驳回。这也就是说，假如我们一定要求原告指认出当年她妈妈使用的 DES 究竟是由哪一家制药厂生产的，或者是转而要求原告一定要不论大小把所有生产过 DES 的制药厂都全部加入到诉讼中来，那么，原告实际上就被完全排除在了任何的经济赔偿之外。这又正如本案的被告所坦陈的那样，当年生产过 DES 的制药厂有很多都已经被市场所淘汰了，即使现存着的也未必会受制于 California 州的司法管辖权。然而，本法院不愿意看到原告的诉讼会产生这样一个对原告不利的后果，法理和公共政策上的考虑决定了我们必须找到合适的理由来支持原告的诉由。

在我们复杂的现代工业社会里，科学技术的进步使得大量替代性强的产品被创造生产出来，其中的一些可能由于存在各自品质上的缺陷反而会伤害到消费者的人身安全，却又因同类产品太多而无处可寻它们的制造者是谁，这越来越形成了一个严重的社会问题。法院在面对这些难题时可以选择的立场有两种，一是严格地遵循在前述 Hall 一案中确立的原则，变相地为在产品责任事故中受到伤害的消费者在寻求法律救济时设立难以逾越的障碍；另一种则是改变现有的法律以迎合人们日益高涨的需要。我们法律的终极价值取向促使我们选择站在第二种做法的立场之上：在一个无辜的原告和众多行为上存在过失且普遍实力雄厚的被告之间，理应由后者来承担损失的代价。

从更广泛的社会政策的角度来看，我们也觉得更应该由被告来承担因不合格产品而造成的经济损失。这正如 Traynor 法官在 Escola v. Coca Cola Bottling Co., 24 Cal. 2d 462, 150 P. 2d 441 一案中所说的："对于单个消费者来说，他因为产品缺陷而在金钱、健康和时间上遭受的损失很可能是其所难以承受的，但对于制造商来说，这却根本就是无足轻重的，因为他们可以通过购买保险以及提高产品售价来把损失又转嫁给公众。"而且我们还要再补充一点，制造商是处在最有利的位置上去发现并改正自己产品的缺陷，或者就其可能出现的不良后果及时地向公众发出警告，因此判决他们必须因产品缺陷或未能提供足够警示而承担法律责任会起到促使他们不断提高产品安全性的有益作用。特别是在那些涉及到药品安全的情况下我们更应该考虑到这些政策性的因素，因为消费者在面对不良药品所可能导致的严重的、永久性的甚至致命性的伤害这些后果时是显得如此的势单力孤和无助。

在本案中，所有的被告都在当时按照同一配方生产过事后被证明可致癌的药物 DES，不过原告却无法指认出到底是哪一家生产出来的 DES 使得自己的身体受到伤害，但这种局面却并非是因为原告的过错而造成的，所以我们完全有理由对现有的法律原则作出适当的修正。并且即使我们把本案中有关因果关系的举证责任转移到被告那里，也会造成不合理的后果，因为，如果我们用当时生产过 DES 的厂家的总体数量作为指标来衡量每一家制药厂是真正责任人的几率的话，也许目前作为被告的这 5 家制药厂都不是当年将 DES 卖给原告母亲的那家，而真正的责任人却因没有名列被告当中而借此逃脱了法律的追究。

因此我们决定在本案中采取一种新的方法来考虑因果关系的问题：我们打算每一家制药商出售的 DES 在整个 DES 市场上所占的份额作为衡量其是否为真正责任人可能性大小的依据。原告称据她调查 Eli Lilly 公司以及另外的 5 到 6 家公司生产并出售的 DES 占了整个美国市场份额的 90% 以上。如果初审时这个事实问题已得到法院确认的话，那么原告所点名的这几家公司也就有 90% 的可能性是当年卖药给原告母亲的真正责任人，其余原告未指明的公司也就仅有 10% 的可能性。

如果原告在诉讼中，作为被告起诉的这些公司联合起来占据了一个非常重要的市场份额，将举证责任转移到被告身上以迫使他们主动地证明自己不是当年卖药给原告母亲的真正责任人所会造成的不公正就被大大的减少了。而且这些被告各自所占的市场份额的比例也可以为我们在被告之间划分其所需承担赔偿责任的大小提供了一个有效的依据。我们完全可以按照他们各自市场份额的多少来要求他们承担起相应比例的赔偿责任，除非他们能够用充分的证据来证明原告的母亲当年接受注射的不可能是自己公司生产的药物。

诚然，从理论上讲，一个公司市场份额的多少与其所应承担的法律责任大小之间总会有一些不太一致的地方，而且随着时间的推移，这么多年以前的市场份额分布状况已经很难精确地用数字的形式反映出来了，这些困难在任何情况下都是难以避免的，所以在实际的结果中，一个被告所最终承担的责任完全可能会与其所占市场份额略有差距。在很多存在两个或两个以上被告的侵权案件中，精确地划分责任都是不太可能的，陪审团们能够做到尽量的准确一致就可以了。

在决定采用市场份额原则这一新的方法时，我们并非没有考虑到由此带来的一些实际操纵上的困难，比如如何来限定市场的概念以及如何来确定众多被告各自的份额，但我们觉得这些充其量也就是些证据问题，而且在案件的诉答阶段当事人能否获得充分的证据还是个未知数。被告对这一新原则的适用纷纷表示了强烈的不满，他们认为这种在没有证据能够证明是他们中的一家生产出来的药物导致了事故发生的情况下，强迫他们对原告的损失承担赔偿责任既不公平也与公共政策是相违背的。他们的这种抗议完全是建立在对市场份额原则错误的理解之上的，他们似乎认为如果原告最终胜诉的话，他们就需要为其实是由别人生产出来的有缺陷的产品承担法律责任。然而实际情况却不是这样的，在市场份额原则适用之后每个制药厂的责任大致等于由其生产的 DES 给社会公众的人身安全造成危险的可能性的比例。

初审法院的判决应当被推翻。

Hamilton v. ACCU－TEK

United States District Court, Eastern District of New York, 1996.

935 F.Supp.1307.

WEINSTEIN, Senior District Judge. 本案中的原告自称是全国所有被他人用通过非法渠道获取的手枪打死或打伤的受害者的代表，而被告则是生产这些手枪的军火商，原告以过失为由要求被告对这些事故的后果承担赔偿责任。

原告声称由这些可以很方便就可以从非法渠道获取的手枪所造成的社会问题是十分严重的，他们专门向法院举出了一组数字以证明自己的观点：每年在美国有超过 600 000 起涉及到火器的犯罪被报告到警察局；自 1987 年到 1992 年间，涉及到火器的暴力犯罪数量增长了 55 个百分点；在 1993 年有大约 130 万美国人受到过火器的威胁；自 1984 到 1992 年间，青少年持枪杀人案的数量几乎翻了一倍。原告还进一步指出尽管州和联邦的相关法律都对枪支的流通规定了严格的管制措施，但未成年人和罪犯事实上却可以轻而易举地获得手枪，这一点无疑表明了作为军火商的被告一直都是在以过失的方式经营者手枪交易市场的。

然而被告也针锋相对地提出了自己的主张，他们认为自己从来都是在奉公守法地生产和销售手枪这一合法产品，没有过违反联邦和州的法律或者其他任何规章制度的行为。被告还辩解称自己不应该为人们以不适当方式使用其生产出来的产品而被要求承担法律责任，就好像虽然也经常有人使用汽车、餐刀以及斧子等日常工具作案，生产这些物品的厂家也并没有因此而承担过什么法律上的责任。

由此可见，本案所提出的是一个比较新颖的法律争议，仅仅使用现成的州的实体法及程序法恐怕无法顺利地解决问题，我们必须就本案的具体情况打开新的思路。

本案的原告都是些有亲属死在被告生产出来的手枪下的人，比如一位名叫 Freddie Hamilton 的原告就是因为儿子 Njuzi Ray 在一起冲突中死于 Beretta 或 Taurus 牌的 9 毫米口径的手枪才参加诉讼的，而另一位名叫 Katina Johnstone 的原告的丈夫 David Johnstone 则被一把偷来的 Smith & Wesson 牌左轮手枪所射杀。本案的被告是 49 家美国境内的手枪生产销售商，不过并没有非法持枪者以及那些专门的枪支经销商或者其他参与到手枪在市场流通过程中的人被一同列为被告。

本案的原告起诉被告的主要诉由建立在过失责任的基础之上，理由是这些被告是以一种有过失的方式在经营控制美国的手枪买卖市场，这种过失的方式逐渐培育出了一个正日益壮大的地下手枪交易市场，非法的地下市场的存在使得年轻人能够很轻易的就购买到枪支，而美国社会涉枪暴力犯罪繁多的主要症结就要归因于枪械实在是太易于取得了。

要正确处理本案的争议，首先必须解决的一个关键问题就是在纽约州法下是否可以根据过失的诉由来要求这些被告共同承担起集体责任（collective liability）。纽约州上诉法院（New York State Court of Appeals，实则为该州的最高法院）一向是有关产品责任法方面的改革先锋，其在 Bichler v. Eli Lilly & Co., 55 N.Y.2d 571, 450 N.Y.S.2d 776, 436 N.E.2d 182（1982）一案中曾称："产品责任法不可能总是保持居中独立的地位，特别是当无辜的消费者面临着极其困难的举证责任时。"而且通过积极的司法审判实践，纽约州已经作为一个侵权法改革的先行者在全国范围内率先认可了集体责任的理论。

所谓集体责任理论其实包含了四项各自独立的法律原则，它们可以被适用在不同的场合以降低传统侵权法对于事实原因（cause

in fact）成立的证据要求，这四项原则分别是：选择责任原则（al-ternative liability）、企业责任原则（enterprise liability）、一致行动原则（concerted action）和市场份额原则（market share）。我们接下来可以逐一分析它们的含义和用法。

选择责任原则适用的情形是，两个或两个以上的行为人都犯有过失，却只有其中一人的过失行为造成了损害结果的发生，但我们无法确定实际的责任人到底是谁。在这时，我们就可以采用举证责任倒置的办法将证明因果关系存在与否的义务加诸于被告身上，让他们来主动提出不是自己的行为伤害了原告的证据。要想适用选择责任原则一般需要把所有可能是真正责任人的被告都加入到诉讼中来。

企业责任原则是要求某个特定行业中有联合操纵控制风险能力的生产商共同为产品的责任承担赔偿责任，因为虽然只是其中某一家企业生产出来的不合格产品伤害到了消费者，但是消费者却出于非自身过错的原因而无法指认出究竟其是由哪一家生产出来的。所谓联合操纵控制风险的能力一般涉及到由主要生产商们牵头建立的行业协会或是其他类型的协议、惯例等等，这些不同形式的合作担负着制定整个行业安全标准和操作规程的职责。

一致行动原则适用在所有的被告以公开或沉默的方式达成了一致的意见并共同将该意见付诸实施造成了侵权的后果，但如果没有任何形式的合意，仅仅是一起行动不足以在一致行动原则下建立起被告的集体责任。

市场份额原则在本州最早是通过 Hymowitz v. Eli Lily & Co., 73 N. Y. 2d 487, 541 N. Y. S. 2d 941, 539 N. E. 2d 1069（1989）一案确立下来的，上诉法院在否定了将一致行动原则适用于此案之后，转而决定采用市场份额原则这一新办法。上诉法院认为被告之间行为的一致性、产品的同质性和其潜在的对公众安全的危险性是保证法院能通过市场份额原则公平解决问题的关键因素。而且正如上诉法院在其判决意见中所说的那样，其打算在本法域内适用市场份额这一新的法律原则的动力和决心是来自于在该案的事实背景下社会公众希望建立起一种新的责任机制来保护他们对自身安全的合理期望免遭侵害。考虑到纽约州上诉法院在保护人权方面从来就不甘人后的历史传统，我们完全有理由相信，在面临新的难以解决的问题时，该法院会毫不迟疑地修正本州的侵权法，以使之更加符合公平正义的法律理想和社会公众的合理需求。

其实，集体责任所包含的这4项法律原则在适用条件上存在着不少的共同点。首先，案件的特殊情况使得原告无法证明到底是哪一个具体被告的过失导致了损害结果的发生；其次，被要求承担集体责任的被告们必须都参与了可引发同一损害结果的过失行为；再次，证据问题必须是与过失行为或不合格产品本身有联系；最后，在决定是否起用集体责任理论时所应当考虑的一个非常重要的问题是，我们是否还有其他有效的救济方式或程序能使受害者得到合理的经济赔偿。

我们必须意识到集体责任理论的存在其实蕴含着极大的公共政策上的考量，这就像纽约州上诉法院在 Hymowitz 一案中所点明的："如果我们决定让无辜的消费者而不是在行为上犯有过错的人来承担侵权损失的后果，那无疑是与社会公众对于法律的合理期望相悖的。因此，作为我们普通法体系核心理念的公平与正义原则强烈地驱使我们为无辜的受害者提供适当的救济。"

集体责任理论不仅可以在因果关系无法证明的情况下为要求被告承担过失责任提供充分的法律依据，而且还可以帮助我们在共同承担赔偿责任的被告之间进行责任的划分。然而，在目前的阶段，我们尚不需要猜测纽约州上诉法院会如何在本案中划分责任，我们首先必须考虑的问题是，如果此案是在纽约州上诉法院被审理，该院是否会根据集体责任理论来支持原告的诉讼请求。

原告起诉被告的理由主要在于被告是以一种过失的方式经营国

内手枪市场的，但是，由于调查取证工作尚未完全结束，原告没有详细地指明被告在市场上的哪些活动可以被认为是过失性的，所以我们觉得在此时就作出即席判决殊为不妥，必须等取证工作全部结束了以后才能对双方的立场和证据的优势进行全面的评估。

按照证据当中的疑点应以最有利于原告的方式解释的基本原则，原告很有可能有能力证实这么多涉枪犯罪和死亡的出现与庞大的地下军火市场有密切的关联。尽管没有人直接指控被告存有为他人非法获得枪支伤害他人提供便利的意图，但原告明显是在指责被告任意贩卖枪支而且十分不关心自产手枪在市场上的流通和买卖，这种对于责任的忽略就给我们的社会造成了严重的威胁，因为这些缺乏管制的手枪很可能会辗转落入未成年人和罪犯的手中，而无论是联邦法律还是州法都明令禁止这些人拥有枪支的。在单个的案件中，原告可以很容易通过科学检验手段来证明一把手枪的型号和生产厂家，但仅仅起诉该军火商过失是不足以说服法院相信其一家在市场经营上的过失行为就能够培育起一个庞大的地下军火市场，以至于枪手可以非法地从地下市场中购得该军火商生产的手枪，这样的因果关系是非常勉强的，所以对原告来说，目前惟一可行的途径就是借助集体责任理论把整个美国手枪制造业作为被告起诉，我们才有机会从其集体的忽略义务中发现过失责任的存在。

如前所述，当原告起诉针对的是由于被告过失而培育起来的地下军火市场，而不是追究某一个具体的军火商生产出来的一把手枪造成的一起血案时，纽约州上诉法院就很有可能决定在此案中适用市场份额原则，或者是该原则的一些少许的变种，即使真正的责任人或许并非是不得而知的。

按照纽约上诉法院以往判决中表露出来的意见，企业责任原则和一致行动原则都不能适用于此案。如该法院在 Hymowitz 一案中所说，一致行动原则的适用必须要以被告之间对实施特定的侵权行为具有共识为前提条件，而本案的原告并没有提供任何证据来证明这些军火商之间就如何在市场上销售手枪达成过什么协议。而企业责任原则则要求被告们以结成行业协会或共同设定行业标准等形式对整个行业有足够的控制力，不过原告只能证明被告们都与某些院外活动有关，这不是我们所需要的证据。所以纽约上诉法院如果打算适用集体责任理论的话，只有可能在市场份额原则及选择责任原则间进行挑选。

尽管如此，由于本案目前已知的事实情况还不够充分，我们并不敢轻易地否决哪一种集体责任理论下的法律原则纽约上诉法院不会采用，因为有不少可以被借以发挥的事实问题在本案中还没有被澄清。我们决定等待事实情况进一步的发展再来决定原告所提出的诉讼理由是否被集体责任理论的扶持下得到法律的支持。

补充知识：

亚里士多德曾经给法制社会的说法提出过两个标准：一是在社会中法律能够得到市民很好的遵守；另一个则要求法律本身是完善且经过良好制定的。这两个标准固然不错，但其实在实现这两个标准之前还应该存在一个基本的前提，那就是法律能被市民所深入的知晓和正确的理解，只有大家明白了法律到底是怎么运作的，守法的目标才有可能被真正实现。不过无论在哪一个国家里，有机会接受正式专业法学训练的人毕竟只是社会中的极少数，更加广泛的法律知识普及工作还要依赖在信息传播方面占据绝对强势地位的各种媒体，比如报纸、电视等等，这些才是老百姓们每天所了解和吸收知识的经常途径。可惜的是，这些媒体所传播的法律信息并不总是正确的，曾经有国内的电视剧在一个重大刑事案件中让律师取代检察官国家指控的地位，这无疑是个很不应该也很幼稚的低级错误。实际上很多的美国影视也不能免俗，拍法庭片时为了追求戏剧性的效果，故意让好人一方先陷入极端的被动，然后突然出现了一个失踪已久的证人或提出一份让对手意料不到的证据再反败为胜。其实在现实的司法审判活动中，上述的情况在美国一般是不太可能出现的，因为不仅法官们不欢迎也不允许在庭审中搞突然袭击，而且美国的民事诉讼法也对证据的收集和出示规定了严格的程序，其中最基本的一个要求即应当为对方所事先知晓，比如联邦民事诉讼规则的第 26 条 a 款就把潜在证人、书面证据等信息列为必须向对方告知的强制性披露事项（mandatory initial disclosure）。这样做的目的是为了避免在庭审过程中出现不必要的混乱，以及在诉讼开始前能够再给双方律师一个评估胜诉可能性的机会，以促成和解协议的达成。

十三、法律原因（1）

可预见性的后果（1）

在研究过失责任构成要件的时候，我们就说过对过失侵权中因果关系的分析要分为先后两个步骤，我们应该首先考察被告的过失行为是否是导致损害结果发生的事实原因（cause in fact），如果这个疑问能够被证实的话，接下来我们还要判断被告的行为是否是造成原告受伤的法律原因（legal cause），第一个问题我们已经在前几节里详细地讨论过了，从本节开始，我们将在随后的几节里学习并了解现代美国侵权法中有关法律原因的种种原则和规定，这也是整个过失侵权体系中最核心也最复杂的一部分内容。那么什么叫法律原因呢？为什么我们在事实原因之外还需要再设计一个法律原因的制度呢？它和事实原因有什么不同呢？什么样的因果关系能够符合法律原因的要求呢？我们在具体的案件中又是通过什么样的方法来发现或论证法律原因存在与否的呢？这是我们在本节中所要解决的主要问题。

法律原因（legal cause）又可被称为最近原因（proximate cause）或是直接原因（direct cause），简单说来，指的是被告人的过失行为与原告遭受的损害结果之间存在着的可由之产生过失责任的法律关系，这也就是说被告只对因其过失行为而导致的损害结果承担有限的法律义务，他的赔偿责任只限于那些法律基于合理性的判断而归责于他的过失行为的损害结果。有一句拉丁语格言恰如其分地描述了这种法律关系的本质：In jure non remota causa, sed proxima, spectator.（In law, not the remote cause but the nearest one is looked to.），这句话的意思是法律并不在意很遥远的因果联系，而只追究由被告行为所直接导致的最近的损害结果。我们可以通过一个简单的例子来说明这个道理，一个小孩子置警告于不顾，在高压线密集的地方放风筝，结果风筝线缠绕在了高压线上造成短路，周边的地区也随之大面积停电并因此而导致了诸多事故的发生，比如正在公路上行驶的汽车因为路灯的突然熄灭而撞上护栏；医院里的病人因为缺乏足够的照明而只好推迟手术；商店里因为变得一团漆黑而无法营业等等。如果把小孩子放风筝造成停电的过失行为作为因的话，那么后面发生的这一系列事情无疑都是这一原因所直接导致的结果，而且也都有机会满足 but for 的事实原因的判断标准，那在现实生活中法律是否要求这个小孩子必须一一为这些损失承担赔偿责任呢？常识告诉我们这是不必要的，因为相对于原因来说这些发生在千里之外的结果实在是显得太过于遥远了。其实，以上的例子说的就是法律原因在实际审判中所能起到的作用，既然从逻辑上讲，行为与损害结果之间的循环是无穷无尽的，那么我们就需要用一种方法来适当地截断这种因果关系的锁链，使得过失行为人在一段既合乎人情又合乎法理的区间内为自己的行为承担法律责任，所以，从本质上来看，所谓法律原因实际上就是一种切断责任的工具（a concept which cuts off liability）。

尽管法律原因描述的也是一种因果关系，但无论是在性质上还是作用上其与事实原因都有根本性的区别。事实原因主要反映出的是一种自然的因果关系（natural causation），即前一件事客观上催化并推动了后一件事的发生，因此，如果出现了没有前一件事那么后一件事也就不会发生的情况，我们就可以说前面是后面的事实原因。而与此截然不同的是，法律原因主要反映的是一种法律上的或者更确切地说是政策上的因果关系（legal policy），它所起到的作用是限制过失责任凭借自然因果关系的延续而无止境的扩大，也就是前一件事仅仅是紧随其后发生的一两件事的法律原因，而至于其他的也同样是在前一个事实原因作用下发生的另外三四五六件事则因为法律认为它们距离原因过于遥远而不存在法律原因的关系，当然在一个具体的案件中，法律原因究竟能扩展到多远，除了可预见性的因素以外，主要还是由法院把持的政策所决定的。总之，法律原因探究的是在事实原因已经被建立起来的情况下，我们是否应该把过失侵权责任加诸到被告身上的问题，因为法律不希望看到因为某一普通的过失行为而引发无数的原告蜂拥而至的情况，这不仅从经济的角度上来讲是不现实的，而且在政策的角度上讲会极大地抑制人们的日常行为和经济活动，这对整个社会发展所造成的影响肯定是负面的。

在以前的一些案例里，我们经常可以看到"直接原因"的说法，用来形容过失行为与损害结果之间具有密切的（close）、直接的（direct）、即刻的（immediate）联系。另外在很多的教科书以及《重述》里"最近原因"的说法甚至径直取代了"法律原因"，其指的是只有与过失行为关系最近（nearest consequences）的结果才可获得侵权赔偿。这两种说法未必完全准确，因为它们都只是很机械地强调了如何去认证法律原因这个概念，而忽略了法律原因一些本质上的东西。首先就直接原因的说法而言，其在视角上存在很大的问题，因为法律原因强调的是结果在事前是否具有可预见性，这是一个前瞻性的视角，而直接原因指的是在事发以后再行检验行为与结果间的关系是否自然，这已经是一种后视（hindsight）的角度了，所以使用直接原因的说法会将我们在概念上引入歧途。最近原因与法律原因基本上就是互相可以通用的概念，但有时也会对我们有一定的误导作用，一个对行为来说不是最近的结果也完全可能满足法律原因的要求，因为我们前面所说的行为与结果间的距离遥远指的并不是时间或空间上的遥远，而是指法律关系上的远近。法院在判断法律原因存在与否的时候尽管有时会采取直接原因或最近原因的说法，但是其本质上还是一个公共政策的问题（time and space are not determinative, public policy is.），法院往往会在具体的案件中综合考虑公平正义、风俗习惯、案情发展、当事人状况等诸多因素来最终决定法律原因的存在。所以法院总是有很大的余地来解释法律原因，只要法院愿意的话，能否预见不会成为法院把过失责任加诸于被告身上的障碍。

英美法院对于法律原因的认识其实是一个渐进的过程，有的法院认为能否预见只是过失行为成立的要素，而非过失责任的必要构成条件。比如在一个很有名的案例中，[1]被告下属的一个工作人员在工作中不慎让一块厚木板从空中坠落，结果由碰撞溅起的火星点燃了弥漫着的石油精挥发气，大火烧毁了一整条船。审理此案的法院认为，只要被告的行为是具有过失性的，而且他能预见到自己的行为具有引发事故的危险性，那么无论实际发生的事故是否能被被告所预见到，被告也都要对此承担过失责任。而在后来发生的另一个案件里，[2]被告的船在海上漏油，又顺水漂到了 600 英尺外的原告的船坞引发了火灾。法院否定了前案的观点，认为只有当该损

---

〔1〕 In Re Arbitration between Polemis and Furness, Withy & Co., Ltd., Court of Appeal, [1921] 3 K.B.560.

〔2〕 Overseas Tankship (U.K.) Ltd.v.Morts Dock & Engineering Co., Ltd. "Wagon Mound No.1", [1961] A.C.388.

害结果对一个理性人来说是可以在行为时预见到的时，被告才需要
承担起过失责任。这两种观点的交锋在我们接下来要看到的 Pals-
graf 一案中达到了顶点，以卡多佐为代表的一批多数法官坚持把可
预见性作为决定被告是否必须承担过失责任的先决条件，被告只应
当对那些可在行为时能被预见到的结果负责；而以安德鲁斯为代表
的少数法官则认为被告必须为由其行为直接导致的后果承担责任。
这一案例的宣判奠定了可预见性因素作为衡量法律原因存在的重要
依据，以后的法院包括《重述》大都纷纷遵循了卡多佐法官的意
见，但安德鲁斯法官的见解在某些情况下也仍有一定的市场。

　　可是所谓的可预见性原则只能被称之为一个概念，而不是一个
标准，因为我们仍然不知道哪些是应该可以预见的，哪些又是不可
以的。卡多佐法官并未提供给我们一个十分明确的公式，所以我们
一般还是需要借助于法律政策的指导，这样一来就增加了很多的不
确定。不过在政策方面一个总的原则就是行为与责任之间一定要保
持平衡（proportional），像很轻微的一个过失行为需要对一个很大很
远的损害结果承担责任就不够平衡了。而且法院通常不要求被告在
行为时能预见到确切的结果，只要实际的损害结果与可预见到的行
为后果属于同一类型的损失（harm of same general type）就可以了。

　　在本节中，大家要看到的案例即是 Palsgraf 案，美国法律学会
会长兼《重述》的主要撰稿人 Prosser 教授曾毫不吝啬的将其称为：
"最重要的侵权法案例同时也是最著名的普通法判例"。大家也许会
惊奇地发现本案并没有被翻译成中文，而是在经过必要的删节之后
尽可能保留下来的原文，这样做并非出于其他的缘故，而只是纯粹
为了表达我对卡多佐和安德鲁斯两位法官的景仰，一方是旁征博
引、气势恢宏却又不是缜密，另一方也是抽茧拔丝、步步为营而又
不乏激情，如此的文风和笔法都是不可译的，因为大家应该从中了
解的不仅是一个故事，更应该是通体的逻辑和气韵，这样的机会是
不可多得的。但是为了方便大家理解此案的原委和观点，我还特意

制作了一篇简单的摘要列于案后，希望能有所帮助。

Palsgraf v. Long Island R. Co.
Court of Appeals of New York, 1928.
248 N. Y. 339, 162 N. E. 99.

CARDOZO, C. J. Plaintiff was standing on a platform of defendant's railroad after buying a ticket to go to Rockaway Beach. A train stopped at the station, bound for another place. Two men ran forward to catch it. One of the men reached the platform of the car without mishap, though the train was already moving. The other man, carrying a package, jumped aboard the car, but seemed unsteady as if about to fall. A guard on the car, who had held the door open, reached forward to help him in, and another guard on the platform pushed him from behind. In this act, the package was dislodged, and fell upon the rails. It was a package of small size, about fifteen inches long, and was covered by a newspaper. In fact it contained fireworks, but there was nothing in its appearance to give notice of its contents, the fireworks when they fell exploded, the shock of the explosion threw down some scales at the other end of the platform many feet away. The scales struck the plaintiff, causing injuries for which she sues.

The conduct of the defendant's guard, if a wrong in its relation to the holder of the package, was not a wrong in its relation to the plaintiff, standing far away. Relatively to her it was not negligence at all. Nothing in the situation gave notice that the falling package had in it the potency of peril to persons thus removed. Negligence is not actionable unless it involves the invasion of a legally protected interest, the violation of a right. "Proof of negligence in the air, so to speak, will not do." Pollock, Tort (11th Ed.) p. 455.

The plaintiff, as she stood upon the platform of the station, might claim to be protected against intentional invasion of her bodily security. Such invasion is not charged. She might claim to be protected against unintentional invasion by conduct involving in the thought of reasonable men an unreasonable hazard that such invasion would ensue. These, from the point of view of the law, were the bounds of her immunity, with perhaps some rare exceptions, survivals for the most part of ancient forms of liability, where conduct is held to be at the peril of the actor. If no hazard was apparent to the eye of ordinary vigilance, an act innocent and harmless, at least to outward seeming, with reference to her, did not take to itself the quality of a tort because it happened to be a wrong, though apparently not one involving the risk of bodily insecurity, with reference to some one else. "In every instance, before negligence can be predicted of a given act, back of the act must be sought and found a duty to the individual complaining, the observance of which would have averted or avoided the injury."?

"The ideas of negligence and duty are strictly correlative." The plaintiff sues in her own right for a wrong personal to her, and not as the vicarious beneficiary of a breach of duty to another.

A different conclusion will involve us, and swiftly too, in a maze of contradictions. A guard stumbles over a package which has been left upon a platform. It seems to be a bundle of newspapers. It turns out to be a can of dynamite. To the eye of ordinary vigilance, the bundle is abandoned waste, which may be kicked or trod on with impunity. Is a passenger at the other end of the platform protected by the law against the unsuspected hazard concealed beneath the waste? If not, is the result to be any different, so far as the distant passenger is concerned, when the guard stumbles over a valise which a struckman or a porter has left upon the walk? The passenger far away, if the victim of a wrong at all, has a cause of action, not derivative, but original and primary. His claim to be protected against invasion of his bodily security is neither greater nor less because the act resulting in the invasion is a wrong to another far removed. In this case, the rights that are said to have been violated, the interests said to have been invaded, are not even of the same order. The man was not injured in his person nor even put in danger. The purpose of the act, as well as its effect, was to make his person safe. If there was a wrong to him at all, which may very well be doubted, it was a wrong to property interest only, the safety of his package. Out of this wrong to property, which threatened injury to nothing else, there has passed, we are told, to the plaintiff by derivation or succession a right of action for the invasion of an interest of another order, the right to bodily security. The diversity of interests emphasizes the futility of the effort to build the plaintiff's right upon the basis of a wrong to some one else. The gain is one of emphasis, for a like result would follow if the interests were the same. Even then, the orbit of the danger as disclosed to the eye of reasonable vigilance would be the orbit of the duty. One who jostles one's neighbor in a crowd does not invade the rights of others standing at the outer fringe when the unintended contact casts a bomb upon the ground. The wrongdoer as to them is the man who carries the bomb, not the one who explodes it without suspicion of the danger. Life will have to be made over, and human nature transformed, before prevision so extravagant can be accepted as the norm of conduct, the customary standard to which behavior must conform.

The argument for the plaintiff is built upon the shifting meanings of such words as "wrong" and "wrongful", and shares their instability. What the plaintiff must show is "a wrong" to herself; i.e., a violation of her own right, and not merely a wrong to some one else, not conduct "wrongful" because unsocial, but not " a wrong" to any one. We are told that one who drives at reckless speed through a crowded city street is guilty of a negligent act and therefore of a wrongful one, irrespective of the consequences. Negligent the act is, and wrongful in the sense that it is unsocial, but wrongful and unsocial in relation to other travelers, only because the eye of vigilance perceives the risk of damage. If the same act were to be committed on a speedway or a race course, it would lose its wrongful quality. The risk reasonably to be perceived defines the duty to be obeyed, and risk imports relation; it is risk to another or to others within the range of apprehension. This does not mean, of course, that one who launches a destructive force is always relieved of liability, if the force, though known to be destructive, pursues an unexpected path. "It was not necessary that the defendant should have had notice of the particular method in which an accident would occur, if the possibility of an accident was clear to the ordinarily prudent eye." Munsey v. Webb, 231 U. S. 150, 156. Some acts, such as shooting, are so imminently dangerous to any one who may come within reach of the missile however unexpectedly, as to impose a duty of prevision not far from that of an insurer. Even today, and much oftener in earlier stages of the law, one acts sometimes at one's peril. Under this head, it may be, fall certain cases of what is known as transferred intent, an act willfully dangerous to A resulting by misadventure in injury to B. These cases aside, wrong is defined in terms of the natural or probable, at least when unintentional. The range of reasonable apprehension is at times a question for the court, and at times, if varying inferences are possible, a question for the jury. Here, by concession, there was nothing in the situation to suggest to the most cautious mind that the parcel wrapped in newspaper would spread wreckage through the station. If the guard had thrown it down knowingly and willfully, he would not have threatened the plaintiff's safety, so far as appearances could warn him. His conduct would not have involved, even then, an unreasonable probability of invasion of her bodily security. Liability can be no greater where the act is inadvertent.

Negligence, like risk, is thus a term of relation. Negligence in the abstract, apart from things related, is surely not a tort, if indeed it is understandable at all. Negligence is not a tort unless it results in the commission of a wrong, and the commission of a wrong imports the violation of a right, in this case, we are told, the right to be protected against interference with one's bodily security. But bodily security is protected, not against all forms of interference or aggression, but only against some. One who seeks redress at law does not make out a cause of action by showing without more that there has been damage to his person. If the harm was not willful, he must show that the act as to him had possibilities of danger so many and apparent as to entitle him to be protected against the doing of it though the harm was unintended. Affront to personality is still the keynote of the wrong.

The law of causation, remote or proximate, is thus foreign to the case before us. The question of liability is always anterior to the questions of the measure of the consequences that go with liability. If there is no tort to be redressed, there is no occasion to consider what damage might be recovered if there were a finding of a tort. We may assume, without deciding, that negligence, not at large or in the abstract, but in relation to the plaintiff, would entail liability for any and all consequences, however novel or extraordinary.; Ehrgott v. Mayor, etc., of City of New York, 96 N.Y.264, 48 Am.Rep.622; cf.Matter of Polemis, [*supra*] .

There is room for argument that a distinction is to be drawn according to the diversity of interests invaded by the act, as where conduct negligent in that it threatens an insignificant invasion of an interest in property results in an unforeseeable invasion of an interest of another order, as, e.g., one of bodily security. Perhaps other distinctions may be necessary. We do not go into the question now. The consequences to be followed must first be rooted in a wrong.

The judgment of the Appellate Division and that of the Trial Term should be reversed, and the complaint dismissed, with costs in all courts.

ANDREWS, J. (dissenting) Assisting a passenger to board a train, the defendant's servant negligently knocked a package from his arms. It fell between the platform and the cars. Of its contents the servant knew and could know nothing. A violent explosion followed. The concussion broke some scales standing a considerable distance away. In falling, they injured the plaintiff, an intending passenger.

Upon these facts, may she recover the damages she has suffered in an action brought against the master? The result we shall reach depends upon our theory as to the nature of negligence. Is it a relative concept — the breach of some duty owing to a particular person or to particular persons? Or, where there is an act which unreasonably threatens the safety of they result in injury to one who would generally be thought to be outside the radius of danger? This is not a mere dispute as to words. We might not believe that to the average mind the dropping of the bundle would seem to involve the probability of harm to the plaintiff standing many feet away whatever might be the case as to the owner or to one so near as to be likely to be struck by its fall. If, however, we adopt the second hypothesis, we have to inquire only as to the relation between cause and effect. We deal in terms of proximate cause, not of negligence.

Negligence may be defined roughly as an act or omission which unreasonably does or may affect the rights of others.

But we are told that "there is no negligence unless there is in the particular case a legal duty to take care, and this duty must be one which is owed to the plaintiff himself and not merely to others." This I think too narrow a conception. Where there is the unreasonable act, and some right that may be affected there is negligence whether damage does or does not result. That is immaterial. Should we drive down Broadway at a reckless speed, we are negligent whether we strike an approaching car or miss it by an inch. The act itself is wrongful. It is a wrong not only to those who happen to be within the radius of danger, but to all who might have been there — a wrong to the public at large. Such is the language of the street.

Due care is a duty imposed on each one of us to protect society from unnecessary danger, not to protect A, B, or C alone.

It may well be that there is no such thing as negligence in the abstract. "Proof of negligence in the air, so to speak, will not do." In an empty world negligence would not exist. It does involve a relationship between man and his fellows, but not merely a relationship between man and those whom he might reasonably expect his act would injure; rather, a relationship between him and those whom he does in fact injure. If his act has a tendency to harm some one, it harms him a mile away as surely as it does those on the scene.

The proposition is this: Every one owes to the world at large the duty of refraining from those acts that may unreasonably threaten the safety of others. Such an act occurs. Not only is he wronged to whom harm might reasonably be expected to result, but he also who is in fact injured, even if he be outside what would generally be thought the danger zone. There needs be duty due the one complaining, but this is not a duty to a particular individual because as to him harm might be expected. Harm to some one being the natural result of the act, not only that one alone, but all those in fact injured may complain, we have never, I think, held otherwise. * * * Unreasonable risk being taken, its consequences are not confined to those who might probably be hurt.

What we do mean by the word "proximate" is that, because of convenience, of public policy, of a rough sense of justice, the law arbitrarily declines to trace a series of events beyond a certain point. This is not logic. It is practical politics. Take our rules as to fires. Sparks from my burning haystack set on fire my house and my neighbor's. I may recover from a negligent railroad. He may not. Yet the wrongful act as directly harmed the one as the other. We may regret that the line was drawn just where it was, but drawn somewhere it had to be. We said the act of the railroad was not the proximate cause of out neighbor's fire. Cause it surely was. The words we used were simply indicative of our notions of public policy. Other courts think differently.

Take the illustration given in an unpublished manuscript by a distinguished and helpful writer on the law of torts. A chauffeur negligently collides with another car which is filled with dynamite, although he could not know it. An explosion follows. A, walking on the sidewalk nearby, is killed. B, sitting in a window of a building opposite, is cut by flying glass. C, like wise sitting in a window a block away, is similarly injured. And a further illustration: A nursemaid, ten blocks away, startled by the noise, involuntarily drops a baby from her arms to the walk. We are told that C may not recover while A may. As to B it is a question for court or jury. We will agree that the baby might not. Because, we are again told, the chauffeur had no reason to believe his conduct involved any risk of injuring either C or the baby, as to them he was not negligent.

But the chauffeur being negligent in risking the collision, his belief that the scope of the harm he might do would be limited is immaterial. His act unreasonably jeopardized the safety of any one who might be affected by it. C's injury and that of the baby were directly traceable to the collision. Without that, the injury would not have happened. C had the right to sit in his office, secure from such dangers. The baby was entitled to use the sidewalk with reasonable safety.

The true theory is, it seems to me, that the injury to C, if in truth he is to be denied recovery, and the injury to the baby, is that their several injuries were not the proximate result of the negligence. And here not what the chauffeur had reason to believe would be the result of his conduct, but what the prudent would foresee, may have a bearing – may have some bearing, for the problem of proximate cause is not to be solved by any one consideration. It is all a question of expediency. There are no fixed rules to govern our judgment. There are simply matters of which we may take account. There is in truth little to guide us other than common sense.

There are some hints that may help us. The proximate cause, involved as it may be with many other causes, must be, at the least, something without which the event would not happen. The court must ask itself whether there was a natural and continuous sequence between cause and effect. Was the one a substantial factor in producing the other? Was there a direct connection between them, without too many intervening causes? Is the effect of cause on result not too attenuated? Is the cause likely, in the usual judgment of mankind, to produce the result? Or, by the exercise of prudent foresight, could the result be foreseen? Is the result too remote from the cause, and here we consider remoteness in time and space. [C] Clearly we must so consider, for the greater the distance either in time or space, the more surely do other causes intervene to affect the result. When a lantern is overturned, the firing of a shed is fairly direct consequence. Many things contribute to the spread of the conflagration – the force of the wind, the direction and width of streets, the character of intervening structures, other factors. We draw an uncertain and wavering lime, but draw it we must as best we can.

Here another question must be answered. In the case supposed, it is said, and said correctly, that the chauffeur is liable for the direct effect of the explosion, although he had no reason to suppose it would follow a collision. "The fact that the injury occurred in a different manner than that which might have been expected does not prevent the chauffeur's negligence from being in law the cause of the injury." But the natural results of a negligent act — the results which a prudent man would or should foresee — do have a bearing upon the decision as to proximate cause. We have said so repeatedly. What should be foreseen? No human foresight would suggest that a collision itself might injure one a block away. On the contrary, given an explosion, such a possibility might be reasonably expected. I think the direct connection, the foresight of which the courts speak, assumes prevision of the explosion, for the immediate results of which, at least, the chauffeur is responsible.

It may be said this is unjust. Why? In fairness he should make good every injury flowing from his negligence. Not because of tenderness toward him we say he need not answer for all that follows his wrong. We look back to the catastrophe, the fire kindled by the spark, or the explosion. We trace the consequences, not indefinitely, but to a certain point. And to aid us in fixing that point we ask what might ordinarily be expected to follow the fire or the explosion.

This last suggestion is the factor which must determine the case before us. The act upon which defendant's liability rests is knocking an apparently harmless package onto the platform. The act was negligent. For its proximate consequences the defendant is liable. If its contents were broken, to the owner; if it fell upon and crushed a passenger's foot, then to him; if it exploded and injured one in he immediate vicinity, to him also as to A in the illustration. Mrs. Palsgraf was standing some distance away. How far cannot be told from the record – apparently 25 or 30 feet, perhaps less. Except for the explosion, she would not have been injured. We are told by the appellant in his brief, "It cannot be denied that the explosion was the direct cause of the plaintiff's injuries." So it was a substantial factor in producing the result – there was here a natural and continuous sequence – direct connection. The only intervening cause was that, instead of blowing her to the ground, the concussion smashed the weighing machine which in turn fell upon her. There was no remoteness in time, little in space. And surely, given such an explosion as here, it needed no great foresight to predict that the natural result would be to injure one on the platform at no greater distance from its scene than was the plaintiff. Just how no one might be able to predict. Whether by flying fragments, by broken glass, by wreckage of machines or structures no one could say. But injury in some form was most probable.

Under these circumstances I cannot say as a matter of law that the plaintiff's injuries were not the proximate result of the negligence. That is all we have before us. The court refused to so charge. No request was made to submit the matter to the jury as a question of fact, even would that have been proper upon the record before us.

The judgment appealed from should be affirmed, with costs.

POUND, LEHMAN and KELLOGG, JJ., concur with CARDOZO, C.J.

ANDREWS, J., dissents in opinion in which CRANE and O'BRIEN, JJ., concur.

Judgment reversed, etc.

补充知识：

本杰明（Benjamin）内森（Nathan）卡多佐（Cardozo）是美国

历史上最为优秀的法官之一，他给后人留下的赫赫声名，不仅建立在他身为纽约州上诉法院首席法官和美国最高法院法官期间写就的许多在美国法律发达史上能够永垂不朽的判决意见，或是他作为一个睿智开明的法学家在其身处的那个风云际会的年代对推动普通法乃至整个美国社会的发展所作出的杰出贡献上，更是出于了解他的人们对他终其一生所保持的超凡脱俗的人格和精神魅力的景仰，即使可能有些人出于学术的分歧而无法被他的智慧所折服，但恐怕没有人能在他的人品道德上挑出任何的瑕疵，那些曾在最高法院为他工作过的法律助理们都心悦诚服地赞叹他道：“他的外表像圣人，行为像圣人，也的确是个圣人”以及“他是与我心目中圣人形象最为接近的人”。当然卡多佐也并非完人，有些人认为他曲高和寡太过乃至显得自尊的近乎敏感和言行中带有精英主义的虚荣心，不过这显然无损于卡多佐能够在美国法学大家的殿堂上和马歇尔（Marshall）、霍尔姆斯（Holmes）这样的前辈一起名垂青史，人们一致认为他是 20 世纪美国完美法官形象的典范，以至于后人常常会用“不如卡多佐”来形容他们在任何方面感到不满意的法官。

卡多佐于 1870 年 5 月 24 日出生在纽约的一个富有的犹太人家庭，其父也曾担任过纽约州法院的法官，但后来在司法腐败的指控中被迫辞职，也许正是这段家族历史上的污点成了日后卡多佐时刻注意洁身自好的一个重要的内心动力所在。卡多佐成年以后的求学生涯都是在哥伦比亚大学度过的，1885 年到 1889 年的本科 4 年卡多佐主修的是语言学、历史、哲学和文学等科目，他凭借着勤奋刻苦的作风和出类拔萃的天份取得了让人叹为观止的优秀成绩，这无疑为他以后在撰写判决意见时所能一贯表现出的旁征博引而又不失严谨的文风奠定了扎实的基础。1889 年卡多佐进入了哥伦比亚大学的法学院学习，这成为了他开始自己成就辉煌的法律生涯的起点，不过就这段历史而言卡多佐显然没有生逢其时，当时的哥大法学院正在经历一场从传统到现代的变革，比如 2 年的学制改为 3

年、案例教学法和苏格拉底教学法逐渐取代原先的教授在课堂扮演说书人（story‐teller）的教学法，结果卡多佐只上了 2 年就离开了，并未取得一个学位。好在当时法学学位并不是成为律师的先决条件，离开哥大以后卡多佐立即在纽约开始了长达 23 年的律师生涯。卡多佐作为一个律师无疑是非常成功的，他很快就在诉讼中表现出了他那过人的才华并因此而声名雀起，在他于 1913 年决定出任法官时甚至已经赢得了"律师的律师"这一美誉，因为在遇到疑难问题时，其他律师总是能从他这儿得到中肯的意见。1913 年已是在法律界颇具声望的卡多佐通过选举的胜利成为了纽约最高法院的法官，又随即被上调到纽约上诉法院任职，并在 1925 年成为该院的首席法官。在为纽约上诉法院服务的 18 年是卡多佐法官生涯的一段黄金时期，他细腻典雅的审判风格和进步务实的法律思想正是在这里逐渐的形成而且升华到了一个前所未有的高度，他在这里所作出的一系列判决意见不仅在全国范围内吸引了一大批追随者的支持，而且对普通法在美国社会大变革这一转折时期的发展起到了至关重要的推动作用，其中有很多至今还经常为后世的法官们奉为法律教条所引用。1932 年已年届 90 高龄的霍尔姆斯法官向总统辞职，卡多佐于是成为了众望所归的填补这一最高法院大法官空缺的当然人选，后人在评论这次更替时往往都会用"巨人代之以巨人"来形容这两位法官在法学修养上的无与伦比。卡多佐作为美国最高法院法官的任务和作用与作为纽约州法院的法官是不同的，他主要把注意力放在了更为宏伟的有关宪法以及其连带的种族和公民权问题的解释上，并在这一职务上留下了不少同样具有远见卓识的判决意见。只可惜卡多佐在美国最高法院的经历是短暂的，仅仅 6 年以后也就是 1938 年 7 月 9 日卡多佐在因病回到他出生的地方纽约后不久就与世长辞了。卡多佐法官终身未婚，但他和家人朋友尤其是他的姐姐一直保存着非常亲密的关系，他的爱好也非常广泛，比如戏剧、阅读等等，总之工作以外的卡多佐也并非是个无趣之人。

卡多佐生活的年代（1870－1938）正是美国历史上一个最为关键和动荡的时期，南北战争的结束换来了资本主义在新大陆的高速发展和由此而产生的社会转型，旧有的传统法律理论随着人与人之间生产关系的变化而急需更新，而且法律思想如果不具有一定的前瞻性，其指导下的具体法律原则必然和社会的现实情况相脱节，正是在这样一个承前启后的时代，卡多佐法官以其卓越地才智准确地把握住了普通法发展的方向并为此作出了一系列开创性的工作。虽然我们现在是通过侵权法来认识到卡多佐法官的智慧的，但其实他的杰出贡献还遍及了宪法、合同法、财产法、刑法等诸多领域，以后在专门讲到这些部门法时我们还有机会接触到很多卡多佐法官的判例。至于卡多佐法官本人的水平和传记，我要向大家极力推荐的是哈佛大学法学院教授 Andrew L. Kaufman 所写的《卡多佐》(Cardozo) 一书，这不仅是我读到过的资料最为翔实丰富的反映卡多佐法官一生的著作，而且其中对卡多佐法官法律思想的评价也不乏有让人豁然开朗之处。

十四、法律（最近）原因（2）

可预见性的后果（2）

在上一节里，我们着重了解了法律原因的含义和性质，以及其与事实原因、直接原因与最近原因等概念之间的辨析，我们还通过阅读 Palsgraf 一案中卡多佐法官与安德鲁斯法官之间的经典辩论认识到了可预见性原则作为考察法律原因基本依据的重要意义。尽管后来的事实发展证明了卡多佐法官的意见占了绝对的上风，美国的法律学界和绝大多数法院采纳并遵从了可预见性的原则，但是由于法律原因在本质上还应该说是一个政策性的制度设计，即法院可以自如地通过控制这一闸门来在具体的案件中贯彻自己是否希望让被告承担过失责任的意愿，也就是说，只要愿意的话预见性问题不会成为法院施加责任的障碍，以至于在美国的司法审判领域甚至有"没有什么过失行为的后果是完全预见不到的"（Few consequences of a negligent act are entirely unforeseeable.）这一说法，所以我们必须清醒地认识到卡多佐法官主张的可预见性原则在建立法律原因时所能起到的作用也还是有限的。

可预见性原则的作用受到限制除了有自身概念模糊的因素外，很大程度上是因为法律原因这一过失责任的必要构成要件的内在性质所造成的，出于可以理解的原因在很多的法律部门中，法院通常都会为自己留下一个比较灵活且易于掌控的要件，以避免某些案件出现法院本身和社会公众俱不愿意看到的结果。纵然美国的法院标榜司法独立，法官在作出决定时可以不受任何外界因素的干扰而只对自己的良心负责，但实际上，任何一个法官发布判决意见前都会充分地考虑社会公众的接受能力和其对生活秩序的可能影响，因此法院在过失侵权案留下了法律原因这个"后门"，也是为了寻求一种制度上的平衡。

可预见性原则的作用受到限制主要可以表现为两种情况，一种是完全地将可预见性原则置之不理（set aside），转而考虑其他的一些证明法律原因存在的判断标准；另一种则应该被理解为可预见性原则的引申或例外，一些我们凭借生活经验通常认为是不可预见的情况，法院会从法律的角度将其看作是可以被预见到的以迎合法律原因的要求。我们在本节中就将详细地讨论这两种情况。

首先，让我们来看看第一种情况，这实际上就是安德鲁斯法官"直接原因"观点的进一步延续，《侵权法重述（第二版）》除了在主体上吸收了卡多佐法官可预见性的原则以外，还是很谨慎地又作出了一定的保留，其§435（1）就特别规定了："如果行为人的过失行为是导致他人受伤的重要因素（substantial factor），那么行为人没有也不应该可能预见到损害结果的发生方式和程度这一客观情况，不能成为他免除法律责任的理由。"我们可以看到一个很有代表性的案例，[1]在1959年1月21日，Kinsman运输公司的一条货船Shivas号由于过失没有停泊牢靠，被Buffalo河的河水冲击到了下游还撞开了另一条船Tewksbury，两船顺流而下又撞塌了一座吊桥堵塞了河道，结果上涨的河水淹没了岸边的一些民居和其他的私人财产。法院判决尽管事故发生的时间和空间都和过失行为的作出距离十分遥远，但Kinsman公司必须对下游居民的损失承担赔偿责任，因为被告的过失是事故发生的直接和重要的原因。总之，在实际审判中，如果被告以损害结果在行为时不可预见来进行辩护，原告可以直截了当地质问他："你有什么权利在当初给社会制造危险"（no justification to create the risk）。

其次，我们再来了解一下可预见性原则的例外，但说其是例外却未必妥当，因为法院在这时往往不会简单地排除可预见性原则的适用，而是强制地使一些情况符合可预见性原则的条件，比如硬性地规定有些结果一定是应该被预见的，尽管在实际上其有可能根本就是些和最初的过失行为八竿子也打不着的事，所以我觉得与其叫例外不如称之为延伸更来得妥当一些。在本节中我们要讲的是其中的两个最基本的原则——蛋壳原则（eggshell skull rule）和救援原则（rescue doctrine）。

所谓蛋壳原则指的是，只要被告给原告造成了一点儿身体上的伤害，那么就要对这个伤害所引发的一系列后继的连锁损失负责，即使这些结果是被告在为最初的过失行为时无法预见到的，之所以取名叫蛋壳原则就是形容受害者的头颅像蛋壳那样的薄，只要被告轻轻的一碰就会碎，因此一个人必须把周围其他人的头颅都看成蛋壳一样来谨慎行为，他不能以预料不到受害者如此脆弱来为自己辩

---

〔1〕　Kinsman No.1, 338 F.2d 708（2d Cir.1964）.

护。比如在一个案子中，[1]原告与被告的车相撞，如果说车祸会造成身体伤害是可以预见的，那么这场车祸诱发了原告精神分裂的结果就让被告无从事前估计到了，但法院依据蛋壳原则认为被告不能拿可预见性原则充当借口。

而救援原则指的是，被告应当估计到只要他的过失行为将他人置于危险的境地之中，就一定会有人前去对受害者施以援手，因此救援者对于被告来说并不是不可预见到的，如果救援者在救援行动中受到了伤害，被告一样要对他承担相应的过失责任，当然救援者自己的行为也不能是过于莽撞冒失的。很明显，这样一种原则的规定有着鼓励见义勇为行为出现的政策上的考虑。

Fuller v. Preis
New York Court of Appeals, 1974.
35 N. Y. 2d 425, 322 N. E. 2d 263, 363 N. Y. S. 2d 568.

BREITEL, Chief Judge. 原告以错误死亡（wrongful death）为由起诉被告，初审陪审团判给原告 2 000 000 美元的经济赔偿，但上诉法院推翻了这一对原告有利的决定，认为原告的诉讼理由不成立。上诉法院解释称，即使不驳回原告的起诉，其也觉得初审结果与双方在证据上所反映出来的强弱地位不符。于是原告向本法院提出上诉。

死者 Dr. Lewis 是在遭遇了一场车祸后几个月自杀的，他当时以为自己并没有在车祸中受伤，但其实他的脑部已经受到了损伤。原告提出的诉讼理由是作为肇事汽车司机的被告在车祸中过失性的撞击 Lewis 的行为构成了事后他自杀的法律原因，所以被告应当对 Lewis 的死担负起赔偿责任。本案的主要争议也就在于原告所提供的证据能否支持这一说法。

---

[1] Steinhauser v. Hertz Corp., 421 F. 2d 1169 (2d Cir.).

本法院认为上诉法院的决定应当被推翻，此案必须得到重审。

在 1966 年 12 月 2 日，43 岁的外科医生 Lewis 不慎卷入了一场车祸，在撞击中，他的左半边头部碰在了自己汽车的玻璃上。因为没有明显的伤痛出现，Lewis 谢绝了救助并且自己开车回家了。但是到第二天早上的时候，Lewis 感到恶心想呕吐，但是医院的检查没有发现什么大问题。两天以后情况加剧了，Lewis 表现出了接二连三的癫痫症状，不得不住了 4 到 5 天医院，这次的诊断发现他的硬脑膜下有挫伤以及大脑受到了振荡。谁知祸不单行，在这期间他的妻子因为旧有的脊髓灰质炎而半身瘫痪，并且他的妈妈被查出患有癌症。

在 1967 年 7 月 7 日，当 Lewis 得知了他妈妈的确切病情以后签署了自己的遗嘱。到 7 月 9 日，Lewis 在又经历了 3 次癫痫的折磨后把自己反锁在浴室里，对着自己的脑袋开枪自杀了。在他自杀以前，他的妻子曾听到他反复的自言自语："我一定要这么做。我一定要这么做。"，或是其他意思类似的话。

有两张标有 1967 年 7 月 9 日这一日期的便条在 Lewis 的尸体旁被找到，其中一张是写给他妻子表达爱意的，另一张则是写给整个家庭的，里面主要包含了一些银行帐户和私人财产的信息，但 Lewis 也在上面写了："我现在头脑很清醒"和"我清楚地知道自己在干什么"的字样。

一直以来，普通法通过判例建立起来的公共政策表现出了可以让侵权行为人为他人的自杀承担法律责任的倾向，如果自杀是因为该责任人的过失行为摧毁了他生存下去的信念而造成的话。而且在对于因果关系的举证要求比过失侵权法更加严格的刑法中，被告也早就被要求对其行为影响下受害人的自杀承担责任。因此在过失侵权中，自杀的行为不构成可以帮助被告免除责任的取代原因（superseding cause），一个最初的侵权者必须对可预见的第三方的错误行为也一并承担起法律责任。有人认为允许对自杀的结果进行赔偿将在客观上起到鼓励自杀的负面作用，这种说法在现代社会中是没有说服力的，只会使得那些因精神错乱而最终自杀的被告过失行为的受害者无法获得应有的经济补偿。

由此可知，无论是公共政策还是以往判例都不禁止在被告过失行为直接影响下精神失常而选择了自杀的人及其亲属通过侵权之诉向被告要求赔偿，所以本案也应当在这样的法律原则指导下进行审理。

Lewis 医生在车祸发生以前无论是在身体上还是在精神状态上都十分健康，但是自从车祸中他的头部撞在了汽车玻璃上以后情况就急转直下了，在到自杀前的这段时间里他饱受癫痫发作之苦，这常常会使他失去知觉，而这一切折磨在车祸以前都是不存在的。据替 Lewis 生前做过检查的神经医学方面的专家称，Lewis 的脑部因为撞击受到了剧烈的振荡，这直接导致了癫痫病的出现，而且他还有脑溢血的症状，又损坏了一部分大脑的功能。我们还特别注意到仅是在 Lewis 自杀的当天，他的癫痫就连续的发作了 3 次。对以上的事实部分双方都没有太多的异议，因此，每一个人都可以合理的从这些充足的证据中得出是车祸导致 Lewis 脑部严重受伤的结论。

至此，本案中尚存的惟一一项真正的争议仅在于 Lewis 的自杀行为是否为脑部受伤所导致的"不可抑制的冲动"（irresistible impulse）。可信的证据反映出脑部严重受伤和癫痫的不断发作迫使 Lewis 医生不得不放弃了作为外科医师的执业和另外的很多活动，而且他的癫痫发作的越来越频繁猛烈却又无药可治。据神经医学证据所称，Lewis 脑部神经受损的这块区域正好是控制人的情绪和行动功能的，果然在车祸以后，Lewis 表现出了从前从未有过的情绪消沉、脚步摇摆、易激动和经常头痛等症状。

在自杀的那天，也就是车祸发生的 7 个月以后，Lewis 医生发作了 3 次癫痫，他女儿试图和他讲话，但他没有任何的回应。在第 3 次癫痫发作过后，Lewis 医生已经不能辨认出他的妻子了，脸上带有奇怪的表情，而且把自己反锁在了浴室里。20 分钟以后，Lewis 医生的妻子听到了他在浴室里喃喃自语了几句，接着就是一声枪响，那是 Lewis 医生对着自己的头部开了一枪，结果第二天他就死了。

作为专家证人的那个神经医学方面的大夫称第 3 次癫痫发作过后 Lewis 就已经变得精神错乱而且丧失理智了，这使得他无法控制自己的行为。这一证词无疑是对原告非常有利的，陪审团可以根据上述的事实推测出这场车祸与 Lewis 自杀间具有法律（最近）因果关系。

现在如果把本案中的争议更精确地重新表述一下就可以变成：自杀时的 Lewis 医生是否处于尽管明确知道自己在做什么和希望达到什么样的结果，但由于精神的错乱而产生出了不可抑制的冲动要把自己毁灭的状态。从以往的判例和现在的情况看很有这种可能，陪审团也认为的确是如此。

自杀是一种很奇异的行为，不太好泾渭分明地把它划入理性或非理性的范畴以内。但是当自杀是发生在长期遭受身体残缺、大脑受伤、癫痫经常发作、精神失常、情绪抑郁的折磨之后时，这很值得我们考虑作出自杀的选择究竟是出自一个理智的头脑，还是神志不清下不可抑制的冲动。因此，尽管上诉法院可以运用其事实审查权来推翻陪审团的裁决，但是它没有权力去驳回原告的起诉。

本法院决定推翻上诉法院的判决，并宣布应当重审此案。

McCoy v. American Suzuki Motor Corp.

Supreme Court of Washington, 1998.

136 Wash.2d 350, 961 P.2d 952.

SANDERS, J. 本案的主要争议是：（1）是否可以在产品责任（product liability）诉讼中适用救援原则（rescue doctrine）；（2）作为救援者的原告是否仍然必须证明被告的行为是导致他受伤的法律

（最近）原因；如果是必须的话，那么（3）在本案中被告的过错是否的确是原告受伤的法律（最近）原因。

本法院认为救援原则可以在产品责任诉讼中得到适用，救援者必须证明被告的行为是造成最终结果发生的法律（最近）原因，至少在本案中被告 Suzuki 公司的行为是否与原告 McCoy 的受伤间存在法律上因果关系应该在重审中由陪审团来决定。

在 11 月份的寒冷天气里，James McCoy 于晚上 5 点离开 Spokane 市，沿 90 号洲际公路驾车向东驶去，突然他看到有一辆前行中的 Suzuki Samurai，失控冲下了公路并翻滚了起来。McCoy 急忙停下车前去施援，发现该车的司机和乘客都已经受了重伤。不久之后，一个华盛顿州巡警赶到了现场，他因为感到人手不足便只好请 McCoy 帮着在周围摆放信号灯以警告后来的车辆这里有事故。McCoy 依言照办，但他发现信号灯的打光太弱了，于是就把其安放在了离出事地点有四分之一英里远的地方。McCoy 站在那儿双手各持一支闪光灯，手工指挥紧跟而来的车辆改走里面的车道。

大约 2 个小时之后，也就是在晚上 6 点 50 分，Suzuki 车里受伤的驾驶员和乘客都被送往了医院抢救，现场已经被清理干净，只留下巡警和 McCoy 在还事发的公路段上，但他们也开始准备撤离了。McCoy 手里拿着一支闪光灯沿着路边走回他自己的车，但当他走到距离巡警还有 3 到 4 个车身远的地方时，他看见那个巡警没发出任何警告就突然跳下了路基。等到 McCoy 意识到有些不对劲却为时已晚，一辆飞驰而来的汽车从后将他撞伤并随即逃之夭夭。

McCoy 和他的妻子起诉了众多被告：他们起诉 Suzuki 车的司机过失驾驶；Suzuki 车的乘客在该车出现摆动时以过失的方式与司机抢夺方向盘导致汽车最终失控；州巡警在行为上也具有过失；American Suzuki Motor Corporation 和其母公司 Suzuki Motor Company, Ltd.（Suzuki）因在该车的设计有缺陷而应负产品责任。在这份判决中，我们仅仅考虑 McCoy 针对 Suzuki 的产品责任指控。

Suzuki 曾经提出了即席判决的动议，理由在于：救援原则不应该适用于产品责任诉讼中；即使可以，McCoy 也必须证明 Samurai 这款车型上的一些缺陷是导致他受伤的法律（最近）原因，但他不能做到这一点。初审法院对第一个问题作出了肯定的回答，但认为不能从被告的行为和原告的受伤间发现法律（最近）原因，并因此而驳回了原告的起诉。上诉法院推翻了这一判决，认为原告的诉由合法有效。本法院赞同上诉法院作出的决定，但是却不能苟同其法律推理，我们基于另外的理由认为此案应当等到重审。

救援原则

救援原则经常因为各种不同的目的而被适用于不同情形的侵权案件中。顾名思义，这一原则允许受了伤的救援者对那些引发了危险情况的人提出损害赔偿的要求。正如卡多佐法官在 Wagner v. International Ry. Co., 232 N.Y.176, 133 N.E.437, 19 A.L.R.I (1921) 一案中所简明扼要概括的那样，这一原则是建立在"危险诱导了救援"（danger invites rescue）的基本信念之上的。救援原则可以起到两个相当重要的作用。首先，这个原则提醒了侵权者，他应当能够预见的到总会有人去积极救援被其行为置于危险境地的受害者，所以侵权者对救援者负有与其行为影响下的直接受害者同样的法律义务。其次，这个原则否定了救援者在采取行动前必然已经清楚地认识到了这一行为所可能给其自身带来的危险性，因此只要救援者的行动不是莽撞的或轻率的，肇事者就不可以用自冒风险（assumption of risk）的理由来剥夺受伤的救援者对于经济补偿的要求。

为了能够在一个侵权案件中适用救援原则，原告必须逐一证明：（1）被告对被救援的人负有过失责任，而且他的过失直接造成了受害者需要或看上去需要救援的局面；（2）被告行为给受害者造成的危险或危险的表象是急迫的；（3）一个理性人（RPP）能够意识到这种危险或行为表象的存在；（4）救援者在实施救援行为时做到了合理的谨慎。上诉法院认为McCoy所提交的证据已经充分地保证了我们完全可以将他是否满足了这四项条件的问题移交给陪审团进行裁决，而Suzuki并未对此表示出异议，我们也同意上诉法院的这一见解。

救援原则是否可以在产品责任案件中被适用？

Suzuki争辩称救援原则不应该在产品责任诉讼中有被适用的余地，因为现行的本州产品责任法作为成文法典已经全部取代了对于产品责任问题普通法上的救济，而所谓救援原则也只不过是一项普通法的原则罢了。我们不能同意这种说法。救援原则不仅仅是普通法上的一种救济途径，而是通过赋予救援者可预见性的地位来反映我们这个社会所珍视并提倡的扶危济困的价值观念，所以对于这些不顾自身危险见义勇为的救援者，法律不应该将他们排除在司法救济之外。我们不认为有任何理由可以把救援原则排除在由制造商的过失所导致的产品责任诉讼之外。在这个问题上，我们同意上诉法院将救援原则包括在产品责任案件当中的决定，而且其应当得到和在普通侵权法案件中同样的对待。

当救援原则被适用时，原告是否还必须
证明法律（最近）原因的成立？

McCoy称一旦救援原则等到了适用，作为救援者的原告就不需要再承担证明被告的行为是损害结果（injuries）发生的法律（最近）原因的责任。McCoy还称在这样的诉讼中，原告只要证明诱使他实施救援并后来导致他受伤的危险（danger）与被告的过失行为间能够成立法律（最近）原因就可以了。上诉法院赞成了原告的这种说法，并认为："救援原则改变了过失责任对于一般成立要件的要求"。

我们认为，上诉法院在这一点上的法律意见是错误的，即使救援原则能够被适用，救援者也应当和其他侵权案件中的原告一样，必须承担起证明法律（最近）原因成立的举证责任。

在 Maltman v. Sauer, 84 Wash. 2d 975, 530 P. 2d 254（1975）一案中，有一架救援直升机被呼叫到一个车祸的现场去把伤员送往医院，然而其却坠毁在了赶往现场的途中，机组人员全部遇难。于是那些死难人员的家属凭借着救援原则来起诉制造了车祸的罪魁祸首，并直接向他要求损害赔偿。我们曾在该案中判决道："作为一个法律问题，车祸不足以构成直升机坠毁的法律（最近）原因，因此起诉应当被驳回。"在本案中，我们决定遵守 Maltman 案所确定的规则，救援者也必须依照普通的过失侵权原则来证明法律（最近）原因的成立。

Suzuki 的行为是否是 McCoy 受伤的法律（最近）原因？

在总结完救援原则可以适用于产品责任诉讼和救援者也必须承担对于法律（最近）原因的举证责任之后，我们接下来就可以根据本案的具体情况来判断 Suzuki 的行为是否是 McCoy 受伤的法律（最近）原因。

Suzuki 声称它根本就无从预见到一个像 McCoy 这样的救援者会在当时的情况下被另外一辆汽车所伤，因此本案中的法律（最近）原因关系不成立。但是本法院认为，关于第三方行为能否构成介入原因（intervening cause）的问题应当由陪审团进行最终的裁决，而不是由我们法官来决定。陪审团将综合考虑救援者的位置和第三方肇事者的过失行为等诸多因素来作出判断。

McCoy 引用了 In re Estate of Keck v. Blair, 71 Wash. 2d App. 105, 108－09, 856 P. 2d 740（1993）一案为自己的观点提供证明，在该案中某人热心救助了一位酒后肇事的司机。他把不省人事的司机搀扶下车并想帮助他离开高速公路走到安全地带，然而此时正好有一辆汽车从后面飞驰而来，他只来得及把司机推到一边自己就被当场撞死。上诉法院允许了救援者的遗属凭借救援原则起诉被救援的司机，法院认为不能够由它来决定最初的事故是否是救援者死亡的法律（最近）原因，而是应该将其交由陪审团进行裁决。

在本案中，如果 Suzuki 的 Samurai 这款车被发现是有缺陷的，那么陪审团就可以认定 Suzuki Samurai 失控后在公路上产生翻滚现象以及后面快速逼近的车将对 Samurai 车中的司机、乘客或其他救援人员造成伤害都是能够被预见到的。

已经有无数的案例证明了法院一般都会通过把握法律（最近）原因成立标准的宽严尺度来在司法程序中发挥"看门人"（gatekeeper）的作用，即把那些被告的行为与原告的受伤之间因果关系过于遥远的案件拒之门外。在 Maltman 案中，我们就驳回了原告的起诉，因为造成最初事故的过失行为人不需要对数百英里之外的直升机坠毁承担法律责任，这两起事故之间的因果关系实在是太遥远了。我们还在 Hartley v. State, 103 Wash. 2d 768, 698 P. 2d 77（1985）一案中作出过类似的判决，该案的原告指控州政府没有及时吊销一个劣迹斑斑的司机的驾驶执照的过失，导致了这名司机酒后驾车撞死了自己的亲属。本法院同样认为，州政府的这一过错与原告亲属死亡间的因果关系太过于遥远了，因为我们不能把法律责任加诸于被告身上。

然而在本案中，我们不认为待决的 Suzuki 的过错与原告遭受伤害两者之间的因果关系遥远到足以切断过失责任的成立。事实上，Suzuki 的过错并不如同 Maltman 和 Hartley 案中的过错一样距结果那么遥远，因此本案的判决也应当和这两个案子有所区别。因此，我们不会以缺乏法律（最近）原因为由驳回原告的起诉，而是将此案发回并责令遵照本意见进行重审。

补充知识：

在本节的第一个案例中我们看到了错误死亡（wrongful death）的说法，虽然这是我们第一次接触到这一概念，但其实应该说这是美国侵权法中十分常见的诉由，我们不妨简单地了解一下它的来龙去脉。所谓错误死亡指的是，如果一个人死于他人过失行为给自己造成的伤害，那么死者的亲属代表可以要求侵权行为人承担起相应的损害赔偿责任。错误死亡作为一个普通法诉由在最初曾受到过道德上的质疑，认为这样的做法等于是在把人的生命用金钱来衡量，但发展的事实证明，这种抽象的顾虑终究比不过死者家属在经济补偿上的需要，现在美国50个州都已经把错误死亡明确列为了一项成文法上的诉由，尽管州与州之间在构成方式、赔偿范围以及受益人等方面的法律规定又各有不同。一般来说，如果法院判决诉由成立的话，侵权行为人需要赔偿死者家属的包括死者的医药费用、丧葬费用、工资收入损失、精神损失乃至各种其他的隐性损失，但如果侵权行为人的过失行为被认为是放任的或者情节特别恶劣的，法院还可能判给原告一些惩罚性的赔偿。除了错误死亡的说法之外，美国侵权法中还有错误出生（wrongful birth）、错误生活（wrongful life）和幸存原则（survival）等的许多类似的概念，限于篇幅的缘故，我们以后有机会再逐一了解。

我们知道，救援原则实际上是对见义勇为行为的鼓励与扶持政策，但是救援者在实施救援行为时同样需要在行为上注意合理的谨慎义务，不能由于自己的过失反而加重了他人所面临的危险。不过在美国还有一个叫"善人原则"（good Samaritan）的政策专门适用于专业医护人员自愿抢救他人的情形，该原则规定除非是极端的缺少医德、草菅人命，医生此时可以不用对一般过失行为负责。

近年来随着中国经济体制和政治体制双重改革的深入，如何避免在制度转型的真空期出现权力寻租的腐败现象成了很多国人最为关心也不无忧虑的问题，而其中司法腐败对任何一个国家来说都无疑是最致命的隐患，一部《水浒》其实讲的就是司法腐败的警示。有不少人提出了效仿西方国家采取高薪养廉的办法，这的确是一个正确的思路，因为不高薪就绝对无法养廉，明太祖的"剥皮实草"都无法吓住贪官，何况现在让人长期在贡献与回报不成比例的情况下当清官更是不可能。但是高薪养廉其实只说对了问题的一个方面，因为作为不以赢利为目的的政府，其酬薪水平无论如何都是与企业无法相提并论的，而且从实际运作的角度看，美国司法制度的公平公正和法官的严明廉洁也并不完全是建立在高薪的基础之上的，比如联邦海关法院法官的年薪也仅为4万多美元，这与美国大律师事务所里的合伙人的收入是不可比拟的。但是美国的成功做法就在于，除了通过宪法保证法官的工资在其任期内不得削减以使其无后顾之忧外，还极力推崇法官的权威和尊严，使之享有无与伦比的社会地位，比如在法庭上法官的座位总是高高在上的，当事人也不能直呼其名，而是要尊称其为"Your Honor"，也就是"法官大人"的意思。这些举措使得法官的职位在人们的心目中既高尚又神圣，反过来又使得法官本人格外地珍惜声誉，促成了一种良性的互动机制。当然耳目无所不在的新闻媒体也是一个重要的监督力量，在保护政治人物的名誉权和第一修正案的言论自由以及公众的知情权的权衡中，美国毅然选择了后者以保证舆论监督的有效行使，在著名的纽约时报案[1]中，最高法院的大法官判决只有当新闻媒体带有"实际的恶意"（actual malice）去诋毁政府官员时才被要求赔偿其实际损失，仅仅内容失实不构成诽谤。如果以经济学的眼光去分析，人们的每一个行为归根结底都是理性地比较损失和收益后作出的选择，所以一项使得腐败的成本远高于利益的制度才是结构性解决腐败问题的途径，但是成本不能简单地理解为经济成本，还应

---

[1] New York Times Co. v. Sullivan, 376 U.S. 254（1964）.

该包括人生价值的自我实现、社会地位与名望等较为软性的因素。

十五、法律（最近）原因（3）

介入原因

虽然和其他几个要件相比，因果关系特别是法律因果关系的确是一个比较枯燥的话题，但恐怕在本节里我们还需要延续前几节中进行的有关前因后果、循环往复的脑力游戏，所不同的是前面我们主要讨论的都是如何辨明一个原因能否构成过失行为与损害结果之间的法律（最近）原因，而在本节中，我们着重要了解的是，如何从两三个原因中找到侵权法所希望归责的真正的法律（最近）原因以及这些原因之间的相互关系是怎样的，因为在本节的研究过程中总是要牵涉到至少两个以上的原因，所以本节的内容也许会比前几节还要更加复杂一些，但是读者们不妨尝试着在感到疑惑的地方把自己的日常生活经验代入到抽象的法律原则中以增加这些理论的现实感，从而达到帮助理解的目的，其实这对我们学习本来就是来源于生活琐碎的现代侵权法未尝不是一个捷径。

正如我们在前几节中也经常谈到的那样，现实生活中一个事件的发生往往都是很多的原因共同作用的结果，虽然在有些时候我们能顺藤摸瓜地理清一个主要的事情发展的因果脉络，但那些枝枝蔓蔓的情节却从法律关系的角度来讲对促成事件最终的发生未必就一定是无足轻重的，而现代侵权法遵循法律（最近）因果关系的原则只处罚那个离结果最近的原因，因此在侵权案件中被告针对因果关系问题最经常提出的一个抗辩理由就是"不是我而是他的行为才应该被认为是最近的原因"，所以，从都可能导致事件发生的众多原因中找出可被归责的法律原因是法院在案件审理过程中的一个很基本也很关键的工作。

在侵权案件这样完全由当事人来推动并主导的民事审判中，原告必须对每一个要件的成立承担起举证证明的责任，因此，原告挑中了一个过失行为人作为被告开始诉讼活动，一定反映出了原告认定了该人的行为正是导致自己受到伤害的法律（最近）原因，但是，我们也讲过这里所称的最近仅仅指的是法律关系上的最近，却不是时间及空间上客观的最近，所以在很多时候并不是被告一完成过失行为原告马上就受伤，而是两者之间还可能介入了其他一些人有意或无意的行为，并且这些来自于第三人的行为或多或少地影响着损害结果的发生或是发生的方式，美国侵权法把这些被告侵权行为之后、原告受伤之前的第三人的行为统称为介入原因（intervening cause），正是这些介入原因的存在为被告否认自己的行为构成了法律（最近）原因提供了切实的可能。

也许有人会对"切实的可能"这种说法提出异议，认为要是切实的就不能称之为可能，或者反之也亦然，但我觉得用这种说法来形容介入原因的法律地位其实是非常恰当的。说其"切实"是因为这些介入原因的存在的确为被告的免除责任提供了良好的机会，这是一个会让法院无法忽视而必须进行充分考虑的抗辩理由，一旦被告能说服陪审团及法官相信不是由于他的过失行为而是某个介入原因的作为法律（最近）原因的存在导致了损害结果的发生，被告就可以成功地摆脱对原告作出赔偿的处罚，现实中这样的判例也比比皆是。说其"可能"是因为介入原因的出现充其量也只是为被告的免责提供了一种可能，而且这种可能的几率还不是太高，只有当介入原因符合一系列的条件要求进而上升为取代原因（superceding cause）以后，被告的法律责任也能够等到免除，这也就是说介入原因的存在并不当然地会形成对被告有利的后果。

总之，介入原因通常不会自动地免除被告因自己的过失行为而引起的法律责任，除非不仅这些中介原因本身的出现是不可预见的，而且它们所造成的损害结果也是被告即初始的过失行为人所无法预见到的。一旦这两个条件能够得到满足，法院就会认为此介入性的行为能够切断被告行为与原告受伤之间因果关系的链条，并使得被告的侵权责任归于消灭，这种介入原因也就上升成为了取代原因。有关介入原因能不能被认为是取代原因以及免除被告法律责任的认定，在美国的司法审判实践中一般都会被当作是一个事实问题而交由陪审团进行决断，理论上的标准概括起来说就是一个理性人在面临着被告当时所处的情况下能否合理地预见到第三人行为中途介入的可能性。如果被告完全应该预见到的话，那么该介入原因就不是取代原因，反之如果不能的话，被告才有希望摆脱原告对他的指控。接下来我们可以分门别类地举一些例子来帮助大家更好地理解上述地法律原则：

1. 介入原因可以预见但损害结果不可预见，比如美国有些州的交通法规要求司机在路边停车时必须将车钥匙拔下以防止小偷窃车进而引发交通事故，被告过失性地未能做到这一点，结果真的让小偷将车盗走，但是，该小偷在后来对该车进行改装的过程中使用电焊不当引发火灾，给附近的原告造成了严重的人身伤害，此时被告不需要对原告的受伤负责。

2. 介入原因不可预见且损害结果也不可预见，比如被告由于驾驶不慎将原告撞倒在地，然而原告在前往医院治疗时因为医生的玩忽职守而患上了腹泻，此时被告不需要为原告的腹泻负责。

3. 介入原因可以预见且损害结果也可以预见，比如被告将农药装在普通的瓶子里并且随处乱放，他的孩子不明真相就拿了这瓶农药请邻居家的小伙伴喝，结果造成了一定的事故，被告需要对这种结果负责。

4. 介入原因不可预见但损害结果可以预见，比如被告汽车的刹车一直都有问题，而他总是自恃技术高超便置之不理，有一天，他的邻居因为情况紧急未经允许便把这辆车开了出来，在驾驶过程中他明明看见前面有人却就是停不下车来，结果撞伤了行人，被告需要对此负责。

除了上述所列举的这些可能性之外，还有另外的一种情况即我们通常所称的"被告向第三人转移责任"（shifting responsibility），意思是指被告的行为给原告造成了危险，但第三人的行为未能及时地阻止危险的实现，结果使得原告受到了伤害，此时一般还应该由被告来对原告承担法律责任。不过这一原则也是有例外的，比如该第三人的行为是故意侵权或犯罪行为，以及第三人负有特殊的义务保护原告的安全等等。

Glasgow Realty Co. v. Metcalfe
Court of Appeals of Kentucky, 1972.
482 S.W.2d 750.

HILL, Judge. 原告 Vivian Metcalfe 指控被告因为过失未能维护好一套公寓内的玻璃窗而给她造成了人身伤害，初审法院的陪审团裁决原告胜诉并要求被告支付给她 47 500 美元的经济赔偿，于是被告提起了上诉。

上诉人在 Kentucky 州 Glasgow 市的公共广场上沿人行道边拥有一栋3层楼的建筑，其中底楼被出租出去作为商用，二楼是一些办公室，三楼则被分割成了一套套的公寓房。

在 1969 年 8 月 1 日，9 岁的小朋友 Marty Stout 随同他的父母前往上诉人所有的建筑三楼的一套公寓去拜访祖母。后来 Marty 因为觉得祖母的房间里很无趣便走进了隔壁 William Mayo 一家所住的公寓里。当天，在这栋建筑一楼的商家正在附近举办路边特卖活动，这吸引了很多顾客来到公共广场流连忘返。小 Marty 被楼下的热闹所吸引，于是就抬起了沿街的一扇窗户想伸头出去看个究竟，这扇窗户就在特卖活动举办地点的正上方。当看到下面人头攒动的景象之后，小 Marty 不由得兴奋异常，他情不自禁地向楼下大喊大叫以便能吸引到旁人对他的注意。但是他的行为很快就被这套公寓的主人 17 岁的 Linda Mayo 所制止了，她走上前把被 Marty 抬起的窗户又放回了原来的位置，后者见状就把两只手都放到了窗户的玻璃上，这一举动可以被认为是他想阻止前者关窗，或许也可以被理解成他是在想帮 Linda 把窗户关上。然而就在两人的推拉中这扇窗户的玻璃突然破裂了，一块块碎玻璃先是碰到了一楼的雨篷而后又大都溅落到了人行道上。此时的人行道上有包括被上诉人在内的无数接踵摩肩的顾客正在路边市场内闲逛购物，面对突如其来且从天而降的碎玻璃大家都慌忙向四处逃散，以躲避锋利的玻璃雨的袭击。一些不明身份的人在这种一片兵荒马乱的情形中撞倒了被上诉人 Vivian L.Metcalfe，结果她的臀部当场骨折，身上也被留下了无数的擦伤。尽管被上诉人当时只有 52 岁，这个年纪并不能算太大，但是事实证明她所受到的伤害比想像的要更严重一些，有证据显示她的身体因此而有 25% 到 35% 的地方永久性地残废了。

本案的事实情况为我们提出了一系列有关于因果关系的法律问题，比如介入原因、取代原因和因未能维护好玻璃而导致该事故发生的可预见性等。然而在讨论这些问题之前，我们还是应该先判断确立过失责任的一个基本前提存在与否，即上诉人是否有义务去维护这块玻璃，以及从本案的事实当中我们能否发现上诉人违反了这一义务。

我们不妨先来回想一下事故现场的情况。这块出事的玻璃是被安装在上诉人所有的这栋建筑三楼的一套公寓内的，大家也都知道会有小孩子住在里面，而且这块玻璃正好位于紧临广场的一面及人行道的上方，每天都有大量的行人在它的下方来来往往。故此毫无疑问的是，上诉人承担着谨慎行为的义务去检查这栋楼的所有设施是否足够安全，以避免给楼下面使用人行道的行人的人身安全造成不合理的危险。

现在我们再来看看有关指称这块玻璃所镶嵌的窗框有缺陷的证

据，这主要包括来自于 William Mayo、Linda Mayo、Marty Stout 和上诉人的经理 Maurice Wolfe 的证词和一些现场的照片。被上诉人一共向法院提供了 16 张从不同角度拍摄的那栋建筑的照片，但是其中只有一张表现的是出事的窗户的情况，甚至就连这一张也只是让我们看到了窗户的油漆有些陈旧，所以这批照片不能对证明本案中的关键问题起到多大的作用。

不过，从上述的证人证言中我们可以归纳出两点比较显著的事实：首先，从该栋楼经理的话中我们得知，上诉人的确没有对出事的窗户进行过安全检查；其次，这扇窗户也确实存在着一些问题，比如玻璃周围的油灰大都脱落了等等。这些事实都保证了我们应当把关于上诉人是否在维护大楼上犯有过失的争议交由陪审团来最终裁决。

尽管上诉人没有把介入原因或是者取代原因列为一项专门的抗辩理由，但是当事人双方都在很大程度上把对于因果关系的证明作为自己立论的基础，所以我们认为有必要在此讨论一下这个问题。在本案中的介入原因实际上指的就是 Marty Stout 把双手按在玻璃窗上的举动，但是现在我们已经无从得知他当时使了多大的劲。事故发生后，在现场取得的证据显示，只是窗户上的一部分玻璃落在了人行道上而还有一部分仍然留在了窗框上，这就告诉了我们，Marty 向外推玻璃的用的力气还是不小的，以及窗框上至少还有一些油灰和铁钉是起作用的。因此我们认为 Marty 的行为完全足以构成了事故发生的"助因"（contributing cause），而现在的问题就在于这个助因的存在能否免除上诉人的过失责任。

我们可以参考一下《侵权法重述（第二版）》的对这个问题的说法，其§439 写到："如果一个人的过失行为所产生出来的主动的（actively）、持续的（continuously）效果会给他人造成伤害，那么即使在同时还存在有第三人的无罪的、侵权的或是犯罪的行为同样是促成这一损害结果发生的重要因素，该首要过失行为人也不能因此而免责。"

我们还可以借鉴 Parker v. Redden, Ky., 421 S.W.2d 586, 595 一案的意见，审理此案的法官认为："这里涉及到的法律问题实际上就是侵权法中关于介入原因和取代原因的基本原则，即初始过失行为人的侵权责任不能因他人后来的过失行为而免除，不过该项原则的前提条件是后继的过失行为应当能够被前者合理地预见到。"

然而，在为这个案子下最终结论之前，我们还必须考虑一下上诉人提出的一个过失行为人是否需要对其过失造成的不可预见的后果（unforeseeable consequences）承担法律责任的问题。上诉人争辩称，即使它未能维护好大楼的设施是一种过失行为，但它根本不可能估计或预见的到会有一个陌生人进入到楼内并对一扇玻璃窗施加了足以使其破碎的力量，而且它也完全想不到从三楼落到人行道上的一些碎玻璃会引起人们的骚乱以致原告会被挤倒受伤。

我想我们可以借用 Miller v. Mills, Ky., 257 S.W.2d 520, 522 一案的判决意见来回答上诉人的质疑，该法院称："我们深信在侵权案件中讨论可预见性的问题时，法律并不要求某一损害结果发生的精确形式能够被预见到，这也就是说只要该损害结果是在特定过失行为可预见的自然后果的范围之内（within the nature range of effect）就可以满足可预见性的要求了。"

初审法院的判决应当得到支持。

Stevens v. Des Moines Independent Cnty. School District
Supreme Court of Iowa, 1995.
528 N.W.2d 117.

LARSON, Justice. Danny Stevens 是 Des Moines 校区内一所中学的学生，在学校里他受到了另一位学生 Shawn Harris 的殴打。因此 Danny 和他的父母将 Des Moines 校区告上了法院，理由是其未能通过合理的方式对 Shawn Harris 暴力行为下的潜在受害者发出警告；

未能有效地控制 Harris 的行为；未能适当地管教好学生。初审的陪审团发现被告犯有过失，但又认为其过失不是导致损害结果发生的法律原因。于是原告提起了上诉。我们决定推翻初审法院的判决并要求此案得到重审。

原告起诉的核心问题是被告因为过失而未能保护好其学生的人身安全，这特别是针对 Danny 而言的。本案的相关证据完全能够支持陪审团对被告行为存在过失的认定。Shawn Harris 错误地以为 Stevens 是早先打过他的一个男孩的兄弟，而且 Harris 声称是 Stevens 先冲他大叫"黑鬼"才激起了自己的怒气。结果 Harris 在学校里到处追逐 Stevens，并在大堂里将其暴打了一顿。学校的记录显示 Harris 一惯具有暴力倾向，曾多次与他人发生过侵略性的肢体冲突。原告据此称学校过失性地没能提前警告自己 Harris 会找他寻仇以及没有在大堂内安装足够的监视设备以致于未能迅速地解救自己。

被告学校方提出的抗辩理由在于，如果原告的受伤是由另一位学生不可预见到的而且十分突然的行为所造成的，那么这个打人的行为就构成了导致损害结果出现的取代原因，因此校方的过失行为就不能被认为是引发原告受伤的法律原因了。本法院在此案中需要主要考虑的也正是这一争议。

初审法院在审理过程中曾经按照《统一陪审团指示》（Uniform Jury Instruction）告知了陪审团一些有关法律原因问题的法律规定，双方对此都没有异议。但是初审法院后来又额外的就法律原因的问题对陪审团进行了补充指示，这引来了原告方的反对。这段指示（Instruction No.24）是这么说的："如果你们发现原告所受到的伤害是由于其他学生自发的、冲动的、突然的、不可预见的行为所造成的，这一行为即构成了取代原因，并且校方的过失也就不构成结果的法律原因了。"原告反对这段指示的理由是"这不是 Iowa 州的法律"和"该原则不适用于此案因为校方对保护学生有特殊的义务"。

我们可以参考《侵权法重述（第二版）》对于取代原因的规定，

其§448 规定到："即使初始过失行为人的行为给第三人实施故意侵权或犯罪行为创造了条件，该第三人的行为也应该被认为是导致损害结果出现的取代原因，除非初始过失行为人在其过失行为进行时已经预见到或者应该能够预见到这种情况的发生，以及会有第三人利用其创造出的便利条件实施侵权或犯罪。"

《侵权法重述（第二版）》的 §449 也可以适用于本案，其规定为："如果第三人会以某种方式行为的可能性是使得初始侵权行为人犯有过失的危险因素之一，那么第三人的行为无论是无罪的、故意的、侵权的或是犯罪的，都不能阻止初始侵权行为人承担起过失责任。"

由此可见，在本案的事实情况下，第 24 号陪审团指示的确不应该被给出。原告起诉的核心问题是被告有义务去督导学生、警告危险和监管校舍，所以一旦这些义务被违反甚至有学生在校园里遭到殴打，考虑殴打的行为是否能构成取代原因以帮助学校摆脱教育无方的过失责任是非常具有讽刺（ironic）意味的。很明显，本案中的被告不能从过失责任中全身而退，因为该介入原因是可预见的，而且是被孕育在初始的危险即被告的过失行为之中的，美国法院高度一致地同意这种类型的介入原因不能取代被告的责任。

有效的判例法同样支持上述的看法，例如在 Titus v. Lindberg, 49 N.J.66, 228 A.2d 65（1967）一案中，一位 9 岁的学生因为遭到同学的殴打而起诉校长和教育委员会。校方争辩称，即使学校确实存在对学生督导不力的情况，但那个动手打人的学生的故意行为已经超越了学校的过失责任成为导致原告在学校受伤惟一的法律（最近）原因。审理此案的法院拒绝了这番论调，认为学生之间发生打斗的事件完全在学校可以合理预知并因此而提供有效防范的范围以内，此时学校疏于监管正是造成原告受伤的重要因素，所以学校的过失完全可以构成结果的法律原因并且学校和肇事的学生都要对原告的受伤负责。

在 Dailey v.Los Angeles Unified School District, 2 Cal.3d 741, 470 P.2d 360, 87 Cal.Rptr.376 (1970) 一案中, 一名学生死于学校组织的拳击比赛。原告以督导不力将学校告上了法院, 而此案争议的焦点集中在比赛中对手对该学生的猛击是否能被认为是导致其死亡的取代原因。法院对此的回答是否定的, 因为另外一名学生的错误行为直接促使了伤害结果发生的事实并不影响学校的过失构成受害者死亡的法律原因, 一旦有充足的证据显示校方未能尽到应尽的监管之职, 无论第三人的行为仅仅是卷入其中还是单独就足以引发整个事件都不能使校方的法律责任被免除。况且作为介入原因的拳击赛对手的行为并不是多么不同寻常以至于难以预见的, 所以其也无法被看作取代原因而起到限制学校责任的作用。

在本案中所发生的事件是大家都可以预见到的青春期的年轻人在得不到学校的有效监管下所会产生的冲动。当然, 法律并不要求损害结果发生的具体方式能够被预见的到, 只要是与一个理性人所能从过失行为中预见到的伤害属于同一类型就可以了。

有关于取代原因如何作为学校对于监管失职指控的抗辩的问题, 我们可以参见 Doe v.Durtschi, 110 Idaho 466, 716 P.2d 1238 (1986) 一案, 该案的情节是, 一个学生受到了一位教师的性骚扰。在针对学校提出的诉讼中, 作为被告的校方声称该教师本人的难以置信、骇人听闻的不当行为足以构成一种取代原因, 而法院则认为:"取代原因的概念不适用于本案, 因为该教师的行为完全可以被看作是学校没有尽到适当的谨慎来保护自己学生所导致的直接后果, 学校的过失责任更多地体现在为该教师犯下这种行为创造了条件。在本案中, 为犯有过失的被告提供豁免很明显不是一个好主意, 因为该介入原因所带来的只是一个可以从过失行为中预料到的结果。"审理此案的法院还说:"至于可预见到的危险究竟是来自于一个故意侵权行为或犯罪行为是无关紧要的, 学校有法律规定的义务去采取合理的措施来保护学生免受一切不合理危险的侵害, 只要违反了这一义务即构成了过失责任。在本案中，教师的不当行为不是一个取代原因，学校的侵权责任不是来自于殴打或威吓，但应该说殴打或威吓的发生根源于学校的过失行为。"

在另外一些案子中，受害者受到的侵害是由于外来者的犯罪行为所造成的，这就给我们认定取代原因的存在与否带来了更大的挑战，因为这些行为的可预见性降低了，然而，美国法院否定取代原因可因此而成立的立场是非常统一的。比如在 Sharp v. W. H. Moore, Inc., 118 Idaho 297, 796 P. 2d 506（1990）一案中，一位在办公楼内被强奸的职员起诉大楼的安保措施不充分。法院认为被告所提出的该犯罪行为构成了取代原因并切断了其和原告受伤之间因果关系的锁链的说法不成立，取代原因尽管是一项很普遍的法律原则但在此案中不适用，因为大楼提供安保措施的意义就在于帮助在其中工作的人免遭犯罪行为的荼毒。

本案被告认为，初审法院关于取代原因的指示并无差错，因为按照当时的实际情况，校方没有可能及时地介入并阻止殴打事件的进行。但被告的看法没能接触到问题的实质，原告对被告过失的指控集中于学校疏于管理创造了一种宽松的氛围，这极大地纵容了学生之间殴打的发生，正如一位专家证人所说的："只要学校里有一位专门对学生行为进行督导的教员就能有效地制止学校里的暴力行为。"

本法院决定推翻初审法院的判决并认为应当重审此案的所有主要争议。

Lockhart v. Loosen

Supreme Court of Oklahoma, 1997.

943 P. 2d 1074.

LAVENDER, Justice. Lockhart 以 Loosen 明知自己患有生殖器疱疹还与她的丈夫 David Lockhart 发生性关系为由向法院提起了诉讼，她声称 Loosen 不仅没有主动警告 David 自己患有性传染病（STD）的情况，还积极地欺骗了后者，结果随后 David 又把这种病传染给了他的妻子，也就是本案的原告 Lockhart。

Lockhart 以过失、欺诈、故意的或过失性地引发精神伤害和本身过失为由起诉了 Loosen，而后者请求法院驳回原告的起诉，其依据在于：（1）David Lockhart 的不忠才是导致他的妻子受到伤害的法律原因；并且（2）她对 David Lockhart 的妻子不负有任何法律义务。初审法院驳回了原告的起诉，于是原告又提起了上诉，民事上诉法院（Court of Civil Appeals，简称 COCA）支持了除过失指控以外的初审法院认为本案无正当诉由的判决，Loosen 因此而向本法院申请了调卷令（certiorari），我们准许了这个请求。

在本州的法域内要证明被告的过失责任必须依次证明 3 个要件：（1）被告负有保护原告免受伤害的义务；（2）被告未能适当地履行这一义务；（3）被告的违反义务是使得原告受到伤害的法律原因。决定违反义务是否是损害结果发生的法律原因，主要取决于原告所遭受的伤害能否被认为是被告过失行为的自然的（natural）和很可能的（probable）的后果，这是我们判断可预见性问题的关键。

一个介入原因要能够成为取代原因并切断初始过失行为人的侵权责任，必须满足一定的条件：（1）独立与初始过失行为；（2）其能独立地导致整个损害结果的发生；（3）不能被合理地预见的到。当这样一种符合条件的取代原因出现后，初始的过失行为就可以仅仅被理解为是促使结果发生的条件，也就变得不可诉了。但如果介入行为是初始侵权行为可被合理预见到的结果，初始过失侵权行为人就不能被免除法律责任了。并且当初始过失行为没有被后来的原因所取代，而是两者共同作用促成了损害结果的发生的话，其中每一个行为都可以被认为构成了法律原因，所有的行为人需要对原告的受伤承担起连带责任。

作为一项司法审判中的法律传统，过失案件中的关于因果关系方面的争议都属于事实方面的问题，也就是说，应当由陪审团来决定是否具有可预见性的问题，介入行为的可预见性也正是归于这一范畴之内。当然，只有当一个案件中所有的证据及其引申都不足以充分显示行为与结果直接的因果联系时，判断法律原因成立与否才可以被认为是一个法律问题。

普通法中的因果关系原则可通过 Graham v.Keuchel，847 P.2d 342（Okla.1993）一案来体现，审理该案的法官认为："在普通法中，一个人通常不需要为第三人的故意行为承担法律责任。即使初始行为人的过失行为为后面发生的侵权行为创造了条件，第三人所作出的故意侵权行为也应该是造成损害结果的取代原因，除非该初始行为人意识到了或应该合理地意识到第三人会如此行为的可能性。"

Lockhart 应当提供证据证明的一个核心问题应该是 Loosen 对她负有义务，也就是说要在本案中建立起可诉的过失责任，Lockhart 就必须说服我们相信 Loosen 未能告知她丈夫自己患有传染病的过失是她也得上了生殖器疱疹的直接原因。虽然一般情况下，Loosen 作为第三者对 Lockhart 先生的妻子不负有任何谨慎的义务，但理论上我们每一个人都有义务在自己可控制的范围内不给其他人造成不合理的伤害。因此如果 Loosen 当时知道或应当知道自己患有性病并在易传染期间和 Lockhart 先生保持着不正当的关系，在普通法的原则下她是有义务警告 Lockhart 先生会发生传染的危险的。此外，如果 Loosen 知道 Lockhart 先生还会和另外的人发生性行为，而且她也能确定这个人的姓名身份的话，那么 Loosen 就应当可以合理地预见到她对自己病情保持沉默的行为会导致这种病被传染到第三人那里。在这样的对事实问题的假设下，初审法院能够判定 Loosen 完全可以预见到她的沉默自然的和很可能的后果即是这种具有高度传染性的疾病会被转移到原告的身上。

但是如果 Loosen 没有理由知道或的确不知道自己患有传染病

的话，她的沉默也就不再是可被起诉的过失行为了，具体说来就是当（1）Loosen 在 Lockhart 先生和他的妻子发生性行为之前就告知了有关疱疹的情况；或（2）Lockhart 先生在和他的妻子发生性行为之前就自己发现了有关疱疹的情况时，Loosen 的行为就肯定不能作为法律原因，而只是一个促使结果发生的外部条件罢了。这是因为，在此时 Lockhart 先生独自就能使原告患病，而且 Lockhart 明知自己有病还坚持要和妻子发生性行为的举动是不可理喻加不可预见的，这构成了一个有效的取代原因。如果以上的假设都属实的话，再加上 Loosen 在和 Lockhart 先生发生性行为时的确不知道自己有传染病，本案中有关法律原因的争议就可以不再作为一个由陪审团裁决的事实问题，Loosen 是否需要承担什么法律责任可以被法官自己当作法律问题来解决。

本案中事实情况的缺乏使得初审法院认为 Lockhart 的起诉是不成熟的并进而作出了驳回的判决。但是在我们看来，根据通过证据已知的事实及其推论，Lockhart 未必就一定没有从中获得赔偿的可能，因此我们认为应当将此案发还到地区法院进行重审，以便在审理过程中发掘出更详细、更准确的事实情况。

在考虑了 Oklahoma 州的法律原则和本案的具体情况之后，初审法院的判决不能被我们所认同，因为 Lockhart 并不是肯定无法根据目前已知的事实获得法律的救济，她的起诉在一定程度上是可以被证据所支持的。

本法院决定部分撤消上诉法院的判决意见及部分推翻初审法院的驳回起诉的决定，并将此案发还重审。

补充知识：

在很多案件当中，专家证据（expert testimony）都是帮助法官和陪审团判断案情是非曲直的重要途径，特别是在那些专业知识含量比较高的案件当中，有利的专家证据更可能成为决定双方谁胜谁负的关键砝码，而且美国的司法审判实践反映出被告往往会对原告提交的专家证据产生质疑，因此专家证据的准入（admission）标准就成了一个引人注目的问题。判决于 1993 年的 Daubert 一案[1]是对美国专家证据准入规则很有影响力的一个案子，法院也经常以 pre‑Daubert 或是 post‑Daubert 来指称其是采取什么方法来适用专家证据的。总的来说这个变化是蛮大的，在 Daubert 案以前，法院使用的规则比较简单，只要能够证明该专家证据是基于科学家普遍认同的方法（based on a scientific technique generally accepted within the scientific community）而作出的就可以为法院所接受，而在 Daubert 案子后这个标准要分为了两个步骤：首先，需要证明这个专家证据是建立在科学的方法之上的（good science）；其次，还需要证明该专家证据与具体案件充分相关（fit requirement）。当事人可以又通过两种途径来显示自己的专家证据是 good science，其一是证明这项科学研究是在本诉讼发生之前独立作出的（pre‑litigation research），其二则是证明这项科学研究得到了同行的正面评定（peer review）。而充分相关性的标准指的是该专家证据与本案需要证明的问题是否有密切的联系，也即能否对案件提供有效的帮助（helpfulness），我们可以遵循证明因果关系的思路来满足这个条件的要求。应该说新的准入标准相比旧的来说，扩大了专家证据的适用资格，但是从程序上将比以往更加繁琐了，也有一些法院在判例中对此表示了不满。

---

[1] Daubert v. Merrell Dow Pharmaceuticals, Inc., 125 L.Ed.2d 469, 113 S.Ct.2799 (1993).

十六、法律（最近）原因（4）

公共政策

通过前面章节的讲解我们已经知道了，一般来说，在美国如果打算说服法官被告应该承担侵权法上的过失责任，原告必须依次分别说服法院相信义务（duty）、违反义务（breach of duty）、因果关系（causation）和损害结果（injury）这 4 大要件在本案中的存在。具体说来，原告首先应当证明被告对其负有一定的谨慎行为的义务，这种义务可以来源于社会习惯、行业惯例、法律规定等方面；其次在本案中的事故发生时，被告行为违反了这种义务，也就是说被告的行为标准低于我们社会中一个具有普通理智和谨慎态度的人在相同情况下所应该作出的反应；接下来被告的这种违反义务的行为与原告所受的伤害间不仅存在着事实上的因果关系（cause in fact），而且存在着法律上的最近因果关系（legal or proximate cause），即被告的行为是导致原告遭受损害的直接法律原因；最后原告还要证明一定损害结果的发生，并且其所受到侵犯的权利受到法律的确认和保护（protected rights）。

对于原告来说，在所有这些的要件里，法律（最近）原因可能是最难以证明也最为关键的一点，这不仅是从美国的司法审判实践来看在情势十分不利的时候，被告往往会选择拿法律原因的问题作为反击的突破口，因为侵权法在这个领域内为双方包括法院都预留了足够的可以灵活发挥的（arguable）空间，而且法律（最近）原因这一制度本身的设计也就非常突出了政策性的考量。虽然我们能够使用诸如可预见性（foreseeability）及直接因果关系等标准来检验法律原因在具体案件中的成立与否，但归根结底这还是一个受公共政策（public policy）影响的因素，正如我们常说的只要法院愿意的话，任何结果或多或少都是可以预见的。那么有些读者可能就会觉得所谓公共政策在感觉上是个太过于虚无缥缈的概念，既没有固定的范围又缺乏统一的标准，所以在实践中不好掌握。这种说法既对也不对，说其对是因为公共政策的确不是一个公式化的概念，而是一种授权法院按照公平正义的法理和本地的公共秩序及善良风俗进行自由裁量的机制；说其不对是因为美国法院也深知法律不确定性给法制带来的危害，因而在使用公共政策的原则时一般也都是按照几个已经十分成熟的套路来进行的，不太会有哪个法官突然心血来潮搞几个别出心裁的政策出来，而且美国法院的作风通常都比较保守稳健，其所认定的公共政策坦率地说只是些早已为我们的社会奉之为当然的东西了，比如应该人人平等、尊老爱幼等等，所以法院运用公共政策得出来的结果也不会让人感到有多么的惊讶。

那么什么是公共政策呢？我想中国的学生对这个概念的理解不会太难，其一是因为中国的民法里本来就有公序良俗的概念，即使其定义范围可能比公共政策要小许多，但本质是差不多的；其二是因为中国的法制非常讲究政策性，也即无论是立法还是司法都是在党的政策领导下进行的，而且还要时刻注意跟上新的形势，所以中国读者其实对公共政策并不陌生；其三是因为我们原本就是一个做什么事情都非常灵活的民族，相比抽象生硬的法律条文而言，我们还是比较喜欢依赖于政策的灵活性来解决问题。我觉得中国前些时候有几个城市出台的"对违章行人撞了也白撞"的交通规则就是对公共政策概念的最好脚注，相对于机动车来说，行人在交通事故中应该属于极端的弱势群体并得到法律的优待，在美国和很多欧洲国家绝对采取的是任何情况下车都要让人的做法，而中国这些城市为了贯彻交通纪律而下的这一狠招真是把法律政策性的本质发挥到了淋漓尽致的境界。美国的国情和民情虽然和中国都大不相同，甚至可以说为人处事都较中国人更加刻板一些，但美国基本上可以说是一个以基督教教义为核心的国家，其社会中也有一套完整的并得到了广泛认同的伦理价值观，也就是说，大家对什么是善的、什么是恶的，乃至什么是应该通过法律鼓励的、什么是应该抑制的行为都有很统一的认识。而我们这里所说的公共政策正是这样一个可以让法官凭借它来弘扬美国社会正面价值取向的工具，这样既可以保证形式正义与实质正义之间的相互协调，有可以将法律的教化功能发挥到极致。总之，法律存在的终极目的是使好人得到褒奖且坏人得到惩罚，如果可能出现相反结果的话，法官就有权依据公共政策来对此予以纠正。我向大家介绍几个美国司法审判实践中经常会出现的公共政策，当然这些政策的使用并不仅仅局限在侵权案件当中。

1. 司法行政（judicial administration），比如原告要求法院判决烟草公司支付给那些被动吸烟者惩罚性赔偿，烟草公司可以反驳这样做对法院来说是无益处的，因为只要今天法院作出了这样的判决就等于打开了一个泄洪口（floodgate），明天前来起诉的人就会把法院的大门挤破，太激进的措施未必是最符合实际的，而且究竟哪些人才算被动吸烟者还应该作进一步的商榷。

2. 机构权限（institutional competence），比如法院应不应该介入足球俱乐部有没有打假球的调查就是一个很有辩论余地的问题，反对者可以认为这完全是个行业内部的顽症，应该由上级主管部门进行调整惩处，而不是由法院来越俎代庖。

3. 公共道德（moral），比如说法院可以认为法律应该对少数民族的人格尊严进行特殊的保护，至少在正式场合应当称黑人为"非洲裔美国人"，如果有人称黑人为"nigger"，其行为就会给黑人造成可预见的伤害。

4. 社会效益（social utility），即当事人可以争辩法院的决定会促进还是有损于公众的健康、福利、安全等等，比如第一个例子里的原告可以针锋相对地提出补偿被动吸烟的受害者可以打击美国社会对于烟草的消费需求，进而提高全民的身心健康。

5. 经济效率（economic），即法院的判决也必须充分考虑到经济成本的因素，花很大的代价来取得一丁点的进步对讲究实用主义的美国人来说可能不是什么值得推广的判决，因此，被告可以争辩原告要达到的目的是不经济、没效率且违反自由市场原则的，比如只有在汽车出现重大质量或设计缺陷的时候才适用召回制度，一点的小毛小病采取免费修理的方法就可以了。

实际上相比较那些宪法、反垄断法以及劳工法案件而言，侵权案件中政策性的因素还不是有多么的重要，但由于侵权法主要调整的是在日常生活中人与人之间直接细致而微小的纠纷，且人类社会的生活形态是如此的多种多样，所以在很多时候，实践层面上的侵权法远不如在纯理论层面上这样可以清晰的划分并证明出各个要件的成立，这时法官所更多考虑的是案件在公共政策方面的影响。因为美国是一个判例法国家，任何案件一经法官宣判即成法律渊源，所以法官在判案时必须谨慎从事，仔细考量其判决对以后人们的社会生活所产生的影响。而从另一个角度看，因为法官的判例会有如此大的影响力，所以对一些持能动主义态度的法官来说，判例就是施展其政治抱负、实践其社会理念的舞台，他们总是在等待一些合适的、富有争议性的案件出现，并通过对其的判决推动社会的进步。这多方面的原因造成了公共政策成为了美国法官所乐于借助的一种工具，但公共政策就其本身来说是一个非常抽象的概念，究竟什么构成公共政策、法官如何自由裁量公共政策、法官如何通过对公共政策的运用达到自己希望的结果、以及观点不同的法官对于公共政策的辩论，在下面这个案例中都得到了很好的体现。

本案从表面上看是一个关于酒后驾车的案例，但如果从深层次来理解，本案中法官实际上在决定的是法律或者说公共权力究竟应该在多大程度上介入到私人的社会生活当中，换而言之就是法律的边界在哪里。这在中国也是一个非常值得注意的问题，特别是在目前政府部门正在向服务型转变的过程中，一些立法和执法部门对于

什么该管、什么不该管、该管的怎么管存在着很大的概念上的模
糊，因此，在这种环境下发生"夫妻在家看黄碟被抓"的新闻决非
偶然。那么在美国这样的情况法院是如何处理的呢？读者可以从下
面的案例中得到启发，法官在确立一种法律义务或者扩大某种法律
义务的边界时，采取了非常谨慎的态度，除了考虑社会道德和公众
利益的问题外，遵守法律的经济成本也是一个重要的因素。

本案是发生在新泽西州的一个案例，被告 Gwinnell 到朋友 Zak
家作客，主人招待了其一些含有酒精的饮料。然后 Gwinnell 独自酒
后驾车回家，途中制造了一场车祸，致使原告 Kelly 受伤，随后
Kelly 把 Gwinnell 和 Zaks 一起告上法院。本案的主要争议是 Zak 夫
妇是否需要对原告的受伤负责，法官面临着主人是否要为客人离开
自己家后行为负责的公共政策的选择，在新泽西州最高法院持不同
意见的法官们对此展开了激烈的辩论。

Kelly v. Gwinnell

Supreme Court of New Jersey, 1984.

98 N.J.538, 476 A.2d.1219.

Wilentz, C.J. 本案提出了一个非常有意思的争议，那就是客人
在主人家喝醉酒后引起车祸，招待客人喝酒的主人是否应该对车祸
受害人承担法律责任。在本案中，主人所提供的含酒精饮料足以使
客人明显呈醉酒状。本法院认为在这种情况下主人应当承担法律责
任。

从理论上，过失可以通过一定的标准加以检验，即一个具有一
般谨慎的理智人在一定时间和地点中是否应当认识并预见到其行为
会给他人带来不合理的危险。当被告的过失行为创造了这种危险，
并对原告造成了可预见性伤害，我们即认为行为和损害结果间存在
着法律上的直接因果关系。另外在确定责任方面，如果被告的行为
是造成原告伤害的实体性原因，那么一般说来，我们就有足够的理

由认为被告应当承担过失责任。

本案的事实告诉我们，主人（Zaks）明知道客人（Gwinnell）随后要独自驾车回家，却仍然向其提供酒类饮料。因此我们可以合理地推断出 Zaks 应当能够意识到向 Gwinnell 供应酒类饮料会致使其醉酒，然而 Zak 夫妇却继续用酒招待客人，即使在 Gwinnell 看上去已经明显喝醉了的情况下。事实上，当 Gwinnell 准备开车回家时，他已经完全醉了。任何一个理智的人，如果处在 Zak 先生当时的情况下，都应该能明显地意识到向 Gwinnell 不断地提供酒类非常有可能使其无法谨慎驾驶。顺理成章的是，Zak 先生也应该能够预见到醉酒后的 Gwinnell 有可能会因为驾驶上的疏忽而伤害别人，除非自己在当时停止向 Gwinnell 供应酒类才能阻止这一悲剧的发生。因此建立起一个过失侵权责任的所有要素在本案中都是齐备的：由被告行为所创造的对原告来说十分不合理的危险；该危险是可以预见到的；该危险实现后造成的后果也是可以预见的。在这样的情况下，本法院所要决定的只是：主人是否具有法律上义务去阻止这种危险发生，或者换句话说，在现实生活中法院能否把这种义务强加到主人身上。

现有的判例法清楚地告诉了我们在为被告人创设义务时应当遵循的原则。审理 Goldberg v. Housing Auth. of Newark, 38 N. J. 578, 583, 186 A. 2d 291（1962）一案的法官声称："判断一个义务是否存在归根结底是一个公平（fairness）的问题，我们应该衡量比较当事人之间的关系、危险的实质以及在提议的解决办法中涉及到的公共利益。"而在此后的 Portee v. Jaffee, 84 N. J. 88, 101, 417 A. 2d 521（1980）一案中，法官又强调了："是否应当将由过失行为引起的精神伤害的责任进一步扩大取决于各方冲突利益之间的平衡。"

当一个法院在决定某种义务是否存在以及某项责任是否应该被扩大化时，法院会认真考量公平正义和社会政策方面的因素。在我们的社会里，每年都会因为酒后驾车而夺去数千条生命；其造成的损失已经达到了一个让人难以容忍的程度；有执照的卖酒者被禁止向已经醉酒的成年人继续提供酒类；且最近政府已大大加强了关于惩罚酒后驾车这一被认为是我们国家顽症的相关法规。在这一背景下，本法院认为把预防酒后驾车的责任加诸于提供酒精的主人身上是完全符合公平的观念和本州一惯的政策。

我们承认，作出这样的义务分配超越了我们在以往案例中迈出的步子，但这些案例的存在为我们的前进指明了方向并可以驱散人们的一些疑虑。在以前，我们认为这种责任只存在于那些持有执照的专业酒类供应商和向未成年提供含酒精饮料的普通人身上，比如在 Soronen v. Olde Milford Inn, Inc., 46 N.J.582, 218 A.2d 630（1966）一案中，我们曾判定一个有执照的酒类供应商必须对他的顾客的后继行为负责。现在本法院决定把这责任扩展，如果主人在明知成年客人已经醉酒且其马上要驾驶机动车时，仍向其提供酒类饮品，那么该主人应当对其客人在随后因为酒后驾车而引起的交通事故中的受害者承担法律责任。我们把这种对第三人负有义务的法律责任强加到主人的身上，是基于我们认识到这种公共政策所产生的义务重新分配的结果要远远优于其所可能产生的弊端。本法院十分清楚本案的判决会对我们这个社会已经习以为常的一些习惯产生影响；会干扰甚至减少以后人们在一起聚会时由于供应酒类而产生的一些轻松与乐趣，而且这种聚会和人际交往在我们这个社会中被人们认为是非常重要的，但是本法院坚信本判决所增加的对酒后驾车事故中受害者的赔偿以及对酒后驾车行为的震慑，其益处将远远大于所造成的不便。

其实，我们在此案中加诸于被告身上的责任与我们以往判决的汽车拥有者在明知借车者已醉酒却仍把车借给他时所应承担的责任是差不多的。在后一种情况下，汽车的主人不应当把车借给一个当时已经喝醉了的借车者，否则如果该借车者在驾驶过程中出了车祸的话，汽车的主人需要对受害者承担和实际肇事者一样的经济赔偿责任，而现在我们只不过是把相同的责任加诸到了那些提供酒类饮品使自己的客人醉酒却又允许他独自驾车回家的好客主人的身上，这个责任的延伸应该是能为社会所接受的。我们作出这种新的义务分配的目的在于使酒后驾驶的受害者能够得到公正的赔偿，通过本案中新确立原则的适用我们相信这一目的的实现会变得更有可能了。

不过也有人对我们的决定表示出一定程度的担心，他们害怕我们强加到主人身上的责任与其所犯的错误是不相一致的，这种担心实际上反映出的是一种价值判断，即即使一个主人在明知客人要独自开车回家的情况下仍把他灌醉的行为不像我们所认为的那样严重。我们恐怕不能苟同这种观点，因为酒后驾驶可能造成的恶果是极其严重的，甚至经常会造成受害人的死亡，而与此同时，主人只要施加一点点的注意就足以避免整个悲剧的发生，所以我们不认为主人行为的过错与责任是不一致的。

考虑到在此之前全国没有任何地方作出过类似的判决，我们认为对此案判决的借鉴应当严格地遵循不溯既往的原则，将本案中新确立的法律义务适用于以往发生的案件是这些当事人在当初行为时根本就预料不到的，因此对他们来说也就是不公平的，所以我们决定主人所需要承担的这项新义务只适用在那些在此判决作出之日后发生的事故当中。

在此我们决定推翻下级法院所作出的对被告 Zak 夫妇有利的决定，并把此案发回重审。

Garibaldi, J. (dissenting) 代表多数意见的法官没有必要通过列举酒后驾车的可怕后果来说服我应当采取更加严厉的措施来对付醉酒的司机。我本人也十分关注这些事故中的受害者。然而出于对多数意见所可能被无止境引申的忧虑，我认为立法机构完全可以采用更好的方法来实现减少酒后驾车现象的出现和保护这些事故中受害者，从而避免把如此沉重的责任加诸于普通市民身上。

本法院在过去已经把这种民事责任加诸于那些获得酒类经营执照的经销商身上，禁止他们卖酒给已经喝醉了的顾客。但是，一个普通市民作为宴客的主人，却属于完全不同的情况。

这种不同点主要体现在一个普通市民与专业酒类经销商相比缺乏判断醉酒程度的特殊知识和技能。专业的酒类经销商每天都要和那些消费含酒精饮料的公众打交道，这种经历使其掌握了普通市民所没有的判断醉酒与否的本领。普通的主人会对判断客人醉酒的程度感到更加困难。

而且在实际操作中，家庭聚会所特有的氛围也增加了主人在敬下一轮酒时必须判断客人是否已经明显喝醉的难度。在一个商业性营业场所，酒精饮品受到了良好的管制，客人必须通过酒保的服务来获得一杯酒。但是在家庭聚会中情况则很不一样，比如说，客人会常常自斟自饮或是客人间也会相互劝酒。另外，通常主人在这个时候正忙于招待其他客人，而无暇去分析每一个客人喝酒的状况。再者，酒吧里的酒保一般在工作的时候都不喝酒，而主人往往会和客人一起饮酒，就如同本案中的 Zaks 夫妇一样。

此外，多数意见也没有说明主人在多长的时间范围内将会承担责任。主人必须不惜用强制性手段制止喝醉的客人继续喝酒以及驾车吗？还是主人只能采用拖延时间或者寻找借口的方式？如果主人努力想留住醉酒的客人但是没有成功，还必须负责吗？多数意见在这些很关键的涉及主人需要在什么程度上看守自己客人的问题上保持了沉默。

而所有这些问题中最关键的一点是与专业经销商相比，普通市民无法分摊承担责任的代价。经销商可以通过提高售价把购买保险的成本分摊到消费者中间。但是请客的主人们只有独自承担所有的风险。

普通市民不可能通过购买保险的方式来抵消本法院所要强加在他们身上的义务。根据多数意见的构想，他们如果因为没有尽到主人阻止客人酒后驾车的义务就应被认为存在过失，而他们也许会因此而倾家荡产。所以，我坚持在法院作出这样的判决之前必须权衡每一个新泽西州的居民所可能承担的守法的经济成本。

我表示反对并不是因为我想促成一项能得到立法机构通过的法案，那应该是本州立法机构自己决定的事情，但我认为立法机构会有更多的选择余地来解决眼前的问题，而不是像法院的多数意见所做的那样把无限的责任加诸到了新泽西州每一位成年公民的身上。

补充知识：

本案是在当时新泽西州酒后驾驶的危害非常严重的大背景下作出的，根据新泽西州机动车管理局（New Jersey Division of Motor Vehicles）的统计，从 1978 年到 1982 年间，有 5 755 例在高速公路上因为车祸而死亡的案例，其中有 2 746 例属于酒后驾驶引发的，约占总数的 47.5%。在同期又总共发生了 629 118 例机动车事故，其中涉及到酒精的又有 131 160 例，约占总数的 20.5%，这些高速公路上的车祸死亡给社会造成的经济损失是非常惊人的，达到了 1 149 516 000 美元之巨，而 1981 年一年因酒后驾驶而造成的经济损失也到达了 1 594 497 898 美元。

衡平（equity）是英美法系所独有的一种制度设计，其目的和作用主要在于对普通法体系进行补充完善，以达到相辅相成、互为表里的效果。虽然在追求简单明快成为法律发展方向的今天，衡平制度与普通法的分野已经日益模糊，但了解衡平制度的运作方式仍然对我们学习美国法有非常重要的意义，因为在侵权法这类民事诉讼中的一些概念和做法至今还带有着十分明显的衡平特征。从历史发展来看，衡平起源于古老的英国法，早在 14 世纪中叶的时候，英国人就开始建立起一套独立的衡平法院系统，专门用来补救教条僵硬的普通法在诉讼程序和救济方式上所表现出的刻板与不足，因此，我们可以看到衡平的出现最早是为了一种更加灵活、自由的方式对普通法力所不及之处进行调整。且因为处理衡平案件的大法官均为基督教的主教，他们在审判过程中往往会采取较普通法院的法官来说更为直接和犀利的方式，仿佛就是在拷问被告的良知，所以衡平法院又有良心法院（court of conscience）之称。然而在一个法律体系中存在两种相互独立的诉讼体系必然会导致彼此之间的冲突，衡平法与普通法由于管辖权的重叠而产生对立，从内在的角度来讲也是在所难免的，再加上诉讼程序的简化已经成为了法律不断向前发展的目标和途径，衡平法与普通法的融合也就变成是大势所趋的了。作为英国法继承者的美国于 1848 年率先完成了这一合并，将衡平法争议和普通法争议归于一个法院处理，并且可以通过一个司法程序来分别决定这两种救济方式的取舍。

如果要仔细解释衡平的内涵，我们至少应该从三个方面来理解：首先，衡平是一种权利，当当事人认为自己的利益无法在普通法的框架内得到有效的保护，他可以选择用衡平的方式解决；其次，衡平是一套法律体系，是对普通法规则的补漏拾遗；最后，衡平可以体现为一种救济方式，当普通法救济被认为是不充分时，可以对当事人进行衡平的救济。然而我们还应该认识到，衡平法与普通法的区别并不是绝对的，很多出于一时之权衡而规定的衡平原则会逐渐被普通法所吸收采纳，以至于最终成为后者的组成部分，比如目前美国民事程序法中的 discovery 规则就有着早期衡平法的影子。

衡平法与普通法的差异虽然在现在的美国法中不是结构性的，但至少是非常易于区分的，而这样的区分很可能会造成一些法律效果上的不同。比如说普通法救济通常指的是金钱的救济，即通过判令败诉方给付给胜诉方一定数额的经济补偿来完成，而衡平法救济则可以要求败诉方为（不为）一定的行为来进行，禁止令（injunction）就是最常见的衡平救济方式。如果败诉方没有或拒绝服从禁止令的规定，其很可能会被认为是在藐视法庭（contempt），从而被追加罚款或处以监禁，所以从效果上来说，衡平是一种更具强制性的救济。当然衡平法与普通法的区别还远不止这些，更加详细的内容我们可以留待学习美国民事诉讼法和财产法的时候再行深入探讨。

十七、错误行为与不作为

如果一个人看见有人溺水并正在大声呼救，他是否应当立刻采取行动救人？如果一个人看见或听闻有犯罪活动正在发生，他是否应当及时地通知警方？如果一个学生整日在校外游手好闲、惹是生非，学校是否应当向他的家人承担失职的责任？又如果一位顾客在逛商店的时候因为店内的设施年久失修而受了伤，店主是否应当对他进行经济赔偿？假使我们把上述所有这些疑问都当作道德问题来作答的话，那么答案无疑是显而易见的，要是一个人在目睹旁人正挣扎在死亡线上的时候虽自己完全有能力援之以手却仍能保持无动于衷，这个人即使不能说是毫无人性也一定够得上铁石心肠了。无论是东西方的道德观念都不能容忍这种对他人的危难视而不见的做法，前一段时间，中国某地发生过的"副县长对落水儿童袖手旁观"事件所引起的众媒体对该副县长群起而攻之就很生动地说明了我们社会的道德底线不允许这种冷酷的无动于衷。但是当我们把这些疑问都当作法律特别是侵权法问题来回答的时候，答案就不是那么肯定的了，因为一旦涉及到法律，就不是应当怎么样而是必须怎么样的问题了，因此法律会对是否有理由强迫一个人必须自己冒着生命危险去救另外一个人感到非常的犹豫。在前面的章节中，我们虽然已经通过一些案例粗略地接触到了对这一争议的探讨，但是我们所主要研究的都还是侵权行为人因为自己主动的有过错的行为而获罪的情况，在本节里我们就要把这缺了的一课补上，来和大家着重谈一谈在美国侵权法的理论框架下一个人什么也没做会否为他招致过失责任。

和很多欧洲大陆法国家将见死不救的罪名列入刑法视为犯罪（如荷兰、法国等）不同，传统美国法没有强行地规定一个人必须承担在危难之际援救他人的法律义务，而只是让其仍然停留在道德的层面上，纵然见义勇为者会受到群众们英雄般的礼遇，但是袖手旁观者也不会被提传到法庭上受审。这种个人化的"光荣孤立"的态度可以在《侵权法重述（第二版）》的§314中得到淋漓尽致的体现："即使行为人意识到或应当意识到自己的帮助对保护或救助他人来说是必不可少的，该行为人也没有义务去采取任何的行动。"虽然这种漠然处世的立场反映出了美利坚民族总体上的现实主义和个人主义的心态，但长久以来在一大批有责任感的法学家的推动下，这种强调事不关己的立场目前越来越呈现出受到削弱的趋势，这一点最明显的体现就是位于美国东北部弗蒙特州（Vermont）已于1967年率先制定出了美国第一部明确要求行为人对处在危险中的他人实施救援的法规，其§519 Emergency Medical Care（a）规定："一个人在知道他人受到了严重的身体伤害并且救助伤者对他本人不会带来危险后，应当（shall）采取合理的措施来对伤者提供帮助，除非已有其他的人向伤者提供了这种帮助。"虽然 Vermont 在司法领域称不上是一个很有影响力的大州，但这部法规所起到的示范作用也还是极其重要的。

我们现在了解到的美国法较之以往在前述问题上已经有了很大的改善，甚至在一些领域内都超过了欧洲的同行，比如雇主责任和未成年人保护等等，但如果要将其说成是美国法的一场革命也未免就太过于夸大其辞了，应该看到的是这一系列改革都是小心翼翼的在不触动美国传统侵权法的理论框架的前提下进行的，我们在前面所学到的那些几百年来流传下来的过失责任规则并未有多大的改变，换句话说也就是给原有的侵权法加了一些修正案而已。传统英美过失侵权法的核心在于责任问题，而责任的边界就是有无行为，即每个人都只负有照看好自己的义务，对他人没有任何积极行为的责任，因此一个人什么也不做是不会犯有过失的，只有当一个人的错误行为造成了对他人的伤害时才应该承担起过失的后果，这也就是我们通常所说的错误行为（misfeasance）和不作为（nonfeasance）的区别所在，在历史上这种划分曾被认为是过失责任最明确的边界（the most definite boundary）。然而随着时代的发展和社会的进步，现在有很多人认为这种划分已渐渐变得不太科学了，不作为不应当成为被告承担过失责任的障碍，这主要是因为：（1）社会组织结构的精细化使人与人之间的关系更加紧密了，也更容易出现牵一发而动全身的局面，如果还任由人们对他人的安危置之不理可能会造成非常严重的后果；（2）作为与不作为的区分越来越小，正如沉默也是一种内涵丰富的意思表示，人们意识到了很多传统意义上的不作为（inaction）实际上也是在执行着侵权责任人内心深处的一种愿望，其与积极行为在性质上几乎没有什么不同。

　　既不能对原有的侵权法原则伤筋动骨，又要对不作为的法律后果进行修正，美国人选择了一条稳健的改良之路，即在保留不作为通常不会带来过失责任的基础上又规定了一些例外情况作为补充，只有当被告与受害者之间存在一定的特殊关系（special relationship）时不作为才会使得被告须对受害者承担起谨慎行为的义务以及违反了这种义务所造成的后果。下面我就将为大家逐一介绍一些已经得到到法院确认的特殊关系：

　　1.《重述》中规定的特殊关系。《侵权法重述（第二版）》的§314中明确列举规定了4种基于身份的特殊关系，其分别是公共承运人和乘客（common carrier - passenger）、旅馆业主和客人（innkeeper - guest）、向公共开放的土地所有者和进入土地的公众（possessor of land open to the public - members of public who enter）、法律上的监护人与被监护人（legal custodian - his charge）。这4种关系都是很好理解的，比如出租车司机如果发现自己的乘客晕倒了就应该实施急救或送去医院，肯定不能把病人扔到路边；旅馆业主发现自己的客人突发急病应该设法提供医疗帮助；公园的经营着需要经常的检修自己所提供的游艺设施是否安全；就是监狱也应当给予犯人适当的健康检查，如果上述的这几种人没有做到这一点，就有可能面临者过失责任的惩处。

2. 危险最初是由被告引起的。虽然目前的美国法仍不惩罚和受害者毫无关系的袖手旁观者，但如果受害者的遇险根本就是由该人有意或无意引起的，那么这个人也就有义务帮助受害者脱离险境。比如我们都知道撞人后逃逸（hit and run）是一种交通事故的责任加重情节，法律要求司机在撞人后承担起救助伤者的义务。

3. 成文法规定的救助义务。就像我们在前面提到过的 Vermont 州的法规，美国还有一些成文法要求专业人士比如医生在急救时刻承担比常人更多的责任。

4. 主动承担义务。这指的是即使一个人原先没有义务去救助他人，可是只要他一旦主动承担起这个义务，就必须善始善终而不能半途而废，结果将受害者置于比刚才更加危险的境地当中。比如在有人溺水时，一个人跳下水去实施救援，但是他不能游了一半就往回游了，因为他的行为耽误了别的人再去救溺水者的时间，此时的溺水者的处境比刚才更加危险了。

5. 许诺。一旦一个人对他人许下了某种诺言，而且他人也因此产生出了合理的信赖（reliance），此人就有义务在今后兑现这个许诺，这很有点像合同法上的允诺禁反言（promissory estoppel）原则，可以算是侵权法与合同法的一个交集吧。

6. 商业关系。一个人和他人发生了某种商业上的关系时就有可能连带的产生出一些侵权法上的义务，比如店主把一包变质的食品卖给了顾客，如果该顾客吃了之后生病了，该店主就应当对此负责。现在还有一种情况非常值得我们加以注意，即店铺所有者

（premise owner）和进入其中的顾客（business invitee）之间的关系，在这方面曾有一个著名的案例[1]讲的是一个小孩子在随妈妈逛商店的过程中被电梯夹住了手指，店方没能及时的让电梯停下来，结果使得小孩的伤势加重了，法院认为商店应该对包括小孩在内的所有顾客的安全负责。

7. 被告有责任控制某人的行为而没有控制。这种情况可能存在在父母对子女、老师对学生、雇主对雇员或者是医生对病人的关系之中，但是要注意一个范围和限度的问题，比如雇主对雇员工作之外及老师对学生学习之外的行为即没有能力也没有义务控制。曾经在 Ohio 州发生过一个案子，[2]一个大学生在上学期间经常夜不归宿并且还有吸毒卖淫等行为，该学生的家长起诉学校没能对自己的学生严加管束，但法院认为学校无责任，因为大学生的心智已经足够成熟到可以自己判断是非了。

Madley v. Evening News Association
Court of Appeals of Michigan, 1988.
421 N.W.2d 682, 431 Mich.896.

WEAVER, Judge. 本案是由一个 12 岁的男孩 Robert J.Madley, Jr.（Bobby）所受到的伤害引发的，他于 1982 年 1 月 25 日下午 4 点 30 分在骑自行车横穿底特律（Detroit）市中心的一条繁忙的大街时不幸被一辆汽车撞倒在地。事故发生的时候，Bobby 正以独立合同工（independent - contractor）的身份被被告所雇用，把报纸投递到各订户的家中，而且他是刚刚从被告的配送中心取回了当天所要分发的晚报。

原告起诉被告的理由在于被告未能履行其所应承担的为 Bobby

---

〔1〕 L.S.Ayres & Co.v.Hicks, 220 Ind.86, 40 N.E.2d 334 (1942).
〔2〕 Hegel v.Langsam, 29 Ohio Misc.147, 55 Ohio Ops.2d 476, 273 N.E.2d 351 (1971).

这样的报纸投递员提供一个安全的工作地点的义务，这种义务的范围主要包括但不限于每个投递员完成自己的工作所必须经过的线路及其邻接地区，而且被告未能及时指示、警告以及采取其他的防范措施来保护投递员们在骑自行车横穿配送中心前的宽阔马路时免受川流不息的汽车的袭击。

在初审时，被告根据 MCR 2.116（c）（8）（未能提出一个可被给予救济的诉由）请求法院对本案作出即席判决，被告声称自己对 Bobby 不负有任何义务，因为他只是一个独立合同工而不是正式的雇员。初审法院准许了被告的请求，于是原告向本院提起上诉。

在上诉中，原告认为初审法院给予被告即席判决的决定是错误的，其不当之处在于：（1）被告确有保护原告安全的义务，这种义务是基于两者之间的特殊关系（special relationship）所引起的，况且车祸是发生在被告工作场所的可视范围（seeing distance）以内；（2）被告的不作为违反了这种义务，因为其是在一个不安全的工作场所以一种不安全的方式分发报纸的。本法院不能赞同原告提出的这些见解。

为了推翻初审法院的即席判决，原告必须首先通过起诉状及其推论说服我们相信被告对原告是负有谨慎义务的，因为没有先决义务就没有过失的侵权责任，而这种义务的存在与否通常应该是一个由法官来作出决定的法律问题，法官会全面衡量比较诸如过失行为人与受害者之间的关系之类的政策性因素来最终决定行为人是否应当承担起损害赔偿的责任。

原告认为自己与被告之间的特殊关系触发了消极过失责任（passive negligence）或者叫不作为过失责任（nonfeasance）的见解在我们看来是没有说服力的，已知的事实情况表明原告所说的上述情形在本案中是不存在的，原被告之间既不具有像医生与病人（physician–patient）之间的那种信赖、治疗和控制的关系，也不是救援者和受害者（rescuer–victim）的关系，因为原告起诉被告并不是由于后者在车祸发生之后的救援不得力。总之，我们不能从本案当中发现任何一种业已为法律所承认的特殊关系。

我们也无法赞成原告提出的另一个说法，即即使原被告之间缺乏已存的特殊关系，从公共政策的角度考虑，法院也应该在本案中积极创造出这种特殊的关系。然而，本案中没有任何的特殊情形使我们觉得有必要强制被告担负起提醒，警告报纸投递员骑自行车过马路要当心的义务，同样我们也没有感到如原告所说的如果不判给被告一定的经济赔偿责任，那么，报社对投递员的劳动力就存在过度剥削的情况，因为独立合同工制其实是符合投递员的经济利益的。原告在诉讼中反复强调在本案的原被告之间创造出一种特殊关系有利于报纸投递员们今后能在有足够安全保障的环境中工作这一观点也不十分令人信服，因为绝大多数 12 岁左右的孩子已经能够充分意识到横穿马路的危险性，关于这一点就连原告自己也承认小孩子完全可以胜任走街串巷投递报纸的工作。

本案中没有任何证据可以证明当原告作为一个独立合同工在被告的配送中心取报纸时，被告有什么不够合理谨慎的行为影响到了原告的安全行车，而该非由被告过错造成的车祸发生的实际地点是在被告所能控制的工作场所之外，所以，我们不认为被告有积极的义务（affirmative duty）来防止这场车祸的出现。被告的不作为既没有给原告创造出一些原本不存在的新的危险，也没有加剧任何已存的危险。

我们同样不能认同原告所指称的被告报社要求投递员们前往位于交通要道的配送中心取回当天发放报纸的做法是一种将投递员们置于不合理的危险境地的主动过失行为（active negligence）或者叫错误行为（misfeasance）。而且初审法院拒绝考虑原告在起诉状中未能反映的外部事实情况（extrinsic facts）的决定是也完全正当合理的，因为按照本州民事诉讼程序的规定，原告的起诉状本身一定要能单独通过 MCR 2.116（c）(8) 的检验。

我们不认为本州有任何的法律要求一位雇主在独立合同工离开了工作场所以后还必须对他的人身安全担负起谨慎的义务。如果要让我们规定本案中的被告应当对每一位独立合同工在每一条公共街道上行车的安全负责，在我们看来这与本州已有的法律原则相违背的，本州的法律只要求雇主在其能够控制的工作场所内对因为商业关系受邀而来的人（business invitees）的安全承担合理的义务。

根据以上所讲的原因，初审法院并没有在"一旦原告离开了配送中心，被告就没有义务去保障他的人身安全"这一认定上犯有任何的错误。综合考虑原告在起诉状中列举出来的所有事实情况以及对这些事实的合理推论，原告的起诉作为一个法律问题是不能够保证将完整的审判过程进行下去的，因为我们相信事实的发展根本不足以支持原告在本案中获得法律的救济，所以初审法院依据 MCR 2.116（c）（8）作出被告胜诉的即席判决的决定没有错误。

本法院决定支持初审法院的判决。

Tarasoff v. Regents of University of California
Supreme Court of California, 1976.
17 Cal.3d 425, 551 P.2d 334.

TOBRINER, Justice. 在 1969 年 10 月 27 日，Prosenjit Poddar 杀害了 Tatiana Tarasoff。受害者 Tatiana 的父母作为原告起诉称，在该悲剧发生之前的两个月，Poddar 曾经向受雇于加州大学伯克利分校（University of California at Berkeley）所属 Cowell Memorial 医院的精神病学专家 Lawrence Moore 医生吐露过他想杀人的念头，尽管警方一度在 Moore 医生的要求之下拘禁了 Poddar，但之后不久便将其释放了。然而，在此期间就没有人通知过 Tatiana 及其亲属她正面临着的生命危险。原告的起诉正是主要建立在被告未能及时地警告他们迫在眉睫的危险的存在这一过失上的，而被告则针锋相对地称自己对 Tatiana 不负有任何合理行为的谨慎义务。

在本判决意见中，我们将详细解释为什么被告不能以 Tatiana 不是他们的病人为借口而逃避责任，因为通常说来，当一位医生判断出或按照专业水准应当判断出自己的病人会给他人施加后果严重的暴力侵害时，他就给自己招致了应当采取合理的措施保护潜在的受害者免受这种危险伤害的义务。医生要想解除或者履行这一义务就必须实施一定的有效的行为，比如他可以对潜在的受害者发出警告、通知受害者身边的人、报告警方以及其他任何在当时的情况下能被认为是合理的办法，具体的步骤取决于危险本质的不同。

就本案的情况而言，原告虽然也承认被告医生将病人的意图报告了警方，但在上诉中争辩称，被告没能采取合理的方式保护 Tatiana 的人身安全，例如他们没有限制 Poddar 的行动或者向 Tatiana 及她身边的人发出警告。作为公立医院的医护人员被告医生可以被看成是公共雇员（public employee）的身份，因而按照政府条例（Government Code）的 section 856 不应该追究其未能拘禁 Poddar 的责任，但是原告指控被告未能及时向受害者发出警示的过失责任却不能因公职身份而得到豁免。

原告的第 1 项诉由名为"未能拘禁危险的病人"，其称在 1969 年 8 月 20 日 Poddar 作为一个自愿就诊的非住院的病人前往 Cowell Memorial 医院看病，他告诉 Moore 医生自己正在等一个叫 Tatiana 的姑娘从巴西旅行回来就要把她杀掉，当时还有 Gold 医生和 Yandell 医生也在场。Moore 医生意识到问题的严重性，他立即叫来了校警看管 Poddar，并写信给了学校的警务总监要求警方协助对该病人实施拘禁。警方对 Poddar 进行了短暂的拘禁之后，感到他的神志是非常清醒的，因而在取得了 Poddar 决不试图接近 Tatiana 的保证之后就将其释放了，随后在医院精神病科主管 Powelson 的要求下，警方退回了 Moore 医生发来的信函。

原告的第 2 项诉由名为"未能警告危险病人的存在"，其称被告过失性地允许 Poddar 被释放却又没有将这个情况通知给 Tatiana

的家人，警告他们的女儿正处于生命危险之中。结果毫无防备的Tatiana 刚从巴西回来不久，Poddar 就进入她的公寓并将她杀害了。

原告的第 3 项诉由名为"遗弃危险的病人"，其称被告 Powelson 的行为带有恶意遗弃危险病人的意图，因此向法院要求 10 000 美元的惩罚性赔偿。

原告的第 4 项诉由名为"违反医务人员对病人和公众所承担的责任"，其实这和第一项诉由说得是一样的意思。

正如我们在前面所说的，原告的第 1 项和第 4 项诉由由于政府条例（Government Code）section 856 在这种情形下给予了被告豁免权的缘故因而是无效的，并且原告的第 3 项诉由也因为本州的法律不支持在错误死亡（wrongful death）诉讼中判决惩罚性赔偿而只能就此作罢，所以在本意见中，我们的注意力将主要集中在原告提出的第 2 项诉由上。

原告的第 2 项诉由称被告过失性的未能警告 Tatiana 及其家人危险的存在构成了后来 Tatiana 死亡的法律（最近）原因，再加上已存的过失行为和损害结果两个要件就建立起了被告的过失责任。不过被告则反驳道，在本案中他们不对 Tatiana 及其家人承担有任何的义务，而没有义务也就没有过失。

尽管作为一项基本的普通法原则，一般来说，一个人没有义务去控制其他人的行为或是对受到该行为威胁的人发出警告，但是法院在实践中逐渐发展出了一个对该原则的例外，即当被告与行为人或可预见的受害者之间存在着某些特殊的关系时，被告就应当承担起这种义务来。如果将这一例外适用到本案中来，我们发现被告无论与 Tatiana 还是 Poddar 之间的关系都能满足将合理行为的义务加诸于被告身上的条件。

尽管原告在起诉状中没有说明被告与 Tatiana 之间有无特殊关系，但却指出了 Poddar 和被告之间病人和医生的关系正是所谓的特殊关系之一，这种关系的存在保证了我们把被告的谨慎义务扩展到了第三人的利益上，比如医生应当采取合理的措施控制危险的病人的行为，以免让他伤害到其他的人；或者是当病人的身体条件不适合开车等活动时，医生也应当警告病人本人避免从事这样会伤及他人的活动。

尽管本州至今没有出现过类似情况的案例，但我们不认为这是限制被告义务的理由，因为在别的州早就有过了仅凭医生和病人的关系就足以建立起医生必须采取合理的措施来防止他人被自己的病人因病情所伤的有效判决。例如弗罗里达州、纽约州、明尼苏达州和俄亥俄州的法院都曾经判决过如果一个医生过失性地未能诊断出自己病人患有传染病，或是虽然诊断出了却没有向病人身边的人发出警告，结果导致了他人被自己的病人所传染，该医生应当对此承担过失侵权的法律责任。

然而，被告却称上诉的例外原则不应当在本案中适用，因为本案涉及到的是有关精神病的问题，而医生在这种情况下很难准确地判断出病人是否真会把他的胡言乱语付诸实施为暴力行动。为了证明这一说法，被告特地搬出了美国精神病学协会和其他一些科研协会的研究成果来告诉我们，根据目前的医学发展水平，医生尚无法可信赖地预判出精神病人暴力行为的产生及实施，坦率地说，误报的数量要远远高于实际发生的数量。正是因为医生的预报经常都是错误的，所以法院不应当把能否正确地预报暴力行为的发生作为决定医生是否需要承担过失责任的基础。

我们充分意识到了被告所说的医生在试图预报自己的病人会否给他人造成严重的暴力伤害时所面临的困难。但同样很明显的是，我们并没有要求精神病学专家在诊断时做到100％的准确，我们只是希望他们每一次都能发挥出相似情况下同行业的一般成员所具有的合理水准的专业知识、技术技能和小心谨慎。在有些时候，对同一病症，不同的医生也完全可能作出不同的结论，这种学术见解上的分歧也是完全允许的，只要一位医生尽职尽责地给出自己的判断，那就肯定不需要承担过失的责任。可是在本案中，原告起诉被告的要点并不在于被告未能正确地预测出 Poddar 将实施暴力行为，恰恰相反的是原告称被告在已经准确预见到 Poddar 真的会杀害他人时却未能及时通知受害者的家属。

被告又称即使医生事实上预测到了病人暴力伤害他人的可能性极大，医生也不应该因为未能及时警告潜在的受害者而获罪。然而我们却不赞同这一说法，我们认为，一旦医生预测到了或者按照职业水准应当预测到病人的危险性，该医生就有义务采取合理的措施来保护可预见的受害者免受这种危险的侵害。至于一个医生究竟采取什么样的措施才能被认为履行了义务，则需要我们根据每一个案件的实际情况来逐一加以判断。

诚然，我们的要求必将带来很多无用的错误警告，但这是保护真正的受害者生命安全所必须付出的一点代价，这就像我们认为当一个医生清楚地察觉到自己的病人打算行刺合众国总统时，他就应该立即向有关机构发出警告，而不是因为怀疑这种意图实现的可能性所以踌躇不报。

被告又争辩称，医患之间自由而坦诚的对话是治疗精神病的关键，如果一个病人担心自己与医生的谈话不能得到保密的话，他就不会向医生袒露自己真实的心迹，医生也就无法准确地进行诊断和治疗。被告称向外界发出警告就等于违背了医生应当为病人保密的信任义务和职业道德。

我们认可精神病人得到有效治疗的重要价值和保护病人隐私权的重大意义，但我们必须将这些利益与保护公众免受暴力袭击的利益相比较。所幸的是立法机构帮助我们完成了这一困难的工作，证据条例（Evidence Code）的 section 1024 称："如果一个精神病学家有合理的基础相信自己的病人处在一种对自己或他人的人身或财产安全非常危险的精神状态下，而且泄漏自己和病人之间的谈话对制止这一危险的后果是必须的话，那么此时为患者保密的义务就应该对公众安全作出让步。"

在我们这个已经是各种危险频生的社会里，我们再也无法容忍医生故意隐瞒自己的病人对他人是有致命威胁的。如果采取保护处在危险中的受害者免受侵害的合理措施指的就是医生向该潜在的受害者本人或是其他能通知到他的人发出警告，那么医生就完全没有理由再严守秘密，此时公共利益应当优先。

根据上述原因，本法院认为原告起诉被告未能采取合理的行动来保护 Tatiana 的人身安全的诉由是可以有效成立的。

Parvi v. City of Kingston
Court of Appeals of New York, 1977.
41 N.Y.2d 553, 394 N.Y.S.2d 161, 362 N.E.2d 960.

FUCHSBERG, J. 原告在初审中以非法监禁和过失两项诉由来起诉被告，但结果都被初审法官予以驳回。于是，原告向上诉法院提起了上诉。然而，上诉法院也不支持原告的起诉，以 3 比 2 维持了初审法院的判决。现在此案到了本院这里，我们所面对的主要争议是原告是否能够建立其完善的初步证据以证明被告侵权责任的存在。我们认为原告是完全可以做到这一点的。

在 1972 年 5 月 28 日晚上 9 点以后的某个时间里，两个受雇于 Kinston 市政府的警察接到有人行为粗暴的报警之后，立即开车赶往了该市一座大商场的后面。他们到达之后发现那儿有 3 个男人，分别是 Raymond Dugan、他的兄弟 Dixie Dugan 以及本案的原告 Donald C.Parvi。按照两位警官的说法，当时是 Dugan 兄弟二人正在互相争吵，发出了很大的响声。两位警察让这 3 个人立即停止吵闹并赶紧离开，Raymond Dugan 立刻就跑开了，Dixie Dugan 见状便在他的身后追逐但没能追上，于是他在一二分钟之后就又回到了现场，而刚才劝说 Dugan 兄弟要冷静下来的 Parvi 站在原地没有动。

在初审的举证程序当中，警官们回忆当时的情形称这 3 个人一直都在喝酒，而且都已经表现出了一些醉酒的症状。除了早已跑远了的 Raymond Dugan，剩下的 Dixie Dugan 和 Parvi 都向警官反映自己无处可去，于是两位警察命令他们趴下，准备把他们送到城外的一座荒废了的高尔夫球场去醒醒酒。一会儿功夫以后，两位警察把车开到地方，让这两人在荒郊野外下了车就自顾自地走了。其实在到这座高尔夫球场的路途中，两人曾要求警察把他们放在另一个地方下车，但是警察拒绝了他们的要求。

这座高尔夫球场的附近有一条高速公路，公路两旁并没有设置隔离带，只是用一些低矮的防护栏稍微遮掩了一下。我们从本案的证据当中可以肯定的是，警察在离开前没有向 Parvi 指示过步行回城的方向。大约是在晚上 10 点左右，Parvi 和 Dugan 两人明显是为了回城而走在了高速公路上，谁知不幸的事在刹那之间就发生了，一辆飞驰而来的由 David R.Darling 驾驶的汽车撞倒了两人，其中 Dugan 当即身亡，而 Parvi 则受了重伤。

上诉法院支持了初审法院所作出的驳回原告起诉的决定，其理由是被告不可能预见到一个已经喝得醉醺醺的人在那样漆黑的夜晚会走上将近 350 英尺并翻过防护栏跳到纽约州的高速公路上来。在正式着手处理本案的争议之前，本法院想先解决一个过失责任中最基本的问题，即在本案的这种情形下，市政府对原告究竟是否承担有谨慎的义务，以及如果有的话，这种义务又是什么样的。

我们不认为把目光集中在本案中的两位警察是否应当拘捕喝醉酒的人这个问题会对理解本案的争议有多少的帮助，我们更希望能单刀直入地探讨警察对已经在管制之下的醉酒者到底承担有怎样的义务，具体到本案中，就是 Parvi 被强迫进入警车之后警察该拿他怎么办。现有的判例法清楚地告诉我们，尽管被告先前对被告不负有任何积极行为的义务，但是被告一旦主动地作出了行为，那他的行为就必须带有合理的谨慎。

本案的此种情形就像《侵权法重述（第二版）》的 §324 所说

的那样："一个没有义务去采取任何措施的人一旦对他人进行了救助或是给予了保护就需要对此人的人身安全承担法律责任，这种法律责任可以出现在下列情况中：（a）当此人在行为人的控制之中时，行为人未能施加合理的谨慎来确保此人的安全；（b）行为人半途放弃了救助或保护行动，结果使得此人的处境比行为人未采取行动时更糟。"这一段的评论部分更是把其中的含义表达的明白无误，即行为人只要采取了行动就不能让孤立无援的被救助者在处于和实施救援行为前同样危险的处境时突然撒手不管，其还补充说："如果行为人成功地把被救助者从险境中解救了出来，该行为人也不能再不合理地把被救助者重新推回到过去的危险当中，或者是给他再创造一个新的危险。"

我们现在转回去谈论 Parvi 在看上去已经明显喝醉了的情况下是否能被合理的预见到会在半夜里的荒郊野外跋涉 350 英尺之后在明知的状态下走到高速公路上漫步。这个问题的答案取决于陪审团对于 Parvi 当时头脑清醒程度的认定、周围物的性质以及其他的一些环境证据。但我们可以肯定的是，这一问题更适合由陪审团的决定来作答，而不是由法院用正式判决的形式。

最后，我们还想澄清一下原告 Parvi 主动醉酒（voluntary intoxication）的行为对本案的最终结果有无直接影响的问题。如果我们接受被告所提出的原告的醉酒才是导致他受伤的法律（最近）原因之一说法，就等于是在抵销了警察将 Parvi 和 Dugan 收押之后所应当承担的谨慎义务，也就是让我们上面所说的一切都变成了无用功，所以只要警察自身的行为是不合理的，那么这种局面也就不会出现，更何况在本案中正是由于 Parvi 的醉酒才引发了警察后继的行动以及随之而来的谨慎义务。

据此，本法院决定推翻上诉法院的判决，此案应当按照本意见中确立的原则得到重审。

补充知识:

律师这个行当虽然有些别的职业所不及的宽松自由之处,但工作的时间和强度也是让一般人感到难以承受的,而且行业内部的竞争也十分激烈,因为双方律师走进法庭为各自当事人的利益效劳,最后却总有一个是以失败者的身份走出来的,尽管胜败与否并不是衡量一个律师是否优秀的客观标准,但毕竟也没有人愿意聘请一个常败将军为自己辩护。那么对于律师来说,最主要的问题就变成了有什么方法可以在被宣判败诉后起死回生,上诉当然是一种选择,但这等于是另开诉讼了,其实美国法还提供了另外两个在原审中可供败诉方挽狂澜于既倒的途径,一个就是我们在前面已经介绍过的JNOV,意思是请求法官推翻陪审团的裁决,这是基于联邦民事诉讼规则 Rule 50 (b) 提起的动议 (motion);另一个则是还可以根据 Rule 59 的规定,要求法官下令重新审理此案 (grant a new trial)。要求重审的动议可谓是败诉方在原审中真真正正的最后救命稻草了,败诉方可以利用两个理由要求重审:(1) 本案存在程序上的错误,如法官对陪审团的指示不恰当;(2) 陪审团的裁决结果与证据所反映出来的是非曲直明显相悖。如果法官同意了重审的动议,将会宣布解散现有的陪审团,再行组织一个新的陪审团听审此案。在实务中,法院会允许律师同时提出这两个动议 (I win; in the alternative, do over!),而 Rule 59 的审核标准要比 Rule 50 (b) 略为宽大一些。

十八、损害赔偿

行文至此,本书中有关过失侵权行为的内容就要结束了,在本节中,我将向大家介绍构成过失责任的最后一个必要要件——损害结果及由此而产生的被告赔偿责任的确定。我们知道,从总体上来讲，过失法律制度存在的目的就在于对由于被告过失行为所给原告造成的伤害进行经济上补偿，即通过法律的救济尽量使得原告的生活状态能够回复到遭受被告侵害以前的样子，所以，如果出现了尽管被告对原告实施了一定的过失侵权行为却没有给原告的财产权益和身心健康造成丝毫损害的情况，被告是用不着承担任何赔偿责任的，这也正是故意侵权责任和过失侵权责任的重要区别所在。虽然损害结果在构成过失责任的 5 大要件的排序中净陪末座，在前 4 项要件已经先后成立了的条件下看上去多少有点锦上添花的味道，但其实这根本就是一种误解，损害结果这个要件的成立与否对原告可否获得适当法律救济所具有的重要意义一点也不亚于其他 4 项要件。大家可以试想一下，任何一个理性的原告冒着自行承担高昂的律师费用的风险起诉被告过失，其目的就是希望能够从被告处获得至少高于自己诉讼成本的经济赔偿，如果不能达到这一目的，即法院判决的赔偿金额甚至不够支付律师费的话，原告提起诉讼实际上是没有什么意义的，即使胜诉也不过就是一个虚名而已。所以，原告越过万重艰难险阻费尽心机地逐一证明了谨慎义务、违反义务、事实和法律两种因果关系的存在就整个诉讼过程而言不过只能算是走完了第一步，更为关键同时对原告来说也更具实际意义的还在于损害结果以及最终赔偿金额的确定，因为假如法院轻视了原告受到的身体伤害或是低估了经济损失的价值以至于最终判决的赔偿金额不足以抵销实际损失及诉讼开支，原告前面所做的一切也都是枉费心机了。我们可以举一个很简单的例子，某人在一家画廊里看画时不慎对一幅水墨画打了个喷嚏，结果玷污了画面，于是画廊的主人将其告上的法院，要求其按照该画在画廊中的标价进行全额赔偿，被告对自己过失责任的成立毫无异议但只愿意赔付给原告该画由于他的行为而被毁损的那部分价值，这个数目比起标价来说肯定是非常小的，如果法院最后支持了被告对损害结果的理解，原告千辛万苦赢来的官司也就因此而功亏一篑了，实际上也很难说到底是谁赢谁输。

上面所举的这个例子无非是想告诉大家损害结果的要件在过失侵权诉讼中所居的重要位置，处理不好这个问题可能会使得原告所有的努力都化为泡影，所以大家在面对一个具体的案子进行实际操作时切莫以为被告过失责任的成立十拿九稳就可以掉以轻心了。在本节中，我们就来详细地谈一谈美国侵权法中有关损害结果的一些问题，所有的这些问题将大致被分为损害结果的类型和损害赔偿数额的确定两大部分，在前一个部分里，我们会逐一分析身体伤害、精神伤害以及纯经济损失所可能引起的不同法律后果；而在后一个部分里，我们将探讨过失责任成立后被告所应承担的赔偿数额的确定和大家很感兴趣的关于惩罚性赔偿的一些内容，当然在实际叙述中，这两部分内容可能是会交织在一起的。

我们研究损害结果类型的主要目的在于明确原告是否具有可以因为被告施加给他的伤害而获得赔偿的权利，换句话说，也就是原告所受到的伤害是不是已经得到了法律确认属于可被救济的范围以内。虽然在绝大多数普通的过失侵权案中原告几乎都能证明自己的身体有所损伤而且也就足矣了，但我们对受侵害权利可救济性的考虑却决非多余，因为现代社会中人们权利意识的迅速增强远远超过了法律新陈代谢的速度，像"妻子在婚姻生活中的性自主权"及"男性的生育权"等等，已经在社会上被议论的沸沸扬扬的权利在现有的法律中还处在尚待发掘的地位，法院在决定是否受理类似的案子时往往会感到非常踌躇，所以原告在提起诉讼时就应当明确自己所提出的损害结果能否得到法院的肯定。

人身伤害（physical injury）是过失侵权诉讼中最常出现的损害结果，即由于被告过失性的错误行为或不作为给原告的身体带来了一定程度的损伤，比如我们在前面案例中常见的骨折、烧灼和碰撞等等的情况，但应当注意的是，原告所受到的这些伤害必须在身体上表现出某些能被观察到的症状，而不仅仅是轻微到常被忽略不计甚至干脆是名义上的，大家需要牢记故意侵权诉讼中的伤害可以是假设推定的，而过失侵权诉讼中原告必须能证明出结结实实的伤害。从美国的司法审判实践来看，对原告来说比较稳妥的一种做法是向法院提交由医生出具的正式伤检报告，当然被告也可以通过取证程序（deposition）要求原告到由他指定的医生处再做一次身体检查。

原告也可以因为由被告过失引起的精神伤害（negligent infliction of emotional distress）而向法院提起诉讼，这也是一种法律认可的损害结果。在精神伤害之中又可以细分出两种不同的类型：一种是被告对原告本人直接实施的侵权行为造成的精神伤害，另一种则是被告对他人实施侵权行为给原告造成的精神伤害，这两种情况的各自法律规定略有不同。

通常来说，在美国的侵权诉讼中，原告向被告要求精神损害赔偿的现象十分常见，法官一般也都会酌情予以准许，因为就人之常情而言既然被告给原告造成了身体上的伤害，那么原告肯定会或多或少对如此无妄之灾感到一些精神上的痛苦，比如发生严重的车祸后不久会对乘车产生可以理解的恐惧心理等等。但如果被告的过失行为没有给原告的身体带来任何的伤害，甚至是两人相隔千里之外根本就没有肢体上的接触，原告是否能因为这种纯粹的精神伤害获得赔偿呢？一般来说是不可以的，因为生活中的意外以及人们由此而产生的情绪波动是不可避免，而且也很难界定诸如焦虑、苦闷等等的心理状态的程度、范围甚至真伪，如果这些都能得到法律的救济的话，那么法院的大门恐怕就会被如潮的原、被告们所挤破了。但是这种不可以并不是绝对的，当原告所遭受的纯精神痛苦非常严重时也还是能够得到赔偿的，而精神痛苦的严重性可以表现在两个方面：首先，事故的情节应该是非同寻常的以至于让普通人在感情上难以承受，比如有儿子在当兵的人家收到了错发的阵亡通知单；其次，精神上的痛苦必须在身体上有所体现（physical manifestation)，比如出现了抑郁、失眠、神经衰弱等等的症状。

我们再来谈谈精神伤害的第二种类型，即有时原告还可以因为看到被告对第三人实施侵害的过程而获得赔偿，因为这里所称的第三人在绝大多数情况下都是原告的亲人，所以这也经常被叫作对亲人受伤害而提起的精神损害赔偿，除了要具备前一种类型的所有条件外，法律理所当然地还对此提出了更高的要求。目前美国大多数法院都坚持了卡多佐法官提出的危险区（zone of danger）理论，即只有当原告本人也在危险可能波及的范围之内时才有资格提起诉讼，但也有另外一些法院对此并不以为然，认为原告在事发时距离现场近了远了几米不是问题的关键。总之，法院对身为旁观者的原告提出过失引起精神伤害的资格要求比较严格，原告至少具备：（1）是受害者的近亲属（close relative）；（2）事故发生时在现场目睹了亲人受伤的经过（present）；（3）精神伤害十分严重（serious distress）。

原告还可以因为由于被告的侵权行为而带给他的纯粹的经济损失（pure economic loss）向法院要求赔偿，尽管这并不是过失侵权诉讼的主流。所谓纯粹的经济损失指的是，被告的侵权行为并未给原告造成身体上的伤害或者是财产上的物理毁损如灭失之类，但是却给原告的经济利益造成了确实的损害，比如不动产经济人在向原告进行推荐时忘了告知或故意隐瞒该幢房屋在产权上的一些瑕疵以至于原告购得后无法再行转售等等的情况，此时该经纪人就有可能要为自己的误述（misrepresentation or omission）向原告承担赔偿责任了。但是损害结果为纯粹的经济损失的诉讼，如果是以侵权为由起诉的话，可能会受到比较大的限制，因为法院更希望原告能基于合同法来进行诉讼。

在过失责任被确定了以后，被告就需要承担起补偿性赔偿（compensatory damages）和可能的惩罚性赔偿（punitive damages），前者指的是原告实际损失了多少，被告就应该赔多少，而后者指的是当被告行为的影响和性质特别恶劣时，法院为了对被告进行震慑并惩戒而勒令被告支付的一笔"罚款"。名义赔偿（nominal damages）通常在过失侵权诉讼中并无用武之地，因为在过失责任中一定要有实际损害出现，所以被告至少要补偿给原告点医药费或者是精神损失费之类的费用。

补偿性赔偿，顾名思义说的就是被告必须对由于自己行为而使原告丧失的利益用金钱的形式进行补足偿付，原告丧失的利益在这里不应该被狭义地理解为求医问药的费用，而是包含了很多方面的内容。在实际中，原告所能获得的补偿性赔偿一般可以包括：（1）过去以及将来的医疗和休养费用；（2）过去以及将来受损失的收入；（3）过去以及将来的身体痛苦；（4）过去以及将来的精神痛苦；（5）过失以及将来的身体器官损坏和伤残；（6）过去以及将来的容貌上的损失；（7）过失及将来一些生活乐趣的丧失。除了受害者本人可以向法院要求被告赔偿这些损失之外，他的家人也可以因受伤期间无法享受到亲人的服务和收入（service and earning）而向被告求偿，比如夫妻之间、父母子女之间都可以互相主张这种权利。不过被告的赔偿责任也不是就能无限扩大的，为了公平起见，原告承担有积极止损（mitigation）的义务，比如在有能力的情况下原告不能眼睁睁看着由被告点燃的一点火星逐渐烧毁了自己的房屋而不加以抢救。另外，原告自己购买的保险与被告的赔偿责任并不矛盾，即使已经有保险公司赔付了原告的损失，被告的赔偿责任也不会因此而减少。

惩罚性赔偿是一个很有意思也很有争议的话题，当被告的行为可以被认为是有恶意的、放任的或者是鲁莽的时候，陪审团就可以考虑是否应当让被告承担惩罚性赔偿了，但在审判实践中，如果不是非常恶劣或屡教不改的行为，一般即使有惩罚性赔偿其数额也不会太吓人。虽然人们经常会对某些案件中天文数字般的惩罚性赔偿金额津津乐道，但和每年数以万计的侵权案件相比毕竟也还只是冰山的一角。其实有关惩罚性赔偿的法律规定是我们要在专门研究美国民事诉讼程序及其案例的书中要花很大的篇幅重点讨论的问题，在这里就不必喧宾夺主了，不过下面的这个美国最高法院判决的"宝马汽车案"倒是在惩罚性赔偿的问题上非常经典的案例，也算是可以让大家望梅止渴一下了吧。

BMW of North America Inc. v. Gore

Supreme Court of the United States, 1996.

517 U.S. 559, 116 S. Ct. 1589, 134 L. E. 2d 809.

Justice Stevens. 被上诉人 Gore 从一家 Alabama 州的 BMW 汽车特约代理商处购得了一辆售价为 40 750 美元的新宝马车，但 9 个月后他了解到自己的这辆车其实是在美国重新喷漆的，因为其在从德国运来的时候曾受到过酸雨的腐蚀。于是他以欺诈（fraud）为由将 BMW 的北美总经销商告上了法院，并要求被告除补偿性赔偿之外还要支付给他一定数额的惩罚性赔偿。在初审中，被告 BMW 声称根据公司内部的一项全国性的政策，如果新车的缩水价值不超过建议零售价格的 3% 的话，其就不会通知代理商及最终购买者车辆受损的情况，只有当损失超过了 3% 这个界限时，他们才会把受损的车辆当成旧车来卖，BMW 还称自己的这项政策是与包括 Alabama 州在内的超过 25 个州的法律相一致的。但是 Gore 举证称重新喷漆使这辆车的价值缩水了 10% 左右。初审陪审团的裁决支持了原告的诉讼请求，要求被告支付给他 4 000 美元的补偿性赔偿以及 400 万美元的惩罚性赔偿。被告于是向初审法官提出了不理会陪审团所作出的关于惩罚性赔偿的裁决的动议，但初审法官以"该数额并无明显不当因而不违反宪法第 14 修正案的正当程序条款（Due Process Clause）"为由拒绝了被告的申请。Alabama 州的最高法院在此案的复审当中基本支持了初审法院的判决，只是把惩罚性赔偿的数额从 400 万调低到了 200 万美元。

过错性的程度

恐怕决定一桩惩罚性赔偿合理与否最重要的衡量尺度就是被告行为的过错性的程度。正如本法院在将近 150 年前所说过的那样，施加给被告的惩罚性赔偿应当能够反映出"其罪行的穷凶极恶"。这一原则其实体现出了深为我们所接受的司法观点，即有些错误行为比另一些更加值得谴责（blameworthy）。本法院也曾经说过："非暴力的犯罪比涉及使用暴力及威胁使用暴力的犯罪要轻微。"以及相类似的："欺诈和哄骗比单纯过失更具过错性。"

然而，就本案的具体情况而言，我们并未发现被告在行为上有任何的加重情节（aggravating factors），BMW 公司给 Gore 带来的损失纯粹只是经济上的。在销售之前重新喷漆不会给汽车的性能和安全造成不良影响，实际上，Gore 本人也是在购得汽车 9 个月之后才发现略有异样的。而且本案中没有一点证据能够证明 BMW 公司对顾客的健康和安全表现出了漠不关心和放任自流的态度。当然本法院也认可纯粹经济上的损失，特别是那些被告通过积极主动的错误行为所故意造成的以及当受害者在经济上由于弱小而非常容易受到伤害时，同样能保证原告得到丰厚的赔偿。但这么说并不意味着所有给他人招致经济损失的行为都可以被认为是侵权行为，以获得足够的过错性来支持除补偿性赔偿之外的额外重要惩罚。

Gore 称 BMW 的行为特别具有过错性，这是由于 BMW 对他的欺骗实际上只是该公司在全国范围内对广大的消费者进行欺诈活动的一个缩影。这种说法无疑在理论上是成立的，因为如果一个被告在明知或怀疑一项活动为非法时却仍反复多次进行参与及实施这项活动的话，那么法院就完全有理由来下猛药惩治该蔑视法律且顽固不化的被告。这也就是说，我们认为累犯应该接受比初犯更严厉的惩罚，以及反复的错误行为比单个的错误行为更具过错性。

为了支持自己的观点，Core 进而提出了两项理由：其一是州有

关商品信息强制性披露的法规应当以最符合消费者利益的方式进行
解释；其二是 BMW 公司应该被看作是累犯，因为其完全可以预见
到自己的这种做法会在很多州被认为是欺诈行为。

本法院认为 Gore 提出的这两点理由都是站不住脚的。首先，
只有州的法院才对本州的法律具有最终的权威的解释权，而目前在
没有州法院对商品信息强制披露的规定作出过 Gore 认为应当解释
的情况下，我们觉得这些法规的条文本身可以被合理地解释为
BMW 公司所认为的那种意思，并且再换一个人又可以另行解释一
番；其次，Gore 在认为 BMW 的行为构成了欺诈时忽略了欺诈罪必
须具备关键性的误述或忽略（material misrepresentation or omission）
的要件，而在本案中既无证据证明 BMW 这么做是出于恶意，而且
其行为是否在州法允许的范围之内尚且还是一个值得争论的问题。
由于被告 BMW 公司的所作所为不具有相当的过错性，所以我们认
为 200 万美元的惩罚性赔偿是得不到充分法理支持的。

比率

我们考察惩罚性赔偿是否合理的第二个尺度通常是其与原告所
遭受实际损害的比率。在本案中 Alabama 州最高法院给予 Gore 的
200 万美元的惩罚性赔偿已经达到了 500 倍于陪审团所认定的 Gore
遭受的实际经济损失的程度，而且没有证据显示 Gore 先生或是其
他任何的宝马车购买者会因为 BMW 公司的隐瞒信息而进一步受到
某种潜在的额外经济损失。

当然，本法院一贯不认为在计算惩罚性赔偿的数额能否为宪法
所接受的时候存在着一套简单而又现成的数学公式，从而让任何一
个人都可以根据实际损失和潜在损失的具体数字而套用这个公式来
得出清楚的结论。其实，为了达到相同的震慑和惩戒目的，当被告
的非常行为给原告造成的实际经济损失比较低微时，低数额的补偿
性赔偿反倒往往能比高数额的补偿性赔偿要能支持一个更高比率的

惩罚性赔偿。通常在原告所受的损失难以估算或者不太好用金钱来衡量的情况下，法院也会给出一个比率比较高的惩罚性赔偿。但是在本案中这个比率竟然高达 500∶1，这不得不说是个肯定会引起对其合理性进行质疑的数字。

对可供比较的其他错误行为的制裁

将惩罚性赔偿的数额同可与之相比的其他错误行为所会受到的刑事或者民事处罚对比是决定惩罚性赔偿是否合理的第 3 个尺度。在本案中 200 万美元的惩罚额度大大高于了 Alabama 州成文法所规定的对隐瞒不报行为进行罚款的上限，甚至也超过了全国所有其他州对类似侵权行为的处罚措施。

Alabama 州议会授权法院对违反《反贸易欺诈行为法》（Deceptive Trade Practices Act）的民事错误行为处以最高为 2 000 美元的罚款，即使在另一些对欺诈行为打击更为严厉的州这个最高限额也只不过是 5 000 美元到 10 000 美元不等。而且在某些州里对初犯和累犯的罚款也是不一样的，比如在纽约州初犯者只要缴纳 50 美元的罚款，而再犯的话罚款数额就涨到了 250 美元。BMW 公司的关于 3% 限度的内部政策是在本案中第一次受到了消费者的质疑，在此之前并无任何 Alabama 州或者其他任何州的判例表明这一政策是违法的，所以 BMW 公司在没有得到合理告知的情况下就被课以这样重的惩罚性赔偿是不适当的。

原告不能以有必要通过高额的惩罚性赔偿来威慑被告今后的错误行为作为借口来支持本案中惩罚性赔偿在数额上的合理性，因为这种说法并没有考虑到还有无其他不像这么激烈的措施可供选择以达到相同的目的，也许一个不需要有太多威慑力的判罚就已经足以周全地保护 Alabama 州消费者的合法权益了。BMW 公司在历史上没有任何故意不遵守法律规定的记录，因此，我们没有理由假设只有加大惩罚的力度才能刺激其做到奉公守法。

本法院决定推翻前审法院的判决并认为此案应当得到重审。

Armstrong v. Paoli Memorial Hospital

Superior Court of Pennsylvania, 1993.

430 Pa.Super.36, 633 A.2d 605, appeal denied, 538 Pa.663, 649 A.2d 666(1994).

CIRILLO, Judge. 在此上诉案中，本法院所要考虑的争议主要有两点：第一是初审法院认为陪审团因过失引起的精神伤害而要求支被告付给原告 1 000 美元的损害赔偿的裁决不当因而需要重审的决定有无错误；第二是初审法院拒绝给予被告 j.n.o.v.（推翻陪审团裁决）的决定有无错误。本法院认为初审法院所作出的这两个决定都是有瑕疵的，因此都将被推翻。

几年前的一个上午，当 Dawn Armstrong 正在为自己的小儿子准备参加生日聚会的礼服时，她突然接到了一个来自于 Paoli Memorial 医院的电话，被告知她的丈夫遭遇了一起事故而且已经被送到该医院急救，因此她必须立即赶来医院。

这个医院之所以会给 Armstrong 太太打这通电话是因为他们刚才接收了一个伤势严重且昏迷不醒的车祸遇害者，而此遇害者恰巧名叫 Thomas Armstrong。根据该医院的一项此时应当尽快通知伤员近亲属的政策，一位急救室的工作人员设法找到了本市与 Thomas Armstrong 的名字有关的电话号码，结果医院紧接着就把电话打到了 Dawn Armstrong 的家。

Dawn Armstrong 连忙赶到了医院，在那里她会见了一位神经外科医生以及观看了一些展示颅骨破碎的 X 光片，但她没有被允许去亲眼看一看伤者本人。直到 Armstrong 太太来医院超过一个小时之后，她的妹妹也赶来了医院时，后者才有机会看到了车祸遇害者的驾驶执照。于是立刻就真相大白了，该伤者的全名应该为 Thomas H.Armstrong，而 Dawn Armstrong 丈夫的名字其实是 Thomas J.Armstrong，也就是说伤者并不是此刻在医院里的 Armstrong 太太的丈夫。

由于医院的这次误认，Dawn Armstrong 作证称这使她在那以后的生活中经常会感到情绪抑郁、做恶梦、失眠和对自己丈夫和儿子的人身安全及行踪产生不自觉的恐惧感，为此她还曾经专门找心理医生做过咨询。

后来 Dawn Armstrong 夫妇毅然将 Paoli Memorial 医院告上了法院，诉由是过失引起精神伤害（negligent infliction of emotional distress）和故意引起精神伤害两项，而且除了补偿性的损害赔偿之外，原告还向法院要求了惩罚性的赔偿，不过其中故意引起精神伤害的指控和惩罚性赔偿的请求在双方举证结束之后就被初审法官驳回了，只剩下了过失引起精神伤害的指控留给了陪审团裁决。原告在审后向法院提出的动议中并未对法官驳回故意引起精神伤害的指控和惩罚性赔偿的请求表示异议，但初审法官以损害赔偿数额不当为由准许此案得到重审，用该法官的话来说就是"区区 1 000 美元的赔偿是不够的，甚至是令人感到非常尴尬的"，同时初审法院还拒绝了被告提出的 j.n.o.v. 的请求。

我们审查 j.n.o.v. 是否应当被给出的标准在于在初审中是否有足够的有说服力的证据来支持陪审团的裁决，而且可以说上诉法院审查的标准其实与初审法院决定是否给出的标准是一样的，即根据本案的情况是否任何一个理智的人都会觉得陪审团的裁决是不适当的。但是当我们考虑初审法院认为本案应该重审的决定应否被推翻时，则主要要看初审法院在审判过程中是否存在滥用自由裁量权的情况以及在关键法律问题的理解和适用上有无错误。

并不是每一个过错行为都可以构成能最终得到法律救济的有效诉由，人们不应该指望因在日常生活中受到一点点惊吓就可以获得经济补偿，也不是人们所遭受的任何一种损失都是从中可衍生出赔偿的法律意义上的伤害（legal injury）。

在本上诉案中，我们准备解决的一个主要争议就是：宾夕法尼亚州（Pennsylvania）的法律是否支持一项独立的关于过失引起精神伤害的侵权法诉由。

根据以往的经验，过失引起精神伤害的侵权之诉通常都只会出现在受害人亲眼目睹了自己的家人受到严重的身体伤害并因此而出现精神上极端不适的场合之中。按照《侵权法重述（第二版）》的§313和§436A的说法，为了建立起一个适当的过失引起精神伤害的侵权责任，原告应当证明她是一个可预见到的受害者，以及她因为被告的过失而受到了身体上的伤害。特别是基于《重述》§436A的要求，原告要想以精神伤害的名义获得赔偿则必须展示伴随着精神上的受创她的身体也因此而遭到了伤害。暂时的恐慌、紧张不安、极度反感、沉痛悲伤、怒不可遏和短暂的感到羞耻都不是可以使原告得到赔偿的伤害，但是如果原告能够证明自己有长时间头痛、歇斯底里症反复发作和精神失常的症状出现，情况就大不一样了，原告完全可以凭借这些身体上的反应获得法律的救济。例如在Crivellaro v. Pennsylvania Powe 一案中，Crivellaro 的雇主强迫她参加一个不健康的活动从而她提出过失引起精神伤害的诉讼，因为她能够证明自己因此而患上了"头痛、精神恍惚、常做恶梦、呼吸短促及头部、颈部和胸部肌肉僵硬"等身体上的病痛。并且在 Love v. Cramer, 414 Pa. Super. 231, 606 A. 2d 1175（1992）一案中，本院判决"严重到以至于需要心理医生治疗的精神抑郁、做恶梦、紧张、焦虑以及其他伴随发生的精神、肉体和情绪上的受挫"，这足以构成过失引起精神伤害的诉讼所需要的身体伤害的症状。同时也有很多外州的案例同样认为精神抑郁、做恶梦、紧张和歇斯底里都可以被看作是由原告受到精神伤害而连带引起的身体受伤，以支持原告所提出的过失引起精神伤害的诉讼。

如果将以上的标准适用到本案当中，我们发现 Armstrong 声称自己在得知丈夫生死未卜后出现了失禁的症状以及在事件之后她所遭受的精神抑郁、做恶梦和失眠的折磨完全可以满足在过失引起精神伤害诉讼中原告的身体也必须受到了伤害的条件。

尽管身体上的伤害是支持过失引起精神伤害诉讼的必要条件，但并不是惟一的条件。Armstrong 还必须证明她对于医院的过失行为来说是一个可以预见到的原告。而一个原告是否可以被预见到也可以通过其有否受到身体伤害来加以检验，按照我们在决定被告是否需要对原告的精神伤害负责时所常用的"冲击规则"（impact rule），由于过失行为造成的精神伤害通常是不可诉的，除非同时还伴随有身体上所受到的冲击。不过通过 Niederman v. Brodsky, 436 Pa. 401, 261 A. 2d 84（1970）一案的发展，这种"冲击规则"正逐渐让位于"危险区"（zone of danger）理论，而又根据 Sinn v. Burd, 486 Pa. 146, 404 A. 2d 672（1979）一案的意见，在"危险区"理论不适用时则可以用可预见性的判断标准来进行替代。

在 Sinn 案中，一位母亲站在自家的门廊上亲眼目睹了自己的儿子被一辆汽车撞死，法院认为她应该是可预见的原告，因此有资格提出过失引起精神伤害的诉讼。在该案中，法院采纳的逻辑推理的是当时原告在自己的家人遭遇事故时就位于事故的现场（sensory and contemporaneous observance），所以她所遭受到的精神伤害是完全可以预见到的。而在本州最高法院曾经审理过的 Yandrich v. Radic, 495 Pa. 243, 433 A. 2d 459（1981）一案中，一位父亲在自己的儿子已经被送往医院去了以后才赶到事故的现场，法官判决该父亲不能提起过失引起精神伤害的诉讼。5 年以后，最高法院又在另一起案件 Mazzagatti v. Eveningham, 512 Pa. 266, 516 A. 2d 672（1986）中作出了相同的判决，在该案中一位母亲于事故发生后的几分钟之内就赶到了现场并看见了自己的孩子躺在地上，但最高法院认为这位母亲没有目睹事故发生的过程，而只是从第三人的口中得知了全部的情况，她就有了一定的缓冲时间来平息自己的心绪，所以她还不能完全算是位于事故现场。与此相反的是，如果一个亲眼目睹了自己的家人在事故中受伤甚至身亡的话，他是完全没有时间来振作情绪

的。另外还有在 Brooks v.Decker, 512 Pa.365, 516 A.2d 1380 (1986)
一案中，最高法院判决了一位跟着救护车赶到现场并看见他的儿子
已经受伤倒在街头父亲不具备以过失引起精神伤害起诉的条件。以
及在近来的 Bloom v.Dubois Regional Medical Center, 409 Pa.Super.83,
597 A.2d 671 (1991) 一案中，一位丈夫发现自己正因生病而住院
的妻子试图上吊，他起诉该医院的医生和护士玩忽职守未能及时察
觉他妻子有自杀的意图，本法院驳回了这位丈夫的起诉，因为他并
未目睹医院对他妻子实施侵权行为的过程，而只是看见了一个结
果。

　　本州法院历年来作出的支持原告以过失引起精神伤害起诉的判
决也有不少。比如在前述的 Love v.Cramer 一案中，女儿眼看着妈
妈因为医生未能及时确诊并治疗心脏病而死在了自己的怀里，法院
认为此时有关精神伤害的诉由能够成立。而在 Neff v.Lasso, 382
Pa.Super.487, 555 A.2d 1304, allocatur denied, 523 Pa.636, 565 A.2d
445 (1989) 一案中，法院亦允许了一位看见了丈夫的车被几乎完
全撞毁的妻子提出过失引起精神伤害的诉讼。本州最近的一起相关
的案件是 Krysmalski v.Tarasovich, 424 Pa.Super.121, 622 A.2d 298
(1993)，在该案中一位正在超市里排队等待付款的妈妈隔着玻璃窗
目睹了自己的孩子被一个酒后驾驶的司机开车严重撞伤，法院准许
了她有关精神伤害方面的起诉。

　　通过上述的这些案例，我们看到了本州在决定过失引起精神伤
害案件受害者的起诉资格时所经历的一个由最初的"冲击原则"到
后来的"危险区"理论再到最后的可预见性的三段论办法的发展过
程。这一系列的转变为的不是解决支持过失引起精神伤害所需身体
伤害的程度的问题，而是着眼于这类诉讼中法律（最近）原因范围
的把握。原先法律要求原告身体上所受的伤害一定要是由于受到精
神伤害的冲击造成的，而现在我们认可了因为担心自己的亲人受伤
而感到的震惊即足以造成精神痛苦的身体表现（physical manifesta-

tion)。

就本案的具体案情而言，如果用 Sinn 一案的标准来衡量 Dawn Armstrong 的实际情况，我们认为她是不能符合要求的，因为她既不是受害者的亲属，也没有亲眼目睹事故的发生。然而，Armstrong 太太认为自己受到的精神伤害并不是依附于与她根本不相干的肇事者对受害者的侵害行为的，而应该被当作是一个单独的（separate）及独立的（independent）侵权诉由，此过失行为是通过被告错误地通知她赶到医院来完成的。

在本州的历史上只出现过两起这种原告不是受害者亲属的过失引起精神伤害的上诉案件。其中一个是 Stoddard v.Davidson, 355 Pa.Super.262, 513 A.2d 419 (1986)，在此案中，被告杀了人并且弃尸于街头但正好为原告所路过，原告称自己受到了极大的惊吓。本院在同时听取了一个附和意见（concurrence）和一个反对意见（dissent）之后决定原告的精神确实受到了足够严重的冲击，所以应当允许陪审团来最终决定原告提出的过失引起精神伤害能否成立。另一个就是我们前面提到过的 Crivellaro 一案，本法院对原告能否建立起有关精神伤害的诉由也作出了肯定的回答。

本案要求我们进一步拓宽本州对于过失引起精神伤害诉讼的限制，避免将起诉的权力仅仅局限在那些目睹了事故发生全过程的受害者的近亲属的狭小范围内，但是基本看来本州的法律一直都在拒绝作出这样的扩充。最明显的一个例子就是 Lubowitz v.Albert Einstein Med.Center, 424 Pa.Super.472, 623 A.2d 5 (1993) 一案，在该案中，法院认为仅凭医院错误地报告了有关爱滋病（AIDS）感染的事实不能支持过失引起精神伤害的诉由。Lubowitz 案实际上是遵从了本州过去在一系列针对石棉的诉讼中所确立的原则，即对疾病的恐惧不是一种可以从中获得赔偿的精神伤害。

即使有的话那也只是极少数的兄弟法域承认过失引起精神伤害可以作为一项独立的侵权诉由。绝大多数的州都认为过失引起精神伤害的侵权应当以违反基于契约关系或默示契约关系而产生的先决义务 (pre - existent duty) 为前提条件的，例如在本州的 Crivellaro 案中就存在着先决的雇主与雇员的关系。California 州就是少数几个曾经尝试过将允许过失引起精神伤害作为独立诉讼理由成立的法域之一，Armstrong 也在初审中引用过该州的 Molien v.Kaiser Foundation Hospitals, 27 Cal.3d 916, 167 Cal.Rptr.831, 616 P.2d 813 (1980) 一案作为支持自己起诉的依据。在该案中，加州最高法院准许了一位妻子被医生误诊患有梅毒的丈夫起诉，因为法院认为被告避免给原告造成精神伤害的普遍义务是建立在原告的可预见性之上的，只要原告的受伤是可预见的，被告就应当为自己的过失行为负责。但是仅仅几年之后加州的法院就从这个立场上有所回退，在 Thing v.LaChusa, 48 Cal.3d 644, 257 Cal.Rptr.865, 771 P.2d 814, 821 (Cal.1989) 一案中，法官认为 Molien 案的判决意见实际上是将民众推向了无限的责任之中 (limitless exposure to liability)，而在另一个案子 Andalon v.Superior Court, 162 Cal.App.3d 600, 208 Cal.Rptr.899, 903 (1984) 中，法官更是刻薄地将 Molien 案的意见称之为创造出了 "一堆奇异诉权的泥沼" (a quagmire of novel claims)。到了 1992 年，在 Burgess v.Superior Court, 2 Cal.4th 1064, 9 Cal.Rptr.2d 615, 813 P.2d 1197 (1992) 一案中，加州终于彻底废除了将过失引起精神伤害作为独立诉由的做法，并且将对其的适用局限在那些已存在契约关系或者原告亲眼目睹自己的亲人被伤害的场合中。

法律不会保证人们都能够心绪安宁地生活，侵权法也不能保护每一个人都免受日常生活的情绪波折，并不是每一个错误行为的发生都是法律可以救济的。如果我们今天允许 Dawn Armstrong 获得赔偿的话，那么我们就要冒着打开本州诉讼闸门 (floodgates of litigation) 的危险，而这是我们不愿意做的事。

事实上，Dawn Armstrong 处在一个特别微妙的位置上。请试想，如果 Paoli Memorial 医院用电话通知了 Dawn Armstrong 一个有关于她丈夫受伤的准确消息，那么她就没有理由因为医院告诉的坏消息使自己心里难过而指控医院过失引起精神伤害。因此从逻辑上来说，这种局面的出现就迫使 Dawn Armstrong 必须要能说服我们相信她是因为后来在医院了解到伤者不是自己的丈夫才受到精神伤害的，但这在情理上显然是说不通的，因为一般人都会认为这时 Armstrong 太太应该感到如释重负才对。其实 Armstrong 太太在作证中称自己恰恰是在得知正在抢救中的车祸遇难者不是自己的丈夫时才出现失禁的。

在综合考虑了本州效力良好的法律和一些兄弟法域有代表性的判例之后，给我们留下非常清楚印象的是，如果想要提出过失引起精神伤害的诉讼，Dawn Armstrong 必须或者按照 Sinn 一案的标准来证明她亲眼目睹了自己丈夫遭遇车祸而受伤，或者转而提出被告 Paoli Memorial 医院对她负有某种先决的谨慎义务，无论是契约的还是信托的。可是这两点都是她肯定无法做到的，因为她既不是自己丈夫受伤时正身处现场的旁观者（bystander），Paoli Memorial 医院在此事发生之前也不对她负有任何的先决义务。

正是因为我们发现原告 Armstrong 夫妇没有提出一个有效的能被法律所支持的诉讼理由，所以本法院决定推翻初审法院拒绝应被告的要求作出对其有利的 j.n.o.v. 的决定，并且初审法院因对损害赔偿数额有疑问而要求重审的判决在此也一并推翻。

补充知识：

关于惩罚性赔偿的问题中需要特别提醒大家一下的是，在判决书中，法官所宣布的或者说陪审团裁决被告应当支付给原告的惩罚性赔偿的总额并就不是原告最终能全部拿到手的钱数，这是由于其中相当一部分要被充作税款。其实以前原告获得惩罚性赔偿是并不一定要交税的，因为按照有关个人所得税的征收方法因为个人受到身体伤害或是疾病而得到的进项是不被算在总收入（gross income）里的。但是后来在美国财政部的积极建议下，国会于 1989 年和 1996 年两度修改法律将原告从被告那里获得的惩罚性赔偿的收入纳入到了其个人的总收入当中，因此惩罚性赔偿现在也成为了征税的对象。不过法院在是否应该把惩罚性赔偿需被征税以及具体税率的多少指示给陪审团的问题上有分歧，有些法院担心陪审员们会因为关心原告的净收入而施加给被告多余的负担。

十九、抗辩理由（1）

原告过失和比较过失

俗话说的好"有矛就有盾"，美国侵权法除了提供给了原告一整套追究被告过失责任、维护自身合法权益的法律机制之外，同时也为被告准备了丰富的摆脱原告无理纠缠的抗辩理由。在本节中，我们就将接触到其中最常用的两个——原告过失原则（contributory negligence）和比较过失原则（comparative negligence），因为这两种抗辩理由之间更多地体现了一种法律理念上的传承关系，所以我们可以把它们放在同一节中讲授。

同我们在针对故意侵权行为的免责特权中讲的一样，过失侵权责任中的被告也拥有很多机会或者较有利条件来为自己辩护，比如在侵权这类民事诉讼中，原告必须自行逐一证明过失责任的每一个必要构成要件的成立，而被告只要能够击破其中的一点就可以使过失责任无法建立进而摆脱法律的惩处，所以被告大可以从程序到实体、从谨慎义务到损害结果、从初审到三审甚至从诉讼到执行和原告玩一个稳扎稳打、步步为营的时间游戏，一些细心的读者可能已经从前面我们读到过的许多案例中发现一个情节也不算太复杂的过失侵权案件从原告最初在地区法院起诉到最后最高法院审结此案当中花费个七八年的时间真是一点也不稀奇。但是反过来说，正是因为侵权诉讼中的原告相对被告而言是居于一个困难比较大的位置上，而且根据美国法中关于诉讼双方律师费自理的规定，原告即使能够胜诉，很可能也要自行支付一大笔高昂的律师费用（诉讼费用可以要求对方支付，此即为 attorney fees 和 court costs 的区别），这就使得几乎每一个原告在决定是否起诉之前都会仔细掂量和斟酌自己的胜算如何，自觉得没有七八成的把握一般是不会轻易提起诉讼的，所以审判实践表明，被告在对过失责任构成要件的斤斤计较上和有备而来的原告相比往往未见得能占多大的便宜。而且并不是所有的被告都有能力施展拖延的战术，毕竟一个社会中也只有少数财大气粗的被告能够耗得起这份时间、金钱与精力，因此绝大多数的被告还是需要借助于一些积极的抗辩手段（affirmative defenses）来直截了当地帮助自己免除或是减少所会承担的法律责任，以达到迅速结案的目的。接下来我们要讲的原告过失原则和比较过失原则正是迎合了被告的这种需求，借助它们，被告就可以摆脱自己在诉讼中只能被动挨打、见招拆招的守势地位，而能够通过主动的出击来直指原告自身的软肋，这无疑给了被告在诉讼中更多的活动空间和回旋余地，并且从另一个角度讲这也对提高法院的司法效率是有很大帮助的。下面我们就先来讲一讲原告过失原则的含义及其特点。

原告过失原则其实是一种对 contributory negligence 这个侵权法律术语会意的译法，contributory 的词意如果直接翻译过来就应该是"有助于、促成"的意思，所以整个短语的含义也就顾名思义是：整个事故的发生和原告的受伤并不是全部由被告的过失或故意行为所导致，而实际上，原告自己的过失行为对结果的产生也有所助力，正是因为该术语其实反映的是原告自身的行为对最终过失责任认定的影响，所以我们通常就干脆直接称其为原告过失原则，应该说这种译法是名至实归的。被告负有侵权责任的同时原告自己的行为也具有过失性的现象在美国的侵权案件中并不鲜见，最简单也最为常见的就是原告在车祸事故中因违反法律规定未系安全带而受到了本来不会如此严重的伤害的情况，这就提供给了被告一个充分的抗辩理由："我承认我的行为有过失，但是如果你对自己的安全做到了合理的谨慎的话，那你也就不会受伤。"体现原告过失原则的第一个案例[1]被公认出现 19 世纪初英国一个叫德比（Derby）的地方，被告为了整修房子而把一根木杆横放在了自家门前的道路上，此时原告正骑马狂奔而来，虽然根据当时的视线条件一个具有合理谨慎的普通人在 100 码之外就完全能够看到并避开这根木杆，原告却终因速度过快未能提前发现而被木杆绊倒受了重伤，大法官 Ellenborough 判决原告不能获得赔偿，因为是被告的阻塞道路的不当行为和原告忽略了对自身安全保护的过失共同导致了事故的发生，而"一个人的行为带有过错并不解除他人为自行注意合理谨慎的义务"（One person being in fault will not dispense with another's using ordinary care for himself.）。

从上述案例当中可以看出，一旦原告被法院认定为他自己也应对损害结果的出现承担部分过失责任，其后果对原告来说会是异乎寻常的严厉，即原告会因此而被剥夺一切受偿的权利，这也正是原告过失原则所奉行的"得到全部或一无所有"（all-or-nothing）规则。根据这一规则，法院在处理被告提出的原告过失的抗辩时并没有什么折中的选择，要么支持被告的抗辩判决原告一文不得，要么驳回被告的抗辩好像什么也没有发生过，所以说原告所面临的风险是极大的也未必是公平的。

被告要向法院提出并证明原告过失的存在需要遵循同原告证明被告过失一样的方法及程序，这就意味着被告也要积极地搜寻证明并逐个建立起谨慎义务、违反义务、事实和法律因果关系、损害结

---

〔1〕 Butterfield v. Forrester, 11 East 60, 103 Eng. Rep. 926（1809）.

果这5方面要件的成立，这对被告来说也不是一件太容易的事，而且在实际审判中，法院往往对原告要比被告更加宽容一些。原告过失原则中所讲的过失并不是原告一般的过失行为，而必须对特定损害结果的发生有一定的针对性，比如被告在路上挖了一个坑使原告的汽车陷了进去，被告不能指称原告的刹车灯不亮构成了原告过失，因为这尽管是一种过失行为却对汽车陷进坑里的事故没有什么必然联系，但如果是原告汽车的远光灯不亮以至于他未能及时发现险情的话，这就有可能构成原告过失了。另外，当被告的行为属于故意侵权或者是严格侵权责任的范畴时，即使原告有过失行为也可以获得赔偿，因为相比与过失侵权而言前两者的性质无疑是更为严重恶劣的，法律适当地作出一点倾斜也是可以理解的。

在原告过失原则之下还有一个名为"最后清楚机会"（last clear chance）的补充规则值得一提，其指的是在原、被告双方都有过失责任的时候，谁有最后的机会发现并避免危险的发生却没有这样做，谁就应当承担全部的事故后果，这也就是说，即使原告有过失但被告有最后清楚的机会排除危险而又未能做到的话，原告仍然可以获得赔偿。我们不妨还是借用上述的案例来说明问题，只不过把案情略为改变为当原告急驰而来时被告正站在路边，他完全有时间挪开木杆但他却没有这样做而是眼睁睁的看着原告从马上摔下，这时原告尽管自己也有过失，然而他就可以凭借最后清楚机会的规则来回避适用原告过失原则的后果。

随着时代的发展和社会的进步，人们的法学理念也逐渐在发生着变化，有越来越多的人感到原告过失原则对侵权诉讼中的原告来说实在是太苛刻了，法院在不愿意救济"不洁之手"（unclean hands）的同时实际上也断绝了许多只犯有微小过错却遭受了巨大损失的原告获得合理经济补偿的途径，这在根本上是与法律公平正义的信念相违背的。于是100多年来人们都在尝试着用新的办法来解决这些法律问题，目前在美国除了四五个州之外，原告过失原则都已经被正式废弃，绝大多数的法院都开始用比较过失原则来取代原告过失原则适用于原、被告双方都有过失的场合。

比较过失原则也是一个比较简单的概念，即通过比较原、被告双方的过错在整体过失责任中所占的比例来分配损害赔偿责任，如果原告的过错比较小，那么被告就要多赔，而如果原告的过错比较大，被告就可以少赔甚至不赔，这要根据每一个州所采用的比较过失原则的种类来决定，因为不同的州很可能采用的是不同类型的比较过失原则。

比较过失原则通常可以被分为两种，一种叫做"纯比较过失原则"（pure comparative negligence），而另一种则被称为"修正比较过失原则"（modified comparative negligence）。纯比较过失原则指的就是法院完全按照原、被告各自过错的比例来分配赔偿责任，比如在一起交通事故中总体的赔偿额度应当是 10 万美元，其中原告的过错占了 60%，而被告的过错占了 40%，虽然应该说原告是这起事故的主要责任人，但他在适用纯比较过失原则的州里仍然可以获得 4 万美元的赔偿。不过这样的结果并不能使所有的人都感到满意，有很多州都认为这实际上反映出了一种矫枉过正的心态，即使从伦理道德的角度来说，一起事故的主动挑起者和首要责任人如何还能得到经济补偿，而且既然原告可以从被告处获赔 4 万美元，那么被告是否可以反诉原告获得 6 万美元的赔偿呢？正是因为这些原因，在美国采用纯比较过失原则的州也只是一小部分，大多数则采用了经过修正后的比较过失原则。

其实修正比较过失原则又可以被大致分为三类：第一类叫做 50% 办法（not greater than），也就是说当原告的过错在整个过失责任中的比例不超过 50%，即少于或等于被告过错的话，原告即可获得赔偿；第二类叫做 49% 办法（less than），一定要求原告的过错小于被告才有权获得赔偿；第三类则没有给出具体的数字比例，只是笼统地说，当原告的过错与被告的过错相比显著轻微时（slight /

gross），原告才能获得赔偿。值得注意的一点是，如果被告为多人的话，应该将他们各自的过错比例相加，再拿这个总数与原告所占的过错份额进行比较，比如原告的过错是40%，而被告A和被告B各自的过错分别是30%，此时尽管原告的过错比每一个单个被告的过错都要大，但和他们两个人的总和比却要小，所以原告仍能获得赔偿。

McIntyre v. Balentine

Supreme Court of Tennessee, 1992.

833 S.W.2d 52.

DROWOTA, J. 在 1986 年 11 月 2 日阴暗的早晨，原告 Harry Douglas McIntyre 和被告 Clifford Balentine 被卷入到一场机动车相撞的交通事故当中，结果原告在车祸中身受重伤。该场事故发生在田纳西州的 Savannah 市，当时被告 Balentine 正驾车沿 69 号高速公路南向行驶，而原告 McIntyre 则在准备把自己的车从停车场里也开到 69 号高速公路上，谁料转眼之间悲剧就发生了，原告驾驶的卡车被被告的车拦腰撞翻，这使得原告当即就受到了重创。但是在初审中，原、被告双方对这场车祸之中所发生的一些事情的时间顺序有不小的争议。

原、被告两个人在车祸发生的前夜都消费过大量的酒精饮品，其中在车祸后对原告血液中酒精含量的检测显示已高达 0.17%，而有证据表明被告当时的车速远远超过了这段高速公路的限速。

原告以过失为由对被告提出了起诉，被告则针锋相对地称原告酒后驾车的行为也构成了原告过失责任（contributorially negligent）。初审的陪审团在听取了双方的意见后作出的裁决是："我们陪审团认为原告和被告在这场事故中的过错是相等的，因此我们支持被告胜诉。"

原告对这一判决结果表示不服，于是他向本州的上诉法院提起了上诉，其主要理由在于：（1）初审法院错误地指示陪审团不必理会比较过失原则（comparative negligence）；（2）错误地指示陪审团血液中的酒精含量超过 0.10% 就可以推断出此人正处于醉酒的状态。

然而，上诉法院维持了初审法院所作出的决定，其认为：（1）田纳西州的法律确实不承认比较过失原则；（2）法官关于醉酒的指示是根据 T.C.A. § 55 - 10 - 408（b）（1988）给出的，因而并无什么不妥之处。

从历史上看，普通法中的原告过失原则最早可以追溯到英国大法官 Ellenborough 为 Butterfield v. Forrester, 11 East 60, 103 Eng. Rep. 926（1809）一案所书写的判决意见，在该案中，原告在骑马以马匹所能达到的最快速度前行的过程中被由被告在路上无意之中设置的障碍所绊倒，原告也因此而身负重伤。Ellenborough 大法官认为该案中所应适用的法律原则为"一个人的行为带有过错并不解除他人自行注意合理谨慎的义务"。故此，原告不能由于被告的过失行为而获得赔偿，因为他是以一种十分危险的速度骑马以致于未能合理地发现并躲避障碍物。

在这之后，原告过失原则迅速被引入并吸收到了美国的普通法当中，可参见 Smith v. Smith, 19 Mass. 621, 624（1825）一案，而且在全国范围内都得到了非常广泛的应用，这一原则的实施对原告来说是异乎寻常严厉的，法院对其提出的诉讼请求只有"yes"和"no"两种答案，这也就是说，原告要么能得到全额的损害赔偿，要么就什么也得不到（all or nothing）。在这之后的 100 多年里，围绕着原告过失原则又有很多其他的法学理论被发展了出来，以试图论说这种"all - or - nothing"方式的正当性，其中有人认为原告的过错行为也理所应当受到惩罚；也有人认为原告危及自身安全的过失行为应该被制止；还有人认为原告自己作出的过失行为阻断了被告行为与损害结果之间的因果联系，因此，被告的过失行为不再能构成法律（最近）原因了。

在 Tennessee 州的法律中，原告过失原则最初是被这样表述的：
"如果一个人由于自身的过失行为而使自己受到了伤害，或者有助
于伤害结果的发生，他就不能获得赔偿，因为在这类情况下，原告
本人就是造成自己受伤的始作俑者。"在后来的一系列判决意见当
中，本州法院一贯都秉承了这样的原则，即原告过失的存在将会杜
绝原告获得任何赔偿的机会。

但是在实际操作中，Tennessee 州也规定了一些对"all – or –
nothing"方式的例外：当被告的侵权行为是故意作出的时候，原告
过失对原告得到赔偿的禁止就不是绝对的了，而且当被告的行为属
于严重过失（grossly negligent）、被告有最后的清楚机会运用合理的
谨慎来阻止事故发生（last clear chance）以及原告的过失行为被认
为是太遥远（remote）的时候，原告即使被认为犯有原告过失却还
是有机会获得法律的救济的。

与原告过失相比，比较过失的原则一直以来都被当作是一项联
邦法律规则而适用于那些涉及到受伤的跨州铁路公司的职员或海员
的案件当中。和比较过失原则的应用较为相似的是，在 20 世纪的
早期包括田纳西在内的美国很多州都相继制定了一些成文法以利于
在有关铁路运营事故的案件中实施损害赔偿的分配制（apportion-
ment of damages）。这一类似于比较过失原则的责任分配方法在 1959
年左右大都被各州废止了，因为此时火车的速度不再被认为是快到
令人吃惊的了，而其中有关严格责任的部分则彻底地被本身过失原
则（negligence per se）和原告过失原则所取代。

在 1920 年和 1969 年之间的这段时间里，曾有少数及几个州尝
试过将比较过错（comparative fault）的各种原则适用于所有的侵权
案件中，这一试验现在看来取得了不小的成功，从 1969 年到 1984
年，全国又有 37 个州先后宣布用比较过错的办法全面替代原有的
原告过失原则，而在 1991 年南卡罗来纳（South Carolina）成为了第

45 个采用比较过失原则的州，至此，全国只有 Alabama、Maryland、North Carolina、Virginia 和 Tennessee5 个州仍然保留了原告过失原则。

在这 45 个采纳了比较过失原则的州里，其中有 11 个采用的是司法吸纳（judicial）的办法，而另外 34 个则是通过立法机关（legislative）的制定成文法来实现的。

大约在 15 年以前也曾有人建议本法院采纳比较过失原则，我们是这样答复的："我们不认为现在是考虑这一问题的最佳时机，除非有一件足以展现比较过失原则优于原告过失原则的案子来到我们的面前。"本案正是这样一件我们已经等待了许久的案子。经过了长时间在学术和实践两方面的准备和积累，我们觉得现在是抛弃原告过失原则并转而适用比较过失原则的时候了，因为仅凭法律的正义理念就不允许我们继续在司法审判中遵从这样一种即使在被告应该承担主要责任的场合但原告却可能由于自己的一点点小过错就完全得不到经济赔偿的不公平的制度。

诚然，我们认为类似于这样的在法律上除旧立新的举动可以由本州的议会来进行，但是立法机构至今为止的按兵不动不应该成为法院主动废除一项过时法律原则的障碍，特别是像原告过失原则这种原本就是在司法审判实践中孕育出来的制度。实际上，我们的犹豫不决很可能将导致双方都产生出观望的心态，即法院会等待立法机构作出表率而立法机构也会等待法院先行一步，这样再行耽搁下去的话，就将不可避免地使得不少原先有机会得到公正解决的法律争议受到拖累。

目前主要有两种比较过失原则正为 45 个兄弟法域所采用，一种通常被称为"纯比较过失原则"（pure comparative negligence），而另一种则被称为"修正比较过失原则"（modified comparative negligence）。在实行纯比较过失原则的州里，原告所能获得经济赔偿是总的赔偿额度减去他因自己的过失行为应当负责的部分，比如说某个原告在一起事故中应当承担 90％的过失责任，那么他就只能获得 10% 的经济赔偿。而在实行修正比较过失原则的州里，原告能获得经济赔偿的条件比较高，他的过失责任一定要：（1）不超过（50 percent），或者（2）少于（49 percent）被告所应承担的过失责任。

虽然我们认为原告过失原则所规定的那种 "all-or-nothing" 的办法必须被新的原则取代，但我们并不是要完全抛弃以过错为基础的（fault-based）整个侵权法体系，所以我们不赞成即使原告在一场事故中的过错达到了 80%、90% 甚至 95% 时仍能获得赔偿。因为上述原因，我们拒绝在本法域范围内采用纯比较过失原则。

我们也充分注意到了法学界内部对于修正比较过失原则的一些批评，有不少人都认为这充其量只是原告过失原则的另一种新的形式。然而，本法院觉得 49% 办法的修正比较过失原则是一个比较能够做到两全其美的制度设计，既有效地缓和了原告过失原则的过于严厉苛刻，又与侵权法以过错为基础的系统理论相一致。因此我们决定只要是原告自身的过失责任少于被告的责任，原告就应该可以获得相应的经济赔偿，即按照原告的过错在整体过失责任中所占的比例进行赔偿。

在此后本州进行的所有司法审判中，法官都应当在涉及到比较过错的时候清楚明白地指示陪审员，他们在原、被告之间进行过错比例划分所可能对案件最终结果造成的影响，而且每一方的律师也都应该被允许对不满意的过错划分的结果进行争论。

让我们再回到本案的具体案情中来，初审的陪审团认定："原告和被告的过错是相等的。"但是由于当时陪审团未能得到法官的合适指示故而作出了一个不太恰当的过错分配，我们认为这一"过错相等"的认定不足以作为形成最后判决的基础。因此，本法院决定责令原审法院按照本判决意见中所确立的原则重新审理此案。

我们深知本判决意见将会对田纳西州今后的侵权案件产生重大的影响，但是将以往的一些理论习惯与比较过失原则统一协调起来尚需要一段时间的努力，为此我们感到非常有必要就本州其他法院如何适应新原则机制的问题提出一些指导性的意见：

首先而且很明显的是，新法律原则的适用使得原有的远程原告过失理论（remote contributory negligence）和最后清楚机会（last clear chance）理论都在今后被作废了，原先应当适用这两种理论的情况现在将通过衡量比较原、被告之间相对过错程度的大小来加以解决。

其次，在侵权行为人（tortfeasors）即被告为多人的时候，原告的过错比例如果小于所有被告过错比例相加的总和就应当有权获得赔偿。

第三，本判决的作出也使得连带责任（joint and several liability）理论必须被一并废除。我们决定采用比较过失原则很大程度上是出于公平合理的考虑：原告过失原则不公平地让犯有过失的原告来承担全部的经济损失，而全然不顾及同被告的过错相比原告的过失责任也许只是微乎其微。既然我们已经采用了责任分配更为合理的比较过失原则，那就不应该再在法律中同时保留连带责任的理论了，因为该理论有时会完全不按过错的比例而是责任人的经济能力来分配赔偿的义务。此外，由于每一个被告都只是依据自己在整个事故中的过错比例来承担经济赔偿，这就不会出现某个被告代替其他被告多支付了不属于他本人份额以内的赔偿金额，这样一来被告之间也就不会再存在赔偿义务的二次划分的问题了。

第四，司法公平和效率的双重考虑都要求我们应当允许侵权诉讼中的被告作为一种积极的抗辩提出某个非本案当事人（nonparty）的行为也导致或促成了原告受到伤害的情况出现。在实际审判过程中，一旦被告提出了这样的抗辩理由，法官就需要指示陪审团要将该非当事人过错在整个侵权责任中所应占的比例也一并考虑进来。然而，为了使原告能从此诉讼之外的人处受偿，原告就必须及时修改起诉状并按照法律的规定适当地履行送达过程，于是该添加之人就会被要在一定合理的期限内对原告的起诉作出回应，总之这一系列的程序都必须符合田纳西州的民事诉讼规则（Tennessee Rules of Civil Procedure）。

最后，在田纳西州司法大会特别委员会制定出新版的民事诉讼陪审团指示范本（Tennessee Judicial Conference Committee on Civil Pattern Jury Instructions）之前，我们要求法官们根据在本判决附件中所给出的陪审团指示建议文本在审判中对陪审团进行相关内容的指示。

本判决意见中所确立的新的法律原则将适用于：（1）在本判决作出之日起审理的或重新审理的所有案件；（2）所有在诉讼的适当阶段已经提出了有关比较过失原则争议的上诉案件。

原告还在上诉中指称初审法官不适当地依据 T.C.A. §55-10-408（b）（1988）指示陪审团可从他血液中的酒精含量推断出当时他是否处在醉酒的状态之中。我们认为这段指示并无错误。

根据以上所说的种种原因，上诉法院作出的判决部分被推翻且部分被支持（reversed in part and affirmed in part），此案应当被发还到初审法院按照本意见进行重审。此次上诉的法院费用由双方当事人均摊。

补充知识：

在前案的判决意见中，法官曾提到了在 Tennessee 州之前已经有 45 个州采纳了比较过失原则，但其实这些州各自使用的比较过失原则之间还是有一定差别的，在这里我可以给大家一些具体的统计数据。11 个采用司法吸纳办法在本州法域内确立了比较过失原则的州按时间顺序分别是 Florida、California、Alaska、Michigan、West Virginia、New Mexico、Illinois、Iowa、Missouri、Kentucky 以及 South Carolina，其中 Illinois、Iowa、West Virginia 和 South Carolina4 个州使用的是修正比较过失原则，而其余的 7 个州使用的都是纯比较过失原则。

在另外 34 个用立法的方法吸纳比较过失原则的州中、Mississippi、Rhode Island、Washington、New York、Louisiana 和 Arizona 这 6 个州采用的是纯比较过失原则；Georgia、Arkansas、Maine、Colorado、Idaho、North Dakota、Utah 和 Kansas 这 8 个州采用的是 49% 办法的修正比较过失原则；Wisconsin、Hawaii、Massachusetts、Minnesota、New Hampshire、Vermont、Oregon、Connecticut、Nevada、New Jersey、Oklahoma、Texas、Wyoming、Montana、Pennsylvania、Ohio、Indiana 和 Delaware 这 18 个州采用的是 50% 办法的修正比较过失原则；只有 Nebraska 和 South Dakota 这两个州采取的方法是允许当被告的过失行为非常严重而原告自己的过失行为极其轻微的时候，原告可以获得全额的赔偿。

据此，我们可以得知截至上述判决作出之日起，美国实行纯比较过失的 13 个州是 Alaska、Arizona、California、Florida、Kentucky、Louisiana、Mississippi、Missouri、Michigan、New Mexico、New York、Rhode Island 和 Washington；实行 50% 办法的修正比较过失原则的 21 个州是 Connecticut、Delaware、Hawaii、Illinois、Indiana、Iowa、Massachusetts、Minnesota、Montana、Nevada、New Hampshire、New Jersey、Ohio、Oklahoma、Oregon、Pennsylvania、South Carolina、Texas、Vermont、Wisconsin、和 Wyoming；实行 49% 办法的修正比较过失原则的 9 个州是 Arkansas、Colorado、Georgia、Idaho、Kansas、Maine、North Dakota、Utah 和 West Virginia；此外还有 Nebraska 和 South Dakota 两个州所采用的修正比较过失原则和其他州相比又略有不同。

而目前仍采用原告过失原则的 4 个州仅为 Alabama、Maryland、North Carolina、Virginia 以及一个 District of Columbia（哥伦比亚为特区）。

审理该案的法官称在上述判决意见中还附着了一份在正式标准范本未出来之前供法官们在审判过程中使用的陪审团指示建议本，

我在此做了一点摘录，大家也可以借此机会了解一下美国的法官究竟是如何指示陪审团进行指示的，要知道指示时的用语稍有不慎就有可能给败诉方找到再行上诉的理由。

Suggested Jury Instructions：

[The following instructions should be preceded by instructions on negligence, proximate cause, damages, etc.]

1. If you find that defendant was not negligent or that defendant's negligence was not a proximate cause of plaintiff's injury, you will find for defendant.

2. If you find that defendant was negligent and that defendant's negligence was a proximate cause of plaintiff's injury, you must then determine whether plaintiff was also negligent and whether plaintiff's negligence was a proximate cause of his/her injury.

3. In this state, negligence on the part of a plaintiff has an impact on a plaintiff's right to recover damages. Accordingly, if you find that each party was negligent and that the negligence of each party was a proximate cause of plaintiff's damages, then you must determine the degree of such negligence, expressed as a percentage, attributable to each party.

4. If you find from all the evidence that the percentage of negligence attributable to plaintiff was equal to, or greater than, the percentage of negligence attributable to defendant, then you are instructed that plaintiff will not be entitled to recover any damages for his/her injuries. If, on the other hand, you determine from the evidence that the percentage of negligence attributable to plaintiff was less than the percentage of negligence attributable to defendant, then plaintiff will be entitled to recover that portion of his/her damages not caused by plaintiff's own negligence.

5. The court will provide you with a special verdict form that will assist you in your duties. This is the form on which you will record, if appropriate,

the percentage of negligence assigned to each party and plaintiff's total dam-
ages. The court will then take your findings and either（1）enter judgment
for defendant if you have found that defendant was not negligent or that
plaintiff's own negligence accounted for 50 percent or more of the total negli-
gence proximately causing his/her injuries or（2）enter judgment against
defendant in accordance with defendant's percentage of negligence.

　　学习本书至今，大家已经读到了不下五六十个出自不同时期、
不同地方以及不同法官之手的精选案例，这些主题不同的案例明显
具有不同的行文风格，比如本节案例中的法官通晓古今，将一些法
律原则的来龙去脉讲解的清清楚楚；而上一节第二个案例中的法官
则似乎有掉书袋的习惯，一篇篇幅也不算太长的意见中旁征博引了
十数个案例；但要是论思维慎密、理论严谨恐怕谁也比不上卡多佐
法官，有时甚至可以感觉到他是在把判决书当作法学理论教科书来
写，以至于有不少人抱怨卡多佐法官的法律意见太啰嗦堆砌
（worded）了。当然卡多佐法官的文风这么细致入微也是有一定客
观原因的，因为当时全国范围内反对他观点的人有很多，所以他不
得不加强自己判决意见的理论性和论证的严密性，以便于说服教育
那些反对他的人。既然我们一下接触到了这么多风格各异的法律文
书，其中一定会有最让你心仪的那一种，其实在美国教授法律写作
课（legal writing and research）的老师常说按照这一种你最喜欢的风
格进行不断的模仿恰恰是形成自己稳定的写作风格的捷径，尽管中
国的法学院里很少有专门的法律文书写作训练，但如果读者们放着
这么丰富的现成资源不用，岂不是太可惜了，大家还是应该自觉地
多模仿、多实践，这对提高自身的水平肯定是大有益处的。

二十、抗辩理由（2）

自冒风险

自冒风险（assumption of risk）是另一种在美国侵权诉讼中比较常见得到抗辩理由，其非常类似于针对故意侵权行为的免责特权中的"同意"（consent）原则，指的是原告在明知危险存在的情况下主动同意自行承担被告行为（不作为）可能的后果，从而达到免除被告过失侵权责任的效果。既然已经有了本书上一章里对"同意"原则的详细分析作为基础，那么我们现在再来理解本节中的"自冒风险"这个概念的法理基础就不会有多大的障碍了，因为美国的法律哲学特别注重个人意志的独立性和维权的主动性，强调每一个人都是自己人身财产安全的保护人，所以既然是原告自己一意孤行表示愿意承担所有的后果，法院就没有道理硬要把法律责任加在被告的头上了。

上述自冒风险概念的定义中有两个地方值得我们特别的注意，一个是"明知"，而另一个是"主动同意"，其实这就是构成有效的自冒风险所必需的两大必要前提条件。首先，原告对他所愿意自行承担也就是免除被告谨慎义务的危险必须有清楚明确的认知，这个认知不仅要求原告意识到潜在危险的存在，更应该包括潜在危险的性质、程度、范围以及可能后果等等。如果原告对未来的危险一无所知，或者只是略知一二的话，那么他所作出的同意很可能是在蒙骗欺诈或威胁强迫之下为被告所获得的，这就不能被算作是原告本人发自内心的真实的意思表示，在法律上也就是无效的。其次，原告要是主动同意去自行承担危险并免除被告的过失责任，换句话说，也就是原告的一切意思表示都要是自愿给出的，如果是被告强加给他的则根本无效。不过假使是原告在被告的耐心说服之下表示愿意的，即使原告当初答应的很勉强，法律也不允许原告在事发后再行翻悔。按照自冒风险的达成形式，我们可以将其分为两大类，下面我们就分别予以介绍。

明示自冒风险（express assumption of risk）指的是原告通过某种明示的方式如签署书面协议及达成口头约定等表达出自己愿意自行承担危险及其后果的愿望。明示自冒风险的例子在我们的社会生活中随处可见，比如我们要是希望参加旅行社组织的一些出游活动的话，往往需要事先与旅行社签定一份合同，而这份合同上通常都会包含有不少的免责条款，像"旅客应自行保管随身行李物品，如有遗失本社概不负责"或"旅客如在参加非本社安排的活动项目时发生意外，本社概不负责"等等。这些都是旅游合同中常见的免责条款，如果客人在合同上签了字，就等于明确表示接受了这些权利义务的再分配，将在上述情况出现时自行承担谨慎的义务以照料好自身的安全，即使出了意外也不能追究旅行社的责任。除了旅游业之外，其他许多行业特别是一些服务行业如保险业、旅馆业、交通运输业和动产及不动产租赁业等也都很喜欢用在合同中添加免责条款或是在主合同之外单独再准备一份免责协议的做法来尽量避免在日后惹上官司。只要是这些合同的形式符合合同法上规定的合同成立的一般要件，并且合同的条款也无显失公平的不合理之处，法院通常都会支持其中免责条款或协议的有效性，而不愿意过多地干涉私人之间的合法约定。之所以说是通常就表示，接下来一定还有例外，的确当下列情况出现时被告能否被免责就说不定了：（1）被告通过把重要的免责条款隐藏在大量的普通合同条文中或是放置在很难被发现的地方，使原告在签署合同时未曾觉察到其的存在；（2）被告通过晦涩的专业术语或者故意隐瞒一些关键的事实使原告弄不清其真正含义；（3）原告与被告之间的谈判地位和实力相差悬殊，原告只能被动接受被告提出的实际上对有害的条款；（4）被告不仅希望免除自己的过失侵权责任，而且还试图避免承担故意或放任的侵权责任，甚至是违反法律规定的责任；（5）免责条款或协议违背了其他方面的公共政策。其实，如果原、被告双方的谈判地位十分不平等比如是大企业与个人之间需要订立合同的话，绝大多数时候都会牵涉到一个格式合同的法律问题，即原告只有选择在被告已经准备好的对己方有利的标准合同文本上签字与否的自由，而没有或极少有讨价还价的余地，所以这也经常会引出合同法中相关问题的讨论，这提醒了我们实践中法律争议不是孤立的及按照人为法律部门的划分出现的。由于原告在事后试图一下子推翻整个免责条款或协议的难度可能会比较大，所以我们在处理这类明示自冒风险的问题时不妨先想一想原告实际遇到的危险是不是在协议所包含的范围以内，这又牵涉到了对合同内容如何进行解释的合同法方面的原则，所以，关于格式合同的一些具体问题，我们暂且留待到专门讲授合同法的书中再做了解。

默示自冒风险（implied assumption of risk）的理论产生于 19 世纪末至 20 世纪初，指的是虽然原告没有明确表示愿意自行承担风险及风险实现后的后果，但法律却可以从他的行为中推断出他具有这样的意图。这个理论最早是出现在一些危险性特别大的工作之中，但现在在我们的生活中则已经是屡见不鲜了，比如我们到公园里买票去乘坐过山车是明知它有一定的危险性但偏偏寻求的就是这份刺激，这时虽然我们没有对任何人宣布过愿意自行承担危险，可是你主动付钱上车这一系列的举动都表明了这种意愿，法律也因此理所当然地能够作出你希望自冒风险的推断，除非你能在事后提出证据证明你乘坐过山车是被他人强迫的。如果究其详细默示自冒风险又可以被分成主要默示自冒风险（primary assumption of risk）和次要默示自冒风险（secondary assumption of risk）两种，前者指的是那些任何人都应该可以预见的到且很难说是由于被告的过失行为造成的危险，比如参加某项需要身体对抗的体育活动等等；而后者指的那些已为原告所明知的已存在的或在将来会发生的由被告的过失行为引发的危险，比如原告明知某司机不适于驾驶却仍坐他的车等等。由于默示自冒风险的认定难免带有一定的主观性，所以在适用上受公共政策的影响比较大，法院会认为在一些场合中不能适用默示自冒风险的理论，比如工人在危险恶劣的工作环境下受了工伤就不能被当作默示自冒风险来处理，因为他很可能是由于生活所迫才不得不从事这一普通人不太愿意接触的工作。

最后应该特别提醒大家要注意的问题是，自冒风险并不是在美国的每一个州都是一项效力良好的法律原则，这也就是说美国的很多州都不承认自冒风险这个概念的法律效力，在这些州里自冒风险也就不能作为被告避免承担过失责任的抗辩理由。Florida 州最高法院给出的理由是主动自冒风险实际上是个合同法问题，没有必要作为单独的抗辩理由存在；而默示自冒风险其实就是原告过失（contributory negligence）原则的翻版，对原告来说既不公平也不合理，有兴趣就这个问题深入下去做一番研究的读者可以自己找到这个案例看看。[1]

Winterstein v. Wilcom
Court of Special Appeals of Maryland, 1972.
16 Md.App.130, 293 A.2d 821.

ORTH, J. 原告 Roland Winterstein 和他的太太为了参加由被告主办的车赛而向被告付了入场费并签署了一份免责协议。这份免责协议的内容是：

"Request and Release

我，下面的签名人，在此请求得到进入 75 - 80 Drag - A - Way

---

[1] Blackburn v.Dorta, 348 So.2d 287 (1977).

赛车场及其附属设施并参加今天举行的汽车计时和追逐赛的允许。我此前已经检查过了比赛用的场地，而且我明知参加上述车赛的风险以及其他一切在该项活动中可能蕴含的不可预知的危险。我也预想到了我本人在这块场地内参加上述车赛所可能遭受的所有人身或财产上的损害。

在考虑允许我进入这块场地和参加上述活动，以及进而考虑我的医疗保险条款时，我代表我本人、我的继承人、我的遗产管理人和财产受让人（myself, my heirs, administrators and assigns）在此宣布我放弃、让渡并解除（release, remise and discharge）对上述场地、活动、车辆、其中全部设施的所有人、运营人、赞助人和他们的服务人员、代理人、工作人员、官员及其他所有上述活动参加者的因为过失或其他所有过错行为使得我本人在滞留场地和参加活动期间受到人身伤害并/或财产损失而衍生出的一切起诉及求偿（claims, demands, actions and causes of actions of any sort）的权利。

我保证我在下面填写的年龄是真实的，并且如果我此时未满21周岁的话，我保证我已经得到了我父母或者监护人同意我参加上述活动的允许，他们对上述活动以及我希望参加上述活动的愿望有充分的了解。

我保证我参加上述活动是自愿的，我决不是上述场地及活动的所有人、运营人、赞助人的雇员、服务人员或代理人。"

然而，原告 Roland Winterstein 在参加比赛时果真遇到了意外，他驾驶的汽车猛烈地撞在了赛道内一个 36 尺长数百磅重的巨大圆柱体上，这使他的身体受到了严重的伤害。按照比赛的规程和惯例，应该有被告的工作人员在塔台上观察并提醒车手赛道内存在的各种危险，但是当时他们由于过失未能做到这一点。于是原告 Roland Winterstein 以人身伤害为由及他的太太 Barbara 以丧失配偶权利（loss of consortium）为由将被告 William A. Wilcon 告上了法院。

本案的关键问题在于原告所签署的这份协议的有效性，原告称其因违背公共政策（public policy）而无效，所以对他们并不具有完全的约束力。被告 Wilcom 则认为这份协议是一份有约束力的契约，因此按照上面的约定，他不应对原告的受伤承担任何责任。初审法院支持了被告的意见，将两位原告的起诉全部驳回，我们赞同这样的判决。

如果没有立法机构明确地作出相反的规定的话，公共政策的理由通常不能阻止人们通过自认为合适的协议来承担起自我保护的责任。"人们完全可以在事先明示的同意被告不需要对自己的安全承担谨慎义务，因而被告也就不必对正常情况下会被认为是过失行为所产生的后果承担法律责任。"Prosser, Law of Torts, 3rd Ed.（1964）§67, P.456. 换句话说，也就是当事人可以在彼此之间约定他们不用相互承担谨慎义务以及随之而来的过失责任。

但是，对这个一般性的原则也存在着一个重要的限制条件，即约定双方的关系一定要能保证他们是在一个自由和开放（free and open）的氛围里进行协商的。当一方在协商能力（bargaining power）上处于明显的劣势以至于双方的约定实际上迫使他完全受制于对方的过失行为时，他们之间的协议就会因违反公共政策而无效。这一限制条件经常被适用于雇主和雇员之间的协议上。另外当免责协议涉及到事关公众利益的商业交易如公用设施、公共承运人、旅馆业主等时也有可能因与公共政策相悖而无效。

通常来讲，一份免责协议要想有良好的效力就一定不能涵盖某些形式显得比较极端的过失行为，就像有意的、莽撞的、放任的或者是特别严重的，而且任何故意侵权行为也一定不能被包括在免责协议之内。还有一个很基本的注意事项就是，如果一份协议希望免除被告因过失行为而产生的法律责任的话，那么这份协议的条款必须是为原告所知晓的，要是原告并不知道协议里有这样的条款或者一个理性人站住原告的立场上也根本无从得知这样的条款会存在，这份协议对原告来讲就是没有约束力的，况且在合同法上也会因缺乏合意（mutual consents）而无效。

　　既然一份免责协议会因为牵涉到公众利益而无效，下面我们就来详细地探究一下到底什么样的商业交易会影响到公众的利益。在 Tunkl v. Regents of the University of California, 60 Cal. 2d 92, 383 P. 2d 441, 32 Cal. Rptr. 33（1963）一案中，加州最高法院表示自己通过审判经验的积累对如何鉴别某项商业交易会否危及公众利益的问题很有心得，其总结到："会造成免责协议无效的商业交易将表现出下列所有或一部分的特征。通常它们都集中在人们普遍认为适合进行公共监督管理的领域里，寻求通过协议来免责的一方都在提供着对公众来说非常重要的一些服务，而且往往是为了满足社会中一部分人在生活上的实际需求的。这些服务的提供者大都会表示愿意为社会中任何有此项需求、或者是至少符合一定标准的人提供服务。由于这些服务在人们生活中具有至关重要、不可或缺的位置，所以这些服务的提供方相对于服务的需求方来说处于绝对的谈判上的优势地位。服务的提供方会行使这种谈判上的优势地位迫使公众在没有选择余地的情况下接受含有免责条款的标准定式合同（adhesion contract，又称附合合同），即使某些消费者愿意多支付一些合理的费用来获得避免遭受过失行为的侵害也是不可得的。最后，作为接受这些服务的后果，消费者的人身和财产安全都处在了卖方的控制之下，完全受制于卖方及其代理人可能出现的粗心大意的危险。"

　　本法院认为，上述看法还需要进一步补充。虽然传统的观点认为即便是被告的行为构成了违反法律，原告先前作出的自冒风险的决定仍然是有效的，但现在有越来越多的人觉得这条规则必须得到改变，如果被告违反了专门为保护公共安全而制定的法律则就不应该被免责。这种见解背后的逻辑在于这些涉及到公共安全的法规所确立的权利和义务是由公权力所创造的，所以不能因任何私人之间的协议而放弃或解除。

　　然而，本案中所涉及到的即原告 Winterstein 在事先明示同意不追究被告 Wilcom 一切过失责任的免责条款很明确不符合上面我们说的任何一种情形，而应该属于支持免责条款成立的一般性原则的管辖范围之内，因为本案的原、被告之间不存在谈判能力上最轻微的强弱差别。原告 Winterstin 不是因为受到经济或其他方面的压迫才参加该项赛事的，他愿意去赛车纯粹是因为个人兴趣使然，也许他是想展示自己汽车的高性能或者是希望赢得一份奖品，但这些愿望并不使他在与被告的协商中处于劣势。

由被告 Wilcom 经营的这项赛车活动没有任何上述会影响公众利益的商业交易的特征。立法机关从来没有觉得这项活动应该得到公共法规的管制，也从来没有试图对它进行管制，而且 Wilcom 所提供的这项娱乐活动对民生来说不具有什么必不可少的重要意义，大多数人对它都没有实际的需求。Wilcom 从未表示过愿意为社会中所有符合一定标准的人提供该项服务，不过，同时我们也未能发现有证据表明 Wilcom 曾经武断地拒绝过任何人参加车赛的要求。正是由于 Wilcom 提供的这项服务不具备不可或缺的特性，所以我们不认为他在与希望参加该项赛事的人进行谈判时拥有压倒性的强势地位。况且 Winterstein 通过签署这份协议并没有把自己的安危置于 Winterstein 或是他的代理人会否粗心大意的风险之下，他完全能够自我掌控人身安全，因为他不是出于任何原因的压迫或是为了尽到什么义务而去赛车的。

我们不相信本案涉及到了任何为保护公众利益而制定出来的公共安全方面的法规，实际上，我们也根本不觉得现在已有这样的一部专门的法规来管束 Wilcom 所提供的这种类型的娱乐活动。

我们并没有发现 Winterstein 所归罪于 Wilcom 的过失责任与最普通类型的过失有什么差别，Winterstein 本人也承认 Wilcom 的玩忽职守或者是不作为从本质上看也只不过就是粗心大意而已，绝对不能归结为有意的、放任的、莽撞的或是特别严重的，而且这又肯定不能被定义为是一种故意侵权行为。

原告在上诉中所指称的本案中的免责协议有违公共政策的说法是根本就站不住脚的，我们认为这份协议只不过是两个人之间关于私人事务的一些约定，因此，如果立法机关没有明确作出相反的规定的话，我们不会判决这份协议将因违反公共政策而无效。

本法院决定支持初审法院的判决。

Jones v. Three River Management Corp.

Supreme Court of Pennsylvania, 1978.

483 Pa. 75, 394 A. 2d 546.

ROBERTS, Justice. 本案的上诉人 Evelyn M. Jones 于 1970 年 7 月 16 日在 Three Rivers 体育场观看匹兹堡海盗队（Pittsburgh Pirates）的棒球比赛时被从场地飞到看台上的一个球击伤，事后她以侵犯为由将海盗队的拥有者 Pittsburg Athletic Company, Inc. 和体育场的经营者 Three Rivers Management Corporation 告上了法院。上诉人 Jones 称，那天她买票进入了体育场的二楼观众席看球。出事时，她正准备趁比赛中断的间隙沿看台后面走道去观众休息区取些食物，但她没有注意到此刻内场已经有一些运动员开始击球训练了，就在背对球场时她突然听见旁边有不少人对她大喊"当心"，感到莫名其妙的她下意识地回头转身向内场望去，结果被一个以迅雷不及掩耳之势飞来的棒球不偏不倚击中了眼部。据 Jones 自己说这还是她第一次前往 Three Rivers 体育场看球。

被上诉人在初审中没有提出任何证据来回应 Jones 的起诉，他们只是要求法院驳回起诉或是进行直接裁决。初审法官拒绝了这两个动议并且把案件转呈给了陪审团。此后陪审团作出了支持原告 Jones 的裁决，还判给她 125 000 美元的损害赔偿，被上诉人要求初审法官给予他们 j.n.o.v.，但又遭拒绝。在本州高级法院进行的二审中，法官推翻了初审法院的决定，转而判决被上诉人胜诉。

在本次审理过程中，被上诉人只是简单地提出上诉人遇到的这种情况不足以帮助她建立起一个过失的侵权责任，而且即使可以的话，自冒风险的理论也排除了她获得赔偿的权利。被上诉人还称如果从世界通用的规则（the universal rule）来看，在棒球场看球时被运动员击飞的球打中并不能构成一个不合理的伤害，因此也就不会产生过失的侵权责任。

本法院在此前从未审理过因棒球击中观众而引起的案件，但是我们觉得一些在其他类似案件中已得到确认的原则与应用于本案的道理是相通的。比如在 Taylor v.Churchill Valley County Club, 425 Pa.266, 269, 228 A.2d 768, 769（1967）一案中，原告因被从被告高尔夫球场中飞来的球击中而起诉被告未在球场周围安装隔离屏障属于过失行为，我们判决："活动设施的经营者并不是其客人的保险承保人（insurer），相反其只对自己在未能运用合理的谨慎来建筑、维护和管理活动设施时给客人造成的伤害负责，而且这还应当取决于活动本身的特点和客人行为的习惯。"以及在 Beck v.Stanley Co.of America, 355 Pa.608, 50 A.2d 306（1947）一案中，原告抱怨电影院里的灯光太暗以至于他因看不清路而摔伤，本法院认为这种黑暗的程度是放映电影所必需的，因而电影院对此没有过失责任。

本州的高级法院曾经审理过两个有关棒球比赛的案件，一个是 Iervolino v.Pittsburgh Athletic Co., 212 Pa.Super.330, 243 A.2d 490（1968），而另一个是 Schentzel v.Philadelphia National League Club, 173 Pa.Super.179, 96 A.2d 181（1953），在这两个案子中分别有两位观众在棒球比赛正在进行过程中被运动员们击飞的球所伤，但高级法院的法官认为他们都是自愿主动地将自己置身于一项可以预料的到风险的活动当中，所以他们没有理由因为风险的实现而获得赔偿。

综合以上判例所作出的认定，我们发现本州的法院通常都不会支持原告因为在参加一项活动时被该活动内在的（inherent）危险所伤而提起的诉讼，除非原告能够提出充分的证据来证明致使他受伤的场馆设施不符合已被习惯所确立的一些标准。在 Schentzel 一案中，本州高级法院就曾说过："在本案中原告没有提出任何证据来表明被告球场所采取的措施与其他棒球场习惯上会采取的相比有什么不一样的地方。本法域认为，在商业领域中通用的习惯性做法可以作为考察被告行为是否属于过失的检验标准，而且，如果原告没有能够证明被告的行为有违于惯常的做法的话，那就完全用不着陪审团来进行被告过失与否的裁决了。即使我们不能仅凭行业习惯和惯例来最终决定被告行为的过失性，但至少也可以将这些普遍的标准作为判断被告是否做到了足够谨慎的一个依据。"

电影总是要在黑暗的房间里放映的，轮滑总是需要飞快地加速或者减速，棒球比赛中的击球手总是尽力的将球打的越远越好，但是也不是每一种活动中所蕴含的所有危险都能被认为能合理地预见到，所以上面我们说的棒球场没有义务保护观众安全的原则仅仅是针对那些能够很自然地被所有的棒球观众所预见到的那些危险而言的。Goade v. Benevolent and Protective Order of Elks, 213 Cal. App. 2d 189, 28 Cal. Rptr. 669（1963）一案的判决意见就很深刻地说明了这个问题："在现场观看棒球比赛的观众被法律认为是应该能够预见到自己有被球击中的危险的，但是如果观众不是被球而是被棒球棍击中的话，自冒风险的原则就不再适用了，这是因为球飞上看台在棒球比赛中是一种经常都会发生的很普通情况，因而对观众来说应该是一个常识，但是棒球棍飞上看台是如此的罕见，所以观众们不可能预见到这种情况的发生。"

由此可见，对活动设施经营者的免责原则（no-duty rule）只适用在那些普通的、经常发生的及可被料想到的危险（common, frequent and expected risks）上，而丝毫不影响电影院、公园、体育设施的管理者们保护顾客免受可预见到的但不是活动本身的特性所蕴含的危险的侵害。棒球场内的观众可能因为摇晃的转门、楼梯的横梁以及走道上的大洞而受伤，这时受伤的观众可以要求得到被告的赔偿，因为这些伤害都如同飞上看台的棒球棍一样不是棒球比赛过程中普通的、经常发生的和可被料想到的情况，故此，法律并不禁止法院此时发现被告是有过失责任的。而且在这种情况的案件中，原告没有提供证据证明某种行业习惯和惯例存在的举证责任。

本案中的核心问题就在于上诉人所遇到的这种情况究竟原告属于一般的免责原则所适用的领域，还是应当被看作是棒球场中普通的、经常发生的及可被料想到的范围以外的危险。为了解决这个问题，我们必须首先来决定一个棒球比赛中的观众是否应该被认为能够作为一个观看棒球赛内在的危险合理的预见到自己在使用看台后面的走道时也有可能被球所击中。

初审法院在总结了 Three Rivers 体育场的建筑特点后认为，这个体育场在看台设计上的一些欠考虑不能被认为已经成为观看棒球比赛一部分的被内在蕴含的危险。因此高级法院在此前作出的支持被上诉人胜诉的判决是错误的，因为一般的免责原则并不能适用于此案。

本法院决定推翻高级法院的判决，并且重新确立上诉人在初审中所获得的胜诉地位。

补充知识：

在美国，普通民众对律师这个职业往往充满了爱恨交织的复杂感情，一方面，人们确实在生活里需要律师的出谋划策、排忧解难，另一方面，却厌恶律师的巧舌如簧、翻云覆雨，因此在美国社会中就出现了这样一幅奇怪的景象，人们既编排了大量或恶毒或机智的笑话来揶揄律师的人品，比如经常讥讽律师为 "ambulance chaser"，意指律师一听到救护车的鸣笛就知道有生意要来了，而同时又无不把能进入法学院学习看作是无比光荣和值得炫耀的一件事情。当然，造成这种情况的社会因素很多，但我想这多多少少与一般人对从事律师这个行当能带来丰厚的经济回报和特殊的社会地位所产生的羡慕嫉妒心态是分不开的。的确，在美国当律师所可以获得的收入是远远超出其他行业的平均水平的，且不说很多总统议员就是律师出身，单是业绩普通的律师也能够享受得起中产阶级里的上流生活，但如果我们从另一个角度来看，诉讼费用的居高不下也成为了目前美国司法界亟需解决的社会问题。

在这里，我想简单地介绍一下美国律师的收费方式。和一些大陆法国家要求败诉方付酬的做法不同，美国的律师服务已经完全是一种商品化了的行为，收费方式和标准完全由律师和客户之间自行达成协议。美国律师的收费制度有两种主要的形态，一种是以服务时间计酬（time－basis charge），而另一种则是胜诉收费制（contingent fee）。前一种顾名思义也就是根据律师在代理过程中所花费的时间作为计算报酬的基础，而每一小时的单价就要依据案件的复杂程度和律师的水平名气来决定了，少说也应该在 100 美金左右，而要像辛普森所请的那些律师梦之队就更是天价了。胜诉收费制指的是律师可以和客户达成协议，若是败诉则分文不收，而如果胜诉了便提取所获金额里的一定百分比，这个比例不大会低于 30%。美国的法学界对胜诉收费制的利弊看法颇不一样，有人认为这会从根本上诱使少数律师轻率诉讼，而另一些人却称此举可以促进司法正义的实现。我们会在学习美国民事诉讼法时看到不少有关于律师费（attorney fee）争议的案件，到时再进行专门的研究。

因交通事故引起的纠纷是美国侵权诉讼中很大的一个组成部分，美国侵权法中也有不少专门针对车祸的规定和原则，其中一个很重要的就是关于乘客的推定共同过失原则（imputed negligence），即如果一辆车的司机有过失，那么相对于被车撞到的受害者而言，车上其他乘客也可被推定为是有过失的，因而需要承担连带的赔偿责任。然而，这样的规定对那些搭乘朋友车遇到车祸的人来说是比较尴尬的一件事，因为这时如果他想起诉对方司法过失的话，对方就有理由以推定共同过失原则指出他自己也是有过失的并以此来推卸责任，所以他为了表示自己只是一个在事故中完全无辜的受害者就必须把自己的朋友也列为被告，以兹证明是两位司机的过失行为共同造成了这起车祸。这种"出卖朋友"的做法在中国可能是会受到千夫所指的，但美国人通常没有这种心理障碍认为当被告是很不光彩的事，况且朋友也往往不需要自己掏腰包，而是由保险公司来为原告的受伤买单。

第五章 严格侵权责任和替代责任

一、概 论

　　从这一节开始，我们就要进入对本书最后一部分内容——严格侵权责任和替代责任的研究了，这是我们在学习美国侵权法基础知识时所应当掌握的两种非常具有实际意义的责任形式，虽然这两个概念其实并无多少理论上的联系，但因为内容都不是很多以及行文方便等缘故，我们就暂且将它们合并在一章内了解好了。实际上在前面一些章节的叙述中，我们已经多次简单地接触到了这两个概念，但大都只局限于就事论事的范围之内，充其量也就起到了"只闻其声不见其人"的烘托陪衬效果，不过在本章里，这两个理论虽很精练用处倒还不小的侵权法概念就要唱起了真正的主角，我将和大家在接下来的几节里一起着重探讨它们各自在理论架构、组成部分、构成要件、适用范围、责任特点以及适用限制等方方面面的一些值得研究之处。

　　还需要在此专门提醒一下大家的是，尽管此书由于受到篇幅和目的所限在此就不得不要划上一个句号了，但这本书止步的地方决非是美国侵权法理论的终点，我在此书所讲到的或者说读者们目前所能从此书中了解到的仅仅只是完整意义上的美国侵权法领域所包含的一部分最为基础骨干内容，像其他一些同样很有意思也很实用的知识如产品责任（products liability）、隐私权（privacy）、滋扰（nuisance）、侵权责任保险（liability insurance）、损害名誉权（defamation）以及宪法性侵权（constitutional torts）和侵犯契约权利（tortious interference with contract and prospective contractual relations）等等都只好忍痛割爱地另行著述了。只是大家也不必对此感到太过遗憾，大多数美国法学院作为一年级必修的侵权法基础课也通常都不会将上述本书没有涉及的内容包含在内，而是会在二三年级另开一门高级侵权法的课程（advanced torts）让有兴趣的学生选读，因为像美国侵权法这样一门博大精深的学问恐怕不是任何一本书或是一门课所能承载得了的。如果在今后时间和条件都允许的话，我也非常乐意再用一本书把这些侵权法问题以及它们的相关案例都介绍给大家。

早在本书的一开始我就和大家说过，美国侵权法是一门活的法律，相比宪法和财产法等显得老成稳重的法律部门而言侵权法的发展和变化是十分迅速或者说是有激情的，它的许多概念和原则都会经常随着法官作出的判例而发生改变，所以大家千万不要觉得读完本书就一劳永逸了，而是要抱着持久学习的态度不断关注美国侵权法的变迁，即使对于美国的学生或者教授来说也必须是这样的，所以与其说本书教给了大家一些现成的美国侵权法的规则原理，不如说是提供给了大家进行主动学习的思路和切入点。

严格侵权责任（strict liability）是美国侵权法基础结构三步曲中的最后一曲，但是其理论与故意侵权责任和过失侵权责任都有明显的不同，后两者都很强调行为人在为一定侵权行为时的心理状态，追究行为人到底是因为存心希望还是粗心大意给受害人造成了伤害，而前者则根本不关心这一点，只要行为人的严格侵权行为给原告的权益带来了损失，不论他在行为时有无主观上的过错，他都需要承担起相应的损害赔偿责任。正是由于这种问责制度的严格性，很多人也把严格侵权责任称为绝对责任（absolute liability）或是无过错责任（liability without fault），虽然这些概念在一定的范围内是可以相互混用的，但用后两种说法来完全替代严格责任也未必准确。首先，绝对责任的说法无疑是过于夸大其辞了，这种责任尽管追究起来十分严格但也确实还未到绝对的地步，因为我们还是有不少的抗辩理由可以充当挡箭牌的。其次，无过错责任的说法可能会引起人们对故意侵权责任和过失侵权责任的误解，以为和严格侵权责任相对的这两个概念就一定是以过错为基础的，其实虽然行为的过错性是侵权法进行归责的一个重要依据，但也并不是只有犯了错误的侵权行为人才需要承担法律责任，我们之前读到过的很多案例都已经很清楚地展示了这一事实。

严格侵权责任与故意及过失侵权责任相比还显得比较年轻，尽管早在 14 世纪早期，我们就能从一些英国的判例中找到严格侵权责任的影子，但其真正发展为一套羽翼丰满的理论体系还只是最近200 多年的事情，不过现在的严格侵权责任在我们的生活中已经是司空见惯的了，随手就可以举的例子是，如果没有看管好自家的宠物而让它咬了邻居的话就很可能会给宠物的主人带来严格的侵权责任。读者们还可以从本章接下来的案例介绍中了解到更多生活中的严格侵权责任。

替代责任（vicarious liability）本身不是一种单独的侵权责任，而是对故意侵权责任、过失侵权责任及严格侵权责任在追究责任方面的一种补充形式，指的是另外的人代替实际侵权行为人来向受害人承担损害赔偿责任的情况。换句话说也就是，在替代责任中的被告与实施了一定侵权行为并给原告造成了伤害的行为人并不是同一个人，比方说是 A 由于过失伤害到了 B，但 B 没有起诉 A，而是要求 C 来作为被告承担赔偿责任。这看起来似乎有点不合一人做事一人当的情理，但其实替代责任的情况在我们的生活中还是比较常见的，我们在前面的案例中也已经看到过了很多，例如原告往往倾向于直接起诉雇主而非具体实施了侵权行为的雇员，因为通常公司企业的财力比个人要雄厚的多，原告也就有希望获得到更多的赔偿。

替代责任的存在在历史上可谓是源远流长，其最早是体现在奴隶或佣人做错了事时会由他们的主人来代为出面对受害者进行赔偿的情形中，而这一责任制度的完善规范则是 14 世纪以来的英国法院通过了几个世纪的努力逐渐完成的，现在的替代责任制与其雏形相比早已是如同脱胎换骨一般有了明显的改变了。虽然替代责任主要适用于雇主和雇员的关系之中，即雇主要代为对雇员在履行职责期间的侵权行为承担法律责任（respondeat superior），但也不仅仅被局限于雇佣关系中，像夫妻关系和父母子女关系等也会引发侵权责任的替代，法律把这些特殊的关系统称为"利益共同体"（joint enterprise）。

除了这一节概论以外，本章还将由其他 5 节组成，我们要讲的内容将涵盖严格侵权责任的产生及其抗辩以及替代责任的适用等诸多领域。

二、严格侵权责任（1）

由动物引起的严格责任

与绝大多数其他的法律原则从一开始就是专门为了约束人的行为而被设计出来的不同，我们在研究严格侵权责任时会发现一个很有意思的问题，那就是严格侵权责任最初是为了管制自家的牛羊不要乱跑到别人家的草地上而被逐渐发展起来的，因此由动物引起的侵犯土地或是伤害他人成为了我们适用严格侵权责任很主要的一个场合。英美侵权法通过几百年的理论积累和审判实践发展出了十分丰富的关于由动物引起的严格责任的案例和原则，在本节中我就将和大家一起来讨论研究这些有趣的内容。

由于动物本身思维水平和活动能力的局限，由动物实施的侵权行为也相对来说比较简单，大概只能分为侵犯土地（trespass）和人身伤害（personal injury）两种，前者经常指的是属于一家的牲畜跑到了另一家的土地上，而后者则主要是指一些性格上具有侵略性（aggressive）的动物攻击并给他人造成了伤害的举动。动物犯了事，法院当然不能就把动物列为被告并对它课以罚款，俗话说羊毛出在羊身上，原告受伤的这笔帐当然还要和该动物的主人算，这时动物的主人可能就要被法院要求承担起严格侵权的责任了。如果被告很不幸地被法院要求承担严格侵权责任了，那么这一适用的效果是什么呢？那即是被告无论证明自己为了避免或阻止损害结果的发生付出了多少行动上努力和思想上的谨慎都不能作为免责的借口，被告还必须依严格侵权责任的要求补偿原告所受到的伤害，正是让人有点徒呼奈何的感觉。所以对被告来说，最好的保护自己的方法莫过于极力说服法院此案的情况不应当适用严格侵权责任。一旦此种说法能为法院接受，即使原告转而再以过失等诉由起诉，被告这时就有了不少我们在前面介绍过的抗辩理由可供选择。按照动物所实施的侵权行为的不同和动物本身种类的差异，我们在对由动物实施的侵权责任进行研究的时候往往会把研究对象分为侵犯土地的动物、野生动物和家畜三类，下面我就按照这个分类为大家一一做个介绍。

侵犯土地的动物（trespassing animals）讲的是那些跑到了别人家土地上的动物，因为非请即入当然地构成了侵犯土地，在这一点上，美国的侵权法对缺乏认知人类疆域划分能力的动物也丝毫没有网开一面。实际上，早在14世纪英国的法院就作出过有关动物侵犯土地构成严格责任的判例。即使在今天这一规则仍然是在被很严格地执行着，一旦有自家的动物在没有得到允许的情况下踏入了邻家的土地即构成了对于侵权动物主人的严格责任。当然与这一规则同样古老的也有一条例外，即如果动物是在被主人沿高速公路赶往集市（stray from a highway）的路程中跑到了路边人家的土地上不构成严格责任，这明显反映出了普通法所惯有的功利及实用主义的态度，此时不追究责任是因为大法官们很早就觉得鼓励商品的流通比保护被牛羊胡乱踩了几脚所危害的抽象权益和蝇头小利更加重要，这一例外至今在美国的大多数州仍是效力良好的法律。

应该特别指出的是，能够构成侵犯土地的动物并不包括所有家里能养的动物，而通常都指牛、羊、马、猪等体积比较大且活动能力比较强的动物，像另外一些居家常见的猫、狗之类的宠物则不在此列。法律作出这样规定的原因可能有两个，一是因为前者对邻居人身及财产所带来的威胁相对来说要大一些，另一个是因为猫和狗都非常灵活好动不易看管，如果要让主人承担严格侵权责任就有点勉为其难的味道了。

由于严格侵权责任是一条普通法规则，所以各个地方在具体适用这一规则时往往都会根据自己的实际情况作出一些调整，比如以畜牧业为主的美国中西部地区比以工商业为主的东部地区在把握动物侵犯土地所造成的侵权责任的尺度上要灵活宽松许多。不过即使是在美国的中西部，不同时期的严格侵权原则也很不一样，像早先时候实行的是"fencing out"规则，即只有当被告的牲畜在原告已经为自己的土地扎好篱笆的情况下破栏而入才能适用严格责任，而后来越来越多的州转变成了"fencing in"规则，即只要被告没有为自己的牲畜扎好篱笆就可以适用严格责任，经济发展对推动这一来一去法律制度的变迁所施予的影响是不言而喻的。

这里说的野生动物（wild animals）指的并不是深山老林里那些行踪飘忽、无法无天的山大王们，因为这些从头到底都是野生的动物从来都是无主，被它们咬了既然无人可告便不是我们今天所要研究的问题了。这里讲的野生动物都是些已经为人所驯养的通常生长于野外的动物，比如拳王泰森家里养的两只老虎或是马戏团里那些参加巡回演出的猩猩、狗熊等等。严格侵权责任在对待这些野生动物伤人问题上的规则很严厉也很简单，即不论野生动物的主人是否知道自己所驯养的动物会伤身，他都必须对伤者承担起损害赔偿的责任。这样一来就自然而然地引出了另一个有意思的问题，那就是法律如何区分一种动物究竟算是野生的还是家养的，像狮子、大象、眼镜蛇之类的动物的分类当然大家都不会有什么异议，但至于猴子、马蜂等恐怕就是仁者见仁了。美国的法官在处理这样一个棘手的难题时当然会首先想到翻阅案例看看前人是怎么说，不过现在也有很多州包括《重述》都对野生动物和家畜作出了明确的定义上的区别。另外读者们还应该注意的一点是，法官对一种动物是否为野生动物的判断会充分考虑到地域性的差异，比如大象在美国理所当然的是一种野生动物，而在泰国或印度等地，当地人驯养大象并使之成为劳动代步的工具已经有了成百上千年的历史，所以在这些国家里，大象完全可以被看作是一种家养的动物。

家畜（domestic animals）伤人的情况将会是在实践中我们所会遇到的最多的考验我们决定是否适用严格责任的案件，所以美国侵权法在此处的规定也稍稍地复杂了一些，即只有原告能证明被告在事发前就确实知道或应当知道自己所养的家畜有凶残危险的本性时，被告才需要承担其严格侵权责任。如果被告在此前对该家畜居然会伤人的情况一无所知，那此案就不能够适用严格责任的原则，被告只能被考虑是否犯了故意或过失的责任。在美国由此还衍生出了一条非常有趣的规则"one bite rule"，中文可以形象地翻译成"每只狗都有白咬别人一次的权利"，指的是法律认为只有当狗的主人发现自己的狗确实咬了别人一次以后才能知道这只狗是会咬人的，所以对这第一次咬，主人是不知情的，也就不用承担严格责任了。当然这一规则也只是比较极端的说法，至于具体哪一州的法院是否承认这一规则就要视情况而定了。

在研究由动物引起的严格责任的相关问题时还有一类身份特殊

的人非常值得关注，那就是动物园里的饲养员们，如果他们所饲养的动物跑出了笼子或是伤到了游人，那他们是否需要承担严格责任呢？回答是通常不必，因为他们并非是为了自己的喜好来饲养动物的而是为了公众的娱乐，所以让他们本人来承担严格责任是特别不公平的，他们只应当被追究是否具有过失侵权责任，但法律也允许他们用自冒风险（assumption of risk）来为自己辩护，读者们能想出为何此处能适用到自冒风险的抗辩理由吗？

Duren v. Kunkel

Supreme Court of Missouri, 1991.

En Banc.

814 S.W. 2d 935.

HOLSTEIN, Judge. 被告 Ohmer Kunkel, Jr. 因自己农场中豢养的公牛给原告造成了严重的人身伤害而被后者告上了法院，初审法院判决被告 Kunkel 败诉而且他还需要偿付给原告 100 000 美元的经济赔偿。根据本州西区上诉法院（Missouri Court of Appeals, Western District）的意见，本法院同意调审（transfer）此案。我们决定推翻初审法院此前作出的判决并将此案发还重审。

本案在此次上诉中的惟一争议就是原告是否有资格将这个案子提交给法院进行审理。被告声称，初审法院应当支持自己提出的直接判决和 j.n.o.v.（不理会陪审团裁决）的动议，因为本案的证据明显不足以证明那头惹祸的公牛具有危险的本性（dangerous propensity）。作为回应，原告则称本案方方面面的情况都可以证明那头公牛的本性十分凶残，而且即使如被告所说证明不了这一点的话，那么仅凭被告过失性地未能看管过自己的牲畜也完全可以让被告承担起赔偿的责任。

本案具体的事实情况是这样的：在 1986 年 5 月，被告 Kunkel 从市场上购得了一头大型公牛（limousine bull）。这头牛已经成年了，体重足有 1800 磅以上。Kunkel 曾经向 Duren 透露过这头牛的卖价非常便宜，因为它在集市上总是表现出躁动不安的样子。虽然 Kunkel 没有再进一步告诉 Duren 这头牛的行为特点，但 Duren 相信 Kunkel 所称的"躁动不安"其实指的就是这头牛经常会试图翻越栅栏、打响鼻以及用蹄子到处乱踩乱踏。不久之后，Kunkel 就把这头牛运到了自己的农场之中，一开始他先把牛关进了一个单独的牛棚里二三天，以利于让牛适应一下农场的新环境。

在 1987 年 6 月 27 日，原告 Duren 来到 Kunkel 的农场中帮忙，协助他把牲畜分隔开来以便于为小牛实施阉割。Duren 自己也拥有一片与 Kunkel 家相邻的农场，两人经常会相互交换劳动力，给对方帮上一点类似的小忙。小牛很快就被从母牛的身边分隔开了，而那头大公牛却被和赶出来的小牛关在了同一个围栏之内。Kunkel 不满意这种分隔结果，他希望能把大公牛从围栏中移出来，因为他担心大公牛会在围栏中的长角公牛（longhorn bull）的带动下作出翻越围栏的举动，于是 Kunkel 就依据自己的想法指挥 Duren 将大公牛从围栏中牵出来。可是如果要这样做的话，这头大公牛势必会经过刚才小牛实施被阉割的地方，而在阉割了大约 15 到 20 头小牛的地方肯定会留下大量的血迹。然而，Duren 还是按照 Kunkel 的指挥去做了。

Duren 把大公牛从围栏中牵了出来并驱赶着它向指定的地点走去，但当他们走到距离刚才阉割小牛并在地上留下了大量血迹的地方 6 英尺远时，这头大公牛突然转过身来向 Duren 发起了攻击。Duren 当场就被这个庞然大物撞得失去了知觉，并在身体上受到了严重的及永久性的伤害。

在初审中，有专家证人向法院提供了有关公牛特别是大型公牛一般习性的证据。原告的主要专家证人是 Dr.J.W.Smith，他是一个在对大型动物进行研究领域有着超过 46 年经验的兽医专家，而且他至今每天都仍在坚持继续接触本地区众多的牲畜。按照这位专家的说法，大型公牛（limousines）其实是所有牛的种类中最具有攻击性的一种。Dr. Smith 作证称所有的公牛都是危险的，而大型公牛的攻击性和活动能力还要远甚其他品种的公牛之上。他还说绝大多数的公牛在感觉到血腥气时都会作出攻击性的反应，所以这时让一个人单独牵引一个牛是极其危险的一件事。根据 Dr. Smith 的经验，此刻比较安全稳妥的做法应该是还有其他人在场或者安排一些母牛陪伴在大公牛的身边。除此之外，一位资深的畜牧专家还告诉我们，鲜血的气味会刺激到公牛，而且让一头牛在靠近鲜血的地方走过会使得这头牛更加兴奋和具有危险性。

根据以上的事实情况，陪审团发现 Kunkel 和 Duren 的过错在此事故中各占了 50％，而 Duren 所遭受的损失共计为 200 000 美元，于是一项支持原告获得 100 000 美元经济赔偿的裁决就因此而作出了。目前的惟一争议就在于本案是否有资格等到法院的审理。

密苏里州（Missouri）一贯的法律原则都是如果一头家畜（domestic animal）的主人知道该动物具有危险本性的话，即使他的行为没有过失，他也需要为由该家畜造成的损害结果承担相应的法律责任。密苏里州的这一法律原则，同时也是被其他许多州所遵循的法律原则可以被表述为："一位家畜的拥有者要是知道或是应该知道该家畜具有异于其属种的危险本性（dangerous propensities abnormal to its class），他就必须为该家畜对他人造成的伤害承担起法律责任，哪怕他已经为避免这一损害结果的发生施加了最高程度的谨慎（utmost care）。"这一由家畜伤人而引起法律责任的原则在历史上是如此的源远流长，我们甚至可以在远古的摩西五经（Pentateuch）中找到它的出处。

该原则对于家畜的主人一定要确实知道或是能被推定知道自己所养的牲畜具有异于其属种的危险本性的要求在适用时通常都是被法院所严格遵守的，如果法院发现这一要求无法得到满足，则原告就因此而不能获得赔偿。绝大多数的家畜伤人案件涉及到的都是家犬咬人的情节。但是根据 Crimmins v.Mirly, 675 S.W.2d 663 (Mo.App.1984) 一案的判决，家犬的主人发现自己的狗追逐扑咬正在骑自行车的小孩或和其他的狗玩耍打闹不足以构成证明该犬具有危险的本性；并且根据 Frazier v.Stone, 515 S.W.2d 766, 768 (Mo.App.1974) 一案，一只狗喜欢在看见有人走近时狂吠及猛烈地试图挣脱锁链也不足以证明这只狗是危险的；此外根据 Gardner v.Anderson, 417 S.W.2d 130 (Mo.App.1967) 一案，即使狗主人知道自己家的狗从前曾扑咬过别人以及这只狗就是被当作看家狗 (watchdog) 训练的从而狗主人不希望狗对陌生人太客气，也不足以表明这只狗的本性是凶残的；还有根据 Bover v.Callahan, 406 S.W.2d 805, 806 (Mo.App.1966) 一案，狗曾经咬过一次人这一事实本身不能证明这只狗是危险的，还要根据当时整个情形和它把人咬伤的程度来综合判断狗的本性凶残与否。

这项法律原则之所以要非常严格地要求家畜的主人对牲畜的凶残本性有明确或应当的认识，主要是出于公共政策的考虑。如果能有证据证明家畜的主人已经或者应当认识到自己所养的动物是危险的，那么这就成为了一个严格侵权责任的问题，从而不要求主人的行为有过错。在那些涉及到狗的案子中，不论最后结果怎样，大家都一致认为狗是人类最好的朋友，所以狗在人们生活中如此受欢迎的情形使我们愿意给狗的主人一定程度的避免承担潜在责任的自由。至于其他的一些动物，尽管本性上可能比狗要凶残，但也都或多或少对人类的生活是有实用价值的。

《侵权法重述（第二版）》§509 的评论 e 部分写到："公牛要比母牛和阉牛更加危险；种马要比母马和骟马更加危险；公羊要比母羊和羊羔更加危险。然而，这些动物从远古时代开始就为人类所驯养，所以危险情况的个别发生只不过是它们在日常的圈养生活中动物凶猛本性的偶尔流露，而且使它们变得危险的雄性活力（virility）也正是它们发挥传宗接代功能所需要的，这就使得人类应当包容在豢养它们时可能带来的危险。因此法律没有把公牛、种马和公羊当作本节所指的应该被适用严格侵权责任的异常危险的动物。"

如果把上述的法律原则代入到本案的事实当中来，我们可以从中发现以下几个值得注意的情节：这头大公牛在事故发生一年以前的集市上就表现出了非常暴躁的脾气；在抵达了 Kunkel 家的农场后它需要被单独关起来适应几天环境；在原告受伤前，Kunkel 十分担心它会随时破栏而出。此外，还有专家证据告诉我们这种大公牛生性就极其富于攻击性，而且特别是嗅到血腥气的时候。这样看来，即使我们把证据中所有的疑点都归利于原告，本案现有的这些证据也无法证明 Kunkel 知道或应该知道自己家的这头公牛具有与其他同种属公牛不同的凶残本性。因此，本案不是一个可以适用严格侵权责任的案件。

但是原告在上诉中提出了一个很值得注意的问题，即法院在决定本案不适用严格侵权责任后是否应当允许原告以被告未能提供足够的人手驱赶大公牛转场为由向被告提起过失侵权的诉讼。如果以对原告最有利的方式来解释本案的证据，那是足以证明如果让一个人牵引着一头成年的大型公牛经过路面上有大量鲜血存在的地方的话，那么这个赶牛人所面临的危险是非常严重的。正如有经验的兽医所说的那样，让一个人来单独完成这项工作是不安全的。而且为本案作证的畜牧专家也证实了对一个有普通畜牧常识的人来说，赶牛人在这种情况下受到牛的攻击是完全可以预见到的。

被告对此所持的辩护立场是，即使自己在行为上存在某些方面的过失，但只要他不能被证明确实知道或理应知道这头大公牛的凶残本性，他作为家畜的主人就应该享有对侵权责任的豁免权。很显然，我们的法律不是如被告所说的这样的。在 Alexander v. Crotchett, 124 S.W.2d at 537 这一本州最近一起涉及到公牛伤人的案件中，上诉法院先是拒绝了适用严格侵权责任，但转而又说："原告称他是作为被邀请人（invitee）来到被告的领地上的。我们认为这种说法是正确的，因此被告的责任应当以一个主人对客人的义务来进行衡量。"一个主人对他邀请来的客人所需尽到的义务应当包括消除或者警告客人注意他本人知道或在实施了合理的谨慎后应该知道的危险状况。同样作为雇主也有谨慎的义务保证他的雇员在一个安全的环境中工作，这意味着雇主应该提供给雇员足以保证安全的工具和人手来完成工作。

很明显，本案应当按照《侵权法重述（第二版）》§518 的原则进行审理："除了动物侵犯土地（trespass）案以外，一个家畜的主人或者豢养者要是不知道或没有理由知道自己所养的动物具有异常的危险本性，他所应该承担的法律责任就是其由于过失未能阻止该动物伤害到他人的责任。"因此，一头公牛的主人或者豢养者将会被认为知道或理应知道公牛通常都会具有凶猛的脾气，所以公牛的主人或豢养者应该被要求采取合理的方法来避免阻止公牛对自己的客人或雇员造成可预见到的伤害。以最有利于原告的眼光来看待本案的证据，一个过失侵权案件是完全能够被建立起来的。

被告辩称他没有责任去警告原告危险的存在，因为原告本人也是干这一行的，所以他自己就理应知道去主动躲避伤害。原告是否知道或者运用了合理的谨慎后应当知道自己所面临的危险是一个关于比较过失（comparative negligence）的问题，并不会抵销被告的过失责任，只是双方各自过错的大小将留给陪审团来衡量。

根据上述的判决意见，本法院决定推翻初审判决并将此案有关过失侵权的争议发回重审。

补充知识：

本案法官在判决意见中提到的所谓摩西五经（Pentateuch）指的是旧约圣经中的前五卷，分别为《创世纪》、《出埃及纪》、《利末纪》、《民数纪》和《申命纪》，相传是带领古希伯莱人走出埃及到达迦南地的领袖摩西根据神谕编纂出来的。摩西五经是古代希伯莱法的主要组成部分，其中许多法律原则都通过中世纪的宗教法庭得到了保留，有些甚至在今天还能为现代的法律所借鉴。该法官所指的出处是《出埃及纪》中的一段话："And if an ox gores a man or a woman to death, the ox shall surely be stoned and its flesh shall not be eaten; but the owner of the ox shall go unpunished. If, however, an ox was previously in the habit of goring, and its owner has been warned, yet he does not confine it, and it kills a man or a woman, the ox shall be stoned and its owner also shall be put to death." Exodus 21：28 – 29（New American Standard Translation）。

在美国侵权之诉属于不告不理的民事诉讼的范畴，审理的程序归联邦或各州的民事诉讼规则所管辖，我们在读到书中的这些判例时实际上看到的只是案件经过漫长的诉讼过程后终于尘埃落定前的最后一点尾巴。为了使大家能对一起典型的侵权法案件从起诉到结案的全部流程有个完整的认识，我想在这里简单归纳一下其在程序法上的几个必经之路。一般来说，如果某人觉得自己被别人侵权并希望通过法律途径讨回公道，他需要首先找一个律师咨询法律意见，如果律师认为其事由是可诉的（actionable），就会代其起草一份起诉书（complaint），并向相关的法院递送，但是律师承担有不得轻率诉讼的责任（frivolous pleading）。美国联邦民事诉讼规则的Rule 3 规定，诉讼从原告向法院提交起诉书时开始。和中国很不一样的是，在美国并行存在着联邦和州两套法院系统，只要符合一定的管辖权条件，当事人可以出于自己的考虑自由地选择是在州法院还是在联邦法院进行诉讼。侵权法案件中的绝大多数都是在州法院系统中被审理的，因为州法院是具有普遍管辖权的法院，而联邦法院只具有有限的管辖权，除了国会通过成文法特别给联邦法院保留的一些事项如专利、版权等，联邦法院只能通过联邦法律问题（federal question）或当事人异籍（diversity）来获得对案件的主题管辖权（subject matter jurisdiction）。当然无论是在州还是联邦法院诉讼，律师还必须考虑到该法院是否具有属人管辖权（personal juris-diction）和审判地（venue）是否合适，否则被告很可能会根据宪法第五或第十四修正案的正当程序（due process）条款对起诉提出异议。我们假设以上都没有问题的话，传唤书（summons）也被适当地送达（serve）给了被告，这时被告就有义务在法律规定的时间内对此作出应答，否则将会导致对其不利的缺席判决（default）。根据联邦民事诉讼规则，被告在接到诉状的 20 天内（也可能是 60天）可以选择向法院提交答辩书（answer），对原告的起诉进行否认或积极的抗辩，也可以向法院提出动议（motion），指出原告的起诉是有缺陷的。以上的这些内容可以统称为诉答程序（pleading），是民事诉讼的开始阶段。经过诉答程序后，案件就进入了取证阶段（discovery），在英美法的对抗制中，双方的律师会充分地发挥能动作用寻找对己方有利的证据，但必须是在诉讼规则所允许的范围内，出于骚扰对方的取证会受到法院的制裁（sanctions），一般法官会召开一个首次审前会议（initial pretrial conference）统筹安排此事。取证结束以后，双方的底牌差不多都已经被对方摸透了，双方可以选择和解或者由优势方提出用即席判决（summary judgment）的方式来结束诉讼。如果案件未能在这一阶段了结，则就进入正式的庭审，双方当事人都可以要求使用陪审团进行审理，这是一项绝对的宪法权利。在庭审中，双方律师会通过提交证据，对证人进行直接和交叉询问，以及辩论等方式力图使陪审团支持己方，如果陪审团对某个法律问题有疑问，可以要求法官对此作出指示。随后陪审团将对支持原告或被告进行裁决，在不同的地方陪审团的权限也是不一样的。当陪审团的意见揭晓后，败诉方仍然有机会要求法官推翻陪审团的裁决（JNOV，现叫 JMOL），或者请求重新审理此案（grant a new trial）。假如法官不支持这两个动议，判决即为终局性的（final judgment），败诉方只能考虑是否上诉。而且美国法中也有一事不二理的说法，通常被称为既判力规则（res judicata），当事人寄希望于换一个州或法院系统进行重审也是不可能的，因为美国宪法中的相互承认和尊重原则（Full Faith and Credit Clause），要求一州法院对其他州的审判结果给予同等的司法效力。

以上的内容就是一起侵权法案件在美国的法院中得到审理的从头到尾的全过程，虽然这已经是经过简化的不能再简化了，但看上去似乎仍旧显得非常复杂。事实的确如此，美国人视程序正义和实质正义为同等重要，一点程序上的小瑕疵都可能导致案件的全盘皆输，不过也不用担心，民事诉讼法在美国的法学院里是整整一年的课程，我也会在另一本书中专门和大家探讨美国民事诉讼程序方面的规则和案例。

三、严格侵权责任（2）

由异常危险活动引起的严格责任

异常危险活动是经常会引发严格侵权责任的另一种情形，它指的是只要被告在某个特定时间、地点及场合中所从事的活动被法院认为是对原告的生命财产安全来说构成了异乎寻常的危险（ultra-hazardousness or abnormal dangerousness），那么被告就必须为自己给原告造成的损失承担严格侵权责任，而不论他在活动进行当中付出了多少的小心谨慎。《侵权法重述（第二版）》§519 在解释异常危险活动会引起严格责任的法理基础时称："这一联系从根本上讲是根据法律政策的考虑而形成的，要是一个人出于个人的私利创造出了对他的邻居来说异乎寻常的危险，那么他就有义务在危险实现时对邻居遭受的损失进行补偿。换句话说也就是，由于自己的活动在本质上是如此的特殊、异常和危险，被告必须为此而承担赔偿由此引发的一切后果的责任。"美国司法审判实际中最常见到的异常危险活动都是有关炸药的，在人口稠密的地方无论是制造、使用、贮藏还是买卖炸药都会被认为是异常危险的活动，而且不管最终发生的事故是由该活动直接或间接引发的，原先的炸药持有者都很有可能要承担严格责任。

在很多方面，英国法都是美国法的老师，严格侵权责任这个领域也并不例外，美国有很多法院都将来自英国的著名的修建水库案[1]奉为规定异常危险活动会引起严格责任的鼻祖。在该案中，被告是一座磨坊的主人，为了保证自己的磨坊能够得到稳定持续的水流冲击作为运转的动力，他在自己的土地上修建起了一座小型的水库，然而水库在某一天突然发生了漏水事故，大量的水顺着附近一些老旧废弃的矿井流淌开去，直至将原告的煤矿完全淹没。在上诉中，审理此案的英国上议院（House of Lords）的大法官 Cairns 认为即使没有证据表明被告的行为有任何称得上过失的地方，他也仍必须为原告的损失承担赔偿责任，因为在土地上修建水库不是对土地的一种正常的使用（natural use），而只要这种非正常使用的行为损害到了他人的合法权益就会为严格责任的适用创造条件。大法官 Cairns 的这一判决意见对美国严格侵权责任理念的发展影响深远，虽然距今已经过去了 100 多年，但时至今日，美国的法院在判决有关由异常危险活动引起严格责任的案件中仍然会经常地引用该判决意见中的一些经典段落作为当然可靠的依据。

现在绝大多数的美国法院都接受了异常危险活动将会引发严格责任的观点，但紧随而来的一个问题就是，什么样的活动才能被认为是异常危险的，尽管大法官 Cairns 采取的是区分该活动是否是对土地的正常使用的判断标准，但这一方法在目前就显得有些落伍了，因为有众多的活动不仅完全脱离了土地，而且即使再小心谨慎

---

[1] Fletcher v. Rylands, L.R. 1 Ex. 265（1866）和 Rylands v. Fletcher, L.R. 3 E. & I. App. 330（1868）.

地操作也不能避免由于活动本身的性质所带来的巨大危险性。美国人对这一判断标准的理论探索主要体现在《重述》中相关条款的变化上，从 1938 年第一版的初稿到后来 1964 年和 1977 年第二版的两次重大修订，使得这个判断标准从原来的 2 条扩充为现在的 6 条，这除了反映出编者所具有的精益求精的学术态度，也体现出了美国法学界几十年来对该问题在认识上的一种不断提高的过程。现在《重述》§520 中列举的这 6 条标准分别是：（a）该活动蕴含着对他人人身、土地及动产安全的巨大危险；（b）一旦此危险实现将会造成极其严重的后果；（c）无法通过运用合理的谨慎来消除危险；（d）该活动不是人们社会生活中的一项日常活动；（e）就其发生的地点而言，该活动的举办是不合适的；（f）该活动的危险性超过了它可能对社会带来的价值。

在美国的审判实践中，通常都是由法官将以上的 6 条标准代入到具体的案情中来检验某一项活动到底是否可被认为是异常危险的，但法官们同时也会十分注重将统一的原则与本地的实际情况有机的结合在一起进行判断，因为如果贸然地把一项带有一定危险性但适合在本地发展的产业认定为是适于适用严格责任的异常危险活动的话，那么这种做法无异于是自绝了一条发展本地经济的捷径，比如石油开采对德克萨斯州来说是一个支柱产业，德州的法院就断然不会作出开采石油是异常危险活动的判决，否则那些石油大王们迟早会承受不起隔三岔五的经济赔偿而纷纷关门歇业，当地的经济也会因此一落千丈。这也就是我们常说的对于法律政策的把握。

Indiana Harbor Belt R.R.Co.v.American Cyanamid Co.

United States Court of Appeals, Seventh Circuit, 1990.

916 F.2d 1174.

POSNER, Chief Judge. 本案的被告 American Cyanamid Company（美国氨氰公司）是一家美国主要的化学品生产商，其产品包括了

acrylonitrile，这是一种在工业生产中需求量很大的用以制造丙烯酸纤维、塑料、颜料、药用化学品以及其他一些中间或最终商品的基本原料。在 1979 年 1 月 2 日，Cyanamid 公司在其位于路易斯安娜的工厂将 20 000 加仑的液态 acrylonitrile 装上了从 North American Car Corporation 租赁来的铁路油罐车。第二天，Missouri Pacific 铁路公司的一列火车取走了该油罐车，这节油罐车的最终目的地是 Cyanamid 公司位于新泽西州的一家工厂，但 Missouri Pacific 铁路公司只负责把货送到一个叫 Blue Island 的地方，余下的路程将由 Conrail 铁路公司承运。本案的原告 Indiana Harbor Belt Railroad 正是负责在 Blue Island 这个地方将油罐车从别的公司的火车上卸下来再转移到 Conrail 公司的火车上的一家签约服务商。Blue Island 位于 Riverdale 谷地之中，也就是在芝加哥的南边，属于芝加哥都市圈的一部分。

由 Missouri Pacific 铁路公司运送的这节油罐车于 1979 年 1 月 9 日上午抵达了预定的目的地 Blue Island，几个小时之后转运公司的职员们发现有液体不断从油罐车下端的阀门处渗漏出来，随后进一步的检查表明是该阀门帽发生了断裂。又过了 2 个小时，在转运公司设备总监的指挥下液体渗漏的情况通过关闭车顶的总阀门得到了完全的控制，只是没有人知道到目前为止有多少油罐车中的化学物品已经渗漏了出来，而且不排除总共装有 20 000 加仑液体的油罐中此时早已空无一物。要知道 acrylonitrile 是一种剧毒并可致癌的化学物品，而且在华氏 30 度的环境中极易燃烧，因此具有非常大的危险性，所以当地政府急忙命令铁路沿线的居民赶快撤离。不过居民的撤离只持续了几个钟头，该油罐车很快就被移到了远离铁路线的一处荒僻地带，并且专家的检查结果证实只有大约 1/4 的液态 acrylonitrile 被泄漏了出来。鉴于此次事故给当地的土壤和水源造成的污染，伊利诺斯州的环境保护部门命令转运公司采取措施来消除污染，这一共花费了原告 981 022.75 美元。在本诉讼中原告要求被告来支付这笔费用。

原告在起诉状中对被告 Cyanamid 公司提出了两项指控，一项是被告过失性地未能维护好油罐车以致造成了泄漏的事故；另一项则是在芝加哥的市区附近运送如此大量的 acrylonitrile 是一种异常危险的行为，所以被告应当对原告承担严格侵权责任，况且在此前被告已经代替原告受过，花费了巨额的金钱来消除化学物品污染环境的后果。在初审中，被告曾请求法院驳回原告提出的严格责任的指控，但法院不仅没有同意反而给予了原告在此问题上的即席判决，要求被告支付给原告 981 022.75 美元的损害赔偿，但允许被告在过失指控仍悬而未决的情况下即可就严格责任的争议提起上诉，而不必等待整个案件都审理完结。

用铁路来运输危险化学品的货主（shipper）是否需要对运输过程中发生的泄漏及其他事故承担严格侵权责任在伊利诺斯州还是一个尚待解决的新法律问题。不过诉讼的双方一致同意按照《侵权法重述（第二版）》§520 的建议，判断将大量 acrylonitrile 用铁路沿一个大城市的市区运输的货主应否受制于严格责任应当被看作是一个法律问题（a question of law）而由法官来作出最终的决定。他们也都认可伊利诺斯州最高法院将把《重述》中有关规定异常危险活动的条款作为审理此案的权威的法律渊源，而《重审》中最为关键的条款就是§520，其中设定有 6 大要素来判别一个活动是否为异常危险的以及当事人会否因此而承担严格的侵权责任。

《重述》§520 根源于一批 19 世纪的案子，虽然其中最有名的是 Rylands v. Fletcher, 1 Ex. 265, aff'd, L.R. 3 H.L. 300（1868）。但在本案中还是 Guille v. Swan, 19 Johns.（N.Y.）381（1822）一案对我们来说最具有启发意义。在该案中，有一名男子希望乘热气球旅行却因遇到某些问题不得不降落在纽约市内的一处菜园中，当时地面上有不少人焦急地目睹了气球迫降的过程并后来又争先恐后地跑到菜园里救助这位不成功的旅行家，但菜园的主人却因为自己的菜受到了众人的践踏而起诉旅行家并获得了胜诉。然而，这位旅行家在整个事件中都没有任何粗心大意的地方，而且当时在热气球的飞行过程中要做到定点降落其实是不可能的事。

Guille 案是一个对于我们研究严格侵权责任具有教科书般示范效应的判例。（a）造成损害的危险（或可能性）是十分巨大的；（b）尽管因为幸运损害结果最终没有发生，但如果危险实现了的话，损害结果将是巨大的（比如上述的旅行家没有把气球降落在菜园里而是冲入了人群中）。以上两个要素的影响证明了我们寻求阻止此类事故发生的急迫性；（c）此类事故无法通过运用合理的谨慎加以避免，比如人类操控热气球的技术尚不成熟；（d）这个活动不是日常生活中的惯常做法，故此我们不会因其的重要价值而不得不容忍高度的危险性；（e）此项活动发生在了一个不适当的地点，如纽约市的人口稠密区，而该活动如果换在一个人烟稀少的地方举行，其会对他人造成严重伤害的可能性将大幅降低；（f）重申（d）项的要点，即乘坐热气球活动给社会带来的娱乐价值不足以抵销其所造成的严重的不合理危险。

这也差不多就是《重述》§520 所要表达的 6 点意思，它们之间既相互关联又各有侧重，体现了那些无法通过过失侵权责任进行有效管制的危险活动的特点。其实，如果我们把这 6 点要素进行重新排序的话，它们内部所具有的互动性将能表现的更为明显。例如，我可以从（c）点无法通过施加合理的谨慎来消除事故发生的危险。在整个英美侵权法的布局体系中，过失侵权责任是作为一个底线存在的，因为当其能够发挥作用以合理的小心谨慎来避免危险的实现时，我们就没有必要转而适用严格侵权责任了。然而对于某些特定类型的事故而言，小心翼翼虽然不能万无一失地阻止它的发生，可是只要我们改换一下活动举办的地点，就很有可能避免酿成悲剧或是至少减轻事故的后果（e），同样的效果也可以通过缩小活动的规模来实现（f）。有时我们要求行为人承担严格责任，即拒绝他声称自己无法做到更加谨慎来避免事故发生的抗辩理由，主要是为了督促刺激该行为人主动地尝试借助更换活动的举办地、改变活动进行的方式或降低活动的强度来防止活动引发事故，做到这一点并不需要行为人付出更多的小心，因此仅凭过失侵权责任是起不到这个作用的。事故发生的危险性越大（a）造成的损失越严重（b），我们就越希望行为人能够考虑到可否对活动安排进行更改并采取一些有效的措施以减少产生事故的概率。最后，如果一项活动在我们的生活中是极其普通常见的（d），比如驾驶汽车等等，那么这项活动就既不可能是蕴含着巨大危险的，也不可能无法通过做到技术上的谨慎来避免事故的发生，所以严格责任不大会适用在这种情况下。

根据《重述》所规定的标准，最经常适用严格侵权责任的领域是有关在住宅或市区之内使用炸药或其他爆炸物的案件，因为实施爆破是如此危险的行为以至于操作时再小心再谨慎也不能减少其造成的威胁，所以我们希望搞爆破的人能够仔细地选择爆破的地点以及充分考虑到有无其他可行的更加安全的替代手段可以达到同样的目的。况且爆破不像驾驶汽车那样是在社会生活中经常发生的活动，也不见得比其他可以替代的拆除废弃建筑物的方法更加优越，故此，我们对爆破活动施加严格责任并不会只提高了实施爆破的成本而对增加安全保障没有任何的益处。

在介绍了上述有关如何辨别异常危险活动的背景知识后，我们现在来专门看一看有关 acrylonitrile 的情况。Acrylonitrile 是众多具有毒性或极易燃烧的化学品中的一种，而且其还同时具备了上述两个特点。按照《铁路运送危险品统计》（Glickman & Harvey, Statistical Trends in Railroad Hazardous Material Safety, 1978 to 1984, at pp.63－65）一书提供的数据表明，在经常经由铁路运输的 125 种大宗最危险的物品中，acrylonitrile 名列其中的第 53 位，在这个统计中排名第一位的是三价磷，而其他在危险指数上排名比 acrylonitrile 高的还有氨水、液化气、乙烯基氯化物、汽油、未加工的石油、汽油抗爆剂、甲基或乙基氯化物、硫酸、钠金属和三氯甲烷。原告的律师在法庭辩论中曾经指出初审法院的判决意见表露出了其打算将严格责任施加到该统计表上比 acrylonitrile 排名高的 52 种物品的态度，并且按照相同的逻辑就连排名比 acrylonitrile 低的另外 72 种物品也很有可能是严格责任管制的对象，因为所有这些表上的物品都具有极强的危险性，只要在铁路运输过程中泄漏出来达到一定的数量就会引发巨大的灾难，因此上述任何一种危险物品的货主如果安排在人口稠密的市区周围进行运输的话，就应当为危险物品在这个过程中的泄漏及其他事故承担起严格责任。原告的律师还说她并不关心本案中运送 acrylonitrile 的这节油罐车是 Cyanamid 公司从别处租来的，她认为重要的是，一开始是 Cyanamid 公司将自己的这种危险产品引入了商务流通的领域，以至于满满一车的 acrylonitrile 运送到了芝加哥的市区附近。然而原告律师的这种说法也有不严谨之处，本法院便认为值得区分那些仅仅是把货物装上车就等待专门的货运公司将其运走的货主和那些自己在运输过程中亲力亲为的货主，但是总得来说原告律师还是很好地向我们揭示了初审法院判决的潜在扩张力。

正如前面所说过的，我们在这个问题上能从已决判例中得到的帮助是极其有限的。虽然曾经有判例对储藏危险化学品的行为施加过严格责任，但显然一个存储物资者（storer）比一个货主对自己的货物拥有更多的控制力，所以这和本案的情况是有显著区别的。因此在决定是否能将严格责任适用于本案之间，我们应当先行检验仅凭过失责任能否以合理的代价来有效地补救防止铁路运输过程中的 acrylonitrile 泄漏事故。尽管 acrylonitrile 属于剧毒物品而且在比较低的温度里就能够燃烧，但它不具有腐蚀作用，所以在小心维护的情况下是不会损害油罐车的阀门的。这也就是说本案中泄漏事故的发生不是由 acrylonitrile 本身的危险特性所引起的，而是由某些粗心大意的过失行为造成，可能是 North American Car Corporation 未能维护或检查自己租出的油罐车是否完好；被告 Cyanamid 在灌装时同样没有发现这个问题；Missouri Pacific 在运输过程中过于马虎；原告自己也没能及时找到裂缝所在，当然也有可能是以上所有原因混合在一起才导致的。由于粗心大意引发的事故可以通过采取更加小心谨慎的态度来避免，因此当法院相信是因为缺乏足够的谨慎而导致了事故的发生时，用过失侵权责任就足以起到充分的震慑效果了。

初审法官和原告律师在考虑本案的案情时都极力渲染了此次泄漏事故是发生在人口稠密的都市区这一情节。目前只是 4 000 加仑左右的 acrylonitrile 发生了泄漏，要是所有的 20 000 加仑都从密封的油罐车中流到地上会怎么样呢？是不是参与此次运输环节的所有人即使有多小心都无法避免事故发生的这一事实不足以给货主充分的刺激触动来寻找一条替代的运输线路呢？如果是这样的话，严格责任的作用就是给予货主足够的刺激和触动。但是上述的这种说法忽略了一个很重要的问题，那就是与一些其他的运输网络相同的是铁路网络同样采用的是"中心—辐射"（hub‑and‑spoke）的系统模式，而这里的中心指的就是那些大城市。根据我们拥有的到目前为止最新的 1983 年的数据表明，芝加哥的铁路沿线是全国第三大运送危险货物的集散地，而同在伊利诺斯州的东圣路易斯（East St.Louis）则位居第二大之列。要求这么多的危险性不亚于 acrylonitrile 的货物统统避开大城市周围的铁路线而被绕道运输是不可能的，除非是以付出高昂的难以承受的增加费用为代价。况且即使变换线路是可行的，我们也没有足够的证据表明是货主而非货物的承运人应该支付由此而产生的额外的经济上的支出。

没有注意区分货主和承运人的不同是原告起诉中一个深层次的缺陷，因为和其他所有已决的判例都不同的是，在本案中，不是行为人即 acrylonitrile 的承运人而是它的制造商被寻求承担起严格侵权责任。我们知道货主通常都有权决定货物运输的日程和目的地，但对于如何设计出最为安全的行车线路货主恐怕就完全不在行了。总之，重新规划运输线路并不是解决问题的灵丹妙药，因为通常这都会增加行车的里程和被迫使用保养很差的铁轨，结果反而会增加事故发生的可能性。与此相反的是，在本案中，我们很容易就能发现只要每一个参与运送 acrylonitrile 的人都多付出一些谨慎，这一泄漏事故是完全可以在合理的代价之内就被防止了的。由此可见，本案不是一个适合于适用严格责任的案件。

尽管本案中被告 Cyanamid 公司的所作所为使其看上去更像一个兼具承运人身份的货主（shipper - transporter）而不仅仅是一个被动的（passive）货主，但遗憾的是原告并未抓住这一点大作文章以使得被告脱离单纯生产商的背景，我们认为这算是原告主动放弃了从这个角度来支持自己的主张，但我们这么说也不是想提醒原告抓住这一点就肯定被改变整个案子的结果。

原告所犯的另一个错误是过于偏重强调 acrylonitrile 所具有的毒性和易燃性，从而忽略了反映运输 acrylonitrile 的危险性到底有哪些，但作为一个法律问题来说，严格责任适用的对象是异常危险的活动，而不是危险的物质本身，所以，原告应该集中精力证明的不是 acrylonitrile 对环境具有多大的危害，而是用铁路沿市区运输 acrylonitrile 这一活动究竟是多么的危险。这就好比天然气本身是兼具毒性和易燃性的，但操作一口天然气井并不是项异常危险的活动。而且按照常理来说，一种产品的生产商在该产品脱离了它的控制之后就一般不会仅仅因为产品在使用过程中的危险性而被认为参与了异常危险的活动，即使这种危险是可预见的。何况在本案中原告指控被告的理由也不是被告应该生产不像 acrylonitrile 这么危险的化学产品来代替其在目前的工业制造中的广泛应用。

本案中所讨论的相关活动是运输，而不是生产制造或灌装，原告所犯的一个致命错误恰恰是忽略了它们之间的区别。但是，即使被告被看作是一个承运人，原告也没有提出充足的证据证明出沿人口稠密区用铁路运输大量的 acrylonitrile 是一种应该适用严格侵权责任的异常危险活动。我们要求将在芝加哥附近运送危险品的火车统统改道不比要求 Blue Island 铁路线周围的居民搬迁到远离铁路的地方更具合理性，甚至更为荒谬。

原告律师在辩论中曾经指出被告 Cyanamid 是一家实力雄厚的大公司，而原告 Indiana Harbor Belt Railroad 只是一家经营者 50 英里长的铁路支线的转运公司，并且原告在 1979 年冬天也就是事故发生时就濒临破产了。是啊，可这又怎么样呢？（well, so what?）公司的大小不是决定它是否应当承担法律责任的因素，况且尽管原告本身的规模不大，但它其实是 Conrail 公司和 Soo 公司的子公司，所以在它的背后有着强有力的母公司的支持。

本法院决定推翻初审法院的判决，并将此案发回重审。

补充知识：

美国虽然没有世界上最多的人口却拥有着世界上数目最为庞大的律师群体，在背后支撑起这一产业并为其源源不断输送人才的法学教育自然功不可没，而且由于来自实务界的强大经济支持以及其与学术界之间在学科发展上的良性互动，美国法学院所提供的世界一流的法学专业训练，不仅吸引了一大批美国最为优秀的年轻人，而且也使得众多外国的学生不胜向往之。但是在美国可以提供法学教育甚至文凭的学校比比皆是，仅仅被美国律师协会认可（ABA Approved）的法学院就有 180 多所，其他的杂牌更是数不胜数了，尤其是在律考资格比较宽松的加州一带。为了能帮助希望进入法学院学习的考生们迅速便捷地了解到这些法学院的优劣和各自的特点，各种各样非官方的排行榜就应运而生了，其中最有影响也最具权威性的恐怕要算是大名鼎鼎的美国新闻与世界报道（U.S.News and World Report）杂志一年一度推出的榜单了，其根据录取新生的 LSAT 成绩、教师和学生数量比、毕业生就业率等几十项评定标准把全美所有可以授予 J.D. 学位的正式法学院一一排定座次，并且因其采信数据的真实可靠性和统计方法的科学性而受到了全世界的一致好评，甚至连有些法学院本身也很重视自己在榜单上的名次，唯恐与上一年落差太大影响声誉。

当然无论号称自己如何的权威，给学校搞排名往往会落得一个吃力不讨好的下场，这一是因为有很多的标准是难以用数据来量化显示的，比如一个学校几百年的历史所积累下来的名望和人脉；其次也有过于强调共性而试图把所有的学校统一在一个标准之下往往会忽略一些真正有生命力的个性的原因。其实就连已经得到广泛认可的 U.S.News 排名也远未达到一言九鼎的层次，曾经有美国几十所著名法学院的院长以公开信的方式表达过对这种排名的异议，认为这从根本上误导了学生们对法学院性质和作用的看法，并把法学教育的发展引入了歧途。其实静下心来想一想，双方的观点都有一定的道理，排名榜确实提供给了我们很多有用的信息，而也有不少东西是抽象的名次所无法表达出来的，还是一句老话说的好"适合自己的才是最好的"，就好象希望心无旁骛研究学问的人不妨选择 University of Virginia 这样声誉卓著但地处偏僻的学校，而打算毕业后找工作方便的人倒是可以把目光放在纽约、加州的一些小学校上，有了近水楼台的优势排名后了那么一两位又有什么关系。总之，如何排名都是有其一定价值的，但也肯定都存在着片面的因素，充其量只是一种帮助我们了解信息的渠道，关键还是要看自己究竟想从法学院中得到的是什么。

四、严格侵权责任 (3)

对严格责任的抗辩

在本章的一开始，我们就提到过严格责任之所以不能被称为"绝对责任"是因为在实践中存在着一些有效的针对严格侵权责任的抗辩理由，只要这些理由在案件的审理中能够为法院所最终认可的话，被告也就不需要承担严格责任了，在本节中我们就来详细了解一下这些让人感觉有点像是在虎口拔牙的抗辩理由。

之所以称这些抗辩理由像是在虎口拔牙主要是基于两个原因：首先是因为严格责任的特殊性，严格责任本来就是一个带有对原告很强倾斜性的制度设计，此时被告在对事实问题没有争议的情况下想要凭借种种说词就逃脱法网即使不说难度不小，也至少是在起跑线上就略输了一筹；其次是由于这些抗辩理由彼此之间也不具有系统性，因而显得比较凌乱，看上去颇有些情急之下抓住哪根都被当成是救命稻草的感觉。但是大家也应该注意到，不仅通过美国司法审判实践长时间的检验，这些抗辩理由的有效性是不容质疑的，而且单从法学理论上我们也很容易理解这些抗辩理由存在的原因，那就是这个世界上从来就不可能有一种绝对的无限制的法律责任，任何责任制度都必然有一定的区分此罪与彼罪、有罪与无罪、重罪与轻罪的界限，我们通常称之为责任的边界。如果没有了这样一种确定责任疆域的分界线的话，那我们的社会岂不是要变成了一个人人自危的社会，所以严格侵权责任也是有相对确切的适用范围的，而这些抗辩理由正是帮助我们确定这一适用范围最好的工具，这是不是应了我们常说的一句话"上帝关上了他的门却又给他打开了一扇窗。"下面我们就来具体认识几种常见的针对严格责任的抗辩理由。

1.严格责任只能适用于那些被告在明知的状态之下实施的行为之上，简单说来也就是被告一定要是明知故犯。这个理由是很好理解的，对于严格责任这样一个对被告而言异乎寻常严厉的归责制度来说，要求明知恐怕是确保这项制度具有公平性的底线吧，但这里的明知指的不是被告必须要能够确信自己的行为会引发严格责任，这其实是一个法官没作出最终判决之前谁都不知道的问题，而是要求他清楚地知道自己行为的性质和对行为的后果有一定的认识。比如有的人喜欢拿着雷管到小河里去炸鱼，实际上利用炸药进行爆破活动是最常见的严格责任的适用对象，但要求每一个都知道拿雷管炸鱼会引发严格责任对社会普法水平的要求实在是太高了，因而也就是说是不现实的，所以法律只要求这些人意识到使用雷管是一个具有高度危险性的很容易就会对他人的人身和财产安全造成巨大伤害的行为就足以构成明知了。

2.虽然法律（最近）原因是过失侵权行为的必要构成要件，但其对于决定严格责任能否在某一个具体的案件中适用也很重要，而且尽管我们在一个严格责任的案件中往往并不注重考证因果关系的远近，可是后果对于行为来说的可预见性却同样十分关键。打个比方来说，A操作炸药不慎引发了一起爆炸事故，幸未造成人员伤亡却阻塞了道路，致使B为了赶去上班不得不改行另一条高速公路，结果被卷入到了一起车辆连环追尾事故中，这时B能否要求A承担严格责任呢？答案恐怕是不行的，除了因为两条高速公路的安全标准都是一样的，所以A的行为并未给B带来多少额外的负担以外，还因为引发交通事故的那辆车的司机的行为阻断了A的行为与B的受伤之间的因果联系，由此法院无法相信B后来的处境是A当初可以预见到的。此外如果受到伤害的对象是由于自身的原因过于敏感脆弱才使得被告一个非常普通的行为给其造成了一般不会发生的损伤，那么被告也不用承担严格责任，本节的第二个案例即是关于这一方面很著名的一个案例。

3. 原告所遭受的伤害结果必须是被告所从事的异常危险活动所具有的那种独特的危险特质所直接导致的。虽然这句话看上去有些费解，但只要举个例子大家就都能明白了，把一个加油站盖在居民小区里面显然是一个异常危险的举动，那么小区居民是否可以因为这个加油站的设立影响了一些人家的采光而要求其承担严格责任呢？法律对此的回答明显是否定的，因为这一举动之所以被认为是异常危险的完全是因为在人口稠密的地方储存大量的汽油万一发生爆炸后果是难以想像的，其特有的危险性是爆炸的威胁极大，而根本不在于是否影响采光，所以拿采光问题来要求适用严格责任真是驴唇对不上马嘴。

4. 比较过失和自冒风险作为过失侵权责任的抗辩理由在严格责任中也同样有一席之地，最典型的例子是在有关有动物引起的严格责任中，比如原告主动去挑逗甚至欺负被告的狗，结果应验了狗急跳墙这句话，被狗反咬了一口，那么被告在诉讼中就可以将这一事实情况告诉法院以证明原告应当能知道自己的行为会引起狗的反抗，所以原告的行为构成了自冒风险或至少是有过错的。在严格责任中，比较过失和自冒风险能否成为有效的抗辩理由还要看每一个州的法律是怎样规定的。

5. 政府豁免或公共利益优先的原则是非常有分量的抗辩理由，其存在的价值对开脱被告的严格责任来说是不言而喻的。尽管有一些活动是比较危险的，但从长远利益或是社会中大多数人的利益来看还是必须去做的，这时再让行为人承担严格责任就殊为不公了。我们可以想像的到，当火车刚刚问世的时候，其在一般人的眼里是个多么危险的庞然大物啊，这时如果法院"顺应民意"，一味地对它的发展加以限制，恐怕我们现在还在乘坐着"更为安全"的马车吧。

以上就是我想向大家介绍的几种重要的抗辩理由，但大家无论如何不应该忘记的一点是，对公共政策进行讨论在任何类型的案件中都是一个对己方非常有益的做法。

Bridges v. The Kentucky Stone Co., Inc.
Supreme Court of Indiana, 1981.
425 N.E.2d 125.

HUNTER, Justice. 本案是由于一起于 1975 年 2 月 10 日发生在原告 Charles Bridges 家中的据称是故意和恶性的炸药爆炸事故所引发的，在爆炸中，Bridges 的一个 12 岁的儿子当场身亡，而其本人和另一个儿子则也被炸伤。

大约在此次爆炸事故发生的 3 个多星期前，Kentucky Stone 公司曾经向联邦酒类、烟草和火器管理局（Federal Bureau of Alcohol, Tobacco, and Firearms）报告过有将近 40 枝炸药被人从该公司在 Kentucky 州 Tyrone 市的工厂内偷走。一位受雇于联邦政府的化学专家通过对从原告家现场搜集到的爆炸残余物进行检验，认为其在物理和化学结构上与 Kentucky Stone 公司失窃的炸药都是相当一致的。原告 Bridges 的家在 Indiana 州的 Johnson 郡，与被告 Kentucky Stone 公司发生失窃的工厂足有上百英里之遥。

以联邦专家的检验报告为依据，Bridges 于是便将 Kentucky Stone 公司及另一位共同被告 Webb 告上了法院，要求它们共同承担自己在爆炸事故中所遭受的损失。Bridges 指控 Webb 在自己的家里安放并引爆了炸药，而他起诉 Kentucky Stone 公司的理由在于其过失性地在工厂内保留储藏炸药及其他极其危险的爆炸物以至于能被 Webb 轻易地偷走并最终用来针对原告实施了一起成功的爆炸。

初审法院在审理此案时认为，从一个法律问题的角度来看 Kentucky Stone 公司过失性的保管炸药不能被看作是 Bridges 家发生爆炸及造成多人伤亡的法律（最近）原因。正是基于这一原因，初审法院以即席判决的方式否决了 Bridges 对 Kentucky Stone 公司的指控。

对于在类似本案这样的事实情况中能否发现法律（最近）原因，不同的法院曾经作出过截然相反的判决，其中最能反映出这中间法律思维差异的要数 Bottorff v. Southern Construction Company, 184 Ind. 221, 110 N. E. 977（1916）和经由 Alaska 最高法院审理的 Yukon Equipment, Inc. v. Fireman's Fund Insurance,（1978）Alaska, 585 P. 2d 1806 这两个案子。

在 Bottorff v. Southern Construction Company 一案中，一个 14 岁男孩从一个废弃已久的窝棚里偷了几根雷管和一些火药，这些爆炸物原本就是被放在了让任何人都看得见而且可以触手可及的地方。这个 14 岁男孩后来把其中的一根雷管分给了一个 12 岁的玩伴，后者在玩耍过程中不小心引爆雷管炸伤了自己。伤者在由此引发的诉讼中称是被告过失性地储藏炸药，决定性地导致了这次事故的发生，但法院没有支持这种见解，而是认为 14 岁男孩的一系列非法闯入、盗窃以及将雷管分发给小伙伴的行为才是酿成悲剧的主要原因。

然而，在 Yukon Equipment, Inc. v. Fireman's Fund Insurance 一案中，一伙窃贼闯入了位于 Anchorage 市郊的一处军火库并引爆了其中储藏的超过 80 000 磅炸药，爆炸的破坏力损坏了方圆 2 英里之内的几乎所有民居。虽然爆炸是由窃贼引发的并且该军火库的位置是通过联邦命令直接指定的，但 Alaska 最高法院仍判决军火库的负责人必须为此次事故承担绝对责任（absolute liability），其理由在于该法院认为储藏炸药这一行为本身就是异乎寻常危险的。

我们不赞成 Alaska 最高法院的这一判决意见，相反，我们相信在一些特定环境中储藏炸药是否属于异常危险活动应该通过逐案（case - by - case）审查的方式加以判断，而一些可作为判断标准的因素在《侵权法重述（第二版）》§520 中已经非常明确了。所以在对本案提出的这个问题上，我们既不接受 Alaska 州所采纳的绝对责任原则，也不准备将 Bottorff v. Southern Construction Company 一案的判决意见作为法律依据（因为其与后来州议会制定的一些成文法的立法精神不符)。

况且本案的实际情况也与 Yukon Equipment, Inc. v. Fireman's Fund Insurance 一案有重要的区别，那就是在本案中被告过失所造成的失窃后果没有给储藏场所附近居民的人身和财产安全带来即时的伤害（contemporaneous damage）。本案中的爆炸案是发生在被告的炸药失窃以后 3 个星期的，而且爆炸现场距离失窃地点足有上百英里远，更何况被告 Kentucky Stone 公司已经按照联邦法规 27 C.F.R.181.127 和 181.130 的要求在炸药丢失的 24 小时之内就向相关联邦机构作了及时的汇报。基于上述的事实，我们认为盗窃炸药、再将其从 Tyrone 市运到 Johnson 郡、为引爆炸药做必要的准备以及最终潜入 Bridges 家进行安装这一系列的活动都足以构成爆炸发生的取代原因（superceding cause），以阻止法院将责任加诸于 Kentucky Stone 公司的过失行为上。

我们在此明确指出此判决意见仅仅是针对本案的特殊情况而言的。

本法院决定批准（被告）调卷的申请，撤销上诉法院的判决并同时对初审法院的意见表示支持。

DEBRULER, Justice（dissenting）一个人很可能在以违反有关限制酒类流通的法规的方式得到一瓶酒后会毫不犹豫地将其喝完并随即便在高速公路上驾车，同理，一个人也有可能在违反法规得到炸药后在不久的将来将其用于非法用途，事实上为实施特定的犯罪目的而盗窃炸药的可能性比偷偷喝点酒要大的多。在 Elder v. Fisher,（1966）247 Ind.598, 217 N.E.2d 847 一案中，我们已经判决过应当由陪审团而不是法官来决定上述第一种情况中是否存在法律（最近）因果关系，因此我认为对于本案中所涉及的上述第二种情况而言，也应当由陪审团来作出最终的判断。故此，要是依我的看法的话，初审法院的意见首先需要被推翻，然后此案还应得到重审。

Foster v. Preston Mill Co.

Supreme Court of Washington, 1954.

42 Wn. 2d 440, 268 P. 2d 645.

HAMLEY, Justice. 由 Preston Mill 公司实施的爆破惊吓到了 B.W.Foster 所养的一群母水貂，使它们纷纷出现了争相杀死刚出生不久的幼貂的异常行为，于是 Foster 将 Preston Mill 公司告上了法院，并要求其支付一定数额的损害赔偿。

在初审中，双方都没有要求陪审团听审，结果法官判决被告应当支付给原告 1953.68 美元的经济赔偿，其理由为，当被告获悉爆破行为对这群母水貂造成的不良影响时就必须对自己行为所产生的自然后果承担绝对的责任。被告因此提出了上诉。

被上诉人的水貂养殖场位于华盛顿州 King 郡 North Bend 这个地方以东 1.5 英里远的地方，占地约有 7.5 英亩，其中共设置了 7 处窝点来饲养水貂，而供水貂们居住的笼子是由铁丝网焊接制成的且由木板为顶，此外该养殖场距离本州东西向交通主干道 10 号高速公路有两个街区远。

母水貂一年有一次繁殖幼貂的机会，大致从每年的 5 月 1 日开始，通常被称为"产仔期"（whelping season）。幼水貂会在 2 个半星期以内被陆续生下来，而一旦被生产出来之后，它们就会被留在母亲身边直到长成 6 个星期大。在产仔期内的母水貂往往都表现的非常兴奋，如果受到噪音、烟熏或是猫狗的追逐的话，它们会在笼子里不停地游来游去并经常杀死自己的幼仔。然而，母水貂要是长时间的受到外界的同一种侵袭，它们也会逐渐变的习惯，这种对自然界的适应性很好的解释了为什么这个养殖场紧靠着交通繁忙的 10 号高速公路却对产仔期内的母水貂没有多大的影响。

上诉人和其他的几家公司在同一地区从事伐木业也已经有超过 50 年历史了。在 1951 年的 5 月初，上诉人开始修建一条通往新林场的公路，这条公路位于被上诉人的水貂养殖场西南方约 2.25 英里远的地方，而且海拔还要高出了近 2500 英尺。

要开山筑路就得使用炸药，上诉人的爆破工作无论就所用炸药的种类还是操作的流程而言都是严格按照有关的法定标准进行的，比如一次爆破的炸药使用不超过 100 磅的限额和一天只进行两次爆破等等。

Roy A. Peterson 是当时被上诉人的水貂养殖场的经理，他作证称上诉人所实施的爆破工作导致了养殖场内发生了剧烈的振动，这使得笼子里的母水貂东逃西窜，其中有很多还杀死了它们的幼仔。Peterson 还进一步称有两次爆破传来的振动甚至震碎了养殖场内的玻璃窗。

代表上诉人出庭的专家证人华盛顿大学的 Drury Augustus Pfeiffer 教授则出具了通过地震仪测出的上诉人爆破所能导致的最大震幅，检测结果显示振动如果从上诉人的工地传到水貂养殖场这么远的距离时就基本上没有什么明显的感觉了。这位专家证人还补充说仅仅使用 100 磅炸药的爆破想要震碎 2.25 英里以外的玻璃窗是根本就不可能的，不过倒是也许会使轻质的铁笼产生一丝的摇晃，此外有一点声响也是在所难免的。Charles E. Erickson 是当时为上诉人主持筑路工作的负责人，他也说自己的办公地点就在爆破现场 1000 英尺以内的地方，那里也有不少的玻璃窗户和天花板，但从未发生过因爆破振动而导致玻璃破碎的事件。

在 1951 年的整个产仔期结束以前，被上诉人养殖场内的母水貂已经杀死了 35 头到 40 头当年产下的幼貂，Peterson 把这一情况告诉了上诉人公司的经理，但没有要求他立即停止爆破工作。然而，在经过一番协商之后，上诉人的经理向 Peterson 保证爆破就尽量轻微地进行。随后每一次爆破的炸药用量从原来的 19 或 20 枝减为了 14 枝。

上诉人公司的官员告诉法院，他们也无法完全停止在母水貂产仔育仔的这几个星期里的筑路工作，因为这样的延误将使得他们不得不一直要等到下一个合适的季节来临才能重新开始伐木，这还不包括因此而损失的其他附加费用。总之，这样一停就将打乱公司所有的计划部署以及一系列下游厂家的生产安排。

在本此诉讼中，被上诉人所寻求获得赔偿的仅仅是上诉人在得知其行为已经导致幼貂死亡事故以后仍实施爆破所给自己进一步造成的那部分经济损失。

在决定是否将严格责任使用于那些由爆炸引起的冲击振动而非滚石飞岩所造成的损害结果时，司法界向来存在着不同的见解，本法院的立场是理所当然应该可以适用。然而，司法界一致同意的是严格责任必须被限定在那些由异常活动的危险本质所直接导致的那些损害结果上。这一限制条件的存在主要是出于政策上的考虑，正如 Prosser 教授所说的："我们常说的一个人必须为他的危险行为所造成的一切后果承担责任是一回事，而我们同样时不时提到的一个人只应当在合理的限度内为自己的行为负责是另外一回事。在实践中，我们深感需要为侵权责任设定一个适当的边界，这就像我们在过失侵权责任中设计出的法律原因之一要件一样，一些阻断责任的条件理应被建立起来。这也就是说被告保证他人绝对安全的义务只被扩展到某些明确的后果之上，或者更通俗一点讲，即是被告的所作所为不是损害结果发生的最近原因。但是在严格责任案件中，因果关系的问题一般并不常被提起，所以这是法官在确定侵权责任时应该掌握的一个政策性的因素。"

如果将上述的原则代入到本案的事实情况当中，我们目前所面临的问题就是：爆破所引起的某些不寻常的振动和噪音会导致一些以营利为目的而被豢养起来的野生动物杀死了自己的幼仔能否被认为就是使得我们把爆破看作一种异常危险活动的原因所在？

我们从判例法中发现不了对这一问题表示肯定的回答。所有已决的判例和平常的经验都告诉我们使得爆破活动异常危险的是它所产生的滚石飞岩及冲击振动会对在直接接触范围以内的人和物具有的破坏性威胁。

　　我们相信本案的上诉人实施爆破所产生的相对来说已经比较轻微的振动、冲击和噪音对 2.25 英里以外的被上诉人的养殖场来说只不过是日常社会生活中的一点点意外的小插曲。初审法官也特别指出了上诉人的爆破活动并未给附近居民安静地享用他们的财产带来多大的困扰，只是被上诉人养殖场中的母水貂看来遇到了一点麻烦。

　　综合以上原因，我们认为在本案中是水貂异乎寻常敏感的脾气而非爆破活动的一般危险性更加应该承担起导致损害结果发生的责任。在次我们不妨借用 Harper 教授的一个观点来阐示我们对本案的看法，即法律的政策不支持用严格责任来保护原告因非自然的和不寻常的使用土地（extraordinary and unusual use of land）所遭受的损害。

　　Madsen v. East Jordan Irrigation Co., 101 Utah 552, 125 P.2d 794 一案的案情与本案非常的相似，审理此案的法院也和我们有着相同的见解，认为母水貂本身的奇异性情切断了被告行为和损害结果之间的因果联系。

　　我们对于本案的结论是被上诉人养殖场中天生敏感的母水貂所感知到的那些由远方的爆破所造成的相对来说已经是非常轻微的振动、冲击和噪音不是使得我们认为爆破活动异常危险的原因所在，因此严格责任不应当被适用于本案，被上诉人无权就自己的损失获得赔偿。

　　本法院决定推翻初审法院的判决。

补充知识：

　　大家都知道大陆法系（Civil Law）和英美法系（Common law，又称普通法系、海洋法系等）是当今世界上为最多国家所采用的两大法系，由于中国属于大陆法系，所以中国学生也就自然而然地对大陆法系的国家有更广泛的了解，那除了英国和美国这两个广为人知的普通法国家外，世界上到底有哪些重要的国家和地区采用的是普通法体系呢，下面我就向大家简单的作一个介绍：

澳大利亚（Australia）、加拿大（Canada）、印度（India）、爱尔兰共和国（Ireland, Republic of）、以色列（Israel）、新西兰（New Zealand）、南非（South Africa, 兼具大陆法系）、英国（United Kingdom, 包括英格兰、威尔士、苏格兰和北爱尔兰）和美国（United States）及其司法属地：美属萨摩亚群岛（American Samoa）、巴拿马运河地区（Canal Zone）、关岛（Gum）、那瓦和邦（Navajo Nation）、北马里亚纳群岛（Northern Mariana Islands）、波多黎各（Puerto Rico）和维京群岛（Virgin Islands）。

五、替代责任（1）

雇主责任原则——雇员

通过本章一开始概论部分的简单介绍，我们已经大致知道了所谓替代责任指的就是一个人侵权但由另一个人代替他承担赔偿责任的情况，而产生于雇佣关系之间的雇主责任原则（respondeat superior）则是替代责任的主要表现形式，在本节中，我就将主要向大家介绍一下雇主责任原则在实践中应该如何得到适用，也即究竟在什么样的情形下雇主才需要对自己雇员的侵权行为负责。

雇主责任原则简单说来就是指，一名雇主需要对他的雇员在完成本职工作的过程中所实施的侵权行为对他人造成的伤害承担损害赔偿责任，即使雇主本人的行为没有任何可以指摘的地方。从上述的定义中我们明显能够看出雇主责任本质上是一种无过错的责任，这就意味着其中必然包含着比较深刻的公共政策上的考虑。要想理解这种与主流英美侵权以过错为基础的归责原则相比别具一格的制度设计所包含的法律价值理念，我们不妨先来设想一下在一场普通的侵权诉讼中雇员、雇主和受害人三者所居处境的和身份的差异，再来考量此时为了解决一个实际问题而到底把损失结果交由哪一方来承担对社会来说最为有利。

首先，从身份上来看，雇员是具体实施侵权行为并对受害人的人身或财产权益造成了损害的责任主体，他是有全部过错的，因而一般情况下都应该由他来承担侵权责任；雇主是在诉讼开始时被原告作为共同被告而具有此案当事人身份的，其不仅没有直接参与进自己雇员的侵权活动，还有可能甚至在此前对这一事故从未有所耳闻，但从另一方面来讲，其雇员的侵权行为归根结底说来是在代表企业并帮助企业赚取利润的经营活动中作出的，所以雇主在此案中并不是完全没有过错的，其过错可以被归结为用人不当、督导不力、管教不严、纪律不申等等；受害人在这三者当中可谓是最无辜的一方，也许他只是在商店中闲逛或是饭后在乡间的小径中散步便突然遭此横祸，不由得让人感叹"人有旦夕祸福"啊。

其次，我们再看三者在损害结果酿成后各自的处境，雇员本人理所当然应该为自己的错误行为负责，但在实际中，我们却经常发现他很可能因为自己的积蓄有限而在客观上无力负担医药费、精神损失费、误工费、丧失伴侣服务等一系列高昂的损害赔偿费用；雇主往往是三者之中经济实力最为雄厚同时也最有可能担负的了这笔支出的，这是因为，一来企业的财会方法通常都会留出应付不可预见的开支的风险准备金，并通过将其折算入成本再打进商品的价格中，从而把一时的损失最终转嫁给社会公众，所以这给企业本身造成的负担并不大；二来企业往往都能通过购买保险来抵御经营中的各种风险，而且一些能覆盖这部分损失的险种只是针对企业而非个人的，所以保险公司此时也能为原告的伤有所医助上一臂之力；受害人是三者当中实力最弱小遭受损失也最大的，他本来就因为遭到侵害而在身心上受到了巨大的伤害，如果要强迫让无辜的受害人来自己咽下这苦涩的结果的话，这不仅有可能就此毁了他一家人的生活，而且是与法律公平正义的理念相背离的，我们社会的善良风俗更是不会容忍这种情况的发生。

综上所述，法律似乎以让雇主来承担起这一份责任来解决该问题最为恰当，况且这在道义上也完全是说的过去的，这不仅是因为上述的分析已经证明了企业对于侵权结果的发生并不是完全无辜的，而且更在于企业作为我们这个相依相存、同舟共济的社会大家庭中的一分子也理当在力所能及的地方为社会排忧解难，这是企业对养它育它的社会所应尽到的一点义务。

在这个社会中绝大多数的人都是有单位也就是说有雇主的，但实际上却只有一小部分的侵权法案件会涉及到雇主责任原则的问题，这种现象说明雇主责任的适用是有严格的限制条件的。在讨论雇主责任原则的限制条件时，最主要需要谈到的就是我们应当如何来理解界定"雇佣范围"（scope of employment）这一概念，因为只有当雇员的行为没有超过他的雇佣范围时，雇主才应当承担其侵权行为的后果，而这在司法审判实践中也正是原、被双方兵戎相见时所会反复争执的焦点问题。

所谓雇佣范围，简而言之也就是指一个雇员的工作职责，比如货车司机的职责就是为公司运送货物，如果在此过程中由于精神不集中引发了车祸，那么公司就要对这起车祸的受害人承担起替代责任。但这种理解也并不完全准确，现在法院越来越趋向于将雇佣范围作更加自由和宽泛的解释，只要雇员的行为相对于他的工作职责来说是可以预见到的，那就是在他的雇佣范围以内，比如商店里卖电视的售货员因兴之所至或人手不足而临时卖一下音响就一点也不出人意料，卖音响尽管不能算是他的本职工作但也应该属于他的雇佣范围之内。虽然我们能对雇佣范围这个概念进行上述的解释，但也应该承认的是，即使在目前美国已有数以千计的案例讨论过这个范围边界的情况下，这个术语所代表的含义仍然比较的模糊，判断雇员的一个行为究竟是否属于雇佣范围之内尚缺乏明确普遍的检验标准，而在实际诉讼中只能有待于陪审员们作出难以琢磨的决定。

现在也有人认为用工作过程（course of employment）的说法来代替雇佣范围似乎更为恰当一些，因为只要是一个雇员所作出的一切可被认为是在干工作的行为，都应该可以是雇主责任原则适用的对象。这种观点不无道理，但对于我们来说更为重要的是区分工作的过程，比如一个雇员上下班的路程及雇员在拜访客户时顺便看望住在同一个方向的老友能不能被算是工作的一部分。关于前一个问题，美国的判例已经作出了明确的回答，即上下班开车不属于他工作的范围，在这途中如果发生了车祸，雇主不需要负责，但也要注意并不是没有例外。关于后一个问题要分两种不同的情况来分别回答，一种是被叫作嬉戏（frolic）的情况，指的是这位雇员拜访客户之后返回公司之前又驱车几十英里去参观老友的新居之类的举动，这时该雇员已经完全脱离了工作的流程，所以他的雇主不需要对此时他的行为负责；另一种情况则被称为绕道（detour），指的是这位雇员拜访客户之后返回公司之前到和客户住在同一个街区的老友家喝了杯咖啡，这在时间和路程上的花费都比前一种情况轻微许多，所以也就可以被算是在工作的过程中了。

雇主所需要代为负责的雇员的行为可以包括各种过失或故意的侵权行为，无论是雇员过失性地给顾客造成了损失，还是雇员故意地去伤害客人，都有可能引发雇主责任原则的适用，但对于雇员的犯罪行为则就不那么肯定了，曾经有加州的法院判决校方不需要对一名男生受到他的数学老师性骚扰的事件承担替代责任[1]但同一

---

[1]　John R.v.Oakland Unified School District, 48 Cal.2d 438, 256 Cal.Rptr.766, 769 P.2d 948（1989）.

个州的法院却也曾判决可以在乘客在交通工具上受到运输公司员工强奸的事件中对运输公司适用雇主责任原则。[1]

在实际生活中，雇主经常会通过在内部制定一些安全操作规程或明令禁止自己的雇员从事一些危险活动来限制自己的责任，但这其实是没有用的，即使雇主在诉讼中提出证据证明雇员的行为是其明确表示过不允许的也不能阻止法院对雇主责任原则的适用，这样做的用意是为了促使雇主们在一开始就谨慎地为自己挑选那些负责任的雇员。

Fruit v. Schreiner
Supreme Court of Alaska, 1972.
502 P. 2d 133.

BOOCHEVER, Justice. 本案是由一起车祸引发的，被上诉人 John Schreiner 当时正站在自己在高速公路上抛锚了的车前排除故障，却被由上诉人 Clay Fruit 驾驶的汽车从背后撞上，车祸的结果使得 Schreiner 的左腿被完全截肢了，而右腿的肌肉组织也严重受损以至于在今后只能跛行，除此之外他还遭受了其他一些永久性的身体伤害。

在车祸发生时，Fruit 是一名受雇于 Equitable Life Assurance Society（以下简称 Equitable）的人寿保险推销员，这期间他正在参加一场由其雇主主办的年会，会议是于 1969 年 7 月 10 日至 13 日在旅游胜地 Land's End 举行的。此次年会除了有公司内部的全体销售人员参加以外，还邀请了不少来自加州和华盛顿的业内专家出席，因此公司非常鼓励自己的员工与这些外来的专家打成一片，以便于在 3 天的会期内尽可能多地学到一些实用的销售技巧。会议的日程安排包括了上午的正式讨论、晚上的聚餐以及至少两场鸡尾酒会等等的

---

[1] Berger v. Southern Pacific Co., 144 Cal. App. 2d 1, 300 P. 2d 170（1956）.

内容。

在 1969 年 7 月 11 日星期五，也就是会议进行的第 2 天晚上 11 点半左右，Fruit 驾车前往邻近镇子上的 Waterfront Bar and Restaurant，因为他记得在那里似乎有一场为外州专家举办的酒会，他希望借此交流机会能提高一下自己的业务水平。但是当他到了那里以后，他却发现里面其实并没有什么酒会以及任何的同僚，于是他就又驾车沿原路返回下榻的酒店。

车祸就是在 Fruit 回程的途中发生的，当时的具体情形现在仍不是很清楚，只知道是发生在 1969 年 7 月 12 日凌晨 2 点左右，Schreiner 由于自己的车抛锚了，于是就把车停靠在路边并打开车的前盖试图自行排除故障，然而 Fruit 的车突然从黑暗中冲了出来，狠狠地撞倒了被夹在两辆车中间的 Schreiner，这使得后者的腿部受到了重创。

作为此次交通事故的受害人，Schreiner 向法院起诉了 Fruit 以及他的雇主 Equitable，要求被告赔偿他包括身体伤残、精神创伤、不能正常行动、后继的医疗费用、收入丧失和动产、不动产贬值等等的一系列损失。初审陪审团在听取了双方的意见之后认定：Fruit 的过失是事故发生的法律原因；Fruit 是在履行他受雇于 Equitable 的职务行为；Equitable 在对年会的筹划和举办上存在过失，且此亦可被看作是导致事故发生的法律原因；Schreiner 不负有原告过失责任。基于以上的认定，陪审团裁决两位被告需要支付给原告共计 635 000 美元的经济赔偿。两位被告共同要求法官不理会陪审团的裁决，但此动议未能得到法官的支持，于是他们又向本院提起了上诉。

陪审团发现车祸发生时 Fruit 是在履行他作为受雇于 Equitable 的一名推销员所承担的工作职责，故此按照雇主责任原则（respondeat superior）的要求，Equitable 即使自身完全没有过错也需要为 Fruit 的过失行为负责。

然而，Equitable 则争辩称，本案中没有足够的证据能够证明 Fruit 当时的所作所为是在他本职雇用的范围以内，因为从 Fruit 发现自己弄错了而离开 Waterfront Bar and Restaurant 的那一刻起，他原先怀有的所有商业目的都已经完成了。此外 Equitable 还引用了不少的案例来证明法院通常都不认为雇员下班以后回家或去任何其个人选择的目的地仍属于工作的一部分。不过在本案中 Fruit 并没有回家，而是准备返回他下榻的也就是承办会议的酒店，没有人能否认开会此时就是他的工作。

Equitable 也同时从另一个角度阐示自己不应当为 Fruit 的过失承担责任，其努力试图将雇主责任原则的适用范围限制在那些雇主对雇员的活动具有相当控制能力的情形之中。要对这个问题作出准确的回答就需要我们深入分析一下雇主责任原则的内涵，这个原则从本质上来讲是少数对无过错则无责任的侵权法基本规则离经叛道的例外情况之一。雇主责任原则的意思就是在某些时候雇主应当对由其雇员的错误行为所导致的被害人的受伤承担替代性的法律责任，其起源于何处在法学界一直是个有争议的学术问题，比如大法官 Holmes 认为它是出自罗马法，但 Wigmore 则考证出它具有德国血统。该原则大约在 17 世纪的时候被英国法所吸收，最初只是适用于雇主明确命令或同意自己雇员实施的行为。雇主责任原则的适用范围在后来逐渐扩大到那些雇主默示同意或命令的行为，以及现代的所有雇用范围以内的行为。雇主责任原则是随着英国工商业的发展而一步步成长起来的。

几百年来，有无数的法院和学者为雇主责任原则将赔偿责任加诸于雇主身上的正当性提供过各种充满奇思异想的依据，有人认为雇主有义务雇用、维持一个有责任感的员工团体，并管理控制他们的行为及向他们灌输各种安全措施；有人认为雇主理所当然地要为自己的用人不慎付出代价；也有人认为雇主在诉讼中对有关周边证据的取得往往居于最有利的位置上；还有人认为对于各种因商业活动而起的纠纷而言，雇主和雇员应该被拟制性的看成是"一个人"（a single persona）来共同承担责任。而 Baty（Baty, Vicarious Liability 11 (1916)）则更为犀利地指出："要雇主承担责任其实只是为赔偿损失寻找到一个'深口袋'（deep pocket）"。

目前有两种关于雇主责任原则法律思考最深得人心：其一为控制（control）理论，指的是只要雇员的行为是得到了雇主的默示授权、默认或事后批准的，那雇主就都要承担责任；其二为企业（enterprise）理论，指的是如果意外的损害结果没有发生的话，雇主的企业就可以从雇员的行为中获得利益，此时雇主就需要承担起这一行为的负面后果。

因为我们在本案中涉及到的是替代责任的问题，所以那些主要着眼于雇主个人在行为上的错误的理论依据，如雇主未能对自己雇员的行为施加适当的控制或雇主未能提取采取行动解雇冒失的雇员等等，在本案中恐怕是没有用武之地的，因为雇主个人的过失将会导致他直接承担起相关的法律责任，从而根本就无需借用到雇主责任原则的理论了。

在适用雇主责任原则时，我们最经常遇到的一个问题是作出了侵权行为的雇员的雇用范围（scope of employment）究竟应当如何界定。虽然这通常都被作为了一个事实问题而由陪审团来进行最终的认定，但实际情况是，很多涉及到雇用范围问题的案件都只留给了我们一些混乱而又自相矛盾的结果以及简单而又含糊不清的解释。为了帮助人们澄清所谓雇用范围规定的真实意图，我们觉得有必要在这里阐明对这一问题我们所认为正确的理解。

在历史上曾经有一段时期，工艺家、小店主和工匠师傅都能够直接监督他们的学徒和雇工们的所有活动。但是这种情况早已不复存在了，现在通常都会有好几百个工人同在一个工厂里为市场上一位不知名的顾客分工合作生产同一件商品，一些传统的共有同享的理念（communal spirit）统统因为现代化大生产对于效率的推崇而被无情地牺牲掉了。与此同时，复杂的现代企业的非人情化本质和流程的机械化却又使得第三方越来越容易受到企业在商业活动中追求利益最大化行为的伤害。法律给予了企业一个拟制出来的人格主要是为了限制企业投资者们的责任，而没有打算使企业本身不需要对在自己经营活动中产生的一些不幸后果承担责任。

如果对于雇用范围的规定不能包含一个企业对于其所在社区应尽到的义务，那么它作为检验雇主负责原则是否能被适用的标准就是不充分的，因为正是社区给了企业以生命并帮助其茁壮成长起来。

因此雇主责任原则的法理基础可以被正确地表述为："人们希望把企业对在自己的经营活动中受到伤害的第三人的经济补偿纳入企业正常运营所不可避免要负担的成本，并且让那些能够从企业经营中获益的人来最终承担这一项支出。"

最典型的能够适用雇主责任原则的情形莫过于一位雇员在料理他雇主的生意时由于过失对第三人造成了伤害，比如一位雇员在开车为自己的雇主送货的过程中因为过失驾驶而撞伤了路人时，公众明显是希望由雇主出面来承担伤者的损失，尽管雇主在整个事故中就其自身的行为而言是没有过错的。我们还应该看到雇主往往都是有保险在身的，因此雇主所承担的风险等于说是被分摊到了所有交了类似保费的个体中间，而另外的一些实际负担也完全可以折算在商品的价格中得到补偿。

其实上述的原则已经在几乎每一个州都制定了的工伤赔偿法律中得到了体现，这些法律无一例外地规定了工人有权在雇主没有过失的情况下因受了工伤而获得赔偿，同时这些法律也允许雇主把这些开支计算到商品的价格中去，以便于最终把代价转嫁给社会公众。

近来有许多地方又都将上述原则运用到对于产品的严格责任中去了，即规定只要消费者是因为使用了有缺陷的产品而受到伤害的话，那么即使生产厂家的雇主和雇员都没有过错，其也必须赔偿消费者遭受的损失。可是雇主责任原则的原则目前还没有被扩展至如此的深度，而只是要求雇主对雇员有过失的行为负责，此外雇员的过失行为还一定要与他的工作职责相联系。

尽管不经常被当作归责的对象，但企业实际在本质上也可以被课以合同法责任之外的侵权法责任，因此雇员代表企业作出的行为完全能够被看成是企业自己的行为。所以当雇员的过失行为对第三人造成了伤害的时候，我们有足够的理由要求企业来代替雇员承担起侵权责任。

综上所述，无论是一时还是永远，我们都很明显地不可能用一些清晰的词语来限定雇用范围这个概念的边界，因此雇主责任原则能否适用要依每个案子具体情况的不同而定。在本案中，Clay Fruit 的工作合同要求他参加公司举办的销售会议，而且每一位雇员都被要求自行解决交通问题，所以 Fruit 和许多其他销售代表一样选择了自己驾车。在 Equitable 高层领导的同意和统筹之下，年会的活动项目不仅包括了正式的会谈，还安排了一些非正式的酒会。此外，参加会议的 Equitable 的雇员还被公司极力鼓励去和那些来自外州的专家多进行一些私下的接触，而无可辩驳的证据表明这种私人会晤往往都不是在举办会议的酒店中进行的。包括 Fruit 在内的不少销售代表在车祸发生的前一天晚上还与外州的同行们在 Waterfront Bar and Restaurant 娱乐消遣过，一些与会人员和他们的家属更是随意四处游玩。

当 Fruit 驱车前往 Waterfront Bar and Restaurant 时，他的主要目的无疑是想找外州的专家们交流经验，我们不仅可以从他的证词中得知这一点，而且也可以通过他一发现找不到人便又立即返身离去的事实使我们的判断得到证实，因为如果他是为了私人目的去那里找乐子的，他理所当然地会多停留一段时间。陪审团完全能够从以上的证据中发现 Fruit 的行为至少有部分是出于希望会晤外州专家并从经验交流中提高自己销售技巧的目的而作出的。

因为我们通过上述的分析确信，具有合理判断力且头脑理智的人会对本案中 Fruit 返回酒店的举动是否属于他雇用范围之内的问题产生分歧，所以我们决定不去干扰初审陪审团作出的 Equitable 应当替代 Fruit 承担经济赔偿责任的裁决。

本法院决定支持初审法院的判决。

补充知识：

美国人常说在美国生活每个人必须有 3 个朋友：一个律师、一个医生和一个汽车修理工，虽然这有点半开玩笑的味道，不过细想之后发现倒还真有些道理。一个人过一辈子难免坏几次车、生几次病和遇到几次官司，如果没有上述的 3 个朋友，恐怕不仅服务的质量让人不太放心，美国人宰起客来也是毫不手软的。但不幸的是，美国人对后两种职业似乎都没什么特殊的恶感，就是长久以来对拿律师开涮始终抱有乐此不疲的态度，对律师的个人品质嗤之以鼻。有一个很经典的笑话就是，一块墓碑上写着"这里埋葬着一个律师和诚实的人"，于是便有人惊讶的问："这么小一块地方竟能安葬两个人？"就连美国最著名的喜剧明星 Jim Carrey 也没有放过嘲笑律师的机会，他主演过一部影片叫《Liar》，讲的是一个律师阴差阳错地在一天内失去了说谎的能力，结果几乎就毫无办法进行工作和生活。

美国人对待律师的这种态度即使不能说是一种偏见，也至少可以说是成见，因为在法律界内部，无论是学校还是律师协会都非常重视道德操守的教育。一般来说，在所有的美国法学院，职业道德（professional responsibility）都是二年级以后的必修课，而且几乎每一个州都要求通过律考者再加试一项名为 MPRE 的职业道德考试（Multistate Professional Responsibility Examination），通过者才能被授予执业资格。即使成为了律师以后，美国律师协会（ABA）制定的职业操守条例（Model Rules of Professional Conduct）对律师在提供法律服务时，对客户、对法院、对对方当事人、以及对社会公众应当遵守的行为准则规定的也是非常清楚严格的，比如其中的 3.1、3.3、3.4、4.1、8.4 等条款更是直截了当地表明了律师在不同情况下的诚信义务。这些自律性的要求对于医生和汽车修理工来说都是不存在的，但律师却反倒独自享有恶名，这不能不让人倍感遗憾和失望。

六、替代责任（2）

雇主责任原则——独立合同工

独立合同工是我们研究雇主责任原则时所应当着重探讨的另一个问题，与雇主应当对自己的雇员在完成本职工作过程中所实施的侵权行为承担法律责任的规定不同，雇主几乎不需要对独立合同工在雇用范围内的所作所为负任何的替代责任，因此怎样区分雇员和独立合同工、如何对独立合同工的侵权行为进行归责的原则以及雇主与独立合同工之间的权利义务关系将是我们在本节中所要详细了解的问题。

独立合同工一般指的是那些在接受了雇主所指派的任务后即按照自己所喜好的方式方法甚至时间地点来完成工作任务的人，雇主在交代完任务之后便不具备了对独立合同工的工作进行控制的能力或权力。我们可以在这儿举一个很简单的例子来说明这个定义，比如你们家的新房需要油漆粉刷，于是你从劳动力市场找来了一位油漆工并交代给了他油漆的区域、颜色以及完工的时间等等事项，这时你作为雇主对他控制能力到此也就差不多只剩下最后的验收了，而对于他在工作中的一些习惯和对整个工作进程的把握你恐怕是没有什么指手画脚的余地和必要的。简而言之，也就是你和他之间通过合同建立起了一次性的你付钱他提供服务的雇佣关系，但他在工作过程中的状态是独立的，你无法像对待公司中的下属一样干涉他工作的细节。

因为雇主需要对雇员的行为负责而基本不用对独立合同工的行为承担责任，所以在被卷入到诉讼中以后，雇主无疑都毫不例外地希望能说服法院或陪审团相信作出侵权行为的那位工作人员只是一个独立合同工而已。由此可见，正确合理地区分雇员和独立合同工在此类诉讼中有着非常重要的意义。那么美国侵权法中是否有一个明确的标准可供我们借鉴呢？答案的标准是有的，但可惜不是很明确。这个标准就是雇主对其工作控制能力的强弱，但法律并没有直言到底达到了什么样的强度或是符合了哪几项具体的条件，一个工作人员才能被认为是雇员而非独立合同工的身份，或是相反的，所以，尽管我在这里可以告诉大家一些判例所教给我们的经验，但更多的还要靠读者们去体会积累。

通过上述油漆工的例子，大家可以拿他与坐在写字楼里上班拿年薪的白领雇员们进行比较，读者们会很明显地发现他们在工作过程中与雇主的关系是不一样的，因为雇主可以随时打断雇员手头上的工作向其安排新的任务；可以一发现雇员在工作中的瑕疵就当即予以纠正制止；可以严格要求雇员按照规定好的流程模式来开展工作；可以对雇员的工作施行随时随地的监督管理等等，但雇主对油漆工就无法这么要求了，他总不能规定刷这面墙壁只能从左往右刷吧，这也太荒唐了。还有一对关系似乎能让大家更加心领神会地体味到雇主对雇员和独立合同工不同的控制能力，那就是报社对编辑的管理以及报社与专栏作家或者叫自由撰稿人的合作，前者是一种雇主与雇员的关系，所以我们可以称管理，而后者则是一种雇主与独立合同工的关系，我们只好称为合作了。报社可以规定编辑每天上下班时间、他们在着装上的统一性、他们编写按语的风格语气甚至连每个人的电脑里装什么字处理软件都可能被管理的面面俱到。然而，报社与专栏作家之间的关系就完全不是这回事了，当然报社也会对专栏作家作品的体例、字数、交稿时间、内容取向等作出限定，但不会对其写作过程的细节加以控制，这也就是说专栏作家想在家里写就在家里写，想在咖啡馆里写就在咖啡馆里写；想白天写就白天写，想深更半夜里写就深更半夜里写；以及想一边吃东西一边写就一边吃东西一边写等等。我认为后面的这个例子很好地揭示了雇员以及独立合同工这两种身份的区别以及和雇主对他们工作过程控制力上的差异。

　　然而，控制力毕竟还是一个十分抽象的因素，在实际诉讼中，当事人双方往往会对它的量化产生比较大的争议，于是根据一些已决的判例提供的经验，我们还可以从下列的指标中发现雇员与独立合同工的不同：（1）雇用方式，雇员与雇主间一般都会签署期限固定、内容完备的劳动合同作为用工的依据，在中国可能还会涉及到是否调档的问题，而对独立合同工的雇用则不会有那么复杂，也许只是口头商量了一下劳动报酬就能达成一致了；（2）工资福利待遇，雇主除了需要按月或年支付给雇员一定的薪水和奖金外，还需要按照相关劳动法及社会保障法的规定为雇员交纳各种养老金、失业救济金和住房公积金等费用，一些比较体贴的单位甚至还会安排雇员休假旅游，而独立合同工获得酬薪的方式可能会是期限比较短的按天发工资或者是拿计件工资；（3）工作场所和劳动工具，雇主通常需要为雇员准备一定的工作场所及分配给他们一些劳动工具以方便雇员们能在一个相对集中的环境中工作，而独立合同工则经常不需要每天坐班以及都会自带劳动工具，比如一个作家在领取了创作任务后就可以回家潜心构思，然后只要按时交稿就可以了。除了上述的这些标准外，雇主和工作人员之间的意思表示也很重要，特别是在一些特征比较模糊、身份不易区分的场合。当事人所提供的当初他们之间究竟达成过何种意向的证词也是一种非常重要的证据。

正是由于独立合同工在工作过程中的独立性比较强，雇主对其的行为也往往缺乏监督控制的能力，所以让独立合同工来自行承担自己侵权行为的后果是非常合理的一种制度设计，也是雇主责任原则在独立合同工问题上的常态。但是独立合同工与雇主之间也确实存在着千丝万缕的联系，特别是独立合同工是在为雇主谋取利益的过程中实施侵权行为伤害到原告的，在整个事件中雇主很可能是一个既得利益者，所以在某些特殊的情况下，雇主还是需要因为独立合同工的某些行为而承担责任的，下面我们就逐一来看看这些例外的情况：

1. 雇主过失性地挑选了不胜任的独立合同工。在上一节里，我们已经知道了雇主有责任为自己选择那些负责任的雇员，同样这个责任在雇主挑选独立合同工时也是存在的，如果雇主雇用了一个不能胜任手头工作的独立合同工，从而使得该独立合同工在勉强工作时犯下错误给他人造成损害，那么雇主就需要对受害人承担赔偿责任。不过大家应该注意的是，这时雇主所承担的责任不是一种替代责任，而只是普通的过失责任。

2. 不可委代的责任（nondelegable duties）。有一些责任是法律规定了一些特定的人必须自行承担的而不能通过雇用独立合同工的方式委代给他人，比如警察不能把维护社会治安的责任委代给民间的保安和公立医院不能把为伤者实施急救的责任委代给私人诊所等等，如果不能委代的责任被委代了，而且接受委代的人制造出了事故，那么委代者还是要负责的。至于到底什么样的责任能委代，什么样的不能，法律没有提供一个明确的标准，关键还是要看法院以往的判例是如何认定的。

3. 表见代理（apparent authority）。所谓表见代理指的是独立合同工的所作所为给了具有正常判断力的人他是一个雇员而非独立合同工的印象，而雇主的放任不管或是积极行动帮助该独立合同工形成了这一欺骗性的印象，比如顾客在询问其真实身份时，雇主含糊其辞及雇主提供给了其办公场地及介绍信等等。假如这时雇主是一家品牌卓著的大公司，顾客因为对该品牌的信赖而接受了独立合同工的服务，但却因其的专业技术不合格而遭受了损失，顾客当然可以因为他对雇主的信赖而要求雇主对他的损失承担责任。

4. 极度危险的工作。如果一项工作是极度危险的话，那么雇主也很可能会被要求对独立合同工的行为负责，但这项工作的危险性应该是极大的而且是可预见的，单单爬高上低的工作虽然具有一定的危险性但不在这里所讲的极度危险之列。那什么样的工作才被认为是极度危险的呢？在车来车往繁忙的交通干道上划分道线就被法院认为是一项具有高度危险性的工作。[1]

5. 违法活动。无论是雇员也好还是独立合同工也好，如果雇主雇用他们是为了协助实施违法犯罪活动，比如脱手赃物、运输毒品甚至打家劫舍等等，雇主都要为一切的后果负责，法律这样规定的理由是显而易见的，相信在此就不需要特别说明了。

Murrell v. Goertz
Court of Appeals of Oklahoma, 1979.
597 P. 2d 1223.

REYNOLDS, Judge. 原告 C. L. Murrell 太太因遭到 Bruce Goertz 的殴打和威吓而把他及他服务的单位 Oklahoma Publishing 公司一同告上了法院，初审法官支持了被告 Oklahoma Publishing 公司要求即席判决的动议，于是 Murrell 太太向本法院提起上诉。

在 1976 年 8 月 27 日，Bruce Goertz 前往上诉人 Murrell 太太家收取其订阅的由被上诉人发行的 Oklahoma 日报的订费，上诉人向他抱怨自己家的纱门被投递员用报纸砸出了一个窟窿。双方很快就从

---

[1] Van Arsdale v. Hollinger, 68 Cal. 2d 245, 437 P. 2d 508, 66 Cal. Rptr. 20 (1968).

争吵的状态上升到了动起手来，上诉人先是掌掴了 Goertz，而 Goertz 反过来也殴击了上诉人。作为此次纠纷的结果，上诉人声称自己的身体受到了伤害，而且还需要住院接受治疗，因此她要求被告支付给自己 52 500 美元的损害赔偿。

上诉人声称 Goertz 是被上诉人的一个雇员，这或者是由于两者之间的合同关系所决定的，或者是被上诉人允许 Goertz 为自己投递报纸、宣传产品及收取订费的这一系列举动足以使旁人相信他们之间是雇主和雇员的关系。但被上诉人和 Goertz 双双对此表示了否认。

法律没有对雇员和独立合同工这两种不同身份进行过清晰明白的区分。独立合同工通常指的是在接受了雇主交代的任务后即完全脱离了雇主的控制和命令而是按照自己的方式方法为雇主提供服务的人。本案的诉讼双方都同意检验一个人究竟是算雇员还是独立合同工的决定性标准是自己工作细节的控制程度。

如果当一个案件中有助于判断被告身份的证据只能推导出惟一一个合理的结论，那么被告是否独立合同工的问题就可以完全由法院来回答。但是有关被告身份的疑问构成了案件的主要争议，而且当事人对关键性的事实有异议，以及具有适当判断力的理性人会对相同的事实作出不同的推测的话，那么这个争议就应当由陪审团在得到了法官的正确指示后进行最终的裁决。

上诉人声称，Goertz 所承担的分发报纸和收集钱款的工作是被上诉人业务中非常重要且不可或缺的组成部分。上诉人还引用了下列的事实来证明被上诉人对 Goertz 完成工作即使在细节上也有极高程度的控制力：绝对地控制了 Goertz 工作的范围和线路；被上诉人严格地要求所有报纸一定要在上午 6 点以前送到订户的家中；被上诉人规定送报人要用橡胶带把报纸悬垂于胸前；没有收到报纸的订户可以直接打电话报告给被上诉人；所有对于投递员的服务进行投诉的信件都由被上诉人来集中处理；新的订户可以通过打电话给被上诉人来享受报纸专门投递的服务。

被上诉人向法院呈送了 Russell Westbrook 的口供和 Goertz 的证词，以证明 Goertz 与自己之间并没有合同关系。在口供中，Westbrook 宣称他是一个为被上诉人进行市场营销的独立的报纸分销商，而 Goertz 是他所雇用的一个独立工作的销售人员。Westbrook 还进一步称，Goertz 只对他负责一些运送报纸的事宜，被上诉人无论如何都不可能直接地去监督、管理和控制 Goertz 的工作。并且就 Westbrook 本人与被上诉人之间的合同条款而言，他也是一个独立合同工并被要求按照自己的方式方法来完成工作而不必受制于被上诉人的监督、管理和控制。被上诉人进而又引用 Westbrook 和 Goertz 的陈述证实事发当天 Goertz 实际上是在为 Westbrook 收钱，况且按照合同，被上诉人只从 Westbrook 那里收取报纸的订费。

通过审查上述的证据，本法院认为从这些证据中只可能推导出惟一一个合理的结论，即 Bruce Goertz 是一个受雇于他的朋友 Russell Westbrook 的独立合同工，而后者自己其实也是一个独立合同工。被上诉人没有参与过雇用 Goertz 的决定，并且对于他为 Westbrook 工作甚至一无所知，因为 Goertz 在工作时不会与被上诉人发生任何直接的联系。尽管被上诉人为所有的报纸分销商和投递员立下了许多的规矩及标准，但这些规矩及标准的存在不足以使得其与 Goertz 在工作上的关系上升为监督、管理和控制，以至于变相地把 Goertz 变成为自己的雇员。

本法院决定支持初审法院的判决意见。

Wilson v. Good Humor Corp.

United States Court of Appeals, District of Columbia District, 1985.

757 F.2d 1293.

WALD, Circuit Judge. Good Humor 是一家在华盛顿地区的街头贩卖冰淇淋超过 35 年历史的公司，其经营模式是通过提供资金支持来鼓励小贩从公司购买制作冰淇淋的卡车并再以达成"销售协议"（vendor's agreement）的方式允许小贩贩卖本公司的各种产品。这样小贩们就可以开着车在街头的任何地点以任何的价格向市民贩卖冰淇淋了，而 Good Humor 并不会即时地监督这些小贩的活动，也不会把这些小贩列入到公司的工资表中，Good Humor 把这种经营模式称为独立合同工制。

在 1981 年 6 月 9 日，Williams 购买了一辆 Good Humor 公司制作冰淇淋的卡车，并和其达成了"销售协议"。于是在 1981 年 6 月 29 日晚上 9 点左右，他把自己的这辆卡车停在了华盛顿市西北角的 Benning 大街上，开始了贩卖冰淇淋的生意。为了招徕顾客，他还在自己的车上安装了很多 Good Humor 公司统一发放的风铃，随风一吹就会发生很悦耳的声音。Benning 大街是一条车辆往来异常繁忙的交通要道，川流不息的车辆比附近的任何一条街道上的都要多。

在事发的那天，原告 Rosita Wilson 和她年幼的女儿 Tomikia 前去拜访 Rosita 的阿姨，她家就住在和 Benning 大街相邻的一条街上。到了阿姨家后寒暄了一阵不久，Tomikia 就和家中的其他几个小孩子听到了从门外传来的 Good Humor 公司的风铃那种特有的声音，小孩子们顿时就按捺不住了，拿着大人给的钱纷纷向 Benning 大街跑去，Tomikia 也跟在了后面。可就当 Tomikia 在跑着过马路的时候，她被一辆由 Dominic Aluisi 驾驶的汽车撞倒。虽然 Tomikia 立即就被送往了医院，但 11 天后她还是不幸去世了。

事后，Tomikia 的家人将 Williams 和 Good Humor 公司告上了法院，原告认为 Williams 对 Tomikia 的死负有过失责任，而 Good Humor 作为 Williams 的雇主需要为他承担替代责任。初审法院随后作出了有利于被告的判决，于是原告向本法院提起了上诉。

雇主责任原则在独立合同工问题上的一般规定是雇主不需要为独立合同工的侵权行为所造成的损害结果负责，但对此一般规定也存在着一些例外情况，当这些例外情况成立时，雇主就有可能需要对独立合同工的侵权行为承担替代的或直接的法律责任。

在本案中，原告试图从几个方面来回避对于对独立合同工一般规定的适用。首先，原告声称 Good Humor 公司旗下的这些小贩应该被看作是该公司的雇员而不是独立合同工，因为不仅 Good Humor 公司在许多关键的地方控制着小贩们的工作，而且根据表见代理（apparent agency）的理论也能发现这一点；其次，原告认为，即使一般规定能在本案中得到适用，那也同时存在着一种例外情况，即这些小贩所从事的是一种本身就异常危险的活动（inherently dangerous activity）或是在特殊的场合下会制造出特别危险的活动。最后，原告还称 Good Humor 公司选择小贩不慎也是一种过失行为。

初审法院的法官驳回了原告的上述每一种见解。我们同意初审法官所认为的原告没有提出充分的证据来支持有关表见代理或 Good Humor 有用人不当的过失的指控，我们也同意在街头贩卖冰淇淋不是一种本身就异常危险的活动，但我们觉得原告所指出的 Good Humor 应当能预见到这种街头贩卖方式会对小孩子所造成的特殊风险（peculiar risks），但其却没有采取任何行动向小贩们发出警告以减少这种危险的情形是有机会被现有的证据证明的，而如果陪审团最终发现原告的这种说法是成立的话，那么 Good Humor 的确是需要为此承担一定法律责任的。

A 雇员和独立合同工的区别

因为雇主通常都需要对自己雇员在工作范围内所为的侵权行为负责，所以法院对替代责任的分析经常都是由区分雇员和独立合同工的不同身份开始的。虽然这两种身份的差异有可能只是程度上的一点区别而已，但法院一般会将雇主是否能对其工作人员的日常活动进行控制和管理作为主要判断标准来进行衡量比较。

在本案中，原告没有提出任何证据来证明 Good Humor 公司能对旗下小贩每日的贩卖工作进行相当程度的控制。Good Humor 公司的地区销售经理 Wilbur Gammon 在作证时称，小贩们可以自主决定在任何地点以任何价格卖出冰淇淋，而且公司甚至无权要求小贩们使用风铃及把车停在安全一点的地方。因此我们赞同初审法院的意见，原告没能提出足够的证据证明小贩们是 Good Humor 公司的雇员。

B 表见代理

原告还称 Good Humor 公司基于表见代理的理由也应该为旗下小贩的行为承担替代责任，因为 Good Humor 公司对外一直都把这些小贩当作自己的代理人。尽管本地的法律中没有有关表见代理原则的规定，但其他许多州都认可表见代理可以是替代责任的发生因素之一，特别是在那些涉及到特许经营权的情形中（franchisor/franchisee）。

不过，这些规定有表见代理原则的州一般都要求原告要能够证明他们与独立合同工发生商业往来完全是基于对其雇主良好商誉的信赖。可是在本案中，原告并没有举出任何证据展示此次事故的发生与 Good Humor 公司的良好商誉有什么联系。当时在场的应对 Tomikia 的安全负责的成年人没有一个表示自己知道有 Good Humor 公司的小贩会在附近的街区里定期贩卖冰淇淋；也没有人听到 Good Humor 公司冷饮车那特有的风铃声；更没有人是因为信赖 Good Humor 公司的卓越口碑才允许小孩子们上街买冰淇淋的。如果原告方对上述问题的回答都是肯定的话，那这个案子的面貌整个的就都不一样了。然而，根据现有记录在案的证据，我们不得不赞同初审法院的意见，陪审团是无从发现本案中有人对 Good Humor 公司和小贩之间的雇用关系寄予过信赖。

C　内在危险或特殊风险

原告在初审时也曾称 Good Humor 所推行的这种街头贩卖的模式会对购买冰淇淋的顾客尤其是小孩子们带来内在危险或特殊风险，而且这是一种可以使得雇主要为独立合同工的行为负责的例外情况。初审法官认为原告的这种说法纯属无稽之谈，因为贩卖冰淇淋的活动几乎就没有什么内在的危险而且也不会创造出别人再谨慎小心也无法回避的特殊风险。

我们觉得这反映出初审法官对极度危险工作这一概念的理解太狭隘了，实际上，原告的说法是有道理也有可能得到陪审团的支持的，即 Good Humor 公司知道或应当知道小贩们在街头贩卖冰淇淋会在特殊情况下给小孩子们造成特殊的风险，但 Good Humor 公司却一直对此特殊风险的存在表现的无动于衷。

《侵权法重述（第二版）》§427 对极度危险工作的概念进行了解释："要是一个人雇用了一位独立合同工去从事他知道或应当知道其中包含有内在危险的工作时，那么他就要对该独立合同工未能采取合理措施避免危险发生从而给他人造成的损害结果负责。"

而《侵权法重述（第二版）》§413 则对特殊风险的说法作出了说明："要是一个人雇用了一位独立合同工去从事一项他应该知道除非采取特殊的预防措施否则会对他人的安全造成不合理风险的工作时，如果还同时符合下列情况，那么他就必须为预防措施缺失情况下他人所遭受的伤害负责：（1）他未能在合同中要求独立合同工采取特殊的预防措施，或（2）他未能通过合理的谨慎以其他的方式采取特殊的预防措施。"

就本案的特殊情况而言，我们可以从 Good Humor 公司的地区销售经理 Wilbur Gammon 的证词中获悉，该公司是知道或应当知道用卡车进行街头贩卖的方式会给小孩子们可能造成的危险的。Gammon 称在公司 1981 年未采取这种鼓励小贩沿街贩卖的经营方式以前，经常会在员工内部发放各种的安全手册，举办经常的安全培训活动以及强调员工们一定要按照安全生产流程进行操作，以最大限度地降低小孩子们可能遇到的危险。但是在 1981 年引进了独立合同工的新经营方式以后，公司就既从未提醒过小贩们特殊危险的存在，也再未采取任何的预防措施来避免危险给顾客造成伤害。Gammon 总结认为在目前的这种经营状况下，即使公司得知了哪位小贩正在以一种对小孩子们极其危险的方式出售冰淇淋，公司也不会采取任何行动来立即阻止这位小贩的举动。我们认为陪审团从 Gammon 提供的这些证词中有足够的机会发现，Good Humor 公司这种在明知危险存在情况下却置顾客的生命安全于不顾的做法是要被课以法律责任的。故此，我们必须对初审法院对于这个问题的判决意见持否定态度。

综上所述，本法院决定支持初审法院所作出的驳回原告对 Good Humor 公司在实际控制、表见代理和过失性用人不当这些问题上指控的判决，但也同时推翻初审法院认为极度危险工作这一例外情况在本案中不成立的意见，我们觉得原告应当被给予机会以便让陪审团对这一争议进行最终的裁决。

如是判决（So ordered）。

补充知识：

每一个法律工作者在书写法律文书的时候都应该特别注意自己行文的规范性，因为这不仅体现了一种专业精神，而且很多时候不规范就等于是一种错误，比如说在对一些专业术语的缩写（abbreviation）上根本就没有让你随心所欲、自由发挥的余地，而必须严格地遵循规范的样式，否则一字之差就可能谬误千里了，这就好像同样是 District Court（地区法院）的缩写，如果是联邦的地区法院就应该缩写为 D.，但如果是州的地区法院就必须写成 Dist.Ct.。下面我就向大家介绍一些比较常见的法律词汇的缩写：

Appellate Court – App.Ct.; Bankruptcy Appellate Panel – B.A.P; Commission – Comm'n; Commonwealth Court – Commw.Ct.; Court of Claims – Ct.Cl.; Juvenile Court – Juv.Ct.; Superior Court – Super.Ct.; Tax Court – T.C.; Tribunal – Trib.; Amended – Am.; Attorney – Att'y; Demurrer – Dem.; Deny – Den.; Exhibit – Ex.; Hearing – Hr'g; Petition – Pet.; Summary – Summ.; Request – Req.; Reporter – Rep.; Temporary Restraining Order – T.R.O.; Transcript – Tr.; Associate – Assoc.; Association – Ass'n; Authority – Auth.; Building – Bldg.; Congress – Cong.; Division – Div.; Enterprise – Enter.; Exchange – Exch.; Foundation – Found.; Insurance – Ins.; Investment – Inv.; Liability – Liab.; Market – Mkt.; Marketing – Mktg.; Mutual – Mut.; Medical – Med.; Partnership – P'ship; Property – Prop.; Railroad – R.R.; Railway – Ry.; Steamship – S.S.; Surety – Sur.; Trustee – Tr.; Uniform – Unif.; annotated – ann.; anonymous – anon.; manuscript – ms.; no date – n.d.; printing – prtg.; replacement – repl.; article – art.; clause – cl.; figure – fig.; rule – R.; section – sec. (§); paragraph – para. (?); table – tbl.; Arbitrator – Arb.; Chancellor – C.; Chief Baron – C.B.; Magistrate – Mag.; House of Representatives – H.R.; Legislative – Legis.; Legislature – Leg.; Senator – Sen.; Senate – S.; Resolution – Res.; Session – Sess.

在美国社会中，联邦法官是一个身份显赫而又才智卓著的特殊群体，他们总共不过寥寥千余人，却独力支撑起了美国三权分立中的司法一足；他们并非由普通民众选出，却被誉为维护民主的最后堡垒；他们大都出身于私人律师，却甘于在事业达到鼎盛时去接受作为法官的孤寂；他们往往深居简出，绝少抛头露面，其判例有时却能吸引全世界的目光；他们俱是成名已久、年高德韶的宿儒，却总能跟得上时代的转变；他们中的很多人信奉保守主义的思想，却经常充当社会改革的先锋；他们虽然位高权重又受宪法的特别保护，却大都公正廉洁，极少因为丑闻而遭弹劾（impeachment）；他们漠然于世事且只能被动地适用法律，其威仪却被民众所深深敬畏，见面要恭恭敬敬的称呼为"大人"；他们的任命是由总统提名产生，却又时常在任职后和总统唱反调。总之，无论是在研究美国的法律、政治、历史还是经济、社会学等问题时，对联邦法官地位和作用的认识都是一个不能回避的问题，他们既是始终维系美国社会稳定的均衡器，又是推动美国社会向前发展的发动机。

美国宪法的第三章详细规定了联邦法官的产生程序，所以，联邦最高法院、巡回法院和地区法院的法官都是由总统提名并经参议院批准而产生的，我们通常称这些法官为 Article 3 judges，然而也有一些联邦法官不是依照这一程序产生的，比如破产法院的法官（bankruptcy judges）和治安法院的法官（magistrate judges）就分别是由巡回法院和地区法院直接任命的，其各自的任期为 14 年和 8 年。联邦法官的人数从历史上看是在不断变动中的，因为宪法并没有明确各级联邦法院法官的人数，但近年来一直保持在最高法院 9 人、上诉法院 179 人、地区法院 662 人的基准上，当然这并不意味着全国一定就有这么多法官，诸如退休、死亡等等的情况经常使法官的职位出现空缺，而新的法官又很难及时得到任命，所以法官足额的情况反倒是罕见的了。联邦法官也并没有具体的任职资格要求，但通常都是来自于成功的私人律师，也有一小部分之前是政府律师（government attorneys）或法学院教授。依据宪法，在任职期间法官的薪水不得减少，并且除非因为品行不端而遭到弹劾，法官可以一直留在任上到主动退休为止，但法官自己乐意干到八九十岁的情形比比皆是，让人们不得不赞叹他们的老而弥坚。退休了的法官一般被称为 senior judges，以区别于在任的全职法官 active judges，但这里所谓的退休实际上其实指的是退而不休，因为他们仍然具有法官的身份和权能，可以继续听审案件并给出判决，只是工作量有所减轻罢了。

后　记

　　明州的 8 月处处莺飞草长、风景如画，是这个经常会千里冰封、万里雪飘的千湖之州里一年中最宜人的时候，本书也就要赶在这美丽而又短暂的夏季匆匆离去之前划上最后一个句号了。虽然早在这本书尚在谋篇布局阶段就计划好了要先写一篇前言来开门见山的和大家谈一谈我对此书的一些打算和设想，但结果这篇小文章实际上却是整本书中最后完成的一个部分，于是就只好将就着放在这里权当是后记了。

　　对于这篇小文章，我在本书的写作过程中也曾屡屡试图写就，但不知为何每次提起笔来总觉得有万般滋味在心头，也许这是因为这本书在我心目中沉甸甸的分量使然，我不仅仅把它当作了和国内的读者一起交流在美国侵权法这个领域多年来学习研究心得的一个机会，更是把它看成了对我本人作为一个法律人生涯的阶段性总结。现在回想起当年是如何走上从事法律工作这条道路的，真是让我感慨万千。当初在选择大学本科的专业时，我本人似乎更醉心于在金戈铁马的历史中缅怀昔日汉唐的荣光，但可能是被"法律是一门面包的学问"的说法所打动，最终还是接受了学习法律的安排。

　　虽然我也算是出身于一个法律世家，但我真正认识法律的内涵、了解法律的深邃、感悟法律的哲思乃至最后终于不由自主地为这门充满魅力的学问所倾倒并心甘情愿地将其作为奉献毕生的事业还是在我进入了复旦大学法学院之后。虽然时光匆匆如今的我已是身在大洋彼岸，但当年在复旦六教的阶梯教室里上课的情景仿佛还只是如昨天发生一般的历历在目，复旦不仅是给了我学术启蒙的地方，而且在那里的 4 年学习生活无疑已成为我人生中最珍贵的一段回忆。尽管国内的法学院在各种硬件设施和研究资源上还不能与美国一流法学院相提并论，可这并不妨碍复旦法学院拥有一大批顶尖的教授学者，我一直都认为他们就是国内法学研究领域的达芬奇、毕加索，况且我永远也忘不了他们在复旦创造出的浓厚而又自由的学术氛围以及正是他们身上所折射出的智慧火花和人格魅力才带领我这个后生小子也诚惶诚恐地步入了法学的殿堂。当然，复旦法学院还使我无法忘记的是这儿总是聚集着一群最有才华与活力的年轻人，就像陪伴我度过了 4 载岁月的 98 级的同学们，与他（她）们相交真是如饮醴醪。借本书的机会，我想特别记录下曾和我在复旦 6 号楼 228 寝室中朝夕相处的 5 位室友的名字，他们分别是姜涛、丁震宇、黎明、刘炜和许峰，当然还有我们共同的知己杨婕小姐，尽管在大学毕业以后我们就分别选择了不同的方向来发展自己的事业，但当年那份情同手足的友谊却至今为我们各自所珍藏。

从复旦大学毕业后，我即来到了美国的明尼苏达大学（University of Minnesota）法学院攻读法学博士学位，虽然也会时常涌起独在异乡为异客的乡愁，但从学习大陆法到普通法的转变无异于为我打开了另一座人类思想的宝藏，这不仅使我研究的对象和选材都大为丰富，而且通过对中、美两国法律制度进行比较也让我观察一些问题的视角变得豁然开朗了。在这里我要感谢我在美国的这些教授和同学们，他们的友善和热情无疑使我的海外负笈之路少了几分艰辛，特别是我在侵权法课上的导师同时也是美国这个领域的权威泰斗 Feld 教授在得知我的写作计划后，除了应我的邀请在百忙之中抽空为本书作序，还慷慨地允许我在书中收录他所编写的一份试卷，为本书能够原汁原味地展现当代美国侵权法研究成果不遗余力地作出了贡献；此外还有我的一位美国同学 Amanda Pezalla 小姐把自己在侵权法课上的笔记借给了我，本书的大致理论框架正是在参考了这份笔记的顺序结构后才决定下来的。在此我应该专门感谢的还有同在明大法学院就读的靳继刚博士，他在我的生活中扮演了亦师亦友的角色，坦率地说一直以来我从他的身上受益匪浅。

同样应该在这里接受我真挚谢意的还有我的小舅舅张少侠先生，正是得益于他的启发才使我萌生了动笔写这一套书的念头；我的朋友韩敏小姐，她为本书的创作做了大量的前期准备工作；我在复旦的学长季翔先生，他对本书中的许多观点都提出过中肯的意见。

最后，我要致以最多感谢的是我的父母，尽管我知道用这种方式表达感激之情相对于他们所给予我的养育和教诲是多么的微不足道，但我希望我的这一点小小的成就能让他们感到些许的欣慰，当然此时要一起感谢的还有我的妹妹张蓓蓓小姐，正是她给我的生活带来了无尽的欢乐。

跋

    在读李响的这本书之前，刚重读完黄易先生的武侠巨著《大唐双龙传》，大唐讲的是两个原本默默无闻的小子在隋唐更迭的乱世之中，凭着天赋、机遇和信念，横扫各路豪强，成为一代英雄，却在成功之际将天下交给李世民的传奇故事，正所谓"成功而不自居，创造而不占有"。对所有的大唐迷来说，其间最引人入胜的是二人在武学上顺其自然却又奇遇迭起的修炼过程。

    在我看来，本书是李响在法学一途上修炼的重要一站。李响先在复旦学习大陆成文法，又去美国学习英美普通法。在学习的过程中，自然会把两个法系之间的不同概念加以印证和比较，以试图沟通自己两种不同的思维和知识体系，以达致合一的境界。在这个过程中，把普通法的载体—案例—翻译成中文，无疑能使得融会贯通的过程更快捷和精确。想必每一个在两地读过法律的人都体会过一个英美法下的概念一时找不到对应的中文词汇的苦恼，但如李响这样有决心做一个彻底了断的却不常见。这背后一定有着对精致的语言、严谨的逻辑和完美的体系发自内心的巨大热爱。

    李响的热情并没有止于此，正如他在本书序言中所按捺不住地表达的，和在本书可发表感想之处的字里行间所流露的，翻译的结果让他对美国法律体系的了解变成了中文思维的一部分，从而一下子直观地发现了中美法律发达程度的巨大反差，进而自然而然地生出了要弥补这一差距的豪情。这并不是盲目的热情，因为李响知道知难行易的道理，一旦一条救赎之道为人所共知和认同，那么到达终点只是一个时间问题。

但我们真"知"吗？李响的感受是我所熟悉的，我在美国学习和工作的时候也对那里的法律体系产生过高山仰止的感觉，同时真诚地希望我们的也能这么发达。也曾拿两国的许多具体法律操作来比较，似乎美国的技巧总是高我们一筹。但在中国从事了5年的法律实务之后，我逐渐发现了在中美法律之间就事论事的比较并不能为系统地提升中国法制的现状提供现成的答案。以下列出一二原因以为例证：

首先，美国司法制度的职能，以我之浅见，是对社会的各种行为进行重新判断（second guess），其调整范围不仅包括个人和公司等私体的行为，也包括政府其他分支机构，比如行政机构的执法行为和立法机构的立法行为（通过违宪审查等机制）。法院在某种意义上成了至高无上的机构，法官一言九鼎（如巨额赔偿的判决对烟草业的影响，最高法院对2000年总统选举争议的决定权等）。为了与这样的权威相适应，法官必须从最优秀的人中选拔，诉讼程序必须设计得无所不周。当人们对美国法院判决中所蕴含的高超技巧至乎人文关怀津津乐道时，人们也应该同时意识到一次诉讼往往要耗费几年时间和数以十万乃至百万千万计的美元。为什么世界上最大的律师事务所大多在美国？一方面当然是英美法纷繁复杂的判例和美国51套法律体系（联邦和50个州）产生了对大量律师的需要；另一方面恐怕也是因为当今世界上只有美国通过其对全球资源的占有和商业帝国的雄厚实力，才能供养得起近100万待遇优厚的律师。

其次，从民族的心理来说，美国人直率、心机少、易冲动，认为对质（confrontation）是解决争议的最好方法。而中国人含蓄、城府深、较平和，与别人撕破脸皮既在感情上难以接受，同时又有损自己的体面。即便发展后的中国拥有堪与美国匹敌的资源去滋养一个庞大的司法体系，民众也未必认可以对簿公堂作为解决争议的惟一方式。

　　那么美国的经验对我们到底有什么帮助呢？我也不知道确切的答案，因为我也还在这条漫长的修炼道路上跋涉。但有一点已得到了证明，美国的经验至少能激励一代又一代的中国法律学人去思索中国的情况，就如李响和我在这里所做的一样。

　　最后，我还想说说我们个人。天赋、机遇和信念是我以为人成功所依凭的几个要素。我不怀疑李响和他的许多同龄人具有前两个要素，他们受过西方最好的教育，在风华之年又值国家百年不遇的复兴之际。我想说的是，如何把这些天赐的机缘和自己的苦功所带来的发现（本书即是一个例子），用以为人生和社会的更高目标而服务，而不是为发现而发现，为学习而学习。在这当中，如果能将信念作为纽带，把天赋和机遇牢牢地绑在一起，而不是由它们任性地四处洒落，那我们就有更多的机会走过漫漫长路，以达致人生的高峰。

　　法学是经世济用的学科，既然如此，一个好的法律学者决不应仅停留在构筑理想的模型或满足自身的愉悦之上（这或许可以在文学和数学的研究中实现），法学者的信念应该是让社会从其所研究的学问中获益。正所谓成功而不自居，创造而不占有。以我斗胆揣测，这种学问的大境界该是不以物喜，不以己悲的。

　　这本书是李响计划写的丛书中的第一本，也许他自己还没有意识到，李响设计了一条独特的修炼道路。在写作的过程中既要承受法学院紧张的学习，又要面对择业定居的选择，能否完成这套书将是对李响对法学学术生涯的热爱程度的一个考验。但我不想以此给年轻的李响什么压力，让他在选择事业的时候受到过多因素的影响，我相信人应该根据自己的兴趣作出选择，为了显示自己的执著或者显示自己的清高都不应该成为理由。不管李响最终会不会选择走上学术之路，他做了他现在最想做的事，我相信此刻他的内心是满足和幸福的。

　　李响是我的表弟，因此在这篇小文中对他个人的感情多了一些，这同时引发了我很多的个人感想。在让大家读的书里写这些，是觉得人心同我，或许能对同道中人有所启发和共鸣吧。

季　翔

2003 年 8 月于旅途中

UNIVERSITY OF MINNESOTA
LAW SCHOOL

Professor Barry Feld

FINAL EXAMINATION
TORTS § B, D

This examination is open – book, open – outline, open – notes, and open – anything else you played a substantial role in preparing. (THE EXAM EXCLUDES ALL COMMERCIAL OUTLINES, HORNBOOKS, OR OUTLINES FROM PREVIOUS YEARS, CLASSES.)

Exam Soft Users : Be sure you have your AC/DC adaptor for your laptop computers, and two fully charged batteries. Before the exam begins, you will be given a blank floppy disk by the proctor. You are to insert the disk into your laptop, and double – click on the "softest" icon . Your computer will be rebooted automatically. "Click through" and read the information menus which are presented to you, providing your exam number when prompted. Stop at the message which indicates you are to wait for the proctor to begin the exam.

This examination consists of one question. You have **FOUR HOURS** (**4**) to complete it.

If you write your answer: You must write your answer in bluebooks. Be sure to put your examination number (not your name) on the cover of each bluebook; number your bluebooks in consecutive order; and place all your bluebooks inside the first one when you submit them at the end of the exam. Please do not tear any pages out of your bluebooks. If you want to omit material, please place an X over the omitted part(s).

If you type your answer: Be sure to put your examination number (not your name) on each page of your answer, double space; leave a 1½ inch margin on the left; and staple the pages together when you have completed the examination.

This examination consists of 6 pages (including this page) numbered in consecutive order. Count them now to make sure you are not missing any pages. **PUT YOUR EXAM NUMBER ON THIS EXAM AND TURN IN THE EXAM ALONG WITH YOUR BLUEBOOKS.**

QUESTION

You are an associate in a law firm located in North Bustie, the capital of the State of Effie. You received the following memorandum from a senior partner in your firm. Prepare an answering memorandum.

The Supreme Court of Effie follows all majority common law rules, but will modify those rules if they do not reflect the trend of decisions or if other compelling reasons of logic, justice, fairness, and common sense exist to extend or change the law.

Depending upon your analyses, the following Effie statutes arguably may apply in this case:

Effie Stat. § 300.41: Contributory negligence shall not bar recovery in an action by any person or his legal representative to recover damages for negligence resulting in death or injury to person or property, but any damages allowed shall be diminished in proportion to the amount of negligence attributable to the person recovering. When there are two or more persons who are jointly liable, contributions to awards shall be in proportion to the percentage of negligence attributable to each. (Enacted 1978) .

Effie Stat . § 609, 50S : Whoever informs a law enforcement officer that a crime has been committed, knowing that it is false and intending that the officer shall act in reliance upon it, is guilty of a misdemeanor. (Enacted 1963) .

Effie Stat . § 169. 20 subd . 5: Upon the immediate approach of an authorized emergency vehicle equipped with at least one lighted red lamp and when the driver is giving audible signal by siren, the driver of each other vehicle shall yield the right − of − way and shall immediately drive to a position parallel to and as close as possible to the right − hand curb of the highway clear of any intersection and shall stop and remain in this position until the authorized vehicle has passed....

If a motor vehicle is operated in violation of Subd.5, the owner of the vehicle is guilty of a petty misdemeanor.

Effie Stat . § 169.14 Subd . 1 : No person shall drive a vehicle on a highway at a speed greater than is reasonable and prudent under the conditions.

subd .2: Where no special hazard exists the following speeds shall be lawful, but any speeds in excess of such limits shall be prima face evidence that the speed is not reasonable or prudent and that it is unlawful: (1) 30 miles per hour in an urban district...

Subd . 5: ...Drivers of all emergency vehicles shall sound an audible signal by siren and display at least one lighted red light. This provision does not relieve the driver of an authorized emergency vehicle from the duty to drive with due regard for the safety of persons using the street.

MEMORANDUM

To: **Associate**   **Date: December 11, 2001**

From: **Senior Partner**

subj: **The First State Bank Fiasco**

Alan Duncan, a North Bustie police officer, and Mary and Joan Nolan, bank patrons, have retained our services in connection with an incident at the First State Bank on May **19, 2001.** Our firm's investigator, Barry Feld, took statements from a number of witnesses and I an confident that we can probably establish the facts that follow. Please prepare a memorandum in which you analyze the various causes of action that we credibly can assert on behalf of Duncan and the Nolans against potential defendants First State Bank and Charles and Patricia Doerr. You should also discuss the respectable arguments that we might expect their attorneys to make in response. Regardless of whether you think we can prevail on any particular issue, continue to analyze other legal arguments we plausibly can make. Do not add to or modify the facts described below. Loon Lake Insurance Company already has settled Duncan's claims against James DuPage for the amount of his policy, so you should only analyze DuPage's conduct insofar as it affects our claims against First State Bank and the Doerrs.

Alan Duncan is a twelve – year veteran police officer with the North Bustie Police Department. He was seriously injured in an automobile accident on May **19, 2001,** at approximately **2:15** p.m. during an emergency response to a robbery alarm from First State Bank – Bigfork Branch. Duncan swerved his squad car in order to avoid a collision with a vehicle driven by James DuPage and struck a telephone pole. Charles Doerr, the five – year – old son of Patricia Docrr, apparently activated the robbery alarm, a false one, at the First State Bank – Bigfork branch office.

Following a bank robbery in December, **2000**, First State Bank installed a new alarm system at the Bigfork Branch that went into operation on January **1, 2001**.Feld's investigation discovered that between the period January **10, 2001**, and the date in question, May **19, 2001**, six alarms, all later found to be false, originated from the First State Bank — Bigfork facility.A false alarm immediately preceding the one in question occurred on May **13, 2001**, at about **12:37** p.m., and Charles Doerr apparently activated that alarm.In each of the six false alarms, several North Bustie police officers, including Duncan, quickly responded, assuming that a robbery was in progress at the facility.After the last alarm, North Bustie police chief Tom Hinsdale reminded First State Bank vice — president in charge of security, Ray Rzoncka, of the story about the "Boy Who Cried Wolf" and told him to do something about the alarm system.

Feld took a statement from Carol Crowell, a loan officer at First State Bank.Crowell's desk is located in the bank lobby about fifty feet across from the teller windows where customers makes deposits, cash checks, pay bills, and conduct other bank business.Crowell told Feld that at about **2** p.m.on May **19, 2001**, she observed Patricia and Charles Doerr enter the bank.Crowell approached them and reminded Patricia that the last time she was in the bank with Charles on May **13, 2001**, her son had set off the alarm causing the North Bustie police to respond.Patricia told Crowell that she had disciplined Charles after the previous incident.Crowell asked Doerr to watch Charles closely, to control him, and to keep him away from the back of her desk where the alarm button was located.The alarm button was exposed and facing outward from the rear of the desk, and located in the upper right — hand corner of the desk's knee — space.Crowell left Patricia to take some documents to her supervisor. Patricia went to stand in one of the teller lines.Shortly thereafter, another bank employee, Stephen Shuman noticed Charles behind Crowell's desk near the alarm button, Just as Shuman was about to tell Charles to come to the front of the desk, the boy pushed the button and activated the alarm. Charles squealed at the loud noise and clapped his hands with delight. Patricia, who was about forty feet away waiting in line for a teller, came running over to Charles and slapped his hand. Shuman heard her tell him, "you're a bad boy for pushing the button again. Don't you remember that Mommy told you not to push that button even though you like to make the loud noise." Crowell rushed back to her desk and yelled at Patricia for allowing Charles to run around the premises unsupervised. It was Crowell's responsibility to notify the North Bustie police department if the alarm was activated erroneously in order to avoid having police officers respond to the call. However, in the ensuing confusion, Crowell did not immediately notify the police department that the alarm was false.

Alan Duncan was on patrol in the downtown business district when the dispatcher notified him of the alarm at First State Bank signaling that a robbery was in progress. Duncan activated the siren and lights on his squad car and proceeded immediately to the bank. The speed limit on Kings Highway is **30** miles per hour. Duncan was driving about **45** miles per hour as he approached the intersection of Evergreen Drive and Kings Highway. He had a clear and unobstructed view down Kings Highway as all of the cars on the road pulled over to the right lane. As Duncan entered the intersection, he observed DuPage's car approaching from his left on Evergreen Drive. DuPage proceeded into the intersection, his speed unabated, at about **30** miles per hour, and Duncan swerved to his right to avoid a collision with DuPage and struck a telephone pole. Duncan sustained injuries to his face, arm , and back and lost a month of work. After Duncan's collision, DuPage stopped and used his car phone to summon an ambulance.

Meanwhile, back at First State Bank, an armed security guard, Wilbur

Goodman, also responded to the alarm.Goodman works for North Star Rent - A - Cop, Inc., an Effie corporation that provides security services.North Star provides security personnel for all of the First State Bank branch offices. In addition to his position as vice - president in charge of security at First State Bank, Ray Rzoncka also is the president of North Star which operates under exclusive contract with First State Bank.First State Bank specifies the number of security personnel that it requires at each branch, and North Star hires, trains, equips, and assigns guards to the various banks.Goodman is licensed to carry a gun under an Effie statute that authorizes any person who has not been convicted of a felony or who has not been civilly committed for a mentally illness within the previous year to carry a gun.Goodman stated on his job application to North Star that he was "proficient" in the use of firearms.Although North Star conducts a one - day orientation for new personnel on company policies, customer relations, and the like, it does not provide any additional weapons training, instruction, or firing range testing of newly hired workers.North Star provides weapons and other security equipment to its guards and First State Bank provides uniforms in the corporate colors so that the guards will look like other bank personnel.North Star contracls with the payroll department of First State Bank to have it issue employees' checks on North Star's account and to handle payroll withholding, employee benefits, and the like.

Goodman was standing in the lobby near the front entrance when he heard the loud alarm sound.He saw people looking about and moving in panic and he also thought a robbery was in progress.As the security officer, Goodman felt that he needed to take control of the situation, drew his gun, and loudly shouted "everybody freeze... nobody move... stay right where you are." Goodman rushed from the entrance to the middle of the lobby in order better to observe all parts of the bank's lobby and to thwart the apparent robbery. In his haste, Goodman lost his balance on the marble floor and dropped his gun. The gun discharged with a thunderous report that echoed throughout the lobby and several people screamed in fear. The bullet struck and activated the bank's fire sprinkler system which immediately drenched the entire lobby and marble floor in a heavy downpour.

Joan Nolan was waiting in one of the teller lines when the alarm first sounded. She heard Goodman's shout from the entrance and immediately dropped to one knee in response. However, a few seconds later, the loud gunshot startled her and she screamed, panicked, and started to run toward the back of the bank away from Goodman. After she had proceeded about six steps, however, she slipped on the wet marble floor, fell backwards, struck her head against the marble floor, and lost consciousness. She suffered a cut to the back of her head which was a superficial wound although it bled profusely. As a result of her fall, she sustained a concussion and minor injuries to her skull and back. Her physical injuries also precipitated an acute schizophrenic reaction. When she awakened in the hospital, she began to behave strangely; she became highly agitated, glassy – eyed, and nervous, and over the next months her condition worsened and she was institutionally treated for schizophrenia, Feld interviewed her psychiatrist, Tom Sczaz, who stated that in his professional opinion she suffered from "sluggish schizophrenia" and her fall "precipitated a quiescent disease." Feld was skeptical about Sczaz' diagnosis and the possibility that a fall could produce a mental illness. He spoke with a second clinician, Gerhard Guttmacher, who stated that an emotional trauma could activate, in a person with some degree of pathology, a schizophrenia that otherwise might not have blossomed. However, Guttmacher pointed ont that "sluggish schizophrenia" was a diagnosis used exclusively in the Soviet Union during the **1970**s and **19g0**s to confine political dissidents in mental asylums and is not recognized by the American Psychiatric Association's *Diagnostic and Statistical Manual of Mental Disorders* (DSM－Ⅳ) as a form of mental disease or illness. When Feld recontacted Sczaz after his interview with Guttmacher, Sczaz launched into a vociferous auack on the APA and it's competence to define the standards of the profession. Sczaz referred Feld to his web－site where he has published the results of his extensive research on "sluggish schizophrenia." His final words were "They've got their opinion, I've got mine."

Mary Nolan, Joan's sister, had accompanied her to the bank and was using the restroom in the lower level of the building when the alarm sounded. She told Feld that she heard the alarm and may have heard a loud sound, but she couldn't be sure because she had flushed the toilet a few seconds later and the sounds reverberated in the marble bathroom. When she returned to the lobby, she found a scene of pandemonium－the alarm blaring, the sprinklers raining down, people shouting, running, and crying, In the chaos and confusion, she saw her sister, Joan, lying on her back on the floor, pale and unconscious, her head in a pool of blood. Mary rushed to her sister's body, cradled her head, crying "Joan, Joan". Mary said that as a result of Joan's injury she lost weight, visited a psychiatrist for post－traumatic stress disorder, has experienced sleeplessness, occasionally takes Valium for stress, and is fearful in public buildings.

Feld interviewed Patricia and Charles Doerr at their home. Patricia described Charles as an energetic, inquisitive, strong－willed child who is somewhat difficult to control. At the time of the incident at First State Bank, Charles was in kindergarten and the school counselor had diagnosed him as suffering from "attention deficit－hyperactivity disorder." This caused him to have a short attention span, to fidget and squirm and move quickly from activity to activity, and to not listen closely or to follow instructions.Following the ADHD diagnosis, Charles' pediatrician had prescribed Ritalin to help control his inappropriate behavior, but Patricia was reluctant to medicate him.She believed that his impulsivity was something which he would outgrow and did not want to drug him into docility.Regarding the incident at the bank on May **19**, she said that she told Charles to stay with her while they waited in line, she talked with a neighbor in line with her, and that she didn't realize that Charles had left her side until she heard the alarm go off.As soon as she heard the alarm, she ran to Charles and admonished him again about his behavior.She smiled and shrugged and asked "What's a mother to do?" Feld also spoke with Charles who appeared to be a normal, healthy five − year old boy who did not appear to listen closely and who often left his chair and walked around the room during the interview.When asked about the incident at the bank, Charles said that his mother had told him to stay away from the alarm after the earlier incident, but he really liked the noise and attention when he pushed the button.He recalled that the police had arrived at the bank shortly after he pushed the alarm button the previous week.

MODEL ANSWER

Memorandum to Senior Partner

From: Associate

Re: Alan Duncan and Mary and Joan Nolan vs.First State Bank and Patricia and Charles Doerr

Date: December **11, 2001**

Note: The facts of the case and the proximate cause analyses are drawn, in part, from *Duncan vs Rzonca and Hinsdale Federal Savings & Loan, and Patricia A.Doerr*, **478** N.E.2d **603** (Ill.1985)

Duncan vs FSB

ACTION BY DUNCAN Because we are suing First State Bank [FSB] and Patrica and Charles Doerr, I will analyze our causes of action separately with respect to each. The theory of our case will vary somewhat with respect to each.

DUNCAN vs FSB — ELEMENTS OF NEGLIGENCE In order for Duncan to establish a cause of action for negligence, we must be able to show the elements exist: (1) Duty (2) Breach (3) Causation (Actual Cause and Proximate Cause) and (4) Damages. In order to adequately state, a cause of action for negligence, we must establish the existence of a duty of care owed by FSB to Duncan, a breach of that duty, and an injury proximately resulting from that breach. The existence of a legal duty is a question of law to be determined by the trial court.

DUTY Duncan asserts that First State Bank owed him a legal duty under a traditional duty analysis — the standard of a reasonable prudent person. We contend that FSB had a duty to control and maintain banking facility so as to remedy a dangerous condition and to control the use of its premises by others who were in the bank. **THREE ACTS OF NEGLIGENCE:** Duncan can argue that FSB's negligence revolves around three different sets of acts: the failure to secure and maintain the alarm system so that it did not go off improperly; Crowell's leaving of the alarm unsupervised in the presence of CD, a known alarm puller; and Crowell's failure to notify the police immediately that the alarm was false.

DUTY vis a vis UNREASONABLE RISK A duty is an obligation imposed by the law upon a person which requires the person to conform to a standard of conduct of the reasonable person to protect others against an unreasonable risk, Whether under the facts of a case such a relationship exists between two parties so as to impose a legal obligation upon one for the benefit of the other is a question of law to be determined by the court.

DUTY BASED ON FORESEEABILITY & B < PL The imposition and scope of a legal duty depends not only on the foreseeability of harm but also includes consideration of the likelihood of injury, the magnitude of the burden of guarding against it, and the consequences of placing that burden upon the defendant.

FSB CLAIMS NO DUTY RE PERSONS NOT ON PREMISES FSB argues that it owed no duty to Duncan because his injury occurred while he was off the bank's premises, on his way to the bank, when the accident happened.

FORESEEABILITY We respond that the existence of a duty is based on foreseeability of harm rather than the location of the injury. Duncan was proceeding to the bank because the alarm had been activated, signaling that a robbery was in progress. We will argue that FSB negligently allowed the false alarm to be activated due to the location of the alarm and the failure of the bank to prevent unauthorized access to the alarm.

UTILITY > RISK It is quite foreseeable that a police officer responding to an emergency presents an inherent risk of harm. Although policy considerations require a police officer to bear that risk of harm in order to protect the public, the law does not require a cop to bear the burden of that risk when it serves no purpose and the need to undertake the risk could have been avoided by FSB's exercise of due care. The utility of alarm systems is to summon aid when persons and property are in jeopardy. Duncan, as a police officer, had a duty to respond immediately to the alarm when activated.

DUTY BASED ON FORESEEABILITY FSB might argue that only hindsight could have allowed it to foresee that injury would result from locating the alarm button in the knee space of the customer service desk or from failing to keep Charles Doerr under control. It asserts that the test of foreseeability must be met first before policy considerations, such as proximate causation, are weighed, and that Duncan has failed to establish the foreseeability of the harm and hence no duty on the part of FSB.

DUTY BASED ON FORESEEABILITY, B < PL, RISK < UTILITY The existence of legal duty does not depend exclusively on foreseeability, but includes consideration of public policy and social requirements. The imposition and scope of a legal duty depend not only on the factor of foreseeability but involves other considerations, including the magnitude of the risk involved in defendant's conduct, the burden of requiring defendant to guard against that risk, and the consequences of placing that burden upon the defendant.

FORESEEABLE EXPOSURE TO UNREASONABLE RISK – NOTICE VIA PREVIOUS FALSE ALARMS & CHARLES' EARLIER ALARM The determination of whether an unreasonable risk of harm was legally foreseeable takes into consideration what was apparent to the defendant at the time of the now complained – of conduct. We can establish that six false alarms were activated at the bank during the period between January **10** and May **19**. The one immediately before Duncan's iojuries took place six days earlier under virtually identical circumstances and involving the same bank employee, young child, and the child's mother. The police responded to cach alarm assuming that a robbery was in progress, but in each case, it was a false alarm. **SPECIFIC NOTICE** Atter the last false alarm, Chief Hinsdale explicitly warned Rzoncka, chief of security, of the need to secure the alarm system more effectively.

P' s EMERGENCY RESPONES = FORESEEABLE RISK OF HARM We would argue that the emergency response of the police in each instance created an appreciable risk of harm. In order to effectively respond to the alarm, the officers necessarily have to proceed as quickly as possible to the scene. This, in turn, implies traveling by car at high speed through numerous intersections in a relatively densely populated community during daytime hours.

FSB ASSERTS THAT VIOLATIONS OF TRAFFIC REGULATIONS NOT FORESEEABLE FSB correctly asserts the police have the right to assume other drivers will comply with traffic regulations and yield to the emergency vehicle. Nonetheless, there are many situations in which the standard of care exercised must take into account that occasional negligence is one of the ordinary incidents of life and therefore to be anticipated. Accidents involving emergency vehicles are not so uncommon as to be unforeseeable, and most of them undoubtedly involve some degree of negligent conduct. As the gravity of the possible harm increases, the apparent likelihood of its occurrence need be correspondingly less.

RISK OF HARM IDENTICAL WHETHER ALARM FALSE OR REAL FSB argues that the risk of harm created by its conduct was not an unreasonable one against which it had a duty to guard against. They argue that the risks inherent in police response to an emergency alarm are the same whether the alarm is real or false.

UNREASONABLE RISK WHERE NO JUSTIFICATION FOR IT'S CREATION This case can be analogized to *Wagon Mound* ll, where even if the risk is only remotely foreseeable, there is no Justification for creating even that remote risk. We would argue that FSB's negligent conduct resulted in the alarm being sounded falsely, thus actively placing Duncan in a position of risk by necessitating him to respond in a potentially hazardous mode to an emergency situation which, in fact, never existed. Duncan views the risk created as unreasonable since no valid reasons existed for the alarm to be sounded.

CROWELL FAIL URE TO NOTIFY RE FALSE ALARM We also would argue that FSB not only failed to prevent the activation of the false alarm, but failed to notify him that the alarm was false in a timely manner.

EMERGENCY RESPONSE & SITUATION CREATED BY D FSB might respond that her failure to notify the police of the false alarm should be excused under the emergency circumstances in which she found herself — coping with the pandemonium in the lobby, Goodman's response, etc. However, here Ds themselves were responsible for negligently creating the emergency situation and cannot use that situation to excuse their failure to warn the police.

B < PL Other factors to consider in determining whether FSB owed a duty to Duncan is the magnitude of the defendant's burden in reducing the risk of harm. The burden on the bank would have been minimal. It could easily have kept the rear of the desk where the alarm was located inaccessible to the public, relocated the button, or kept a more watchful eye on the boy.

SHIFTING RESPONSIBILITY Crowell's efforts to shift responsibility to Patricia Doerr for keeping Charles away from the alarm would not relieve the hank of its duty to exercise a reasonable standard of care for Duncan's protection. Certainly it would not be difficult to determine a location for the alarm button which would be equally as safe from unauthorized inadvertent or intentional actfivation as it would be accessible for authorized use.

PREVIOUS FALSE ALARMS The very nature of an alarm demands that it bc used to signal only under dire circumstances with furtive movements. Although the reason for the other four of the six false alarms are not known, it seems apparent that there is either a problem with the alarm system or simply with thc location of the button. Logic, if not duty, suggests a change is in order.

MONITORING CHARLES The burden of monitoring the whereabouts of a child who was in close proximity to the location of the alarm button and who had activated it in the past for the amount of time it takes his parent to complete a banking transaction does not seem undue. The monitoring of children in that area presented no problem until Crowell got up and left. Moving the button to a location which would be secure from the public at all times and not only when attended by a bank employee, would obviate the need for any monitoring at ali. Failing that, the time period involved here is not so long as to create an undue burden on the bank by requiring that it kcep children away from the button.

MINIMAL BURDEN Placing the burden on FSB of guarding against the risk of harm does not appear to involve extraordinary cost or problems, No doubt a bank charged every day with the safekeeping of the property of its customers can be expected to handle the consequences involved in securing a safe location for an emergency alarm button.

RESPONDEAT SUPERIOR vis a vis CROWELL [1 pt remainder of RS points ala Goodman] The negligence of Crowell in leaving her desk unattended while Charles was aroung and of Rzoncka in not securing the alarm bell after specific notice can be attributed to FSB under RS.

Duncan vs. Patricia and Charles Doerr

CHARLES' LIABILITY FOR NEGLIGENCE – RPP CHILD [2 pts] Charles will be held to the standard of a reasonable prudent five – year – old, if that juxtaposition is not an oxymoron. The fact of his ADHD, impulsiveness, etc., does not figure into the reasonableness standard of conduci any more than does Menlove's disabilities. On the other hand, it may be difficult to establish a child's appreciation of the foreseeable risks associated with setring of fire alarms, see discussion *infra* re acting intentionally.

DUTY ON PATRICIA TO SUPERVISE CHARLES Duncan alleges that Patricia had a duty to supervise the activities of her son, Charles, so as to prevent the foreseeable risk of harm to him.

NOTICE & ABILITY TO CONTROL CHILD A parent is under a duty to exercise reasonable care to control her minor child to prevent it from intentionally harming others or from so conducting itself as to create an unreasonable risk of bodily harm to them, if the parent knows or has reason to know that he has the ability to control his child, and knows or should know of the necessity and opportunity for exercising such control.

PARENTAL LIABILITY FOR TORTS OF CHILDREN? – **KNOWLEDGE & OPPORTUNITY** Doerr asserts that parents are not liable for the torts of their children merely because of that relationship. We are not arguing that Doerr was somehow vicariously liable for Charles' conduct; rather, that she was independently liable for failing to control the activities of her son which caused the harm to Duncan. Patricia had both the knowledge of the need to control Charles, and the opportunity to do so.

SPECIAL RELATIONSHIP = DUTY TO CONTROL Liability for the torts of the family may be based upon the personal negligence of the parent, in that a parent has a special power of control over the conduct of the child which the parent is under a duty to exercise reasonably for the protection of others. No liability devolves upon the parent, however, unless the parent has notice of a specific type of harmful conduct, and an opportunity to interfere with it.

ADHD & PREVIOUS ALARM Charles was five years old and was very active, inquisitive and had set off alarm under identical circumstances in the past. Because of his age and previous behavior, Patricia knew she had the ability and opportunity to control her child, and the need to control him was clear. **NOTICE RE CONTROL** Just prior to the incident on May 19,

Crowell informed Patricia that Charles had activated the false alarm six days earlier which caused police to respond. She advised Docrr to control her son and to keep him away from the back of her desk.

INABILITY TO CONTROL Patricia may contend that because of Charles' "strong – will" and boundless energy, he was difficult to control. In addition, his ADHD and impulsiveness also made him more difficult to control. **FAIL URE TO MEDICATE** However, both the school and Charles'doctor had diagnosed his ADHD and prescribed Ritalin to help control it and Patricia's failure to treat him increased the types of risks that his condition entailed. **INEFFECTUAL PARENTING** In light of Charles' propensities and hyperactivity, we could argue that Patricia did not make adequate efforts to control him especially with respect to the specific risk of the alarm which Crowell and Charles' prior conduct alerted her to do.

PATRICIA'S LIABILITY FOR CHARLES' INTENTIONAL TORT/STATUTORY VIOLATION? There is a separate issue whether we can hold Patricia liable if Charles' setting the alarm can be viewed as an intentional tort and thus a superceding cause of Duncan's injury.

EFFIE STAT § 609.505 [Stat violation = 7 pts.] The statute prohibits one from intentionally reporting a false alarm. There are several issues regarding the appllcability of this statute to these facts as a basis for establishing liability.

VIOLATION OF STATUTE First, the statute must be violated. **KNOW TO A SUBSTANTIAL CERTAINTY** Does Charles have the capacity to commit an intentional tort or to violate the statute, i.e. to know to a substantial certainty that an officer would act in rellance on a knowingly false report of a crime. Does a five – year – old know what a false report is? *Garratt v. Dailey* found that a child of Charles' age could commit an intentional tort, i.e. know to a substantial certainty that harmful or offensive contact could ensue. Here, however, the statute requires Charles to know that the report was false and would induce police reliance on it. Although Charles indicated that he knew that police responded to his earlier alarm, it may be difficult to establish that he appreciated the connection between his report, that it was false, and the police response. **STATUTE = STANDARD OF CARE** Second, the statute must establish a standard of conduct. Here, the statute prescribes a standard of behavior — do not falsely report crimes. **PROTECTED CLASS OF PEOPLE** Third, the statute must be intended to protect the class of people injured. Without a legislative statement of purpose, it is difficult to determine exactly who the statute is protect or from what. On the other hand, that gives us greater flexibility to argue re statutory purpose. We could assert that the purposes include not wasting or needless deploying law enforcement resources and avoiding placing them in unnecessary harm. Here, the protected class would include Duncan who was placed at risk by responding to a false alarm.

PROTECT AGAINST TYPE OF HARM THAT EVENTUATED Fourth, the statute must protect against the type of harm that occurred, As we indicated above, the risk of responding at high speed in an urban environment carries with it the possibility of a collision, exactly what happened here.

VIOLATION CAUSED INJURY Finally, there must be a causal connection between the violation and P's injuries.

EVIDENTIARY EFFECT OF STATUTORY VIOLATION—— NEGLIGENCE PER SE VS PRESUMPTION OF NEGLIGENCE If the court adopts the licensing statute as a standard of care, then its violation may be treated as negligence per se or as a rebuttable presumption of negligence with excuses. **REBUTTABLE PRESUMPTION** Charles would have to rebut the presumption of negligence raised by violating the statute and might do so by arguing that because of his youth and lack of awareness, he did not know or appreciate his duty to conform to the legal standard. At the least, we can fall back on the reasonable person standard with the violation as evidence of negligence.

INTENTIONAL TORT AS SUPERCEDING CAUSE? If Doerrs argue that Charles' false alarm was an intentional violation, then they might try to claim that he was a superceding cause relieving Patricia of liability. However, the old "free willed moraactor" theory of intentional wrong – doers cutting of earlier D's liability no longer obtains and especially when the intentional intervention by third parties is one of the risks against which D should have taken precautions, in this instance, Patrlcia to control Charles.

PATRICIA'S FORSEEABLE RISK OF HARM TO DUNCAN As was true of FSB, the likelihood of injury to Duncan was significant and not so "freakish" as to be an unforeseeable consequence of Patricia's failure to exercise reasonable care. The risk of harm Patdcia's negligence exposed Duncan was unreasonable and required her to guard against it. A police officer responding to an emergency is exposed to a risk of harm, but society accepts that risk in light of the need served. The risk becomes unreasonable when no need for it exists, particularly when the means of guarding against the risk are eminently available and easily accomplished. Patricia need only have controlled her Charles for the short time she was in the bank, and then only in that one particular area of the bank. She had actual knowledge of the earlier result of her son's activities, and had the opportunity to prevent a repetition on the day in question.

"FIREMAN'S RULE" – **BOTH D'S ASSERT THAT DUNCAN ASSUMED RISK BY VIRTUE OF HIS EMPLOYMENT** Both Ds will argue that Duncan assumed the risk normally associated with the function of his employment. Since the concept of duty imposes an obligation to prevent only "unreasonable" risks, she contends that she owed plaintiff no duty because of the "fireman's rule."

FIREMAN'S RULE The "fireman's rule" imposes a duty of reasonable care to prevent injury to firemen which might result from a cause independent of the fire, but no duty to prevent injury resulting from the fire itself, One who knowingly and voluntarily confronts a hazard assumes the risk of injury. But, the fireman's rule does not means that a fireman cannot recover for injuries resulting from risks inherently involved in fire fighting, Duncan was not injured in the course of a robbery of the bank. He was injured in a collision responding to a negligently activated false alarm. Patricia argues that imposing a duty here would render everyone who summons a police officer liable for his injuries, regardless of whether the call was mistaken or wen – founded. The duty here relates only to liability for negligent conduct. Persons who intentionally activate false fire alarms, or make false reports to peace officers that an offense has been committed, are criminally liable. Although Doerr argues that the fact the alarm was false is of no consequence, Duncan contends that the very fact of the alarm's falsity renders the risk to which he was exposed by defendant's negligence an unreasonable risk.

FALSE ALARM RENDERS ENSUING RISK UNREASONABLE All parties have acknowledged that police emergency response presents a recognizable risk of harm not only at the scene of the crime, but on the way to the scene of the crime. Clearly more serious injury may result from a collision in which even only one vehicle is traveling at a high speed. Balanced against the probability and gravity of the risk is the utility of the conduct involved; *i.e.*, speeding to the scene of a crime in order to protect life or property. The risk of collision is reasonable and worthwhile when in furtherance of that objective; when no need for protection exists, speeding is unjustified and an unreasonable risk.

PROXIMATE CAUSE Plaintiff asserts the question of proximate cause was one of fact for the jury, and that it would be inappropriate for a court to find as a matter of law that the negligence of the defendants was not the proximate cauae of his injury.

QUESTION OF LAW vs QUESTION OF FACT What constitutes the proximate cause of an injury in a particular case can only be a question of law when the facts are not only undisputed but are also such that there can be no difference in the judgment of reasonable men as to the inferences to be drawn from them, Ds urge that such is the case here and, therefore, the court could determine as a matter of law that their alleged negligent conduct did nothing more than furnish a condition, making the injury possible.

PROXIMATE CAUSE AS FACT QUESTION The inferences to be drawn from the facts here are not so undisputed as to permit the court to determine as a matter of law what constituted the proximate cause of Duncan's injuries. It is clear that in addition to proximate cause, the question of whether a duty has been breached is also a factual matter for the jury to decide, The question of defendants' negligence becomes a matter of law only where reasonable men of fair understanding agree that defendant was guilty of negligence. There can be no recovery in tort for negligence unless the defendant has breached a duty owed to plaintiff.

REASONABLE PEOPLE CAN DIFFER RE PROXIMATE CAUSE Reasonable people can differ as to the inferences to be drawn from the facts insofar as it may be inferred that the bank's shift of its responsibility for control of the child to the child's mother either did or did not amount to an exercise of due care for plaintiffs benefit. FSB argues it was not negligent for the reason the child was accompanied by his mother. Further, reasonable people may differ as to whether either D's failure to warn the police deparlment about the false alarm constituted a breach of the duty owed Duncan.

FORESEEABILITY This portion of the analysis raises all of the *Palsgraf*, *Wagon Mound I & II*, *and Polemis* issues of "direct" versus "proximate" cause. Above, in our discussion of **DUTY = FORESEE-ABILITY** we argued that Duncan was a foreseeable plaintiff as was the type of harm he suffered as a result of FSB's negligence.

DIRECT/PROXIMATE CAUSATION If we analyze the case under Andrews' *Palsgraf* dissent, there is no problem of proximate causation — there was initial negligence with injuries linked in a close, direct, and immediate fashion.

PROXIMATE/DUTY CAUSATION FSB may reiterate its arguments above ala Cardozo's *Patsgraf* position that Duncan is an "unforeseeable" plaintiff who suffered an "unforeseeable" type of harm. However, as we noted, a very close analysis of what is foreseeable, such as occurred in *Wagon Mound II*, should reveal that a risk of accident is one of the foreseeable hazards associated with failing to prevent the activation of false alarms to which police officers necessarily respond in haste. If the court concludes that an accident is a foreseeable, albeit low probability, hazard but that there is no justification for creating that risk, then Duncan should prevail even under Cardozo's view.

DuPAGE AS INTERVENING CAUSE [3 pts] Both Ds' negligence combined to allow activation of a false alarm that "set the forces in operation" that produced Duncan's injuries. Those forces would end only when the risk of harm to Duncan created by Ds' negligence had passed; *L.e .*, when he arrived safely at the bank. The nature of the risk created by the defendants' negligence was the danger that the responding emergency vehicle would be involved in a collision. When DuPage's car caused Duncan to swerve to avoid that very risk, FSB and Doerr's negligence in creating the situation may be viewed as a concurrent cause, along with DuPage's car in bringing about the harm to Duncan.

DuPAGE'S NEGLIGENCE AS FORESEEABLE INTERVENING CAUSE Although DuPage violated *Effie Stat . I169.20 subd 5* , he has conceded his negligence and is not a party to this action except insofar as FSB and Patricia may try to interpose him as a superceding cause. However, the foreseeable negligent driving of others in response to the emergency Duncan confronts is part of what makes FSB and Patricia negligent. This is a situation like *Felix vs . Deridarian* in which part of Ds' negligence is the failure to take precautions against the foreseeable negligent intervention of 3rd parties.

INJURY FORESEEABLE EVEN IF MANNER OF OCCURRENCE IS NOT Here, we would argue that because the negligent intervention of 3rd parties is foreseeable and expose Duncan to the risk of automobile accidents, the specific way in which the injury occurs need not be anticipated.

DUNCAN'S CONTRIBUTORY/COMPARATIVE NEGLIGENCE [3 pts] FSB and Doerr may attempt to argue that Duncan's excess speed, 45 in a 30 mph zone, was contributory negligence and a bar to recovery. **PURE COMPARATIVE** However, the Effie Comparative negligence statute is a "pure" comparative statute, As a "pure" statute, it reduces the amount that Duncan may recover in proportion to his negligence but does not bar recovery.

DUNCAN'S STATUTORY VIOLATION [3 pts] *Effie Stat . I69.14* prohibits speeding or driving at a speed greater than is reasonable and prudent under the circumstances. The statute also requires emergency response drivers to drive with due regard for the safety of others. **EMERGENCY RE-SPONSE Duncan's first contention would be that he was acting in an emergency and that his behavior should be evaluated according to the behavior of** a reasonable person under emergency conditions. **PRIVILEGE = PUBLIC NECESSITY** Thus, even though a reasonable person normally would not speed, because he was a cop responding to a robbery in progress, he would be privileged to violate the law. Under these emergency circumstances — signals and sirens, all the other cars pulling over, unobstructed view — Duncan was driving reasonably and DuPage was completely at fault for failing to yield the right of way, In any event, any finding of negligence on Duncan's part would only result in a reduction of but not bar to recovery. **APPORTION FAULT** In this instance, there arc three negligent actors in addition to Duncan — DuPage, FSB, and Doerr — all of whom bear far greater responsibility for his injuries than he does **CAUSE IN FACT** There is also the matter whether the statutory violation was the cause-in-fact of Duncan's injury, Even if he had entered the intersection at 30 mph, he still would have had to swerve to avoid the collision and the consequences likely would have been exactly the same.

ASSUMPTION OF RISK = CONTRIBUTORY NEGLIGENCE < COMPARATIVE [1 pt] Assuming that our argument prevails above that the "firefighter rule" is not an absolute bar to Duncan's ability to bring this suit, then any assumption of risk may be equated with contributory negligence and treated as above under the comparative negligence statute.

NOLANS vs FSB & DOERRS

VICARIOUS LIABILITY The Nolans can assert two alternative theories of liability against First State Bank to recover for their damages based on the tortious conduct of Wilbur Goodman. First, they can allege a vicarious liability action under respondeat superior for torts committed by Goodman within the scope of his employment. Secondly, they can argue that FSB was negligent in it's recruitment, training and supervision of Goodman and their own negligence was the cause of the Nolan's injuries which I will analyze subsequently.

RESPONDEAT SUPERIOR [4 pts. Re RS, SE, Control, Enterprise] Nolans must establish through Respondent Superior that they may bring this suit for liability against First State Bank due to the negligent or intentional torts committed by Goodman.

EMPLOYEE vs. INDEPENDENT CONTRACTOR [5 pts,] The first issue is whether Goodman is an employee of FSB or an Independent Contractor employed exclusively by North Star Rent – a – Cop. Although FSB contracts with North Star for security services, we would argue that North Star is a sham corporation set up by FSB to externalize the risks associated with security services. **NORTH STAR SERVES FSB EXCLUSIVELY** First, in arguing employee rather than IC, we would argue that North Star has no other clients other than FSB, **SHARED ADMINISTRATION** In addition, North Star shares the same administrative officer, Ray Rzonca, who also provides security for FSB and they share the payroll department that drafts the checks and handles employee benefits. All of these look more like an employment relationship than a truly independent contractor. **APPARENT EMPLOYEE – FSB HOLDS OUT AS EMPLOYEES** In addition, FSB provides the uniforms for the North Star guards so that they look like other FSB employees and thereby creates the appearance of apparent authority on the part of the guards. **SHAM TO EXTERNALIZE RISK OF GUARDS** Because North Star does not appear to have any corporate assets or other ways of assuring the solvency of it's employees, we would argue that the court should find Goodman was an employee of FSB so as not to allow them to externalize some of the riskiest parts of their operation so as to

leave injured plaintiffs without recourse to a solvent defendant, **NON –
DELEGABLE DUTY** The relationship between FSB and North Star does
not fit the traditional non – delegable duty model because this does not in-
volve a safety statute or duty to maintain safe premises, although we could
argue by analogy that providing safe and secure premises should be a non –
delegable duty.

JOINT ENTERPRISE [1 pt] in the alternative, we could argue that
NS and FSB are engaged in a joint enterprise – agreement; common pur-
pose; pecuniary interest; right of control – such that even if Goodman tech-
nically is an NS employee, FSB also would be liable for his tortious con-
duct.

SCOPE OF EMPLOYMENT If we establish that Goodman is an em-
ployee of FSB, the we will try to establish FSB liability under Respondeat
Superior.

CONTROL & BENEFITS—FSB might argue that because North Star
is responsible for security, they have no effective control over their staff. Of
course, FSB has the right to control the actions of its employees, which is
the essential part of the control theory. Employer FSB controls the actions of
its employees through policies and practices. Even if FSB did not actually
control the daily operations, it was responslble for delegating the responsibil-
ity to its employees through Rzoncka. **BENEFITS**—In addition FSB benefits
from their activities. An essential policy of respondeat superior is that em-
ployers are held liable because they are better able to control the actions of
their employees and encouraged to hire responsible employees. **POLICY
SUPPORT R/S** Holding the employer responsible will encourage them to
require their employees to abide by professional standards.

P URGES ENTERPRISE THEORY OF LIABILITY Duncan argue in
the alternative the enterprise theory of vicarious liability. Courts using the en-

terprise theory will find liability any time the employer would have benefitted from the context of the employee's act except for the fact that it resulted in an accident. The enterprise theory is based on the idea that the employer should make his enterprise pay its own way. The employer is better able to pay for injuries than any employee or innocent victim and the employer can better distribute the risk. **SPREAD RISKS** FSB, as a corporation, may be better able to pay for Duncan's injuries than Goodmanand is better able to distribute costs of such risks through as simply a cost of doing business.

GOODMAN W/IN SCOPE OF EMPLOYMENT? FSB argue that Goodman's drawing his gun and committing intentional torts was acting outside the scope of employment. **FROLIC & DETOUR** Courts relieve employers of liability for the negligent or intentional torts of their employees when the employee has gone on a "lark," or has deviated from the normal course of business and taken an excursion for purposes entirely for the employee's own benefit.

INTENTIONAL FOR BENEFIT OF EMPLOYER However, even if the Court concludes that Goodman's actions were intentional, it could still find that he performed them for the benefit of the enterprise. Goodman's intentional or negligent conduct is analogous to a battery inflicted by a bar bouncer.

NEGLIGENT HIRING, SCREENING, & SUPERVISION In addition to arguing FSB's liability ala respondeat superior, we also would argue that they are liable for Goodman's torts because of their negligence in hiring, screening, training, and supervising him. Despite the fact that Goodman is licensed to carry a firearm and North Star provided him with a gun, neither North Star nor FSB provided any testing, training, or instruction to assure even minimal competency. **RISK EVENTUATED** The failure to evaluate his proficiency created exactly the type of risk of incompetence that eventuated.

NEGLIGENTLY HIRING AN INDEPENDENT CONTRACTOR
[1 pt] In the alternative, even if a court concluded that NS was an independent contractor, for the reasons noted above, we would argue that FSB was negligent in contracting with them to provide security services.

GOODMAN'S INTENTIONAL TORTS We would argue that Goodman committed the intentional torts of **ASSAULT** and/or **FALSE IMPRISONMENT. ELEMENTS** Both torts require that he act intentionally -for the purpose of or with knowledge to a substantial certainty-that he would place a person in apprehension of harmful/offensive contact or that her freedom of movement would be constrained. **ELEMENTS** False imprisonment consists of intentional restraint of another person against their will and without legal justification. Although Goodman may not have had the purpose to create an apprehension, he should have known that a reasonable person would be affected by his conduct. Clearly, he did have the purpose to "freeze" the situation by his shouts. **PHYSICAL RESTRAINT** Although he did not physically restrain Joan, his words to "freeze" and the brandishing of his gun caused her to respond reasonably. Although she only was restrained briefly, his actions clearly affected her mobility and autonomy.

WITHOUT LEGAL JUSTIFICATION – NECESSITY, CRIME PREVENTION One of the elements of False Imprisonment is that the restraint occur without legal justification or excuse. **CRIME PREVENTION/ AUTHORITY OF LAW** Here, FSB plausibly could argue that had Goodman been more competent, he would have been privileged in exercising control over the situation. Had there been a robbery in progress, as reasonably appeared to Goodman, they would claim the privilege of crime prevention. **PUBLIC NECESSITY** In addition, they could assert a public necessity, that his actions were not for his personal benefit but for the benefit of the public at large.

TRANSFERRED INTENT If we conclude that Goodman acted intentionally with respect to assault or false imprisonment, we also could argue that he committed battery ala "transferred intent" when he caused the fire extinguisher to go off and spray Joan or for her to slip and suffer harmful contact.

GOODMAN'S NEGLIGENT TORTS – DUTY TO MAINTAIN SAFE AND SECURE PREMISES Just as we argued above that it was foreseeable that the false alarm would endanger Duncan, it is even more foreseeable that a false alarm could endanger patrons on the premises. And the same precautions against foreseeable risk of harm discussed supra would also have protected the Nolans. In addition, proper hiring and training would have protected against the risks that Goodman posed.

BREACH OF DUTY – FAILURE TO EXERCISE DUE CARE Goodman's haste, fall, and discharge of the gun precipitated the cascade of events. We would argue that he failed to exercise the care of a reasonable and prudent person responding to this situation while holding a weapon.

EMERGENCY FSB first might argue that Goodman was responding to an emergency situation or was in the position of a "rescuer" and should not be held to the strict standard of a reasonable prudent person but only that "under the circumstances." **D CREATED EMERGENCY** However, as we argued above, FSB negligently created the emergency situation to which Goodman purportedly responded. **REASONABLE UNDER THE CIRCUMSTANCES** In addition, even if we concede that this is an emergency situation, we still would argue that Goodman's behavior failed to match that of the reasonable prudent person.

GOODMAN'S FALL AS ReslpseLoquitor We don't know why Goodman fell and dropped his gun. We might want to use Res Ipse Loquitor to argue that this ordinarily doesn't occur without negligence, his body and the gun were under his exclusive control and obviously Joan had nothing to do with his fall.

CAUSE IN FACT — BUT FOR The first test for Cause in fact is to determine if, "but for" the negligence of FSB, Doerr, and Goodman, Joan's injury would not have occurred. In this case, all three concurrent causes are the "but for" cause of her injuries. Had any of them acted reasonably, the injuries would not have occurred.

CAUSATION IN FACT In determining the factual cause, the question is often phrased, "But for the alleged act of the defendant, would the injuries have resulted?" This "but for" test is an effective means of beginning the causation inquiry. We would also argue **CONCURRENT CAUSATION** that several, "but for" factors may combine to cause a particular event and as long as each actor's contribution is a **SUBSTANTIAL FACTOR** that is a sufficient basis to impose liability.

PROXIMATE CAUSATION We also have to establish defendants' negligence as the proximate cause of Joan's injuries.

DAMAGES Assuming that court accepts our argument on duty, breach, and causation, we have to show injury. Joan clearly has suffered some injuries as a result of Goodman's negligence — fall, cut, concussion, injuries to her skull and back. **PARASITIC DAMAGES** And, we also know that once we have a physical injury, she can recover for other emotional injuries as well, such as pain and suffering, emotional distress, etc.

CONTRIBUTORY/COMPARATIVE NEGLIGENCE FSB's first claim would be that Joan's attempted flight was the cause of her fall and injuries. Again, we would argue that her behavior must be evaluated under the **EMERGENCY CIRCUMSTANCES** negligently created by the defendants. In addition, because this is a **COMPARATIVE NEGLIGENCE** state, even if she was somewhat at fault, it only would reduce the amount of her recovery and here, her fault, relative to that of the negligent defendants is minor.

SCHIZOPHRENIA/AGGRAVATING PRE – EXISTING CONDITION = EGGSHELL SKULL FSB contends that while they be liable for her physical injury, the fact that she suffers a psychotic break and the aggravation of a pre – existing mental condition is **UNFORESEEABLE** and for which they should not be liable. This situation is identical to *Bartelone* and the idea of direct causation for all injuries – "in for a dime, in for a dollar" – regardless of the foreseeability. It is the TYPE OF HARM rather titan the EXTENT OF HARM that determines the scope of D's liability.

SLUGGISH SCHIZOPHRENIA & SCIENTIFIC VALIDITY? Although FSB may be liable for Joan's mental as well as physical injuries, Guttmacher's questions about the existence of "sluggish schizophrenia" [SS] as a valid diagnosis raise some questions about Sczaz' competence and expertise. If SS does not appear in DSM – IV, there may be a *Daubert* issue about the scientific validity of his diagnosis and his testimony.

ACCEPTED WITHIN THE SCIENTIFIC COMMUNITY As in *Daubert* , while the role of courts is not to resolve disputes within the relevant scientific community, the Court emphasized the role of peer review as a way of assessing the general acceptance and scientific validity of a particular theory or method of analysis.

NEGLIGENT INFLICTION OF EMOTIONAL DISTRESS RE MARY NOLAN In addition to Joan's suit, Mary seeks recovery for emotional disturbance with resulting physical manifestations as a result of observing Joan lying in a pool of blood in the lobby.

NEGLIGENT INFLICTION OF EMOTIONAL DISTRESS This theory of liability contends that FSB, Doerrs, and Goodman negligently created a situation in which severe emotional distress is likely to be suffered by a third – party. However, whether to impose liability for Mary's emotional distress requires an examination of the impact, severe emotional distress, and physical manifestation elements of this tort. **SEVERE EMOTIONAL DISTRESS** Mary claims to have suffered severe emotlonal distress. **CLOSE RELATIONSHIP** Joan and Mary's relationship would qualify for making her distress cognizable **PHYSICAL MANIFESTATIONS** She also has some physical manifestations ala weight Joss and sleeplessness to provide some evidentiary corroboration of her claims. Her other testimony re post – traumatic stress, Valium for stress, and fear in public buildings are emotional/mental reactions rather than corroborative physical evidence and FSB certainly will question the existence of real physical manifestation.

RE NO IMPACT/ZONE OF DANGER/FORESEEABLE 3rd PARTY While impact requirements normally define a "zone of danger" which assures the validity of an emotional distress, this case is more like *Thing* , in which the emotional distress is suffered by persons who are not themselves necessarily at risk of immediate injury. **MARY DID NOT WITNESS INJURY FSB** argue that since Mary did not witness the pandemonium in the lobby or Joan's initial injury, her coming upon the seen subsequently lacked the immediacy or impact that actually witnessing the event would have. **LOUD SOUND = WITNESS** There is a separate issue whether or not Mary witnessed Joan's injury, by hearing the loud sound. Although Mary heard the alarms, FSB would argue that even if she did hear the sound of the gun shot, she did not then associate it with any injury, to Joan. However, we would argue that it is foreseeable that Mary would find her sister almost immediately thereafter and that doing so would have an impact only slightly less than actually witnessing the occurrence itself. We would ask the court to apply the looser standard of *Dillon v. Legg* based on foreseeability re 3rd parties, rather than the tight criteria of *Thing* .

ISSUES OCCASIONALLY DISCUSSED, BUT FOR WHICH I GAVE NO CREDIT: A few people discussed some marginal or peripheral issues for which I gave no credit. These discussions included: Crowell's statutory liability for reporting a false alarm by omission to act (her failure to report was scored in analyses of her negligence); Goodman's being licensed to carry a gun as a statutory standard of care; Goodman's actions as IIED vis a vis Joan or Mary; "transferred intent" if Goodman assaulted IN, then her fall constitutes batter; holding Goodman to a professional standard of care as a bank guard; Charles as RPP child but held to an adult standard re inherently dangerous activity; Patricia's failure to put Charles on Ritalin as negligence; Mary was in the "zone of danger" for NIED purposes; NIED re Joan, because she suffered actual injury for which mental part already is parasitic damage; strict liability of bank for Goodman's misuse of firearm; bank as a common carrier and should be held to higher standard; Charles' pulling of the alarm as any kind of intentional tort – assault, battery, IIED – vis a vis Joan or Mary; bank's RIL vis a vis Duncan's injuries, because we know exactly how injuries occurred; FSB's negligence for having a marble floor in the bank.

参考书目

Most Frequently Cited Sources

Robert L. Rabin

Perspectives on Tort Law, 4'h edition (1995)

Little, Brown and Company

G. Edward White

Tort Law in America: An Intellectual history, expanded edition (2003)

Oxford University Press

Jerry J. Phillips, Nicolas P. Terry, Frank L. Maraist, Frank M. McClellan

Tort Law: Cases, Materials, Problems (1991)

The Michie Company

Victor E. Schwartz, Kathryn Kelly, David F. Partlett

Prosser, Wade and Schwartz's Torts: Cases and Materials, 10th edition (2000)

The Foundation Press, Inc.

David W. Robertson, William Powers, Jr., David A. Anderson, Olin Guy Wellborn, Cases and Materials on Torts, 2ⁿd edition (1998)

West Group

Joseph W. Glannon

The Law of Torts: Examples and Explanations (1995)

Little, Brown and Company

William M. Landes, Richard A. Posner

The Economic Structure of Tort Law (1987)

Harvard University Press

William L. Prosser

Handbook of the Law of Torts, 5'h edition (1971)

West Publishing Co.

Richard A. Posner

Torts: Cases and Economic Analysis (1982)

Little, Brown and Company

Dix W. Noel, Jerry J. Phillips

Cases and Materials on Torts and Related Law (1980)

The Bobbs－Merrill Company, INC.

Thomas H. Koenig, Michael L. Rustad

In Defense of Tort Law (2001)

New York University Press

George C. Christie, James E. Meeks, Ellen S. Pryor, Joseph Sanders

Cases and Materials on the Law of Torts, 3'd edition (1997)

West Publishing Co.

Edward J. Kionka

Torts in a Nutshell, 2'd edition (1992)

West Group

Bryan A. Garner

A Dictionary of Modern Legal Usage (1995)

Oxford University Press

Bryan A. Garner

Black's Law Dictionary, 2'd pocket edition (2001)

West Publishing Co.

Linda L. Schluetter, Kenneth R. Redden

Punitive Damages, 2$^\text{n}$d edition (1989)

The Michie Company

W. Page Keeton

Prosser and Keeton on the Law of Torts, 5$^\text{t}$h edition (1984)

West Publishing Co.

Dan B. Dobbs

The Law of Torts (2000)

West Publishing Co.

Paul C. Weiler

Medical Malpractice: A Measure of Malpractice (1998)

Harvard University Press

Mary Miles Prince

The Bluebook: A Uniform System of Citation (2001)

The Harvard Law Review Association

Lawrence M. Friedman

A History of American Law, 2$^\text{n}$d edition (1985)

Siman & Schusten Inc.

Morris L. Cohen

Legal Research in a Nutshell, 4$^\text{t}$h edition (1985)

West Publishing Co.

Charles L. Knapp, Nathan Crystal, Harry G. Prince

Problems in Contract Law: Cases and Materials, 4$^\text{t}$h edition (1999)

Aspen law & business

英汉法律词典编写组:《英汉法律词典》, 法律出版社 2001 年
修订版。

杨立新：《侵权法论》，吉林人民出版社 1998 年版。

汤维建：《美国民事司法制度与民事诉讼程序》，中国法制出版社 2001 年版。

何家弘：《法律英语》，法律出版社 2002 年版。

李亚虹：《美国侵权法》，法律出版社 1999 年版。

A.S.Hornby 著，李北达译：《牛津高阶英汉双解词典》，商务印书馆 1991 年第四版。

姚栋华、张增强主编：《英汉商业法律词典》，法律出版社 1999 年版。

何家弘主编：《当代美国法律》，社会科学文献出版社 2000 年版。

Roscoe Pound 著，唐前宏、廖湘文、高雪原译：《普通法的精神》，法律出版社 2001 年版。

陶希晋总编，王家福主编，梁彗星副主编：《中国民法学之民法债权》，法律出版社 2001 年版。

图书在版编目(CIP)数据

美国侵权法原理及案例研究/李响编著. —北京:中国政法大学
出版社,2003.1
ISBN 7-5620-2507-X

Ⅰ.美… Ⅱ.李… Ⅲ.①侵权行为－民法－法的理论－美国
②侵权行为－民法－案例－分析－美国 Ⅳ.D971.23

中国版本图书馆 CIP 数据核字(2003)第 090852 号

....

书　　　名	美国侵权法原理及案例研究
出版发行	中国政法大学出版社
经　　销	全国各地新华书店
承　　印	固安华明印刷厂
开　　本	880×1230　1/32
印　　张	17.75
字　　数	430千字
版　　本	2004年1月第1版　　2004年1月第1次印刷
书　　号	ISBN 7-5620-2507-X/D·2467
印　　数	0 001-3 000
定　　价	34.00元

社　　址　北京市海淀区西土城路25号　邮政编码　100088
电　　话　(010)62229563　(010)62229278　(010)62225059
电子信箱　zf5620@263.net
网　　址　http://www.cupl.edu.cn/cbs/index.htm
　　　　　☆ ☆ ☆ ☆ ☆

本社法律顾问　北京地平线律师事务所